사업의 철학

사업의 철학

성공한 사람들은 절대 말해 주지 않는,
성공의 모든 것

마이클 거버 지음 | 이제용 옮김

라이팅하우스

귀로 들은 것은 잊어버리리라.
눈으로 본 것은 오래 기억하리라.
하지만 행동하기 전까지는
그 어떤 것도 이해하지 못하리라.

목차

| 제1부 |

작은 기업에 대한 오해와 진실

| 제2부 |

사업을 보는 새로운 관점

『사업의 철학』이 나온 지 25년이 흘렀다. 내게는 정신없이 바쁘게 보냈던 시간이었고, 그동안 내 가족과 사업, 인생에 많은 일들이 있었다. 굉장히 멋지고 좋은 일도 많았지만, 고통스러운 순간도 적지 않았다. '전사와 보통 사람의 근본적 차이는 전사는 모든 것을 도전으로 받아들이지만 보통 사람은 축복 아니면 저주로 받아들인다는 데 있다.'는 말이 있다. 그 말이 사실이라면, 나 역시 한낱 평범한 사람에 불과하다는 사실을 인정할 수밖에 없다. 가끔 신이 허락하여 능력을 주실 때면 전사가 되기도 했지만 말이다. 개정판을 준비하는 지금 나는 다시금 전사가 되어 보기로 했다.

지난 25년 동안 나는 믿기 힘든 성공을 거두기도 했지만, 재앙에 가까운 재정적·사업적 어려움을 겪기도 했다. 이 책에 담긴 생각을 뛰어넘어 나의 꿈과 비전, 목적, 사명을 확장하기 위해 새로운 회사를 설립했다. 하지만 나의 결혼이 파경에 이르는 걸 지켜보기도 했으며, 그와 함께 무슨 일이 벌어지는지 눈치 챌 겨를도 없이 내가 만든 회사의 경영권을 빼앗기기도 했다. 동시에 나는 내가 어떤 능력을 지니고 있는지, 왜 그 능력이 중요한지 그리고 왜 모든 것은 결국 삶을 진정성 있게 살고 끊임없이 비전을 쫓으며 충만한 삶을 살고자 하는 스스로의 결단에 달려 있는지 그 이유를 깨닫게 되었다. 나는 새롭게 맞이한 아내이자 놀라운 영적 동반자 루즈 델리아와 함께 나의 오랜 꿈을 실현시켜 나갔다. 선견지명이 있는 그녀는 기업가적 가치를 실현하고 세우는 일에 뜻을 같이하고 헌신함으로써 내가 계획을 추진할 수 있도록 도와주었다. 우리는 훌륭하고 멋진 캠퍼스를 세웠으며, 그곳에서 가슴과 마음으로 만들어낸 새로운 강좌를 통해 수많은 학생들에게 관계에 대해, 리더십에 대해, 사랑과 의지에 대해, 그리고 때로는 포기에 대해, 우리가 배웠던 것을 가르쳤다. 그 모든 작업은 전 세계 기업가들의 영혼을 흔들어 깨울 것이다.

우리는 전 세계 수만 명의 기업가, 소상공인, 경영자, 기술자를 상대로 강연했으며, 우리의 노력은 145개 나라로 퍼져나가 29개 언어로 번역되었고 118개 경영대학의 교과 과정으로 채택되었다(이제까지 아는건 이 정도이지만, 우리가 알기로는 지금도 매일 새롭게 늘어가고 있다). 요컨대 우리의 노력은 전 세계 모든 이들에게, 정확히 말하자면, 사업에, 기업가 정신에, 경제 발전에 그리고 다양한 벤처기업의 성장에 헌신하는 모든 이들에게 전달되었다. 그리고 그 모든 과정을 거치면서 나는 인생의 행로에서 만나 어떤 식으로든 서로의 삶에 가 닿으려 애써 왔던 많은 이들에게서 감사하게도 아낌없는 지지와 배려를 받아 왔다.

아, 이 모든 것을 간단히 말하자면, 유쾌함과 도전, 좌절, 기진맥진,

영광, 따분함, 깨달음, 보람이 뒤섞인 세월이었다. 이러니저러니 해도 결국 누구에게나, 특히 몸 사리지 않고 덤비길 좋아하는 내 나이쯤의 사람에게는 한 줌에 지나지 않는 세월이었다.

그러므로 이 책은 나의 지난 25년의 세월, 그리고 그 이전의 25년 세월까지 고스란히 담겨 있는 결과물이다. 내가 거버 비즈니스 개발 주식회사Gerber Business Development Corporation의 전신인 마이클 토마스 주식회사The Michael Thomas Corporation를 세운 건 『사업의 철학』을 출간하기 정확히 8년 전이었다. 내 첫 책『사업의 철학』 출간에 맞춰 그 회사는 기업가 신화 아카데미E-Myth Academy로 바뀌었다가, 다시 기업가 신화 월드와이드E-Myth Worldwide로 성장했다. 마침내 2005년 우리는 드리밍 룸Dreaming Room을 설립하였고, 이후 마이클 거버 파트너스Michael E. Gerber Partners 설립, 사업 분야별 『사업의 철학』 시리즈 출간, 출판사 프라디지 비즈니스 북스Prodigy Business Books 설립, 벤처 개발 회사 오리지네이션Origination의 연이은 설립으로 이어졌다. 그리고 현재 우리는 『사업의 철학』을 적용한 컨설팅 작업과 우리의 새로운 벤처 개발 계획을 전 세계 여러 나라에 전파하고 있다.

지난 세월 동안 함께 일해 온 수많은 고객들과의 경험들, 그리고『사업의 철학』의 독자들은 물론 이 책을 읽고자 하는 잠재 독자들과 나눈 생각들이 이 모든 성장의 밑거름이 되어 왔다.

『사업의 철학』이 출간된 이후 우리의 기업 고객들뿐만 아니라 많은 독자들이 기업가 신화를 실현해 줄 원리를 사업에 좀 더 잘 적용할 수 있도록 구체적이고 명확하게 설명해 달라고 부탁해 왔다. 이 개정판은 그에 대한 대답이다. 초판을 읽은 독자들은 물론 새로운 독자들도 이 원칙을 좀 더 생생히 경험함으로써 새로운 활력과 뚜렷한 마음가짐으로 각자의 사업을 대할 수 있게 될 것이다.

그런 목적을 위해 나는 꽤 많은 시간을 함께 보내며 조언했던 사라(가명)라는 아름다운 여성과의 대화를 통해서 내가 소개하는 사업의 원칙에 대한 중요한 질문에 답하려 했다. 작은 기업을 운영하는 고객들의 사업뿐만 아니라 그들의 마음까지 재구성해야 하는 쉽지 않은 숙제를 앞에 두고 사라의 사업 경험과 인내, 지혜, 열정은 내게 큰 도움이 되었다. 사라를 좌절시키는 것들이 무엇인지 살피고 그녀의 지극히 개인적인 질문에 답하는 과정에서 나는 독자들을 위해 사업의 철학과 그 원리를 명확하게 해야 할 필요를 느꼈다. 사라와 그녀가 봉착한 문제들이 나의 마음을 끌었듯이 여러분도 그 문제들에 공감하고 해결 방법과 과정을 공유할 수 있기를 바란다.

하지만 여러분에게 사라를 소개하기에 앞서 작은 기업과 그 사업주들에 대한 몇 가지 생각을 나누고 싶다.

사람들은 흔히 이렇게 묻곤 한다. "탁월한 기업을 일군 사업가들은 다른 사람들이 모르는 비결을 알고 있지 않을까요?"

많은 이들의 통념과는 달리 내 경험에 의하면, 사업을 특출하게 잘하는 사람들이 성공한 이유는 뭘 알고 있기 때문이 아니라 늘 만족할 줄 모르고 더 알고자 했기 때문이다. 사업의 성패는 남모르는 노하우나 비법들에 달려 있지 않았다. 사업가가 자신의 일과 삶에 대해 어떤 철학을 가지고 있느냐에 따라 좌우되었다.

내가 접했던 사업 실패의 원인은 대부분 창업자가 재무나 마케팅, 관리, 운영에 대해 잘 알지 못해서가 아니라(모른다 해도 이런 것들은 쉽게 배울 수 있다) 자기가 알고 있다고 생각하는 것을 지키려고 시간과 에너지를 낭비한 데 있었다. 반면 내가 만났던 위대한 사업가들은 어떠한 대가를 치루든 제대로 알겠다고 결심했던 사람들이다.

그리고 제대로 안다는 건 단지 사업에 국한된 얘기가 아니다.

내가 생각하기에 사업은 흥미롭게도 '길'에 비유할 수 있다.

예전에 한 현자가 말하기를, '너 자신을 알라'고 했다. 시작하는 사업가를 위해 내가 이 고귀한 격언에 덧붙일 수 있는 거라고는 스스로를 알기 위해 가야 할 길을 안내하고 즐거운 여행이 되도록 행운을 빌어주는 것뿐이다.

여기에 앤소니 그린뱅크가 『생존의 책』에서 언급한 교훈적인 말 하나를 더할 수도 있겠다.

"불가능한 상황을 헤쳐 나가기 위해 당신에게 필요한 것은 그랑프리 대회 우승자의 반사 신경이나 헤라클레스의 근육, 아인슈타인의 머리가 아니다. 단지 뭘 해야 할지만 알면 된다."

유익한 독서가 되기를.

마이클 거버

마이클 거버 컴퍼니 공동 창립자/회장

캘리포니아 주 칼즈배드

어떤 사업이든 그 안에는 서서히 미쳐 가는 누군가가 있다.

– 조지프 헬러, 「무슨 일이 있었지」

당신이 작은 기업을 소유하고 있거나 혹은 앞으로 그럴 마음이 있다면, 이 책은 당신을 위한 책이다. 이 책은 지난 37년간 우리 회사에서 엄청난 시간을 쏟아 작업해 온 결과물인 동시에, 함께 일했던 수천 명의 사업주들과 나눈 경험에 의해 만들어지고 입증된 믿음을 담고 있다.

중요한 것은 사업이 아니라 사업을 하는 사람이라는 믿음 말이다.

그리고 우리는 작은 기업의 사업주들이 수익을 얻기 위해 필요 이상으로 많은 일을 하고 있다는 사실도 알게 되었다. 사실, 진정한 문제는 사업주들이 열심히 일하지 않는 데 있는 게 아니라, 엉뚱한 일을 한다는 데 있다.

결국 대부분의 사업이 관리할 수도 예측할 수도 없고 보람마저 없는 혼란한 지경에 처하게 된다.

수치만 보더라도 그렇다.

미국에서 창업했다 실패로 끝난 사업체의 수는 믿기 어려운 속도로 증가하고 있다. 매년 백만 명 이상이 어떤 형태로든 창업을 한다. 통계에 따르면, 창업 첫 해에 그중 40% 이상이 망한다고 한다.[*]

5년 안에 80% 이상이, 즉 8십만 개 이상의 사업체가 문을 닫는다.

설사 어떻게 해서 5년 이상을 살아남았다 하더라도 안심하기에는 이르다. 첫 5년을 살아남은 기업의 80% 이상이 그 다음 5년 안에 망하기 때문이다.

왜 그럴까? 왜 그렇게도 많은 사람들이 창업하고 실패하기를 반복할까? 그 사람들이 뭘 몰랐던 걸까?

인터넷과 SNS가 발달한 요즘엔 사업을 성공으로 이끄는 방법에 대한 정보가 도처에 널려 있는데도, 정작 성공한 사람들이 드문 이유는 무엇일까?

이런 질문들에 대한 답이 이 책 속에 있다.

이 책에 담긴 네 가지 중요한 관점을 잘 이해하고 마음에 새기면, 흥미진진하고 보람 있는 사업을 시작할 능력을 얻게 될 것이다.

하지만 그 관점들을 무시한다면, 당신은 자신의 모든 에너지와 자본, 심지어 인생 전부를 걸고 창업에 뛰어들었다가 망해 버리는 매해 수십만 명의 사람들, 혹은 어떻게든 살아남으려고 발버둥치는 또 다른 많은 이들 중 하나가 되어 버릴 것이다.

---

[*] 미국 상무부 Department of Commerce.

관점 1 | 이 사회에는 내가 기업가 신화라고 부르는 어떤 신화가 있다. 그 신화에 따르면, 사업은 이익을 내기 위해 위험을 무릅쓰고 자본을 투자하는 기업가나 하는 거라고 한다. 전혀 그렇지 않다. 사람들이 창업을 하는 진짜 이유는 기업가 정신과는 무관하다. 사실, 기업가 신화에 대한 이런 믿음이야말로 오늘날 창업한 기업이 끝도 없이 실패하는 가장 중요한 요인이다. 기업가 신화를 정확히 이해하고 창업과 발전에 적용하는 것이 사업 성공의 비결이 될 수 있다.

관점 2 | 오늘날 미국의 중소규모 사업에 혁명이 일고 있다. 나는 그것을 턴키 혁명Turn-Key Revolution이라고 부른다. 턴키 혁명은 전 세계에서 사업의 방식뿐만 아니라 창업자, 운영 방식, 그리고 생존 가능성에 변화를 일으키고 있다.

관점 3 | 턴키 혁명의 핵심에는 내가 사업개발 프로세스Business Development Process라고 명명한 역동적인 과정이 있다. 작은 기업의 사업주가 사업개발 프로세스를 제대로 체계화하여 적용한다면, 어떤 기업이라도 깜짝 놀랄 만큼 효과적인 조직으로 탈바꿈할 수 있다. 우리의 경험에 의하면, 사업개발 프로세스를 일상적 경영 활동에 통합하고 사업체의 운명을 통제하는 데 사용한 기업은 생명력을 유지하며 번창했다. 그러나 만약 안타깝게도 대부분의 작은 기업이 그렇듯 이런 과정을 무시한다면, 사업체를 운에 내맡기고 침체를 겪다 종국엔 실패하고 말 것이다. 그런 결말은 불가피하다.

관점 4 | 사업체 운영에 턴키 혁명 기법을 통합한 단계적 방식을 적용

함으로써 어떤 형태의 사업주든 체계적으로 사업개발 프로세스를 실행해 나갈 수 있다. 그때 이 사업개발 프로세스는 사업주가 시간과 정성을 바쳐 성공시키고자 하는 자신의 기업에 예측 가능한 방식으로 활력을 불어넣고 성과를 이끌어 낼 것이다.

1977년 마이클 토마스 주식회사를 필두로 여러 회사를 설립하면서, 우리는 프로그램에 등록한 수만 명의 중소기업 사업주와 기업가를 도와 사업개발 프로세스를 시행해 왔으며, 그들의 성공을 무수히 많이 보아 왔다.

턴키 혁명 기법과 사업개발 프로세스를 적용하여 중소기업을 성장시키는 데 있어서 그 어떤 조직도 우리만큼의 직접적인 경험을 축적하지는 못했을 것이라고 나는 감히 생각한다. 물론 그 프로세스는 '특효약'이 아니며 사업주의 고된 노력을 필요로 한다. 하지만 그것은 언제나 기분 좋은 작업이며, 당신이 사업에서 어느 정도의 통제권을 확보할 수 있고 원하는 것을 얻으려면 반드시 필요한, 내가 아는 유일한 방법이다. 정말이지 당신의 사업을 바꾸고 인생을 바꿔 줄 것이다.

이 책은 단순히 '어떻게 하라'고 일러 주는 책이 아니라, 결실을 맺도록 이끌어 주는 책이다. 그리고 우리 모두 알다시피, 일하는 것은 책이 아니라 사람이다.

사람이 일하도록 만들려면, 해야 할 일을 완벽하게 이해하는 동시에 기준으로 삼을 만한 관점이 있어야 한다.

그런 관점이 당신이 생각하는 방식 그리고 사업을 운용하는 방식과 단단하게 통합을 이룰 때만이 '어떻게 하라'가 의미를 지니게 된다.

이 책은 그런 관점에 대한 책이다. 즉 '당신의 사업이란 결국 당신이 누구인가를 분명하게 비춰 주는 거울에 지나지 않는다'는 관점 말이다.

당신의 생각이 엉성하다면, 당신의 사업도 엉성할 것이다.

당신이 혼란스럽다면, 당신의 사업도 혼란스러울 것이다.

당신이 탐욕스럽다면, 당신의 종업원들도 탐욕스러워져 갈수록 일은 적게 하면서 요구만 많아질 것이다.

사업을 위해 해야 할 일에 대한 정보가 한정되어 있으면, 당신의 사업도 그 한계를 반영할 것이다.

성장하려면 끊임없이 변해야만 한다. 그리고 사업을 변화시키려면, 당신이 먼저 변해야 한다. 변할 생각이 없다면, 사업에서 결코 원하는 걸 얻을 수 없으리라.

가장 먼저 일어나야 할 변화는 사업의 본질과 사업을 진척시키는 조건에 대해 당신이 어떤 관점을 가지고 있느냐와 관련되어 있다.

사업가들이라면 반드시 알아야 하는 그 관련성을 제대로 이해한다면, 당신의 사업과 인생이 새로운 활력과 의미를 얻을 것이라고 나는 장담할 수 있다.

왜 그렇게 많은 사람들이 자신의 사업에서 원하는 것을 얻는 데 실패하는지 알게 될 것이다.

자신의 사업을 올바른 방향에서, 정확한 이해와 필요한 도구를 가지고 시작한 사람이라면 누구든지 활용할 수 있는 마법에 가까운 기회를 알게 될 것이다.

사업에 대해 아무것도 모른 채 창업했던 사람들에게서 그런 일이 일어나는 것을 나는 모든 형태의 사업에서 무수히 많이 보아 왔다.

이 책을 읽고 나서 당신에게도 그런 일이 일어나기를 바란다.

제1부

작은 기업에 대한 오해와 진실

1

기업가 신화

일에 취하면 사리분별을 못하게 된다.

– 올더스 헉슬리

기업가 신화는 창업 신화를 의미한다. 창업 신화는 이 사회에 깊숙이 퍼져 있으며 영웅적인 이야기들로 가득하다.

전형적인 기업가를 그려 보면 헤라클레스 같은 모습이 떠오른다. 자기 사업의 꿈을 실현하기 위해 모든 걸 불사하는 한 남자 혹은 한 여자가 비바람을 맞으며 홀로 서서 도저히 이겨낼 수 없을 것 같은 역경에 용감하게 도전하고 위험하기 짝이 없는 절벽을 기어오른다.

그런 신화는 숭고하고 고귀한, 위대한 이상에 모든 걸 헌신하는 자의 이미지를 풍긴다.

그런데 내 경험으로 보면 그런 사람들이 있기는 하지만 드물다.

지난 20여 년간 수천 명의 기업가들을 만나 함께 일했지만, 그런 기업가는 거의 없었다.

그런 환상은 대부분 깨져 버렸다.

절벽을 기어오르던 열정은 그 높이에 질려 이내 공포로 변해 버렸다.

암벽을 오르기는커녕 그저 매달려 있기에 급급했다.

기진맥진한 날들이 계속되었으며 다시 창업 초기의 활기를 되찾기는 힘들었다.

하지만 그들 모두 한때는 기업가들이 아니었던가? 어쨌든 자기 사업을 시작했던 사람들이었다. 그런 위험을 감수할 만큼 끌렸던 어떤 꿈이 있었음에 틀림없다.

그렇다면 그 꿈은 지금 어디 있을까? 왜 사라졌을까?

사업을 시작했던 기업가는 어디로 갔나?

답은 간단하다. 기업가는 단지 잠시 존재했을 뿐이다.

순식간의 시간.

그러고는 사라져 버렸다. 대개는 영원히 사라져 버렸다.

설사 기업가가 살아남는다 하더라도 그저 신화로만 남아, 창업을 하는 사람과 그 이유에 대한 오해만 낳을 뿐이었다.

오해는 우리의 상상 이상으로 이 사회에 많은 대가를 치르게 하여, 자원의 손실과 기회의 손실, 삶의 낭비로 이어진다.

그런 신화, 그런 오해를 나는 기업가^{Entrepreneur}에 대한 신화, 즉 기업가 신화^{E-myth}라고 부른다.

그리고 대부분 사실이 아님에도 불구하고, 그런 오해는 작은 기업이 기업가들에 의해 시작되었다는 낭만적인 믿음에서 비롯되었다.

그렇다면 미국에서 작은 기업은 누가 창업하는가?

무슨 이유로?

기업가 열병

기업가 신화와 그 핵심에 있는 오해를 이해하기 위해서 창업을 한 사람을 자세히 살펴보려 한다. 창업 후가 아닌 그 이전부터 살펴보자.

당신이 이미 창업을 했다면, 창업 전에는 어디 있었나? 또는 창업을 생각하고 있다면, 지금 있는 곳은 어디인가?

자, 내가 아는 사람들과 크게 다르지 않다면 당신은 다른 누군가를 위해 일하고 있었다.

무슨 일을 하고 있었나?

아마도 창업을 한 다른 대부분의 사람들처럼 기술직에 있었으리라.

당신은 컴퓨터 프로그래머나 그래픽 아티스트, 디자이너였거나, 목수나 정비사, 기계제작 기능공이었거나, 경리 담당자나 편집자, 건축사, 헤어 디자이너, 이발사, 요리사, 의사, 카피라이터, 회계사, 인테리어 디자이너나 배관공, 혹은 영업사원이었다.

무슨 일이었든, 하는 일은 기술직이었다.

그리고 아마도 당신은 그 일을 매우 잘하고 있었으리라.

하지만 다른 누군가를 위해 그 일을 하고 있었다.

그러던 어느 날 별다른 이유 없이 어떤 일이 일어났다. 날씨나 생일 때문일 수도 있고, 자녀가 고등학교를 졸업했기 때문일 수도 있다. 금요일 오후에 받은 월급 때문일 수도 있고, 평소 잘 맞지 않던 사장의 곁눈질 때문일 수도 있다. 사업이 성공하는 데 당신이 기여한 부분을 사장이 제대로 인정해 주지 않는다는 느낌 때문일 수도 있다.

다른 이유일 수도 있으며, 아무 거라도 상관없다. 하지만 별다른 이유도 없이 어느 날 갑자기 당신은 기업가 열병에 걸렸다. 그리고 그 날부터 삶은 달라졌다.

당신의 내면에선 이런 말이 들려왔다. '무엇 때문에 이 일을 하는 거지? 왜 내가 그 녀석을 위해서 일하는 걸까? 빌어먹을, 난 그 자식만큼이나 이 사업을 잘 알고 있다고. 나 아니었으면, 이 사업은 제대로 굴러가지도 않았어. 멍청한 놈이 사업 하는 데 몸 바친 꼴이군.'

이 말을 가만히 곱씹고 진심으로 받아들인 순간, 당신의 운명은 결정되었다.

무심하게 이어지던 일상을 끊어 내는 흥분이 당신의 영원한 동반자가 되었다.

어딜 가든 독립에 대한 생각이 떠나질 않았다.

사장이 되고 자신의 일을 하고 자신만의 노래를 부른다는 생각에 사로잡혀 이제 떨쳐 버릴 수 없게 되었다.

일단 기업가 열병에 걸리자, 낫지 않았다.

벗어날 수가 없었다.

당신만의 사업을 시작할 수밖에 없었다.

치명적 가정

기업가 열병을 심하게 앓던 당신은 창업을 생각하는 사람이 흔히 범하는 가장 잘못된 가정을 하면서 실패의 길로 들어섰다.

그것은 기술직 출신이라면 누구나 하는 가정이며, 개업에서 폐업에 이르기까지 사업의 전 과정에 영향을 미치는 가정이기도 하다.

어떤 사업의 기술적 직무를 이해한다면 그것은 곧 그 기술적 직무를 수행하는 사업을 이해하는 것이라는 생각, 이것이 바로 치명적 가정이다.

그리고 그것이 치명적인 이유는 전혀 사실이 아니기 때문이다.

사실 그런 가정은 대부분의 작은 기업들이 실패하는 근본 원인이기도 하다.

어떤 사업의 기술적 직무는 그 기술적 직무를 수행하는 사업과는 완전히 별개이다!

그러나 창업을 하는 기술자들은 이런 사실을 알지 못한다.

기업가 열병에 사로잡힌 기술자들에게 사업은 사업이 아닌 그저 일하러 가는 장소일 뿐이다.

그래서 목수나 전기기사, 배관공은 도급업자가 된다.

이발사는 이발소를 연다.

요리사는 식당을 차린다.

헤어드레서는 미용실을 시작한다.

프로그래머는 소프트웨어 사업에 진출한다.

연주자는 악기점을 연다.

그들은 모두 기술적인 부분만 이해하면 그와 관련된 사업을 할 준비가 완벽하게 갖춰졌다고 생각한다.

절대로 그렇지 않다!

사실, 사업의 기술적인 부분을 잘 알고 있다는 것은 훌륭한 강점이 되기는커녕 가장 치명적인 약점이 될 뿐이다.

창업자가 사업의 기술적인 부분을 잘 몰랐다면, 제대로 하는 법을 알려고 했을 것이다. 자기 생각대로 하려 들기보다는 사업을 운영하는 법을 배울 수밖에 없었을 것이다.

진짜 비극은 따로 있다. 기술자가 치명적 가정의 함정에 빠져 버리면, 다른 사람을 위해 일하던 처지에서 자신을 해방시켜 주리라 믿었던 그 사업이 오히려 자신을 옭아맨다.

잘 안다고 생각했던 그 일은 어느 날 갑자기 어찌해야 할지 감도 잡히지 않는 수많은 다른 일들로 바뀌어 버린다.

기업가 열병에 사로잡혀 창업을 했지만, 일을 하는 처지는 예전과 다르지 않다.

기업가가 되리라는 기술자의 꿈은 어느 순간 악몽으로 변해 버린다.

젊은 여자가 파이를 굽는다

젊은 여자가 파이 가게를 시작한다

젊은 여자가 시들어 간다

내가 사라를 만났을 때는, 그녀가 이미 3년 동안이나 사업을 하고 난 후였다. 그녀는 내게 이렇게 말했다. "제 인생에서 가장 긴 3년이었어요."

사라가 운영하는 가게의 이름은 '파이에 대한 모든 것'(가명)이었다.

그러나 정작 사라의 사업에 파이는 없었다. 오로지 일만 있었다. 사라가 했던 일, 사라가 다른 무엇보다 사랑했던 일 그리고 사라가 살아오면서 한 번도 해 본 적 없던 일.

사라가 내게 말했다. "사실 전 이 모든 일이 넌더리가 날 뿐만 아니라(그녀는 두 팔을 펼쳐 우리가 서 있던 작은 가게 안을 가리켰다), 파이 굽는 일이 정말 싫어요(그녀는 거친 소리로 이 단어를 힘주어 말했다). 정말 싫다고요. 파이 생각은 하기도 싫고 냄새조차 싫어요. 파이가 눈에 보이는 것조차 참을 수가 없어요." 그러고 나서 그녀는 울음을 터뜨렸다.

달콤하고 신선한 파이 향이 가게 안에 가득했다.

때는 아침 7시였고, 30분 후면 파이에 대한 모든 것의 문을 열어야 했다. 하지만 사라는 얼이 빠져 있었다.

"7시군요." 내 마음을 읽기라도 한 듯, 사라가 앞치마로 눈물을 훔치며 말했다. "제가 새벽 3시부터 여기 나와 있었던 거 아세요? 준비하려고 2시에 일어났어요. 그때부터 파이를 준비하고, 가게 문을 열고, 손님을 상대하고, 청소하고, 가게 문을 닫고, 장 보러 가고, 판매액을 맞춰 보고, 은행에 가고, 저녁을 먹고, 다음 날 구울 파이를 준비하고 나면 저녁 9시 반이나 10시쯤 되죠. 할 일을 모두 마친 그 시간에, 보통 사람들 같으면 하루를 마무리할 그 시간에, 하느님 맙소사, 저는 다시 앉아서 다음 달 임대료를 어떻게 내야 할지 따져 봐야 한답니다.

이 모든 일이(그녀는 지친 표정으로 자신이 말한 모든 것을 강조하듯이 다시 두 팔을 벌렸다) 제 친한 친구들이 꼬드긴 덕분이에요. 제가 만든 파이 맛이 환상적이라면서 파이 가게를 하지 않는 건 말도 안 된다고 그랬죠. 그리고 더 최악인 건, 제가 그 말을 믿었다는 거예요! 전 예전의 지긋지긋한 직장에서 벗어날 수 있다고 생각했죠. 자유로워진다고 생각했어요. 좋아하는 일을 내 자신을 위해서 할 수 있다고 말이에요."

그녀는 하염없이 눈물을 흘렸고, 난 그녀를 내버려 두었다. 그저 사라가 다음 말을 할 때까지 기다렸다.

그러나 사라는 말하는 대신 그녀 앞에 놓인 커다란 검은색 오븐을 오른발로 걷어찼다.

"빌어먹을!" 그녀가 소리쳤다.

"빌어먹을, 빌어먹을, 빌어먹을!"

그녀가 소리치며 다시 오븐을 걷어찼다. 그러고는 털썩 앉더니 깊게 한숨을 쉬고는 체념한 듯 희미한 미소를 지었다.

"이제 어떻게 하죠?" 속삭이듯 사라가 말했다.

실은 나에게 묻는 게 아니라 스스로에게 던지는 질문이란 걸 알 수 있었다.

사라는 벽에 기대어 자기 발을 내려다보며 한참을 말없이 그렇게 있었다. 벽에 걸린 시계 초침의 째깍거리는 소리만 텅 빈 가게 안에 울려 퍼졌다. 도시가 잠에서 깨어나면서 가게 앞 도로에 자동차들이 분주히 오가는 소리가 들리기 시작했다. 티끌 하나 없는 유리창을 통해 비추는 눈부신 햇살이 계산대 앞의 반짝이는 마룻바닥을 어루만지고 있었다.

사라가 입을 열기를 기다리기라도 하듯 햇살 속에 먼지들이 떠다니는 게 보였다.

사라는 빚더미에 앉아 있었다.

그녀는 이 사랑스러운 가게를 창업하는 데 가진 것 모두를, 아니 그 이상을 갖다 바쳤다.

바닥은 최상품의 오크나무로 깔았다.

오븐은 최고급으로 설치했다.

가장 비싼 제품으로 채운 실내장식은 너무나 매혹적이었다.

파이에 열정을 바쳤듯이 사라는 이 가게에 열정을 다 바쳤다. 어린 시절 그녀는 함께 살던 이모에게서 파이 굽는 법을 배웠고 이내 그 일에 매료되었다.

이모는 사라네 집 주방을 그리고 사라의 어린 시절을 신선하게 구운 파이의 달콤한 향으로 가득 채웠었다. 이모는 파이 만드는 법을 사라에게 가르쳐 주었다. 밀가루 반죽을 치대고, 오븐을 청소하고, 밀가루를 뿌리고, 쟁반을 준비하고, 사과와 체리, 루바브, 복숭아를 정성 들여 자르는 그 모든 과정은 사랑으로 가득 찬 행위였다.

사라가 급한 마음에 서두를 때면 이모는 그녀를 바로잡아 주었다.

이모는 사라에게 이런 말을 하고 또 했다. "사라야, 시간은 많아. 파이를 굽는다는 건 끝마쳐야 하는 어떤 일을 하는 게 아니란다. 그냥 파이를 굽는 거야."

그때 사라는 이모의 말씀을 이해했다고 생각했다.

하지만 이젠 파이를 굽는다는 건 그저 '끝마쳐야 하는 일'에 지나지 않는다는 걸 알게 되었다. 파이를 굽는다는 환상은 이제 깨져 버렸다. 어쨌든 그녀는 그렇게 생각했다.

시계의 초침은 계속해서 큰 소리로 째깍거리고 있었다.

나는 더욱 더 움츠러드는 사라의 모습을 지켜보았다.

감당할 수 없는 빚과 그로 인한 무력감 때문에 그녀가 얼마나 괴로운 심정일지 짐작하고도 남았다. 사라의 이모는 지금 어디 있나? 누가 사라에게 이제 어떻게 해야 할지 가르쳐 줄 것인가?

"사라" 나는 최대한 조심스럽게 입을 열었다.

"지금이 바로 파이에 대해 처음부터 다시 배울 때예요."

기업가 열병을 앓는 기술자는 자신이 너무나 좋아하는 그 일을 택하여 사업을 시작한다. 그러나 너무나 좋아해서 시작했던 그 일은 어느덧 하기 싫은 일이 되어 버리고, 낯설고 불쾌하고 잡다한 업무 속에 묻혀 버린다. 기술자는 자신이 지닌 독특한 기술을 기반으로 창업했지만 어느덧 그 일의 특별함은 사라지고, 생계유지의 도구로 전락해 버린다.

나는 사라에게 기업가 열병에 사로잡힌 기술자들은 누구나 똑같은 경험을 한다고 말해 주었다.

들뜬 마음으로 시작해서, 공포를 느끼고, 기진맥진해졌다가, 결국 체념하게 되는 그런 경험 말이다. 끔찍한 상실감이 엄습한다. 가장 친밀했던 것, 일에서 느꼈던 특별한 관계의 상실뿐만 아니라 목적과 자아의 상실마저 경험한다.

사라는 자신을 판단하지 않고 있는 그대로 봐준다는 기분을 느꼈는지 안도하는 표정으로 나를 바라보았다.

"제가 어떤 상태인지 아시잖아요." 사라가 말했다. "하지만 지금 제가 어떻게 해야 하죠?"

"한 번에 하나씩 차근차근 해나가야 해요." 나는 대답했다.

"해결해야 할 문제는 기술적인 부분에만 있는 게 아니거든요."

2

기업가, 관리자, 기술자

사람은 일생 동안 다양한 개성과 인물 그리고 다양한 '나'로 살아간다.
(그래서 사람들은 타인과 분명히 구별되어 보이려 할 때 '나는', '나를'이라고 말한다)

— 장 바이세, 「자각을 향하여」

아니다. 문제는 기술적인 부분에만 있는 게 아니다.

문제는 그보다 훨씬 복잡하다.

문제는 창업을 하는 모든 사람의 내면에는 기업가, 관리자, 기술자라는 세 가지 인격이 존재한다는 사실이다.

그런데 이 세 가지 인격은 저마다 사장이 되려 할 뿐 아무도 다른 인격을 섬기려 하지 않기 때문에 문제가 복잡해진다.

따라서 이 세 인격은 서로 다른 이에게 지배받지 않기 위해 창업을 한다. 그리고 여기서부터 갈등은 시작된다.

그 문제가 우리 안에서 어떻게 스스로 모습을 드러내는지 보기 위해서, 우리 내면의 다양한 인격이 상호작용하는 방식을 살펴보자. 우리에게 꽤나 친숙한 두 가지 인격인 뚱뚱이와 홀쭉이를 한번 떠올려 보라.

당신은 다이어트 하기로 마음먹었던 적이 있나?

토요일 오후에 당신은 TV 앞에 앉아 운동경기를 보면서 선수들의 체력과 기량에 감탄하고 있다.

두 시간 전에 경기를 보려고 자리에 앉은 당신은 샌드위치를 두 개째 먹고 있다.

불현듯 당신 안에서 누군가 깨어나 이렇게 외친다. "지금 뭐하는 거야? 너를 좀 보라고, 이 뚱보야! 몸이 터질 것 같잖아! 어떻게 좀 해봐!" 그러면 TV 화면 속 운동선수의 모습을 마주한 당신은 굼벵이가 되어 버린 기분이 든다.

누구나 이런 일을 겪은 적이 있다. 우리 내면에서 누군가 깨어나 우리가 어떤 모습이어야 하는지, 그리고 무엇을 해야 하는지에 대해 완전히 다른 그림을 보여 준다. 이 경우에는 그를 홀쭉이라고 부르자.

누가 홀쭉이인가? 그는 바로 절제나 운동, 질서 같은 말을 자주 입에 올리는 사람이다. 홀쭉이는 완고하고 독선적이며 깐깐한 불같은 폭군이다.

홀쭉이는 뚱뚱이를 혐오한다. 가까이 앉는 것조차 싫어한다. 끊임없이 움직여야 하는 활동적인 삶을 산다.

이제 홀쭉이가 주인이 되려 한다. 잘 봐라. 뭔가 바뀌려 한다.

그것을 알아차리기도 전에 당신은 살찌는 음식을 냉장고에서 모두 꺼내 없애 버린다. 그리곤 새 운동화와 아령, 운동복을 산다. 이제 주위의 모든 게 달라지려 한다. 당신은 더 오래 살 기회를 잡았다. 새로운 건강 식이요법을 계획한다. 새벽 다섯 시에 일어나서 5킬로미터를 달리고 여섯 시에 찬물로 샤워를 한 뒤, 토스트 빵과 블랙커피, 자몽 반쪽을 먹는다. 그러고는 자전거를 타고 직장에 출근했다가 일곱 시에 돌아와 다시 3킬로미터를 뛰고 열 시에 잠자리에 든다. 이미 새로운 세상으로 들어섰다!

당신은 정말로 해냈다! 월요일 저녁에 보니 1킬로그램이 빠졌다. 당신은 보스턴 마라톤 대회에서 우승하는 꿈을 꾸며 잠이 든다. 안 될 게 있나? 오늘처럼만 계속한다면, 그건 시간문제일 뿐이다.

화요일 저녁, 당신은 체중계에 올라선다. 또 1킬로그램이 빠졌다! 믿을 수 없을 지경이다. 끝내준다. 살 빼는 기계나 다름없다.

수요일, 당신은 전력을 다한다. 아침에 운동을 한 시간 더 하고, 저녁에도 30분 더 한다.

빨리 체중을 재보고 싶어 견딜 수가 없다. 떨면서 알몸으로 목욕탕에 들어선 당신은 체중이 얼마나 줄었을지 기대감에 한껏 부풀어 있다. 조심스럽게 체중계에 올라서서 내려다본다. 봤더니…… 아무런 변화도 없다. 조금도 줄지 않았다. 화요일과 똑같다.

실망감이 밀려 온다. 조금씩 억울함이 느껴지기 시작한다. "그렇게 운동을 했는데? 그렇게 땀을 흘리고 열심히 했는데? 그런데 달라진

게 아무것도 없어? 말도 안 돼." 하지만 대수롭지 않게 생각한다. 어쨌든 내일은 또 하루가 시작된다. 잠자리에 들면서 목요일엔 더 열심히 하자고 다짐한다. 하지만 왠지 뭔가 달라졌다.

목요일 아침이 되어서도 뭐가 달라졌는지 깨닫지 못한다.

비가 오고 있다.

방은 춥다.

뭔가 다른 기분이다.

뭐지?

잠시 동안은 그게 뭔지 딱 꼬집어 알 수 없다.

그러다 그게 뭔지 깨닫게 된다. 또 다른 누군가가 당신의 몸속에 있다.

바로 뚱뚱이다!

그가 다시 돌아왔다!

뚱뚱이는 뛰고 싶어 하지 않는다.

솔직히 말하면, 그는 침대 밖으로 나가는 것조차 싫어한다. 밖은 춥다. "뛴다고? 장난해?" 뚱뚱이는 운동과 관련된 아무것도 하고 싶지 않다. 그가 관심 있어 하는 운동이라고는 먹는 일뿐이다.

어느 순간 당신은 냉장고 앞에 서 있는 자신을 발견한다. 냉장고에 머리를 들이밀고 부엌 여기저기를 돌아다닌다!

이제 먹는 일이 당신의 주요 관심사이다.

마라톤은 물 건너갔다. 탄탄한 근육질의 몸도, 운동복과 아령과 운동화도 모두 잊혔다.

뚱뚱이가 돌아왔다. 그가 다시 나를 지배한다.

그런 일은 우리 모두에게 수시로 반복해서 일어난다. 우리 스스로를 한 인격체라고 착각했기 때문이다.

그리고 홀쭉이가 모든 걸 바꾸기로 마음먹었을 때조차도 우리는 그런 결정을 한 주체가 바로 나라고 의심 없이 믿는다.

그리고 뚱뚱이가 깨어나 다시 모든 걸 바꾸어 놓았을 때, 우리는 그런 결정을 한 주체 역시 바로 나라고 생각한다.

뚱뚱이와 홀쭉이는 필요도, 관심사도, 생활방식도 완전히 다른 두 개의 인격체다. 그러니 그 둘은 서로를 싫어할 수밖에 없다. 둘이 원하는 게 완전히 다르다.

문제는 홀쭉이 인격이 당신을 지배하면 그의 필요와 관심사, 생활방식에 완전히 사로잡힌다는 사실이다.

그런 다음 어떤 일이 일어난다. 체중계가 당신을 실망시키고, 날씨는 추워지고, 누군가 당신에게 햄 샌드위치를 권한다.

그 순간, 뒤에서 내내 기다리고 있던 뚱뚱이가 당신의 관심을 끈다. 당신을 사로잡는다.

당신은 다시 뚱뚱이가 된다.

달리 말하면, 홀쭉이일 때는 언제나 뚱뚱이가 지킬 약속을 하고, 반대로 뚱뚱이일 때는 언제나 홀쭉이가 지킬 약속을 한다.

우리 스스로를 다잡으며 그렇게 힘겨운 시간을 보내야 한다는 게 놀랍지 않은가?

그것은 우리가 우유부단하거나 믿을 수 없기 때문이 아니라, 우리 각자, 우리 모두가 완전히 다른 인격, 각각 독특한 관심과 행동양식을 지닌 인격들로 이루어진 인격의 집합체이기 때문이다. 한 인격에게 다른 어떤 인격을 따르라고 요구한다면, 이는 싸우자고 하거나 심지어 전면전을 벌이자는 것이다.

뚱뚱이와 홀쭉이 사이에 갈등을 경험한 적이 있는 사람이라면 누구나(누구나 한번쯤은 경험하지 않나?) 내가 무슨 말을 하는지 알리라. 당신은 둘 다가 될 수 없으며, 어느 한쪽은 져야 한다. 그 둘 모두 그 사실을 잘 알고 있다.

자, 이것이 바로 작은 기업의 사업주라면 누구나 그 내면에서 치러야 할 전쟁의 형태다. 하지만 그것은 기업가, 관리자, 기술자라는 세 인격 사이에서 벌어지는 삼각 전투이다. 안타깝게도 누구도 이길 수 없는 전투다.

그들 사이의 차이를 이해하면 왜 그런지 금방 알게 될 것이다.

기업가

기업가 인격은 지극히 평범한 상황을 특별한 기회로 바꾼다. 기업가는 우리 내면의 공상가이자 몽상가이며, 모든 인간 활동의 원동력이자 미래라는 불꽃을 당기는 상상력이다. 그리고 변화의 촉매제이다.

기업가는 과거나 현재가 아닌 미래를 살아간다. 그는 '이렇게 하면 어떻게 될까'를 자유롭게 상상할 때 가장 행복하다.

과학계에서 기업가 인격은 입자물리학, 순수수학, 이론천문학처럼 가장 추상적이고 비실용적인 분야에서 능력을 발휘한다. 예술계에서 기업가 인격은 아방가르드와 같은 난해한 영역에서 만개한다. 사업계에서 기업가 인격은 혁신가이자 위대한 전략가, 시장진입이나 신규시장 창출을 위한 새로운 방법의 창조자 그리고 시어스 로벅, 헨리 포드, IBM의 토머스 왓슨, 맥도날드의 레이 크록처럼 세계를 정복한 거인이다.

기업가는 미지의 세계를 탐색하고, 미래를 자극하고, 기회로부터 가능성을 찾고, 혼돈을 화합으로 바꾸어 놓는데 언제나 최선을 다하는, 우리 내면의 창조적 인격이다.

강력한 기업가 인격은 언제나 모든 걸 자신의 통제 하에 두고 싶어 한다. 자신이 상상하는 미래의 삶을 위해 그는 현재의 사람들과 사건들을 통제함으로써 자신의 꿈에 집중할 수 있기를 원한다.

다 바꿔 버리겠다는 열망으로 가득 찬 기업가는 주변을 들쑤셔 뒤집어 놓으며, 따라서 그의 계획에 동참한 사람들은 불안해질 수밖에 없다.

결국 그는 다른 사람들은 아랑곳하지 않고 혼자서 빠르게 앞서 나간다.

그가 더 멀리 앞서 나갈수록 동료들을 끌고 가기가 점점 더 힘들어진다.

그러면서 그는 이렇게 생각한다. '세상에 기회는 널려 있는데, 죄다

머뭇거리는 인간들로만 가득 차 있군.'

어떻게 하면 머뭇거리는 사람들에게 발목을 잡히지 않고 기회를 좇을 수 있을까? 그것이 기업가의 고민이다.

이제까지 그가 해 온 방식은 괴롭히고, 희롱하고, 비난을 퍼붓고, 비위 맞추고, 회유하고, 소리치고, 이도저도 안 될 때는 사업을 계획대로 밀고 나갈 수만 있다면 뭐든지 약속해 주는 것이다.

기업가에게 사람들 대부분은 꿈을 향해 나아가는 데 방해가 되는 골칫거리들일 뿐이다.

관리자

관리자 인격은 실용적이다. 관리자가 없다면, 계획이나 질서도 없으며 뭔가를 예측할 수도 없었을 것이다.

관리자 인격은 우리가 지닌 다음과 같은 모습의 일면이다. 시어스에 가서 플라스틱 상자를 몇 개 산 다음, 차고로 들고 와서는 다양한 크기의 너트, 볼트, 나사들을 각자 깨끗하게 이름표를 붙인 상자에 체계적으로 분류하여 정리한다. 그런 다음 여러 도구들을, 가령 한쪽 벽에는 잔디 손질 도구들을 걸고 다른 쪽 벽에는 목공 도구들을 거는 식으로 벽에다가 완벽하게 정리하고, 위치가 뒤죽박죽되는 일이 절대로 생기지 않도록 도구가 걸려 있는 벽에다 각 도구의 그림까지 그려 놓는다!

기업가가 미래에 산다면, 관리자는 과거에 산다.

기업가가 지배를 갈망하는 반면, 관리자는 질서를 갈망한다.

기업가가 변화를 즐기는 데 반해, 관리자는 현재의 상황에 강박적으로 매달린다. 사건들 속에서 기업가는 늘 기회를 포착하지만, 관리자는 늘 문제를 찾아낸다.

관리자는 집을 짓고 나서 거기에 영원히 산다. 반면에 기업가는 집을 짓자마자 다음 집을 지을 계획을 세우기 시작한다.

기업가가 뭔가를 창조하면, 관리자는 그것을 깨끗하고 질서 정연하게 정리한다. 관리자는 기업가를 뒤쫓아 다니며 그가 어질러 놓은 것을 치우는 사람이다. 기업가가 없으면, 치울 일도 없다. 관리자가 없었다면, 사업도 사회도 없었을는지 모른다. 반면에 기업가가 없었다면, 혁신이 없었으리라.

기업가의 비전과 관리자의 실용주의 사이에는 긴장이 존재하며, 바로 그런 긴장이 모든 위대한 성취의 근원이 되는 통합을 창조해 낸다.

기술자

기술자는 실행하는 사람이다.

'제대로 하고 싶다면 직접 하라'는 말이 기술자의 신조다.

기술자는 만지작거리기를 좋아한다. 뭔가를 분해했다가 다시 조립한다. 그것은 꿈꿀 대상이라기보다 끝마쳐야 할 대상이다.

기업가가 미래에 살고 관리자가 과거에 산다면, 기술자는 현재에 산다. 기술자는 사물의 감촉, 그리고 그것을 끝마칠 수 있다는 사실을 좋아한다.

일을 하는 한 기술자는 행복하지만, 그는 한 번에 한 가지 일만 한다. 한꺼번에 두 가지 일을 끝마칠 수 없으며 어리석은 사람만 그렇게 하려 한다고 생각한다. 그래서 그는 꾸준히 일을 하고 자기 생각대로 작업 과정을 진행해 갈 때 가장 행복해 한다.

결과적으로 기술자는 고용주를 신뢰하지 않으며 그 이유는 고용주들이 언제나 가능하거나 필요한 것 이상으로 일을 시키려 하기 때문이다.

끝마쳐야 할 일에 대해 생각하는 게 아니라면 기술자에게 생각은 비생산적인 활동이다.

따라서 기술자는 고상한 아이디어나 관념 따위는 신뢰하지 않는다.

생각한다고 일이 되는 것은 아니며, 오히려 방해만 된다.

기술자는 아이디어가 아니라 실질적인 '작업 방법'에 관심이 있다.

기술자에게 어떤 가치라도 지니려면 모든 아이디어는 방법론으로 구체화되어야 한다.

기술자는 자기가 없었더라면 세상은 지금보다 더 어려움에 처했을 거라고 생각한다. 많은 사람들이 그 일에 대해 생각만 하고 어느 것 하나 제대로 끝내지 못하고 있었을 것이다.

달리 표현하면, 기업가는 꿈을 꾸고, 관리자는 조바심을 내며, 기술자는 심사숙고한다.

기술자는 자기주장을 굽히지 않는 확고한 개인주의자이며, 오늘 저녁식사에 먹을 오늘의 빵을 만들어 내는 사람이다. 그는 모든 문화적 전통의 중추이며, 특히 가장 중요한 점은 우리 모두의 중추라는 사실이다. 기술자가 제 역할을 못했다면, 아무것도 제대로 마무리되지 못했을 것이다.

모두가 기술자에게 방해만 된다.

기업가는 끊임없이 '훌륭한 새 아이디어'를 내놓아 항상 기술자의 하루를 망쳐 놓는다.

다른 한편으로 기업가는 기술자가 할 만한 새롭고 흥미로운 일을 항상 생각해 냄으로써 어찌 보면 공생 관계를 형성하는 듯 보이기도 한다.

하지만 안타깝게도 그런 방향으로 일이 진행되는 경우는 거의 없다.

기업가가 내놓은 아이디어들은 대부분 현실적이지 못하기 때문에, 기술자들은 어차피 끝마칠 필요도 없는 뭔가 새로운 것을 시도하느라 정작 정말로 끝마쳐야 할 일을 제대로 하지 못하게 되어 좌절하거나 짜증을 내는 일이 다반사로 일어난다.

관리자도 역시 기술자에게는 골칫거리인데 그 이유는 관리자가 기술자를 '시스템'의 일부분으로 생각하여 기술자를 그저 작업 지시를 내릴 대상으로 폄하해 버리기 때문이다.

그러나 철저한 개인주의자인 기술자는 그런 식의 대접을 참지 못한다.

기술자에게 '시스템'은 비인간적인데다 차갑고 인간미도 없는 냉정한 것이며 기술자의 개성과도 전혀 맞지 않는다.

일은 사람이 하는 것이다. 사람이 하지 않는 한, 일은 이질적인 뭔가가 되어 버린다.

하지만 관리자에게 일이란 기술자가 부속품이 되어 만들어 낸 어떤 시스템일 뿐이다.

따라서 관리자에게 기술자는 관리해야 할 대상인 반면, 기술자에게 관리자는 피해야 할 잔소리꾼이다.

그 둘 모두에게 기업가는 애초에 그들을 곤경에 빠뜨린 장본인이다!

사실 우리 내면에는 기업가, 관리자, 기술자가 모두 들어 있다. 그리고 이 세 가지 인격이 똑같이 균형을 이룬다면, 우리는 그런 사람을 믿을 수 없을 만큼 유능한 사람이라고 말하곤 한다.

기업가가 자유롭게 새로운 관심 영역으로 빠르게 나아가면, 관리자는 운영의 기틀을 공고히 하고, 기술자는 기술적인 작업을 수행할 것이다.

각자는 자신의 분야에서 최선을 다함으로써 만족을 얻고, 가장 생산적인 방식으로 전체에 기여할 것이다.

안타깝게도 우리의 경험에 의하면 창업을 한 사람들 중에 그런 균형의 축복을 받은 사람은 거의 없다. 대신에 전형적인 소기업 사업주들

을 보면, 기업가 인격은 10%, 관리자 인격은 20%에 불과하고, 기술자 인격이 70%를 차지하고 있다.

기업가는 비전을 발견한다.

관리자는 '오, 아니야!'라고 외친다. 그리고 두 인격이 필사적으로 싸우는 동안, 기술자는 자신이 직접 창업할 기회를 노린다. 하지만 기업가로서의 꿈을 실현하기 위해서가 아니라, 다른 두 인격에게서 자신의 일에 대한 통제권을 빼앗고야 말겠다는 생각으로 창업을 한다.

기술자의 꿈이 실현된다. 다른 사장들은 사라졌다.

하지만 사업에는 재앙이 된다. 엉뚱한 사람이 배의 키를 잡았으니 말이다.

기술자가 총책임자가 되었다!

사라는 다소 위축된 듯 보였다.

그녀는 이렇게 말했다. "이해가 안 돼요. 제가 달리 어떻게 할 수 있었을까요? 창업을 한 건 파이 굽는 걸 좋아했기 때문이에요. 그게 전부예요. 그런데 그게 아니라면, 어떻게 했어야 하죠?" 사라는 마치 내가 이미 가망 없는 상황을 훨씬 더 어렵게 만들려고 한다는 듯, 의심의 눈길로 내 얼굴을 쳐다보았다.

"자, 같이 생각해 봅시다." 내가 대답했다.

　"사업가의 내면에 하나가 아닌 세 가지 인격이 있는 게 사실이라면, 그게 상황을 얼마나 엉망으로 만들지 상상이 가세요? 한 인격은 이걸 원하는데 다른 인격은 저걸 원하고 또 다른 인격은 전혀 다른 어떤 걸 원한다면, 우리 삶에 얼마나 큰 혼란이 생길지 상상할 수 있어요? 그리고 우리를 혼란스럽게 하는 건 우리 내면에 있는 인격들만이 아니에요. 우리가 만나는 다른 모든 사람들, 가령 고객이나 종업원, 자녀, 동료, 부모, 친구, 배우자, 애인의 내면에 있는 인격들도 우리를 혼란스럽게 만듭니다. 그게 사실이라면, 그리고 그것이 사실인지 아닌지 알아보기 위해서라도, 당신은 마치 저 위에서 내려다보거나 몸 밖으로 나와서 바라보듯이, 아니면 제3자의 눈으로 바라보듯이, 매일매일 당신 자신을 살펴보아야 합니다. 다시 말하면, 하루 내내 당신 스스로를 관찰하는 거죠. 그러면 다른 인격들이 모습을 드러내고, 그들이 제각기 날뛰는 광경을 보게 될 것입니다. 그리고 그 인격들이 각자의 자리는 물론 다른 인격이 차지한 자리까지 빼앗기 위해서 어떻게 싸우는지, 있는 힘을 다해서 어떻게 서로를 방해하는지 알게 될 것입니다.

당신의 사업에서도 보세요. 한편으로는 정돈된 느낌을 원하지만, 다른 한편으로는 미래를 꿈꾸기도 하지요. 그런가 하면 쉬는 걸 참지 못하고 당장 빵을 굽고 청소하고 고객을 기다리면서 하여튼 내내 뭔가를 하지 않으면 죄책감을 느끼는 일면도 있습니다.

요컨대, 당신의 내면에서 기업가는 꿈을 꾸고 계획을 세우고, 관리자는 끊임없이 현상 유지를 하려고 하며, 기술자는 다른 두 인격을 미치게 만드는 거죠. 내면의 인격들이 서로 균형 잡힌 관계를 유지하지 못한다는 사실도 문제지만, 더욱 중요한 건 균형을 유지할 수 있느냐 없느냐에 당신의 삶이 달려 있다는 사실입니다. 균형을 찾을 때까지는 전쟁입니다! 아무도 이길 수 없는 전쟁이죠.

또한 셋 중에(아니면 넷이나 다섯, 여섯일 수도 있죠) 가장 강력한 인격이 있어서 늘 다른 인격들을 어떻게든 통제하려 합니다. 사실 충분한 시간을 두고 지켜보면, 가장 강력한 인격의 독재 때문에 당신의 삶이 얼마나 황폐화되는지 이해하게 될 거예요. 그리고 균형이 깨져 그 세 가지 인격 모두 골고루 기회와 자유, 성장에 필요한 영양을 공급받지 못하면, 당신의 사업은 한 인격에 치우쳐 있는 당신의 모습을 그대로 반영할 수밖에 없죠.

따라서 질서를 잡을 관리자나 직접 일을 하는 기술자가 없는 기업가만의 사업은 시작부터 어려움에 처해 결국 파국을 맞이할 수밖에 없는 운명에 놓입니다. 그리고 상당히 중요한 역할을 하는 기업가나 기술자가 없이 관리자가 주도하는 사업은 작은 회색 상자에 물건을 정리하는 일만 반복하는 꼴이 되어, 어느 순간 물건이나 상자가 하등의 필요가 없다는 사실을 깨닫게 됩니다. 그러나 그땐 이미 늦습니다! 그런 사업은 정말 흔적도 없이 사라질 거예요.

그리고 이끌어 주는 기업가나 감독하는 관리자가 없는 기술자 주도의 사업에서 계속 일만 하던 기술자는 아침에 일어나 일하러 가는 걸 갈수록 힘들어 하다 결국 나가떨어질 겁니다. 누군가 가게를 뚫고 지나가는 고속도로를 놓아도 한참 후에야 알게 될 정도로 그냥 일만 하죠!"

사라는 반신반의하는 표정으로 나를 바라보았다.

"하지만 전 기업가가 아닌 걸요." 그녀가 말했다.

"파이 굽는 게 제가 할 줄 아는 전부예요. 제가 이제까지 원했던 것도 당신이 말한 기술자처럼 파이를 굽는 일뿐이었어요. 기업가 인격이 없으니, 저는 끝난 것 같다는 생각이 드네요. 제 안에 기업가가 없다면, 어떻게 해야 하죠?"

점점 재미있어진다는 생각에 나도 모르게 미소가 지어졌다. 내면에 미처 깨닫지 못하던 누군가가 존재한다는 사실을 사라가 결국은 알게 되리라고 생각했기 때문이었다.

"사라, 그 문제의 답을 찾기 전에, 우선 기업가가 하는 일이 무엇인지 좀 더 자세히 살펴봅시다." 내가 대답했다.

"기업가는 사업주인 당신과는 별개인 어떤 실체이자 사업을 구상하는 일을 합니다. 다른 사업이 아닌 이 사업을 하려는 이유에 대해 반드시 필요한 질문을 해 보는 일이죠. 왜 정비소가 아닌 파이 가게일까요? 파이 굽는 사람이라면, 파이 가게를 열자고 생각해 버리기가 쉽죠. 하지만 바로 그 점이 문제입니다. 당신이 파이 굽는 기술을 가진 사람인데 기업가 역할을 해 보기로 마음먹었다면, 파이 굽는 기술일랑 일단 내려놓고, 진정한 기업가 인격에게는 너무나도 익숙한 내면의 대화를 나누어 보아야 합니다.

당신 자신에게 이렇게 말해 보세요. '새로운 삶을 창조할 시간이야. 나의 상상력에 도전하고 완전히 새롭게 태어나는 여정을 시작할 시간이라고. 그리고 기회로 가득 찬 이 넓고 넓은 세상에서 새 삶을 시작하는 가장 좋은 방법은 흥미진진한 새로운 사업을 하는 거야. 원하는 모든 것을 내게 줄 수 있는 사업, 내내 얽매여 있을 필요가 없는 사업, 놀랄 만큼 특별해질 잠재력을 지닌 사업, 첫 거래를 한 사람들이 오랫동안 그에 대해 이야기하고 유쾌한 경험에 매료되어 다시 찾게 되는 그런 사업 말이야. 그런 사업이 뭐가 있을까?'"

나는 사라에게 말했다. "'그런 사업이 뭐가 있을까?' 그것이 바로 진정으로 기업가다운 질문입니다. 저는 그걸 꿈꾸는 질문이라고 부르죠. 끊임없이 '뭐가 있을까'라고 묻는 일이야말로 기업가 역할의 핵심입니다."

나는 계속해서 말했다. "그러니까 기업가의 역할은 의문을 품어 보는 거예요. 상상하고 꿈꾸고, 이성의 한계 너머나 가슴 깊숙한 곳 어딘가에 떠 있을 가능성들을 혼자 힘으로 모을 수 있는 만큼 모아 생각해 보는 거죠. 과거가 아닌 미래를 지향하면서 말이에요. 그것이 바로 창업을 하고 사업을 진행해 가는 각 단계마다 기업가 인격이 해야 할 일입니다. '뭐가 있을까?' 그렇게 끊임없이 묻는 거죠. 마치 발명가나 작곡가, 화가, 공예가, 물리학자라면 누구나 반드시 그래야 하듯이, 그리고 파이 굽는 사람이라면 반드시 그래야 하듯이 말입니다. 저는 그걸 미래의 일이라고 부르죠. 의문을 품는 것이 바로 기업가 인격이 해야 할 일입니다."

사라가 애써 감추려 했지만, 그녀의 입가에 작은 미소가 번지는 게 보였다.

"어떻게 하면 다르게 할 수 있을까요?" 마침내 사라가 조금씩 자신감을 회복하는 표정으로 내게 물었다. "제 안에 진정한 기업가가 생긴다면, 어떻게 해야 이 사업을 완전히 바꿀 수 있을까요?"

"바로 그거예요!" 내가 외쳤다. "그렇게 물어야 하는 거라고요. 그 답을 찾기 위해서 먼저 소기업 생애주기small business life cycle 가운데 현재 사라의 사업이 어디쯤 있는지 살펴봅시다."

3

유아기 : 기술자 시기

내 삼촌 솔이 스컹크 농장을 했는데 어느 날 그만 스컹크들이 감기에 걸려
죽어 버렸지 뭐야. 그랬더니 내 삼촌 솔이 교묘하게 스컹크 흉내를 내더군…

– E. E. 커밍스, 「시 모음집」

사람과 마찬가지로 사업도 성장을 하며, 성장을 하면 변화가 따른다는 사실은 두말할 필요도 없다.

불행하게도 대부분의 사업이 이런 원칙을 간과한 채 운영된다. 그 대신 대부분의 사업은 사업 자체의 필요가 아닌 사업주의 필요에 따라 운영된다.

그리고 사업체를 운영하는 기술자는 성장이나 변화가 아닌 정반대의 것을 바란다. 기술자는 일하러 갈 장소, 원하는 때에 마음대로 할 수 있는 자유, 다른 사람을 위해 일하는 속박에서 벗어날 자유를 원한다.

안타까운 일이지만, 기술자가 원하는 것들 때문에 사업은 시작하기

도 전에 불행한 결말을 예고한다.

왜 그런지 알아보기 위해, 사업의 성장 과정을 유아기, 청소년기, 성인기의 세 단계로 나누어 살펴보자.

각각의 단계를 이해하고 각 단계마다 사업주의 마음에 어떤 일이 벌어지는지를 이해하는 일은 대부분의 작은 기업이 실패하는 원인을 밝혀내고 성공 가능성을 높이는 데 있어 매우 중요하다.

떠받들어야 했던 사장은 이제 사라지고 기술자인 당신은 드디어 자유의 몸이 된다. 마침내 당신만의 사업에서 당신만의 일을 할 수 있게 되었다. 희망이 하늘을 찌른다. 대기는 가능성으로 충만하다. 마치 여름방학을 맞이한 듯하다. 새롭게 찾은 자유에 도취되어 간다.

처음엔 사업을 위해 할 일이 아무리 많아도 괜찮다. 기술자인 당신은 '죽어라 일하는' 데엔 익숙하니까. 그래서 유아기 동안에는 억지로가 아니라 기쁜 마음으로 사업에 시간을 쏟는다. 끝마쳐야 할 일이 있으며 그것이 당신에게는 최우선이다. 결국 당신은 일벌레가 된다. '더구나 이건 나를 위한 일이야'라고 당신은 생각한다.

당신은 계속해서 일을 한다. 하루 열 시간, 열두 시간, 열네 시간씩 일을 하는 것도 모자라 일주일 내내 일을 한다. 집에 있을 때조차 일 생각뿐이다. 모든 생각과 감정이 새로 시작한 사업을 중심으로 돌아간다. 사업 생각이 한시도 머리에서 떠나질 않는다. 사업에 몰두한 나머지, 사업을 유지하는 데 필요한 일이라면 뭐든지 한다.

하지만 이제 당신은 잘 아는 일만 하는 게 아니라 잘 모르는 일도 하고 있다. 만드는 일 외에 구매하고 판매하고 운송하는 일도 한다. 유아기 동안에 당신은 허공으로 여러 개의 공을 돌리는 저글링의 대가가 되어야 한다.

유아기에 있는 사업은 쉽게 알아볼 수 있다. 왜냐하면 사업주가 바로 사업 그 자체이자 한 몸이기 때문이다.

유아기 사업에서 사업주를 빼고 나면, 아무것도 남지 않는다. 사업 자체가 사라져 버린다!

유아기 때는 당신이 바로 사업 그 자체이다.

심지어 상호명도 '조 이발소JOE'S PLACE,' '토미 인쇄소TOMMY'S JOINT,' '메리 식당MARY'S FINE FOOD'처럼 당신의 이름을 따서 짓는다. 그래야 손님들이 당신이 주인이라는 걸 잊지 않을 테니까.

그리고 행운이 따른다면, 이제 그 모든 수고와 걱정, 노력이 결실을 맺기 시작한다. 당신은 성실하게 열심히 일했고, 고객은 그걸 기억한다. 고객들이 다시 찾아오고, 친구들에게도 소개한다. 그 친구들이 또 그들의 친구들을 데리고 온다. 그리고 그들 모두 조와 토미, 메리에 대해 이야기한다. 그들 모두 당신에 대해 이야기한다.

고객들이 하는 말대로라면, 조와 토미, 메리 같은 사람은 일찍이 없었다. 조와 토미, 메리를 마치 오랜 친구처럼 생각한다. 돈을 벌려고 열심히 일을 할 뿐만 아니라 솜씨까지 훌륭하다. 조는 내가 가 본 중에 최고의 이발사다. 토미는 내가 이용해 본 중에 가장 잘하는 인쇄소이다. 메리는 내가 먹어 본 중에 가장 맛있는 콘비프를 만든다. 고객들은 당신에게 열광하고, 떼를 지어 몰려든다.

당신은 너무나 행복하다.

하지만 그때 뭔가 달라진다. 처음엔 알아채기 어렵지만, 갈수록 분명해진다. 당신은 허덕이고 있다. 감당할 수 없을 만큼 일이 쌓인다. 그러나 고객들은 수그러들 줄을 모른다. 그들은 당신을 원한다. 고객들은 이제 다른 어느 누구에게도 만족하지 못하며, 당신이 그렇게 만들었다. 당신은 눈썹이 휘날리게 일을 한다.

그러다가 피할 수 없는 일이 벌어지고 만다. 저글링의 대가인 당신이 공을 떨어뜨리기 시작한다!

그럴 수밖에 없다. 당신이 제 아무리 노력해도, 그 모든 걸 다 감당할 수는 없기 때문이다. 고객과 일에 대한 열정이 시들어 간다. 예전엔 안 그랬건만, 이젠 약속 날짜를 넘기는 일이 생긴다. 제품에 하자가 생기기 시작한다. 그 어떤 것도 처음에 하던 대로 할 수 없을 듯하다.

조의 이발소가 예전 같지 않다. "옆이 아니라 뒤를 짧게 해 달라고 말씀드렸는데요." "제 이름은 프레드가 아니에요. 그건 제 동생이라고요. 전 스포츠머리 한 적 없어요!"

토미의 인쇄물에 오자나 잉크 얼룩, 맞지 않는 색깔이나 엉뚱한 종이 같은 하자가 나타나기 시작한다. "전 명함이 아니라, 카탈로그 표지를 주문했다고요." "뭐야, 분홍색이네? 갈색이라고 말했잖아요!"

메리가 만들던 '세계에서 가장 맛있고 가장 양도 많은 콘비프'는 돌연 파스트라미(양념한 소고기를 훈제하여 차게 식힌 것 - 옮긴이)처럼 보인다. 이제 보니 파스트라미가 맞다. "파스트라미 시키지 않으셨어요?" 한쪽에선 짜증난 목소리로 "난 파스트라미 샌드위치를 시켰다고요. 이건 콘비프잖아요!" 하고 외치고, 다른 쪽에선 "이게 뭐야? 미트로프에 완두콩이 들어 있잖아?" 하고 소리친다.

어떻게 해야 할까? 당신은 더 열심히 일한다. 더 많은 시간과 에너지를 쏟는다.

전에 열두 시간씩 일했다면, 이젠 열네 시간씩 일한다.

전에 열네 시간씩 일했다면, 이젠 열여섯 시간씩 일한다.

전에 열여섯 시간씩 일했다면, 이제 스무 시간씩 일한다. 그런데도 공을 놓치는 일이 자꾸만 생긴다!

문득 조와 토미, 메리는 상호에 자신의 이름이 없었으면 한다.

문득 숨고 싶어진다.

눈코 뜰 사이 없는 바쁜 일주일을 보내고 난 어느 토요일 늦은 밤, 지난주에 끝내지 못한 일들과 다음 주에 해야 할 일을 생각하던 당신은 장부를 찬찬히 살펴보며 어떻게든 그 엉망진창인 상황을 이해해 보려 애쓰고 있다. 그러다 어느 순간 당신은 이런 상황이 결코 끝나지 않으리라는 사실을 깨닫는다. 당신 혼자서 그 모든 일을 해낸다는 건 절대로 불가능하다!

자유로워졌다고 생각했었지만, 이젠 사업 자체가 사장이 되어 나를 지배하고 있다는 사실을 퍼뜩 깨닫는다. 난 자유로워진 게 아니다!

사업주가 이전의 방식으로는 사업을 계속해서 꾸려갈 수 없다는 사실을 깨달을 때, 그 때가 바로 유아기가 끝나는 시점이다. 즉, 살아남으려면 변해야 한다.

현실의 벽을 실감하게 되는 이런 때에 대부분의 사업은 실패로 끝이 난다. 그런 상황이 벌어지면, 대부분의 기술자들은 문을 걸어 잠그고 떠나버린다.

하지만 살아남으면 청년기로 나아간다.

사라의 표정이 다시 어두워지기 시작했다. 나는 전에도 무수히 많은 고객의 얼굴에서 그런 표정을 보아 왔다. 사업주로 변신한 기술자들이 갑자기 현실의 벽에 부딪혔을 때, 절망감이 엄습해 올 수 있다. 감당할 수 없을 것처럼 보이기도 한다. 하지만 나는 사라가 절대로 포기하지 않고 맞서 싸워 결국 모든 걸 이해하리라는 것을 직감적으로 알 수 있었다.

"아직도 잘 모르겠어요. 기술자라서 뭐가 잘못됐다는 거죠? 전 제 일을 사랑했다고요. 그리고 이 모든 잡다한 다른 일들을 할 필요가 없었다면, 전 여전히 제 일을 사랑하고 있었겠죠!" 사라가 말했다.

"당연히 그랬겠죠. 그리고 제가 하고 싶은 말이 바로 그거예요!" 내가 대답했다.

"기술자라서 문제될 건 없어요. 사업체를 소유한 기술자라서 문제가 될 뿐이죠! 사업주가 됐는데도 당신의 시각은 기술자를 벗어나지 못하고 있으니까요. 세상을 볼 때, 숲을 보는 게 아니라 나무부터 보는 겁니다. 전략적 시각이 아닌 전술적 시각만 있어요. 당신에게는 끝마쳐야 할 일만 보인다고요. 이제까지 그래왔으니, 일을 하는 데만 급급한 겁니다! 당신이 생각하기에 사업이란 다양한 형태의 끝마쳐야 할 일을 모아 놓은 것에 지나지 않습니다. 사실은 그 이상인데 말이죠.

원하는 게 일이라면, 다른 사람이 운영하는 사업체에 취직하세요! 하지만 당신의 사업을 시작했다면 일하러 다니진 마세요. 왜냐하면 일하고 전화 받고 파이 굽고 창문과 바닥을 쓸고 닦고 그밖에 이런저런 잡다한 일에 정신이 팔려 있는 동안 훨씬 더 중요한 일은 손도 대지 못할 테니까요. 당신이 하지 않고 있는 일, 다시 말하면 기업가로서 해야 할 전략적인 일이야말로 사업을 앞으로 나아가게 하고 지금껏 알지 못하던 새로운 인생을 선사해 줄 바로 그런 일이라고요."

나는 진심 어린 미소를 머금고 말했다. "그래요. 기술자로서 하는 일에 무슨 문제가 있는 건 결코 아니에요. 사실 그 일은 순수한 기쁨을 주기도 하죠.

기술자가 다른 인격들을 모두 삼켜 버리고 하루를 일로 다 채우면서 사업 키우는 법을 적극적으로 배우려 하지 않을 때가 문제죠. 참으로 멋진 중소기업으로 키우고 발전시키는 데 반드시 필요한 기업가의 역할, 그리고 매일매일 운영상의 균형을 잡고 기초를 탄탄히 하는 데 지극히 중요한 관리자의 역할을 기술자가 하지 않을 때, 그 때가 문제인 겁니다.

위대한 기술자가 되는 것만으로는 훌륭한 기업을 일구기에 불충분합니다. 기업가 열병에 사로잡힌 기술자들이 대개 그러하듯이 사업의 기술적인 부분에만 함몰되다 보면 결국 종착점은 하나예요. 혼란스럽기 짝이 없고 좌절감만 주는, 그래서 결국엔 품위까지 떨어지는 그런 일이 되는 거라고요!

사라, 당신이나 나나 그게 어떤 기분인지 잘 알아요. 기술자의 시각으로 사업을 바라보는 한, 이런 상황에서 벗어나기란 불가능하다는 걸 알겠어요?" 나는 최대한 부드럽게 그녀에게 물었다.

여전히 어떻게 바꿔야 할지를 고민하고 있는 사라의 표정이 눈에 들어 왔다. 사라가 내가 예상했던 질문을 하기까지는 그리 오래 걸리지 않았다.

"하지만 내가 일을 하지 않으면 가게가 어떻게 될지 상상조차 할 수가 없네요. 늘 내가 해 오던 일이었는데요. 내가 하지 않으면, 손님들이 다른 데로 가버릴지도 몰라요. 정말로 뭐가 잘못된 건지 제가 아직도 잘 이해하지 못하고 있나 봐요." 사라가 말했다.

"자, 한번 생각해 보세요. 당신의 스타일, 성격, 모습, 재능, 일하고자 하는 의지, 나아가 당신의 존재 자체에 전적으로 좌우되는 사업인데 거기서 당신이 빠진다면, 당연히 고객들은 다른 곳으로 가버리겠죠. 그렇지 않겠어요?" 내가 말했다.

"그런 식으로 사업을 하면 고객들은 사업체의 능력이 아닌 당신의 능력을 보고 원하는 것을 얻고자 찾아오게 됩니다. 그게 바로 잘못됐다는 겁니다!

당신이 가게에 있고 싶지 않으면 어쩌죠? 다른 곳에 가고 싶다면요? 휴가를 가거나 집에서 쉬거나 책을 읽거나 정원을 가꾸거나, 혹은 안식 기간을 갖고 싶으면 어쩌죠? 당신 말고는 아무도 고객이 원하는 걸 채워 줄 사람이 없는 그런 곳이 아닌 다른 어딘가에 있고 싶은 때가 있지 않나요?

당신이 아프거나 몸이 좀 안 좋다는 기분이 들면요? 아니면 그냥 게으름을 좀 피우고 싶을 땐 어쩌죠?

아시겠어요? 사업이 전적으로 당신에게 달려 있으면, 그건 사업을 하는 게 아니라 그냥 일을 하는 거라고요. 그리고 그건 미치광이를 위해 일하는 꼴이기 때문에 세상에서 가장 끔찍한 일자리가 되어 버리는 거예요!

게다가 그러자고 창업을 한 건 아니잖아요.

창업을 하는 목적은 일에서 자유로워짐은 물론 다른 사람들을 위한 일자리도 만드는 거예요.

우리는 현재의 한계를 뛰어넘고자 사업을 시작합니다. 그렇기 때문에 기존의 시장이 채워 주지 못했던 필요를 채워 줄 뭔가를 발명할 수도 있고, 더 활기 있고 확장된 새 삶을 살 수도 있게 되는 거죠."

사라가 이렇게 물었다. "쓸데없는 질문 같아서 죄송하지만, 그래도 제가 사업에서 기술자의 역할을 하고 싶다면 어쩌죠? 그것 말고는 다른 건 하고 싶지 않다면요?"

나는 무례하리만큼 직설적으로 대답했다. "그러면 제발 사업을 하지 마세요! 가능한 한 빨리 그만 두세요. 둘 다 하는 건 불가능해요. '손 안 대고 코 풀 수는' 없는 법이죠. 자금도 챙겨야 하고 마케팅이나 영업, 관리도 해야 하는데, 그걸 안 할 수는 없잖아요. 당신이 일만 한다면 직원들의 역할이라고 해 봐야 당신의 일을 보조하는 데 불과하겠지만, 미래의 직원들은 리더십이나 목적의식, 책임 있는 경영, 효과적인 의사소통처럼 단순한 일 이상의 뭔가를 바랄 텐데, 그걸 무시할 순 없지 않을까요? 당신이 사업의 원리, 그리고 현금흐름이나 성장, 고객성향, 경쟁구도 등 사업의 역학관계를 정확히 이해한다면, 사업은 손대지 않아도 잘 굴러갈 겁니다."

나는 사라가 고개를 숙였다가 문득 질문이 생각난 듯 다시 고개를 드는 걸 보면서 말을 이었다. "요컨대, 만약 당신이 사업을 시작한 이유가 창업하기 이전에 하던 일을 계속하면서 돈도 더 많이 벌고 더 자유롭게 살 기회를 얻고자 함이었다면, 좀 가혹하게 들릴 수도 있겠지만 솔직히 이렇게 말할 수밖에 없겠군요. 당신의 탐욕과 방종이 결국 사업은 물론 당신마저도 집어삼킬 거라고 말이에요."

나는 잠시 말을 멈추었다가, 아직 완전히 납득하지 못한 것 같은 사라의 표정을 보고 계속해서 말했다.

"그냥 대충 넘어간다고 해결될 일이 아닙니다! 준비가 안 됐다고 해서 기업가와 관리자 역할은 무시하고 기술자 역할만 할 수는 없어요.

왜냐하면 사업을 시작하기로 마음먹은 순간, 사라 당신은 자신도 모르는 사이에 이제껏 경험하지 못한 훨씬 더 큰 게임에 뛰어들기로 결정한 것이니까요.

'성공적인 작은 기업 만들기'라고 부르는 이 새로운 게임을 하려면, 기업가 인격을 끌어내어 영양을 공급하고 성장하는 데 필요한 공간을 제공하는 동시에, 관리자 인격도 잘 북돋아 주어 기업가가 제시한 비전을 현실에서 유효한 구체적 행동으로 바꾸고 체계를 잡는 능력을 키울 수 있도록 해 줘야 합니다.

그렇지 않으면 당신은 낭떠러지까지 떠밀리다 결국 떨어지고 말 겁니다. 작은 기업에는 반드시 필요한 일이기 때문에, 제대로 하지 못하면 열매도 맺지 못하고 시들어 버릴 거예요.

따라서 좋든 싫든, 세 가지 인격을 균형 있게 키우는 방법을 배워야 합니다. 그런데 일단 시작하기만 하면, 즉 기술자 인격을 놓아 주고 다른 두 인격이 자리를 잘 잡을 수 있도록 해 주기만 하면, 그때부터 당신은 그 게임에서 상상할 수 없을 만큼의 보상을 받게 될 거예요. 어때요, 생각만 해도 신나지 않나요?"

"좀 더 자세히 말씀해 주시겠어요? 더 듣고 싶어요." 사라가 말했다.

"그럼요." 내가 대답했다. "어쩐지 사라가 이미 많은 걸 이해하고 있다는 생각이 드는군요. 하지만 우선은 기업 성장의 두 번째 시기인 청소년기로 가 봅시다."

청소년기 : 도움이 필요한 시기

정부라는 존재는 위기에 봉착하면 부랴부랴 비상계획을 세우는 등 우왕좌왕하면서
계획도 희망도 비전도 없이 미래로 비틀거리며 나아간다.

– 앨빈 토플러, 『제3의 물결』

당신이 도움을 청하기로 마음먹을 때가 바로 사업의 청소년기가 시
작되는 시점이다.

이 시기가 얼마나 빨리 시작될지는 아무도 알 수 없다. 하지만 반드
시 시작되며 유아기의 위기에 의해 촉발된다.

어떻게든 버틴 사업은 반드시 청소년기로 나아갈 수밖에 없다. 살아
남은 작은 기업 사업주라면 도움이 필요할 테니까 말이다.

과부하 상태의 기술자인 당신은 어떤 종류의 도움을 필요로 할까?

답은 당연하리만치 쉽다. 바로 기술적인 도움이다.

경험 있는 누군가가 필요하다.

당신이 하고 있는 사업 분야에 경험이 있는 누군가가 필요하다.

대개는 당신이 썩 내켜 하지 않으며 제대로 하지 못하는 그런 기술적인 일을 어떻게 하는지 아는 누군가가 필요하다.

영업 경력이 있는 사업주는 생산자를 찾아 나선다.

생산 경력이 있는 사업주는 영업자를 찾아 나선다.

그리고 거의 모든 사람들이 회계를 담당할 사람을 원한다! 대개 작은 기업 사업주들이 하기 싫어하는, 그래서 무시하곤 하는 일이 바로 회계장부를 다루는 일이다.

그래서 당신은 처음으로 직원을 채용한다. 12살 때부터 고향에서 회계장부 다루는 일을 해 온 68세의 노쇠한 경리담당 해리다.

해리는 회계장부에 대해 안다.

그는 8개 국어로 회계장부를 정리할 줄 안다.

하지만 가장 중요한 건 해리가 당신의 사업체와 유사한 회사에서 경리 일을 22년이나 한 경험이 있다는 사실이다.

해리가 당신이 하는 사업에 대해 모를 만한 건 하나도 없다.

그리고 이제 그는 당신의 직원이다.

갑자기 세상이 다시 밝게 보인다.

떨어뜨릴 뻔했던 공을 다시 잡으려는 참이다. 이번엔 혼자가 아니다!

월요일 아침 해리가 출근한다. 당신은 그를 따뜻하게 맞이한다. 솔직히 말하면 열렬히 환영한다고 해도 과언이 아니다. 당신은 주말 내내 이 순간을 기다려 왔다. 해리가 일할 널찍한 책상을 말끔하게 치우고 그 위에 회계장부와 아직 뜯지 않은 편지 한 무더기를 반듯이 올려놓았다. '해리'라고 이름을 새겨 넣은 머그컵을 사고 의자 위에는 쿠션까지 정성스럽게 준비해 놓았다(해리가 그 의자에 오래 앉아 있을 테니까).

사업주 자신이 할 줄 모르거나 하기 싫어하는 일을 대신 해 줄 첫 직원을 채용하는 중대한 순간이 어느 사업에나 찾아온다. 당신의 사업에서는 해리가 바로 그 사람이며, 지금 월요일 아침이 바로 그 중대한 순간이다.

생각해 보라.

당신은 의미 있는 걸음을 떼었다. 회계장부는 이제 당신의 책상이 아닌 해리의 책상 위에 있다.

그뿐만 아니라 해리는 이제 이 세상에서 당신을 제외하고 당신과 당신의 사업에 대해 제일 잘 아는 유일한 사람이 될 참이다.

해리가 회계장부를 살펴보고 상황을 파악하려 하고 있다.

당신의 첫 번째 직원이자 가장 중요한 직원인 해리가 당신이 그동안 숨겨 왔던 비밀을 밝혀 내려 하고 있다. 당신이 사업이 어떻게 굴러가는지도 제대로 모르고 있다는 비밀 말이다!

해리가 어떤 반응을 보일지 궁금하다.

웃을까?

울까?

떠나 버릴까?

아니면 일을 시작할까?

해리가 못하겠다고 하면, 누가 하지?

그런데 갑자기 해리의 책상에서 규칙적으로 계산기를 두드리는 소리가 들린다.

그가 일을 하고 있다.

해리가 그대로 있기로 한 모양이다!

당신은 너무 기뻐 믿을 수 없을 지경이다.

이제 더 이상 회계장부를 신경 쓰지 않아도 된다.

순간 번개가 스치듯 당신은 그것이 사업에 어떤 의미를 주는지 깨닫는다.

"더 이상 장부 때문에 골치 썩힐 일이 없어졌어!"

드디어 당신은 자유다. 당신 내면의 관리자가 깨어나고 기술자는 잠시 휴식을 취한다. 걱정은 끝났다. 이제 다른 사람이 그 일을 대신 해줄 것이다.

하지만 관리자가 되는 데 익숙하지 않은 당신이 새로 얻은 자유는 너무나도 천박한 형태의 자유일 뿐이다.

관리는 관리이되, 위임이 아닌 포기에 의한 관리라고 할 수 있다.

간단히 말하자면, 당신은 앞선 작은 기업 사업주들이 모두 그랬듯이 회계장부를 해리에게 넘겨주고는……내뺀다.

그리고 얼마 동안 당신은 자유롭다. 적어도 이전과 비교해서는 자유롭다. 하지만 어쨌든 여전히 해야 할 다른 일들이 쌓여 있다.

그래도 이제 당신 곁에는 해리가 있기 때문에 예전과는 다르다.

해리가 회계장부를 처리하고 시간이 남을 때에는, 전화라도 받게 할 수 있으니까 말이다.

그리고 해리가 전화통화를 하고 있지 않을 때에는, 물건을 보내고 받는 일 정도는 잠깐이라도 시킬 수 있다.

그리고 해리가 물건을 보내고 받는 일을 하지 않을 때면, 고객 몇 명 정도는 응대할 수도 있으리라.

그리고 그가 고객 몇 명을 응대하고 있지 않을 때면, 또 다른 시킬 일이 생길지 누가 알겠는가?

인생이 평안해지고 꿈결 같다.

당신은 15분이던 점심시간을 30분으로 조금 늘린다.

9시이던 퇴근시간을 8시로 앞당긴다.

해리가 가끔 당신에게 와서 필요한 걸 말하면, 늘 그렇듯 바쁜 당신은 알아서 하라고 한다. 세세한 일로 당신을 성가시게 하지 않는 한 문제될 건 없다. 당신에게는 따로 해야 할 더 중요한 일이 있으니까.

해리가 사람을 더 필요로 한다. 사업이 커지고 있다. 늘 그렇듯 바쁜 당신은 그에게 사람을 더 채용하라고 말한다. 해리가 사람을 채용한다. 그는 경이로운 사람이다. 해리 같은 사람이 곁에 있다는 건 정말 행운이다. 당신은 해리가 어떻게 지내고 있는지 신경 쓸 필요가 없다. 해리는 불평하는 법도 없이 그냥 일만 한다. 게다가 그는 당신이 하기 싫어하던 그 모든 일을 처리하고 있다. 세상에 이보다 더 좋을 수는 없다. 당신은 사장으로서 좋아하는 일만 하면 되고, 해리가 그 밖의 모든 일을 처리한다. 아, 기업가의 삶이란!

그러다 예기치 않은 일이 생긴다.

어떤 고객이 전화를 걸어 당신의 직원들 중 한 명에게서 부당한 대우를 받았다며 불평을 늘어놓는다. "그게 누구였죠?" 은근히 열에 받친 당신이 묻는다. 고객은 모른다고 대답하지만, 당신이 그런 직원을 계속 둔다면 고객은 거래처를 바꿀 것이다.

당신은 알아보겠다고 약속한다.

은행 담당자가 전화를 걸어 예금을 초과하여 수표가 발행되었다고 알려 준다. "어떻게 그런 일이 생겼을까요?" 철렁 내려앉은 가슴으로 당신이 묻는다. 은행 담당자는 모른다고 대답하지만, 당신이 좀 더 제대로 신경 쓰지 않는다면 그는 '조치'를 취할 수밖에 없을 것이다.

당신은 알아보겠다고 약속한다.

가장 오래 거래한 공급업자가 전화를 걸어 당신이 일주일 전에 낸 주문이 잘못되어 배송이 10주 정도 늦어질 거라고 말한다. 게다가 필요 없는 재고가 생겨 그 비용까지 물어야 한다. "어떻게 그런 일이 생겼을까요?" 속이 쓰려 오는 것을 느끼며 당신이 묻는다. 공급업자는 모른다고 대답하지만, 주문을 좀 더 잘 관리하지 않는다면 그는 다른 방법을 찾아봐야 할 것이다.

당신은 알아보겠다고 약속한다.

물건 발송하는 곳으로 가서, 해리가 채용한 젊은 직원에게로 걸어간다. 그는 제품을 포장하고 있는 중이다. 포장을 살펴보던 당신은 폭발한다. "누가 이 따위로 포장하라고 가르쳤어?" 당신은 놀란 표정의 젊은 직원에게 묻는다. "이런 거 하나 제대로 가르쳐 준 사람이 없었단 말이야? 야, 이리 줘. 내가 할게."

그리고 당신이 한다.

그날 오후 우연히 생산라인 옆을 지나던 당신은 거의 쓰러질 뻔한다. "누가 이렇게 하라고 가르쳤어?" 말까지 더듬으며 당신은 얼떨떨한 표정의 생산직원에게 묻는다. "이런 거 하나 제대로 가르쳐 준 사람이 없었단 말이야? 야, 이리 줘. 내가 할게."

그리고 당신이 한다.

다음날 아침 당신은 역시 해리가 채용한 영업직원을 부른다.

"A고객은 어떻게 된 거야?" 당신은 그녀에게 묻는다. 그녀의 대답에 당신은 펄펄 뛴다. "내가 그 고객을 상대할 땐 이런 일이 한 번도 없었어!" 당신은 소리친다. "야, 이리 줘. 내가 직접 상대할 테니까."

그리고 당신이 한다.

젊은 배송담당 직원이 생산직원과 영업직원을 만나 함께 그들의 상관인 해리를 찾아가 묻는다. "도대체 저 사람 누구예요?!" 해리는 어깨를 으쓱하며 말한다(50년이 넘는 세월을 다른 사람을 위해 일해 온 사람만이 할 수 있는 말투로). "아, 사장이야."

하지만 잘 들어 보라. 당신이 이제 막 깨우치려는 걸 해리는 이미 알고 있다.

그것은 사업이 청소년기에 접어든 사업주가 '포기에 의한 관리'를 선택했을 때 발생할 수 있는 막대한 폐해의 서막에 불과하다. 그것은 악화 일로로 가는 시작에 불과하며, 저글링을 제대로 하기에는 공중에 떠 있는 공의 숫자가 당신에게는 물론 당신 직원들이 함께 해도 감당하기에 벅차다는 것을 의미한다.

당신 혼자서 모든 걸 하던 때보다 공이 훨씬 빨라지기 시작했다는 사실을 당신은 이제 막 깨닫는 참이지만 해리는 이미 알고 있다.

그리고 쿵하고 공이 땅에 떨어지는 소리에 귀가 멍해질 때 비로소 당신은 해리를 믿지 말았어야 했음을 깨닫기 시작한다.

아무도 믿지 말았어야 했다.

더 잘 알아야 했다.

감당하기 어려운 속도로 공이 떨어지기 시작하고 나서야 아무도 당신만큼 사업에 대해 신경 쓰지 않는다는 사실을 깨닫기 시작한다.

당신만큼 열심히 일하려는 사람은 아무도 없다는 사실을,

당신에 버금가는 판단이나 능력, 욕망, 관심을 지닌 사람은 아무도 없다는 사실을,

당신 말고는 바로잡을 사람이 없다는 사실을 깨닫기 시작한다.

그리하여 당신은 다시 사업에 달려들어 저글링의 대가가 된다. 익히 알고 있는 이야기가 되풀이된다. 세상 어디든 가서 청소년기에 들어선 사업을 살펴보면, 사업을 위해 채용한 직원들이 있음에도 불구하고 모든 일을 혼자 해내느라 일에 치여 정신없이 바쁜 사업주를 만날 수 있을 것이다. 직원들에게 월급까지 주면서 말이다!

설상가상으로, 사업주가 일을 많이 할수록 직원들은 일을 더 안 한다.

그리고 직원들이 일을 더 안 할수록, 사업주는 일을 끝내려면 자신이 직접 하는 수밖에 없다는 사실을 더 절실히 깨닫는다. 그래서 사업주는 직원들이 해야 하는 일에 훨씬 더 많이 관여한다.

그러나 해리는 처음부터 이런 사실을 알았다.

결국엔 사장이 직접 챙길 수밖에 없노라고 그가 당신에게 말해 주었더라면 좋았을 것을.

일처리가 사장의 눈높이를 따라가지 못할 거라고 해리가 당신에게 말해 주었더라면 좋았을 것을.

그리고 눈높이를 못 따라가는 이유는 무엇을 어떻게 해야 하는지에 대해 사장의 변덕이 죽 끓듯 하기 때문이다.

하지만 해리도 당신이 어쩌다 그런 미치광이가 된 건지 그 이유는 모른다.

당신을 미치게 만드는 건 직원들이 아니다.

당신을 미치게 만드는 건 불평을 쏟아 내는 고객이 아니다.

당신을 미치게 만드는 건 은행 담당자나 공급업자, 잘못 포장한 제품이 아니다.

당신을 미치게 만드는 건 '아무도 신경 쓰지 않는다' 혹은 '제때 되는 게 하나도 없다' 따위가 아니다.

아니다. 문제는 세상에 있는 게 아니다.

문제는 단지 당신이 그밖에 달리 일하는 법을 모르기 때문이다.

당신은 절망하여 어떻게 해야 할지 모르는 무력감에 젖는다. 당신이 다르게 행동하려면 당신의 내면에 깊이 잠들어 있던 기업가 인격과 관리자 인격을 깨운 다음 그들이 당신의 사업에 보탬이 될 수 있는 기량을 키우도록 도와주어야 한다.

하지만 당신 내면의 기술자 인격은 그런 일이 일어나기에 충분할 만큼 오랫동안 잠자코 있으려 하지 않는다.

당신 내면의 기술자가 다시 일에 나선다!

당신 내면의 기술자가 다시 공을 잡는다!

당신 내면의 기술자가 바삐 움직인다. 기술자가 막 안전지대Comfort Zone의 경계선에 이르렀다.

사라의 표정을 살펴보니 내가 아픈 곳을 건드린 듯했다.

우리가 대화를 나누던 도중 사라는 뭔가를 발견했었다. 그녀에게 큰 의미가 있는 안전지대에 대한 뭔가를 말이다.

그리고 나는 우리가 이제 그 주제에 대해 이야기할 차례란 걸 직감적으로 알아차렸다.

안전지대를 넘어

> 급격한 변화는 자아로부터의 소외를 야기하고
> 새로운 정체성의 출현에 대한 욕망을 불러일으킨다. 그리고 그 변화의 과정이
> 부드럽게 진행되느냐 아니면 격동과 폭발을 수반하느냐는
> 아마도 이런 욕망이 충족되는 방식에 달려 있을 것이다.
> – 에릭 호퍼, 「우리 시대를 살아가며」

청소년기의 사업은 예외 없이 사업주의 안전지대를 넘어서는 지점까지 도달한다. 안전지대의 경계선 안에 있으면 사업주는 상황을 통제할 수 있어 안전하다고 느끼지만, 경계선 밖으로 벗어나면 통제력을 상실하기 시작한다.

기술자의 경계선은 혼자서 할 수 있는 일의 양에 의해 결정된다.

관리자의 경계선은 생산적인 결실로 이어지도록 효과적으로 감독할 수 있는 기술자의 수, 혹은 조직화할 수 있는 하급 관리자의 수에 의해 결정된다.

기업가의 경계선은 자신의 비전을 추구하는 데 동원할 수 있는 관리

자의 수에 의해 결정된다.

　사업이 성장함에 따라 사업주의 통제력을 벗어나게 되는 건 불가피하다. 즉, 기술자라면 누구나 그렇게 하듯이 직접 만지고 느끼고 보면서 작업을 하고 일일이 진행과정을 점검하기가 어려워진다.

　절망에 빠진 사업주는 자기가 잘 모르는 건 제쳐 두고 익숙하게 해 오던 일에만 매달리며, 그렇게 함으로써 관리자로서의 역할을 포기하고 그 책임을 다른 사람, 즉 '해리'에게 넘겨줘 버린다.

　그 순간, 그의 절망이 희망으로 바뀐다. 사업주는 해리가 관리자의 역할을 해 줄 것이기 때문에 이제 더 이상 걱정할 필요가 없으리라 기대한다.

　하지만 해리도 원하는 게 있다. 해리 역시 기술자다. 따라서 같은 기술자가 해 줄 수 있는 수준보다 더 많은 지도와 감독을 필요로 한다. 그는 자신이 하고 있는 일을 과연 왜 해야 하는지, 결과의 어떤 부분에 책임을 져야 하는지, 직무의 평가 기준은 무엇인지 알기 원한다. 그뿐만 아니라 사업의 목표는 무엇인지, 자신의 책임이 사업의 전반적인 전략에 부합하는지에 대해서도 누군가 얘기해 주길 원한다.

　그래서 해리는 사업을 효과적으로 운영하려면 관리자가 필요하다고 말하지만, 기술자였던 사업주는 관리자 역할을 할 능력이 없다! 관리자가 없으면 사업은 혼란에 빠질 수밖에 없다.

　사업이 성장하면서 사업주의 안전지대를 벗어나 혼란이 가속화되면, 취할 수 있는 방법은 세 가지밖에 없다. 유아기로 돌아가거나, 전부를 걸고 더 공격적으로 나가거나, 아니면 어떻게든 버티는 것이다.

하나씩 살펴보자.

규모를 다시 축소하기

사업주가 된 기술자가 사업의 청소년기 혼란을 맞이하여 보일 수 있는 가장 흔하고 당연한 반응 중 하나는 다시 '규모를 축소'하기로 결정하는 것이다. 혼란을 통제할 수 없으니, 그냥 없애 버린다.

직원들 때문에, 고객이 너무 많아서, 미지급 매입 채무나 미수 매출 채권이 너무 많아서, 아니면 재고가 너무 많아서, 걱정할 필요가 없었던 시절, 당신이 모든 걸 혼자 하던 시절의 방식으로 돌아간다.

간단히 말하면, 사업이 단순했던 유아기로 돌아가는 것이다.

수많은 기술자들이 그냥 그렇게 한다. 직원들을 없애고 재고를 처분하고 매입 채무를 모두 정리한 다음 작은 사무실로 옮겨 한가운데 사무기기와 전화기를 놓고 혼자 모든 걸 처리하던 그 시절로 다시 돌아간다.

그들은 주인으로, 자영업자로, 주방장으로, 허드렛일꾼으로 되돌아가 혼자서 모든 일을 처리하지만, 그래도 다시 통제력을 회복했다는 생각에 마음은 편안해진다.

"잘못될 게 뭐가 있겠어?" 그들은 예전으로 돌아갔다는 사실은 금방 잊은 채 혼자서 그렇게 위안한다. 예상했겠지만, 위험이 사라진 건 아니다.

다시 '규모를 축소'한 날로부터 6주 혹은 6년쯤 되는 어느 날 아침 피할 수 없는 상황이 벌어진다.

당신이 침대에서 일어났을 때 부인이 당신을 보고 이렇게 말한다. "여보, 무슨 일 있어요? 안색이 너무 안 좋아 보여요."

"기분이 안 좋네." 당신이 대답한다.

"뭐 할 말 있어요?" 부인이 묻는다.

당신은 이렇게 대답한다. "별 건 아니야. 그냥 일하러 나가고 싶지 않을 뿐이야!"

그러자 부인은 당연한 질문을 한다. "하지만 당신이 안 하면 누가 해요?"

문득 당신이 처한 상황의 현실을 깨닫는다.

지난 세월 동안 당신이 피해 왔던 뭔가를 깨닫는다.

피할 수 없는 진실과 맞닥뜨린다.

당신은 사업체를 소유한 게 아니다. 일자리를 가지고 있을 뿐이다!

게다가 세상에서 가장 끔찍한 일자리이다!

일을 하지 않으면 돈을 벌 수도 없으니, 쉬고 싶을 때 쉴 수도 없다.

당신이 아니면 일할 사람이 없으니, 자리를 비우고 싶어도 자리를 비울 수 없다.

사업체가 아닌 일자리를 사려는 사람은 없을 테니, 팔아 버리고 싶어도 팔 수가 없다.

그 순간 당신은 작은 기업의 사업주라면 거의 대부분 느꼈을 법한 절망과 냉소를 느낀다.

작지만 어떤 꿈이 있었는데, 이제 사라져 버렸다. 그리고 그와 동시에 끝도 없이 바쁘게 일할 수밖에 없는 현실만 남았다.

이젠 더 이상 창문을 닦기 싫다.

바닥을 청소하기도 싫다.

고객이 기회라기보다 골칫덩이로 보인다. 뭘 사려는 사람이라도 나타나면, 당신이 일을 해야만 할 테니까.

복장이 흐트러지기 시작한다.

문 앞의 간판은 색이 바래고 껍질이 벗겨진다.

그래도 당신은 신경 쓰지 않는다.

꿈이 사라진 자리에 일만 남아 있다.

판에 박힌 일상의 폭압.

매일매일 무의미하고 따분한 일의 반복.

결국 당신은 사업을 접는다. 거기에 있어야 할 아무런 이유도 없으니까.

미국 소기업청Small Business Administration에 따르면, 미국에서 매년 6십만 개가 넘는 기업이 문을 닫는다고 한다.

이해할 만하다.

한때 인생의 빛나는 미래를 약속했던 사업이었건만, 이제 약속은 전부 사라지고 죽어 버린 꿈이 안치된 영안실로 전락해 버린다.

전부를 걸고 공격적으로 나가기

청소년기의 사업에는 '규모의 축소'보다 확실히 덜 고통스럽고 더 극적인 또 다른 대안이 있다. 이 대안을 선택하면 더욱 더 빠르게 계속해서 성장할 수 있지만, 어느 순간 그 속도를 견디지 못하고 스스로 파멸한다.

그런 사례의 회사들은 아이텔Itel, 오스본 컴퓨터Osbourne Computer, 콜레코Coleco 등 이름을 대자면 끝이 없을 정도로 무수히 많다. 기술자들은 기업가 열병에 걸려 그 모든 회사들을 창업하고 '전부를 걸었지만', 사업이 아니라 반대로 제품에 초점을 맞추는 실수를 저질렀다.

'전부를 걸고 공격적으로 나가는' 사업들이 우리 시대에 대세를 이루고 있다.

첨단기술이 만들어 낸 현상이다.

새로운 기술과 그 기술을 만든 사람들의 수가 폭발적으로 증가하면서, 전혀 새로운 유형의 기술자들이 사업의 영역에 몰려들었다.

그런 새로운 유형의 천재들, 그리고 무한해 보이는 그들의 기술적 기량에 힘입어, 뭐든 잘 매료되고 받아들이는 시장의 활짝 열린 문을 통해 새로운 제품들이 벼락처럼 쏟아졌다.

하지만 불행하게도 이런 회사들은 대부분 통제할 수 없을 정도로 가속도가 붙어 흔들리다가 버티지 못하고 결국 추락하여 시장의 열린 문을 통과하지도 못한다.

정상적인 확장 과정에 있었다고 생각하기 때문에 그들에게는 당황스럽고 혼란스럽겠지만, 청소년기의 사업에 그렇게 과도하게 '전부를 걸면' 처참한 결말을 맞게 된다.

성장의 속도가 빨라질수록, 혼돈의 속도는 훨씬 더 빨라진다. 획기적으로 발전하는 첨단기술을 따라가는 데 급급한 기술자들은 자신들의 상황을 제대로 판단하기에 충분할 만큼 휴식을 취하기가 거의 불가능하다. 그렇기 때문에 기술자들이 그렇게도 자랑스럽게 생각하는 제품에 대한 수요가 넘치면, 그것을 감당해 낼 청소년기의 사업 능력은 만성질환에 시달린다는 사실은 묻혀 버린다.

결말은 거의 언제나 비극적이다. 사업이 폭발하고 나면, 흔히 직원들은 그런 폭발은 사업이 '급성장'하는 과정에서 불가피하게 일어나는 일이라고 정당화하면서 그때는 회사가 커지기 위해서 행운과 속도 그리고 약간의 기술적 모험이 필요했다고 자위한다.

현실은 다르다.

행운과 속도 그리고 눈부신 기술만으로는 결코 충분하지 않다. 왜냐하면 더 운이 좋고 더 빠르고 더 눈부신 기술적 성취를 이룬 사람이 어딘가에서 꼭 나타나는 법이니까. 안타깝게도 일단 급성장의 궤도에 올라서면 귀를 기울일 시간이 거의 없다. 뛰어난 반사 신경, 천재적 솜씨, 뜻밖의 행운이 경기를 승리로 이끈다.

'전부를 건다'는 것은 종종 총이 장전된 줄도 모른 채 하는 러시안 룰렛 게임에 맞먹는 고도의 기술이다.

청소년기를 버텨 살아남기

청소년기에서 무엇보다 비극적인 것은 어떻게든 사업이 유지될 수도 있다는 사실이다!

절대로 쓰러지지 않겠다고 마음먹은 당신은 믿을 수 없을 만큼 의지가 강하고 어려움에도 굴하는 법이 없는 한결같은 사람이다.

이 세상은 정글과 같다고 확신하면서, 살아남기 위해서라면 뭐든지 하리라 굳게 마음을 다잡고 매일 아침 맹렬한 기세로 사업체로 향한다.

그리고 당신은 정말 살아남는다. 직원들과 고객들을 차고 할퀴고 두들겨 패고, 가족과 친구들에게 소리 지르고 미친 듯이 악을 쓴다. 왜냐하면 어쨌든 사업을 계속 지켜 내야 하니까. 그리고 방법은 오직 하나뿐이라는 걸 깨닫는다. 당신이 내내 그곳을 지키고 있어야 한다.

청소년기의 사업에서 살아남으려는 당신은 온통 사업에 대한 생각, 그리고 사업을 잃을 수도 있다는 생각뿐이다.

그래서 당신이 가진 모든 것을 사업에 쏟아붓는다.

그리고 이유야 어찌 됐든, 가까스로 사업을 유지해 간다.

하루 또 하루, 당신이 전날 했던 것과 똑같은 방식으로 똑같은 전투를 벌인다.

당신은 결코 변하지 않는다.

매일 밤 당신이 집에 가서 휴식을 취하는 단 한 가지 이유는 내일 더 단단히 스스로를 다잡기 위해서이다.

결국 당신의 사업은 폭발하지 않는다. 하지만 당신이 폭발한다!

당신은 마치 12기통처럼 돌아가는 1기통 엔진과 같아서, 12기통의 출력을 내기 위해 온 힘을 쏟아부으며 펌프질을 해 댄다.

하지만 예상한 대로 결국 아무것도 남지 않는다.

아무리 애를 써도 1기통은 12기통의 출력을 낼 수 없다는 자명한 사실을 깨닫는 것 말고는, 당신이 더 할 수 있는 게 아무것도 없다.

당신이 생각을 바꿔야 한다.

어디서 많이 들어 본 익숙한 소리 같지 않은가?

글쎄, 사업을 어느 정도 해 왔다면, 들어 봤어야 한다.

사업을 오래 하지 않았다면, 아마도 어느 날 듣게 되리라.

왜냐하면 비극적이게도 미국의 상당수 소기업은 유아기와 청소년기의 상황을 벗어나지 못하니 말이다.

그것이 바로 지난 25년간 우리가 방문해 왔던 작은 기업들이 대부분 처한 상황, 즉 걷잡을 수 없는 혼란과 황폐해진 마음으로 고통 받는 상황이다.

그렇게 되지 않을 수도 있었다. 더 나은 방법이 있다.

사라는 이제 생각을 정리할 수 있을 만큼 내가 건드렸던 아픈 상처가 아문 듯했다.

"어떻게 알았어요? 저에 대해서 사전 조사라도 하신 거예요?" 이렇게 조용히 묻는 사라는 내가 그녀의 사정에 대해 더 많이 알고 있기를 바라면서도, 한편으로는 자신 또한 내가 겪은 다른 많은 사업주들과 별반 다르지 않으리라는 걸 눈치 챈 듯했다.

사라는 답을 알고 있었다. 내가 그것을 확인하기도 전에 그녀가 말했다. "저의 경우엔 규모를 다시 줄였어요. 그런데 뭐가 잘못됐던 건지 아직도 모르겠어요."

그녀는 나에게는 보이지 않는 뭔가가 혹은 누군가가 보이는 듯이 가게를 둘러보았다.

"제 경우에는 엘리자베스가 바로 해리였어요." 그녀가 한숨을 쉬며 말했다.

"사업을 시작한 지 6개월밖에 안 되었을 때 엘리자베스를 채용했어요. 그녀는 저를 위해서 모든 일을 했어요. 정말 훌륭했죠. 그녀가 없으면 전 뭘 어떻게 해야 할지 모를 정도였으니까요. 엘리자베스는 장부 정리도 하고, 나를 도와서 파이도 구웠어요. 아침과 저녁 청소도 했죠. 그녀는 직원 세 명을 더 채용했고, 여러 가지 필요한 일들을 어떻게 하는지 가르쳤어요. 내가 필요로 할 때면 그녀는 항상 거기에 있었죠. 이후 2년간 사업이 점점 커지면서, 엘리자베스는 갈수록 더 많은 책임을 맡게 되었어요. 그녀는 저만큼 열심히 일했죠. 우리 가게에서 일하는 걸 좋아할 뿐만 아니라 저도 좋아하는 것 같았어요. 저 역시 그녀를 좋아했다는 건 하느님만이 아시겠죠.

그러던 어느 날이었어요. 6월 10일 수요일 아침 아마 7시쯤이었던 걸로 기억되네요. 그녀가 전화를 걸어서는 그만두겠다고 하는 거예요. 다른 곳에 취직했다고 하더군요. 제가 주는 월급으로는 일하기가 힘들다면서요. 사전에 일언반구도 없이 말이에요! 저는 제 귀를 의심했죠. 그녀의 말을 믿을 수가 없었어요. 장난일 거라고 생각했죠. 그래서 웃으면서 '이봐, 엘리자베스' 하고는 이런저런 말을 했어요. 그런데 엘리자베스가 미안하다고 말하더니 전화를 끊어 버렸어요! 그냥 끊었다고요.

아, 전 그 자리에 서서 눈물만 흘렸죠. 그 다음엔 두려움을 느꼈어요. 전에는 한 번도 느껴 보지 못했던 두려움이었어요. 제 몸 안에서 한기가 느껴졌어요. 어떻게 이럴 수가 있을까? 곰곰이 생각해 봤어요. 내가 잘 안다고 생각했던 사람이, 내가 철썩같이 믿었던 사람이 어떻게 하루아침에 돌변할 수 있을까? 도대체 이 상황을 어떻게 해석해야 할까? 나의 판단력 결핍 때문일까? 아니면 엘리자베스와 대화를 나눴어야 했는데 하지 못했기 때문일까?

하지만 어쨌든 오븐에서 파이를 꺼내고 바닥을 청소하고 가게를 열 준비를 해야 했기 때문에, 아무리 고통스럽고 속이 쓰려도 일하러 나갔답니다. 그때 이후로 쉬어 본 적이 없어요. 엘리자베스가 채용했던 직원들도 곧 떠나 버렸죠. 솔직히 말씀드리면, 전 그 직원들에 대해 전혀 몰랐어요. 그들은 엘리자베스의 사람들이었어요.

지금 돌이켜 보면, 제가 너무 쉽게 생각했던 것 같아요. 전 직원들은 안중에도 없이 그냥 일에만 빠져 있었어요. 직원들도 그걸 느꼈겠죠. 엘리자베스가 떠나자 직원들 모두 나를 미심쩍은 눈길로 보는 것 같더군요. 마치 내가 직원들에게 말도 안 하고 엘리자베스를 내보냈다는 듯이 말이죠. 엘리자베스 같은 여자도 내보냈는데, 자기들이야 말해서 뭐하겠냐는 눈치였어요. 적어도 제 생각에는 직원들이 그런 생각을 하고 있는 것 같았지만, 어떻게 알겠어요? 너무 충격을 받은 나머지 물어보지도 못했거든요. 그들이 나가고 난 후엔 다른 사람을 채용할 엄두가 나질 않았어요. 그런 생각만 해도 겁이 났죠. 또 다시 생판 모르는 사람들을 데려와서 함께 지내야 한다니, 그런 위험은 감수하기 싫다는 생각이 들었어요. 그래서 지금은 혼자서 하고 있지만, 이렇게 계속할 수 없다는 것은 저도 알아요. 그건 그렇고, 말하려던 게 뭐였더라?"

사라는 깊게 한숨을 쉬더니 나를 쳐다보았다.

"그러니까, 제게도 안전지대는 있어요. 그걸 어떻게 하라는 거죠?" 사라가 말했다.

"처음부터 전부 다시 시작해야 합니다. 단, 이번에는 다른 방식으로요. 덫에서 빠져나오는 방법은 그것밖에 없어요." 내가 대답했다.

신뢰했던 사람에게 실망했던 경험은 누구나 한 번쯤은 있다. 무심했기 때문이든, 아니면 이해나 기술, 관심이 부족했기 때문이든.

그리고 어쩔 수 없다고 생각했다기보다는 아무런 이유 없이 우리들 대부분은 결국 다시 신뢰하는 법을 배운다.

그러나 신뢰에는 한계가 있다.

신뢰 하나만으로는 똑같은 실망을 다시 경험하게 될 수도 있다.

왜냐하면 진정한 신뢰는 맹신에서 나오는 게 아니라 앎에서 나온다.

그리고 알려면, 먼저 이해해야 한다.

그리고 이해하려면, 먼저 지금이 정말로 어떤 상황인지를 자세히 알아야 한다. 직원들이 알고 있는 것과 모르는 것, 하는 것과 하지 않는 것, 원하는 것과 원하지 않는 것에 대해, 그리고 어떻게 일을 하거나 하지 않으며, 무슨 일을 하는지, 어떤 사람들이며 어떤 사람들이 아닌지에 대해 알아야 한다.

한마디로 사라는 엘리자베스를 맹신했다. 사라는 그저 엘리자베스를 믿고 싶어 했다. 그러는 편이 마음이 편했으니까. 맹목적으로 믿고 그냥 모든 걸 운에 맡겨야, 하고 싶지 않은 일을 안 해도 될 테니까. 사라는 엘리자베스와 관계를 맺음으로써 일에 대해 서로 합의를 한 셈이다. 각자 해야 할 역할을 정하고, 사라가 사업주이며 엘리자베스는 종업원이고, 사라가 규칙을 정하면 엘리자베스가 그에 맞게 일을 한다는 의미였다.

사라는 이 새로운 역할, 즉 사업주이자 기업가, 사업가로서의 역할이 편치 않았기 때문에, 모든 걸 운에 맡겼다. 그녀는 사업주로서의 책무를 버렸고 그저 또 다른 한 명의 종업원 노릇을 했다. 사라는 엘리자베스와의 관계 설정을 제대로 하지 않았으며, 그 과정에서 취약한 기반 위에 그녀와 종업원 사이의 역학 관계를 만들어 버렸다. 그러한 태만 때문에 엘리자베스가 떠나고 사라가 고통을 겪는 일은 피할 수 없는 예견된 결과였다.

모든 비난은 결국 그녀 자신의 몫이라는 사실을 굳이 사라에게 확인시켜 줄 필요는 없었다. 내가 해야 할 일은 다음번엔 어떻게 다르게 할 수 있는지 그 올바른 방법을 사라에게 보여 주는 것이었다.

"다음번엔, 사라 당신의 사업이 반드시 성장할 것이고, 일단 성장의 길로 들어서면 당신의 역할은 크게 달라지리라는 사실을 알게 될 겁니다. 지금으로선 그게 당신에게 필요한 전부예요." 나는 말했다.

"계속해서 규모를 축소한다고 칩시다. 어느 정도면 작다고 할 수 있을까요? 1명? 10명? 60명? 150명? 『포춘』 잡지 순위 500번째 기업에게 1000번째 기업은 작아 보이고, 1000번째 기업에게 3000번째 기업은 작아 보입니다. 직원 10명인 기업에 비하면 2명인 기업은 작죠.

사업의 규모가 얼마나 작아야 하는가가 아니라 얼마나 커야 하는가를 자문해 보아야 합니다. 자연스러운 상태에서 당신의 사업은 얼마나 커질 수 있을까요? 여기서 '자연스러운 상태에서'라는 말이 중요합니다.

사업의 성장에 어떤 한계를 정해 놓는 것이 자연스럽지 못한 이유는 사업의 크기는 시장이나 자본이 아닌(물론 이것들도 어느 정도 영향을 주기는 하지만) 당신의 개인적 한계에 달려 있기 때문입니다. 건강하고 역동적으로 기능하는 특별한 사업을 영위하는 데 필요한 기술이나 지식, 경험, 그리고 무엇보다도 열정이 부족하다는 개인적 한계 말입니다.

이런 점에서 '규모를 축소'한다는 것은 의도된 행동이라기보다는 성장을 통제하지도 못하고 통제할 수도 없게 되면서 고통과 두려움에 맞닥뜨리자 이에 대한 반작용으로 나타난 행동일 뿐입니다. 사업주가 조화롭고 건강하게, 주도적인 방식으로 성장을 촉진했다면 그런 통제 불가능한 상황은 충분히 대비할 수 있었을 텐데 말이죠.

그렇게 하려면 사업을 시작할 때부터 기업가로서의 마음가짐이 필요합니다. 그뿐만 아니라, 새로운 기술과 이해력, 지식, 감정적 깊이, 지혜를 습득하는 그런 과정을 통해서 개인적인 변신을 꾀하려는 의지, 아니 진정한 열정이 필요합니다.

청소년기 사업에서 혼란이 발생하여 사업주가 문득 자신이 그 혼란의 한가운데 있다는 사실을 깨닫게 되면, 그의 선택은 둘 중 하나입니다. '전사'처럼 진정으로 열정적인 사업주라면, 그 혼란은 '납'을 '금'으로 바꾸는 기회가 될 수 있습니다. 반대로 혼란의 포화가 너무 두려워 예전의 그 작은 삶이 주었던 '안전함'으로 돌아갈 수도 있습니다. 다른 사람의 '금'보다는 내 손 안의 '납'이 낫고, 후회하기보다는 안전한 게 낫다는 생각이죠.

이런 맥락에서 보면, '다시 축소한' 사업은 변화를 거부하는 사업주의 태도를 그대로 보여 주는, 다시 말하면 사업주가 안전지대 안으로 되돌아간 그런 사업입니다. 안전지대 안에서 사업주는 상황이 긍정적으로 바뀌길 기다리며 일만 합니다.

그런 상황은 사뮈엘 베케트의 『고도를 기다리며』에 나오는 대사를 생각나게 합니다. 그 희곡을 보면, 상상의 존재인 고도가 와서 자신을 고통에서 구해 주길 바라며 하루 종일 마냥 기다리던 에스트라공이 친구인 블라디미르에게 이렇게 말합니다. '이런 식으로 살 순 없어.' 그러자 블라디미르가 대답합니다. '잘 생각했어.'

사업이 원래 성장하기도 하고 줄어들기도 하는 게 자연스럽다면(정말로 그렇다. 그걸 부정하진 않는다), 사업가로 변신한 기술자가 혼란에 제대로 대응하기에는 자신이 절망적일 만큼 무능하다고 느껴서 자신이 감당할 수 있을 만한 수준으로 사업의 '규모를 다시 축소하는 것' 또한 자연스러운 일이긴 합니다.

한마디로, '규모를 다시 축소한' 사업은 결국 소멸합니다. 말 그대로 스스로 붕괴됩니다.

규모를 축소하자마자 바로 그런다는 건 아니지만, 시간이 지나면서 결국 소멸합니다. 위축되다 소멸하는 거죠. 별다른 도리가 없습니다.

그로 인한 엄청난 실망과 투자 손실, 산산조각 난 삶은 비단 사업주에만 해당되는 게 아니라 종업원, 사업주와 종업원의 가족들, 고객들, 공급업자들, 은행들, 그리고 어떤 식으로든 그 기업의 성공과 실패에 엮인 모든 사람들에게도 해당됩니다.

비극적인 건, 만약 사업을 다르게 시작했더라면, 기업가 열병에 걸린 기술자가 좀 더 넓은 기업가의 시각으로 사업에 접근했더라면, 그 모든 일이 일어나지 않았을 수도 있다는 사실입니다.

물론, 지금까지 당신에게 벌어진 모든 일을 예측할 수는 없었겠지만, 그래도 상당 부분은 예측할 수 있었을 거예요." 나는 사라에게 말했다.

"엘리자베스와 그녀가 채용한 사람들에게 무슨 일이 일어날지 예상할 수 있었을 것이며, 사람들이 당신의 파이를 좋아하게 되고 그래서 사업이 커질 수밖에 없으리라는 것도 예상할 수 있었겠죠.

그리고 사업이 커지면 반드시 사업과 직원들에 대한 요구가 늘어나기 마련이고, 따라서 더 많은 책임과 기술, 자본이 필요하게 되리라는 것도 예측할 수 있었을 겁니다.

요컨대, 당신이 모든 걸 알 수는 없었을 테지만 분명히 지금보단 더 많이 알 수 있었을 거라는 뜻입니다.

그리고 그건 당신의 일이에요, 사라! 사업주가 해야 할 일이라고요. 당신이 하지 않으면 할 사람이 아무도 없어요.

간단히 말해서, 당신의 임무는 당신 자신은 물론 사업이 성장하도록 준비하는 일입니다.

사업이 성장함에 따라 사업의 토대와 구조가 더 큰 무게를 감당할 수 있도록 스스로 부단히 배우고 깨우치는 일이 당신이 해야 할 일이에요.

그리고 당신에게 주어진 책임이 어마어마해 보이기도 하겠지만, 선택의 여지가 없어요. 말하자면, 당신의 사업이 번창한다는 가정하에서요.

실행해야 하는 핵심 절차와 달성해야 하는 핵심 목표, 그리고 시장에서 선점하고자 하는 핵심 위치를 이해하여 최대한 사업의 성장 속도를 조절하는 일을 당신이 해야 합니다.

다음과 같은 질문을 던지면서 말이에요. 내가 있고자 하는 곳은 어디인가? 언제 그곳에 있기를 원하는가? 그러자면 어느 정도의 자본이 필요할까? 무슨 일을 어떻게 하는 데 얼마나 많은 직원이 필요한가? 어떤 기술이 필요할까? 사업의 발전 단계에 따라 공간이 얼마나 필요할까?

어떤 때는 틀리기도 하겠죠? 실수를 하거나, 결정을 뒤집기도 하겠죠? 당연히 그럴 겁니다! 하지만 제대로 했다면 비상 대책도 준비해놓았을 겁니다. 최선의 경우와 최악의 경우, 이렇게 시나리오별로 말이에요. 그리고 때로는 그저 직감에 의존해야 할 경우도 있겠죠. 그럴땐, 직관을 따라 그냥 흐름에 맡기기도 할 거예요.

그러나 언제나, 심지어 추측밖에는 할 수 없는 상황이라 하더라도, 가장 중요한 건 당신 자신과 당신의 종업원들을 위한 미래가 어떤 모습일지를 계획하고 구상하고 분명하게 표현해 보는 것입니다. 분명하게 표현해 보지 않으면, 제 말은 그걸 다른 사람들도 이해할 수 있도록 구체적으로 써 보지 않으면, 그건 당신 게 아니니까요! 지난 세월 저는 이 일을 하면서 셀 수 없이 많은 사업주들을 만났지만, 어떤 계획이라도 가지고 있는 사람은 극소수에 불과했습니다! 종이에 쓰고 구체화해보는 일을 전혀 하지 않았어요.

잊지 마세요, 사라. 무계획보다는 어떤 계획이라도 있는 게 낫다는 걸.

왜냐하면 미래를 분명하게 그려 보는 과정을 통해서 계획은 스스로 저 바깥세상의 현실과 당신이 여기서 창조할 수 있는 현실로 구체화되기 시작하니까요.

그리고 그 두 개의 현실이 합쳐지면서, 당신의 현실, 즉 오직 당신만의 독특한 발명이라 부를 만한 새로운 현실을 만들어 냅니다. 그것은 당신의 머리와 가슴으로 사업의 모든 요소를 통합시킨 결과이자, 예전에는 정확히 그런 방식으로 한 번도 존재하지 않았던 뭔가를 만들어내기 위해서 구체화하고 설계하고 협력하면서 사업과 세상을 결합시킨 현실입니다.

그리고 그것은 성인기 기업의 표시이기도 합니다. 성인기 기업은 다른 모든 기업들과는 출발이 다릅니다. 성인기 기업은 더 넓은 시각, 기업가의 시각, 그리고 좀 더 지적인 관점의 기초 위에서 만들어집니다. 당신이 없으면 제대로 기능하지 못하는 기업이 아니라 당신이 없어도 되는 기업을 세우는 일입니다.

출발을 그런 식으로 하기 때문에, 계속해서 그런 식으로 운영될 가능성이 높습니다. 그리고 모든 걸 운에 맡기는 청소년기 기업과 비전에 의거해서 현재를 만들어 가는 성인기 기업 사이에는 본질적인 차이가 존재합니다.

하지만 제가 너무 앞서 나간 것 같군요. 어쨌든 중요한 것은 당신이 완전히 다른 경험을 할 수도 있었다는 사실입니다. 당신을 비롯해서 흔히 사업주가 된 기술자들이 사업을 시작하는 방식과는 완전히 다른 방식으로 말이죠. 누구라도 그렇게 할 수 있어요!"

사라를 보니 그녀의 눈이 밝게 빛나고 있었다.

"그런 말씀을 들으니 용기가 생기네요. 눈앞이 캄캄하기만 했는데 다시 빛을 발견한 기분이에요" 사라가 부드럽게 말했다.

그러나 제대로 기능하는 사업을 세운다는 생각에 사라가 흥분하기 시작한 것도 잠시, 그녀는 다시 다른 어떤 생각, 즉 어두운 생각에 사로잡혔다.

"하지만 엘리자베스에 대해선 어떻게 하죠?" 그녀가 말했다.

"엘리자베스에 대해선 어떻게 하죠?" 사업주가 된 기술자라면 누구나 답을 원하는 질문이다.

마치 그 질문의 답을 찾으면 다른 모든 문제의 답도 찾을 수 있을 것처럼, 마치 대부분의 작은 기업 사업주가 겪는 모든 좌절에 대한 해답이 어찌됐건 특정 사람들에 결부되어 있는 것처럼, 그리고 마치 사라가 엘리자베스와 맺은 복잡한 관계의 내부에(그런 문제에 있어선 모든 관계의 내부이기도 하겠지만) 한 번만 바꾸면 모든 것을 다시 제자리로 돌려 놓을 수 있는 중요한 열쇠라도 존재하는 것처럼 말이다.

글쎄, 난 천재는 아니지만, 그런 열쇠가 존재하지 않는다는 것 정도는 안다.

끊임없이 우리는 우리 자신과 다른 사람들의 행동 때문에 놀라기도 하고, 우리가 얼마나 잘못했는지, 그리고 나중에야 깨닫지만, 다른 사람은 물론 우리 자신의 감정에 얼마나 무지했었는지에 놀라면서, 대개는 어설픈 방법으로 답을 찾아 헤맨다. 그게 바로 당신과 나, 우리의 모습이다.

사라의 눈을 바라보며 침묵하던 나는 이렇게 말했다. "사라, 당신이 진짜로 물어야 할 질문은 '엘리자베스에 대해선 어떻게 하죠?'가 아니라 '미래의 모든 엘리자베스에 대해선 어떻게 하죠?'이어야 합니다.

당신은 최선을 다했어요. 엘리자베스도 최선을 다했고요. 지금은 당신의 삶을 살아야 할 때예요. 활기차게 당신의 사업을 세우는 일 말이에요. 준비됐나요?"

사라는 긍정의 눈빛을 담아 내게 미소를 지어 보였다.

"준비됐어요." 그녀가 대답했다.

"그러면 잠시 성인기에 대해 이야기해 봅시다. 사라 당신이 앞으로 있을 곳이기도 하니까요." 내가 말했다.

---- 6 ----

성인기와 기업가 관점

그들은 패턴을 보고, 체계를 이해하며, 비전을 경험한다.

– 피터 드러커, 「새로운 사회」

성장의 세 번째 단계인 성인기 기업의 전형적인 예로는 맥도날드, 페덱스, 디즈니와 같은 세계 일류 기업들을 들 수 있다.

성인기 기업들은 지금 있는 곳에 있으려면 어떻게 해야 하는지, 그리고 원하는 곳으로 가려면 무엇을 해야 하는지를 잘 아는 기업들이다.

성인기는 앞의 두 시기를 거치고 나면 그냥 당연하게 따라오는 시기가 아니다. 유아기에서 시작해서 청소년기를 통과하는 일련의 과정을 거치면 나오는 결과물이 아니다.

맥도날드와 페덱스, 디즈니 같은 기업들은 마지막에 성인기 기업에 이른 게 아니다. 그들은 출발 자체를 성인기 기업이 될 방식으로 했다!

그런 기업들을 창업한 사람들은 사업의 본질과 작동 원리에 대해 완전히 다른 시각을 지녔던 사람들이었다.

성인기 기업의 관점으로 사업을 시작한 사람도 물론 유아기와 청소년기를 거쳐야 한다. 단지 완전히 다른 방식으로 그 두 시기를 거칠 뿐이다.

다른 결과를 만들어 낸 건 다름 아닌 그의 관점이다.

그의 기업가 관점이다.

기업가 관점

나는 IBM의 창업자인 토머스 왓슨에 대한 이야기를 들은 적이 있다. 어떻게 해서 IBM이 경이적인 성공을 거둘 수 있었는지 물었을 때, 그는 이렇게 대답했다고 전해진다.

오늘날의 IBM이 있게 된 배경에는 세 가지 특별한 이유가 있습니다. 그 첫 번째 이유는 시작할 때부터 제게는 회사의 미래 모습에 대한 명확한 그림이 있었다는 것입니다. 꿈과 비전을 품었을 당시에 이미 제 마음속에는 회사의 모델이 있었다고 말할 수 있겠습니다.

두 번째 이유는 일단 그렇게 명확한 그림을 그리고 난 다음엔 그런 모습의 회사라면 과연 어떻게 운영되어야 하는가를 자문해 보았다는 것입니다. 그러면서 저는 미래 IBM의 운영 방식에 대한 그림을 그렸습니다.

IBM이 큰 성공을 거둘 수 있었던 세 번째 이유는 꿈을 품고 사업을 시작할 때부터 IBM의 미래 모습과 운영 방식을 그려 보지 않았다면 결코 위대한 기업의 자리에 오르지 못하리라는 사실을 깨달았다는 것입니다.

달리 말하면, IBM이 정말로 위대한 기업이 되려면 애초부터 위대한 기업처럼 행동해야 한다는 사실을 깨달았다는 소리입니다.

처음부터 IBM은 제가 가진 비전의 모델에 따라 만들어졌습니다. 그리고 매일매일 우리는 그 모델에 맞게 회사를 만들려고 애썼습니다. 하루가 끝나면 우리가 제대로 했는지 자문해 보았고, 모델과 차이가 나면 다음 날 그 차이를 메꾸는 일에 착수했습니다.

IBM에서 매일매일은 그저 사업을 하는 하루가 아니라 사업의 발전에 헌신하는 하루였습니다.

우리는 IBM에서 사업을 한 게 아니라 만들어 간 것입니다.

자, 토머스 왓슨이 IBM의 성공 이유에 대해 말한 지 벌써 47년이 넘었고, 나는 사람들이 이 884억 달러 규모의 기업에 대해 뭐라고 떠드는지도 알고 있다. IBM은 지금 길을 잃고 어려움에 처해 있기 때문에, 사업가가 따라야 할 모범으로 삼기 힘들다. 하지만 왓슨이 아직까지 살아 있었다면, 지금과는 분명 달랐을 것이다. IBM을 탄생시킨 그 기업가의 천재성이 오늘날에도 존재했다면(지금의 IBM에 천재성이 없다고는 확신할 수 없지만, 여러 징후들을 보면 짐작은 간다), 그동안 수없이 많이 개혁을 해왔던 것과 마찬가지로 틀림없이 미래의 재창조를 위해 IBM

을 개혁하는 데 힘썼을 것이다.

한마디로, 나에게 그 이야기를 들려 준 사람이 왓슨이 한 말을 빠짐없이 그대로 옮기지 못했을지는 모르지만, 그 이야기가 우리에게 전하는 메시지는 매우 중요하다.

그 이야기는 위대한 기업을 위대하게 만든 요인이 무엇인지, 그리고 그 외의 기업들은 왜 가장 좋은 시기에는 근근이 연명하고 가장 나쁜 시기에는 무너지고 마는지를 보여 준다.

그 이야기는 유효한 사업 모델이 있어야 그에 따라 최고의 기업이 만들어진다는 사실, 그리고 중요한 것은 제품이나 일 자체가 아니라 기업가 관점이라는 사실을 말해 준다. 사업이 어떤 모습이고 어떻게 운영되며 의도한 것을 어떻게 해야 하는지가 중요하다.

또 그 이야기는 토머스 왓슨이 사업 그 자체에 열정을 지녔다는 사실과 안타깝게도 사업에 뛰어드는 사람들 대부분은 그렇지 않다는 사실도 보여 준다.

사업에 뛰어든 사람들 대부분은 사업에 대한 모델이 아니라 기술자의 관점에서 일에 대한 모델을 가지며, 그것은 다음과 같은 점에서 기업가의 관점과는 다르다.

- 기업가 관점은 "사업을 어떻게 운영해야 할까?" 하고 묻는 반면, 기술자 관점은 "무슨 일을 해야 하지?" 하고 묻는다.
- 기업가 관점은 사업을 고객을 위해 외적인 결과를 도출함으로써 이

익을 창출하는 하나의 체계로 보는 반면, 기술자 시각은 사업을 기술자 자신을 위해 내적인 결과를 도출하여 수입을 올리고자 일하는 장소로 본다.

- 기업가 관점은 미래에 대한 명확한 비전에서 출발하여 그 비전에 맞도록 바꾸기 위해 현재로 돌아오는 반면, 기술자 관점은 현재에서 출발하여 그 현재와 똑같은 모습이기를 소망하며 불확실한 미래를 기다린다.

- 기업가 관점은 먼저 전체로서 사업을 조망하고 거기에서 부분을 이끌어 내는 반면, 기술자 관점은 먼저 부분을 조망하고 거기에서 전체를 구성한다.

- 기업가 관점은 세상을 보는 통합적 비전인 반면, 기술자 관점은 세상을 보는 단편적 비전이다.

- 기업가에게 오늘날의 세계는 그의 비전에 따라 만들어지는 반면, 기술자에게 미래는 오늘날의 세계에 따라 만들어진다.

기업가 관점은 위대한 기업을 창조하는 데 반드시 필요하지만 기술자 관점은 그 정반대의 결과를 만든다는 것이 놀라운 일일까?

기업가는 더 넓고 광범위한 시각으로 본다. 기업가 관점은 사업을 요소들이 균일하게 통합되어 이루어진 네트워크로 보며, 거기서 각 요소들은 명확하게 예정된 결과를 낳는 체계적인 사업 방식으로 통합되어 어떤 더 큰 패턴에 기여한다.

기업가 관점으로 운영하는 사업은 각 발전 단계에 따라 양적으로는 아니더라도 적어도 질적으로는 측정이 가능하다. 사업에 기준이 되는 형태나 방식이 있기 때문에 각 단계에 맞게 해석하여 가장 좋은 전형으로 삼을 수 있다. 사업은 분명하고 인식할 수 있는 형태로 명시적인 규칙과 원칙에 따라 운영된다.

반면에 기술자 관점은 그 범위가 더 좁고 제한되어 있으며, 주로 끝마쳐야 하는 일에 한정된다.

결과적으로 기술자의 사업은 갈수록 중압감이 늘고 유쾌함은 줄어들며, 바깥의 더 큰 세상으로부터 고립된다.

기술자의 사업은 그를 아무 데로도 이끌지 못하고 그저 다음 할 일만 하는 정도에 머물게 하여, 이전에 했던 일을 반복할 뿐이다.

단순 반복이 일상화된다.

완수해야 할 어떤 의미나 더 높은 목적을 포기한 채, 그저 일 자체만을 목적으로 한다.

자신의 사업이 향해 가는 곳과 지금 있는 곳 사이의 관련성을 보지 못한다.

분명하게 보이는 원대한 포부나 선견지명을 지닌 길잡이가 없는 탓에, 기술자는 한 걸음 뗄 때마다 매번 모델을 세워야 하는 처지가 된다.

그리고 그나마 세운 모델이라고 해봐야 과거의 경험에 따른 모델이거나 일의 모델에 불과하다. 갈수록 길들여져 가는 일로부터 사업이 그를 해방시키는 데 필요한 것과는 정반대의 모델이다.

기업가 모델

멀리 있어서 기술자에게는 잘 보이지도 않는 것을 기업가는 어떻게 보는 걸까? 기업가 모델이라는 건 정확히 무엇인가?

기업가 모델은 특정 고객층의 욕구를 인지하고 그것을 혁신적인 방법으로 충족시켜 주는 사업 모델을 의미한다.

기업가 모델은 사업을 마치 고객의 시선을 뺏기 위해 다른 상품들(또는 사업)과 선반 위에서 경쟁해야 하는 상품인 양 생각한다.

달리 표현하면, 기업가 모델은 사업에서 무엇을 해야 하는가보다는 어떻게 해야 하는가와 더 관련이 있다. 중요한 건 상품이 아니라, 그것을 내놓는 방식이다.

기업가가 모델을 만들 때면, 일단 세상을 살펴보고 이렇게 묻는다. "어디에 기회가 있을까?" 기회를 발견하고 나면, 기업가는 백지 상태에서 특정 고객층 내에 존재하는 불만에 대한 해결책을 세운다. 기업가가 아닌 고객의 입장에서 매우 구체적인 방식으로 보고 행동하는 사업이 내놓을 수 있는 해결책이어야 한다.

기업가는 이렇게 묻는다. "내 사업이 고객들에게 어떻게 비춰질까? 어떻게 해야 내 사업이 가장 돋보일까?"

따라서 기업가 모델은 만들려는 사업에 대한 그림에서 출발하는 것이 아니라 만들려는 사업이 목표로 하는 고객에 대한 그림에서 출발한다.

기업가는 고객에 대한 명확한 그림이 없으면 어떤 사업도 성공할 수 없다는 사실을 이해한다.

반면에 기술자는 먼저 내부를 살피며 자신의 기술을 규정한 다음, 외부를 살펴보며 이렇게 묻는다. "어떻게 팔 수 있을까?"

그렇게 해서 생겨난 사업은 거의 대부분 사업을 하는 방식이나 팔아야 할 고객이 아니라 상품에만 초점을 맞춘다.

그런 사업은 고객이 아닌 상품을 만든 기술자를 만족시켜 줄 수밖에 없다.

기업가에게 사업은 곧 상품이다.

기술자에게 상품은 고객에게 전달해야 할 대상이다.

기술자에게 고객은 늘 골칫거리다. 왜냐하면 고객은 기술자가 제시한 가격을 절대로 받아들이지 않는 것처럼 보이기 때문이다.

하지만 기업가에게 고객은 언제나 기회다. 왜냐하면 고객의 내면에서는 끊임없이 채워 줘야 하는 욕구가 계속해서 생겨난다는 사실을 알기 때문이다. 따라서 기업가는 그것이 무슨 욕구인지, 그리고 미래에는 어떤 욕구가 있을지를 찾아내기만 하면 된다.

결과적으로 기업가에게 세상은 놀라움의 연속이자 보물이 묻혀 있는 곳이다.

하지만 기술자에게 세상은 그가 원하는 일을 하도록 절대로 놔둘 것 같지 않은 곳이다. 세상은 좀처럼 그의 노력이나 일을 성원하지 않으며, 그의 진가를 알아주는 경우도 극히 드물다. 세상은 늘 뭔가를 원하지만, 기술자는 그것을 어떻게 줘야 할지 모른다.

따라서 이런 질문을 하게 된다. 어떻게 하면 기술자에게 기업가 모델을 그가 이해하고 활용할 수 있는 방식으로 가르쳐 줄 수 있을까?

안타깝게도, 불가능하다고 답할 수밖에 없다.

기술자가 관심이 없다.

기술자에게는 다른 할 일이 있다.

그 대신, 성공할 수만 있다면, 우리가 해야 할 일은 우리 내면의 미성숙한 기업가가 기술자가 설정해 놓은 안전지대의 한계를 넘어 성장함으로써 사업의 비전을 발견할 수 있도록 필요한 정보를 제공해 주는 것이다.

그리고 우리 내면의 기업가에게 유효한 사업 모델, 즉 너무나 흥미진진해서 우리의 혁신적 본성인 기업가 인격을 자극함으로써 기술자의 속박에서 완전히 벗어나게 해 주는 모델을 제공하는 것이다.

또한 우리가 해야 할 일은, 너무 늦었다는 사실을 기술자가 알아차릴 즈음이면 기업가는 이미 멀리 떠나 버린 다음일 것이라는 강한 충격을 주어 우리 내면의 기업가적 상상력을 자극하는 모델을 발견하는 것이다.

하지만 동시에, 그 모델이 제대로 기능한다면, 즉 그 모델이 우리 내면의 기업가를 깨워 성공에 필수 불가결한 기업가 관점에 따라 사업을 다시 재건한다면, 관리자와 기술자 역시 그들만의 모델이 필요하다.

그 이유는, 기업가가 사업이라는 차를 운전한다면 관리자는 그 차가 멈추지 않고 갈 수 있는 충분한 연료가 있는지 그리고 엔진과 새시는 잘 수리되어 있는지를 확실히 해야 하기 때문이다.

또한 기술자가 만족하려면 모든 볼트와 너트를 직접 다루고자 하는 기술자의 욕구를 만족시켜 줄 모델이 있어야만 하기 때문이다.

요컨대, 기업가와 관리자, 기술자 모두 본연의 자리를 찾아 제 역할을 하게 해 줄 수 있는 균형 잡히고 포괄적인 유효한 사업 모델이어야만 한다는 뜻이다.

그런 모델을 찾기 위해서, 깜짝 놀랄 만한 방식으로 미국의 소기업을 탈바꿈시켜 온 혁명적인 새로운 방법을 살펴보자.

나는 그것을 턴키 혁명Turn-Key Revolution이라고 부른다.

사라가 가게 문을 열 시간이었다. 그리고 우리에게는 아직 할 일이 많이 남아 있었다.

"저녁때 다시 올게요. 마지막으로 뭐 물어볼 거 있어요?" 내가 물었다.

사라가 미소를 지었다. "네, 얼마나 빨리 시작할 수 있을까요?"

제2부

사업을 보는 새로운 관점

세상에서 가장 성공한 소기업

> 시스템 이론은 모든 현상이 서로 밀접하게 연관되어 있다는 측면에서
> 세상을 바라보는 이론이며, 이러한 관점 하에서 그 특질을 더 이상 부분으로
> 나눌 수 없는 통합된 전체를 시스템이라고 한다.
>
> ─ 프리초프 카프라, 「새로운 과학과 문명의 전환」

과학기술 혁명, 정보 폭발은 오늘날의 세상에선 모두 익숙한 현상이다. 그런 현상들이 우리의 삶에 커다란 영향을 주었다는 사실에는 의문의 여지가 없다.

그런데 턴키 혁명이 가져온 변화에 대해 말해 보라고 하면, 사람들은 대개 멍한 표정을 지을 뿐이다.

하지만 턴키 혁명이 미국의 기업들에 미친 영향 그리고 추정컨대 미래에 미칠 영향은 위에서 언급한 현상들 못지않게 크다.

왜냐하면 턴키 혁명의 핵심에 있는 사업방식은 어떠한 소기업이든, 아니 크기에 상관없이 어떤 사업이든, 혼돈과 병폐로 고통받는 상황에

서 체계가 잡히고 흥미진진하며 지속 성장이 가능한 상황으로 완전히 탈바꿈시켜 주는 힘을 가지고 있기 때문이다.

프랜차이즈 현상

이야기의 시작은 1952년으로 거슬러 올라가, 한 52살의 영업사원이 밀크셰이크 기계를 팔기 위해 캘리포니아 샌버너디노에 있는 두 형제가 운영하는 햄버거 가게로 들어서는 것에서부터 시작된다.

거기서 그는 기적을 보았다.

적어도 밀크셰이크 기계 영업사원인 레이 크록에게는 그렇게 보였다. 왜냐하면 그 맥도날드(MacDonald's에서 나중에 McDonald's로 바뀐다)와 같은 햄버거 가게는 일찍이 본 적이 없었기 때문이었다.

가게는 마치 스위스 시계처럼 움직였다!

그가 이제껏 본 적이 없는 빠르고 효율적인 저비용 방식으로 햄버거가 붕어빵 찍듯이 만들어졌다.

무엇보다, 아무나 그 일을 할 수 있었다.

그는 아르바이트생으로 보이는 직원들이 줄을 길게 늘어선 손님들을 즐겁게 응대하며 주인의 감독 하에 일하는 광경을 지켜보았다.

레이 크록의 눈에는 맥도날드 형제가 창조한 것이 그저 그런 또 하나의 햄버거 가게가 아니라 돈 찍는 기계라는 사실이 명백해 보였다!

첫 방문 후, 이전에는 결코 느껴 보지 못했던 열정을 품게 된 레이 크록은 맥과 짐 맥도날드 형제를 만나 그 운영방식의 사용권을 달라고 설득했다.

12년 동안 수백만 개의 햄버거를 판매한 그는 결국 맥도날드를 인수하여 세계에서 가장 큰 패스트푸드 소매 유통시스템으로 만들었다.

'세상에서 가장 성공한 소기업'

이것은 오늘날 맥도날드가 스스로를 일컫는 말이다.

그리고 그렇게 불릴 만하다.

왜냐하면 맥도날드의 성공이 참으로 경이적이기 때문이다.

생각해 보라. 40년도 안 되는 기간 동안, 레이 크록의 맥도날드는 전 세계 120개국 28,707개 매장에서 매일 4천3백만 명이 넘는 사람들이 이용하는 연간 400억 달러 규모의 사업으로 성장했으며(지금 이 순간에도 이 숫자는 늘어나고 있다), 이는 전미 레스토랑 총수입액의 10%가 넘는 수치이다.

맥도날드 매장의 연간 평균 매출액은 2백만 달러가 넘으며, 17%의 세전 순수익률로 세계 어떤 소매업에 견주어도 가장 뛰어난 수익성을 나타낸다.

하지만 사업의 환상적인 성공이 레이 크록이 거둔 성취의 전부는 아니다. 그는 이후 모든 세대의 기업가들이 성공의 기반으로 삼아온 모델, 즉 프랜차이즈 현상의 기원이라 할 수 있는 모델을 창조했다.

처음에 크록의 모델은 몇몇 기업가들이 시험 삼아 시도해 보는 작은 물방울에 지나지 않았지만, 이내 그 물방울은 나이아가라 폭포로 바뀌었다.

2000년 기준으로 75개 산업에 32만 개의 프랜차이즈 사업이 존재하고 있다. 프랜차이즈 사업의 연간 매출액은 1조 달러로 이는 미국의 소매점에서 지출되는 1달러 당 거의 50%를 차지하는 비중이며, 8백만 명이 넘는 상근 혹은 시간제 종업원이 일하고 있고, 가장 많은 아르바이트생을 고용한 사업 분야이기도 하다.

그러나 맥도날드의 천재성은 프랜차이즈 그 자체에만 있는 것은 아니다. 프랜차이즈는 100년 이상 존재해 왔다. 코카콜라나 제너럴 모터스를 비롯한 많은 기업들이 큰 비용을 들이지 않고 시장을 확대하기 위한 효과적인 유통방법으로 프랜차이즈를 활용해 왔다. 레이 크록의 맥도날드에서 찾아볼 수 있는 진정한 천재성은 '사업방식 프랜차이즈 Business Format Franchise'에 있다.

미국의 사업에 혁명을 불러일으킨 건 다름 아닌 사업방식 프랜차이즈이다.

오늘날 영업일 기준으로 매 8분마다 신규 프랜차이즈 가맹점을 만들어 내고 있는 사업방식 프랜차이즈야말로 지난 40년간 프랜차이즈 현상의 성공을 일궈 낸 원천이라 할 수 있다.

그리고 1971년에서 1987년까지 미국 상무부가 진행한 연구에 따르면, 폐업하는 프랜차이즈의 비율은 연간 기준으로 5% 미만, 5년 기준으로는 25%라고 한다.

작은 기업의 실패율이 80%가 넘는 것을 감안한다면, 턴키 혁명이 우리 경제에 얼마나 큰 영향력을 미쳐 왔는지, 그리고 사업방식 프랜차이즈가 이제까지는 물론 앞으로의 사업 성공에 어떤 기여를 할지 이해할 수 있다.

턴키 혁명 : 사업방식 프랜차이즈

아직도 남아 있긴 하지만, 초기 프랜차이즈 사업은 '상표명 프랜차이즈'라고 하는 형태였다.

상표명 프랜차이즈에서는 프랜차이즈 본사가 전국적인 인지도를 지닌 상품들을 지역 시장에 판매하기 위해 소규모 회사들에 상표명을 빌려 준다. 그러나 사업방식 프랜차이즈는 상표명 프랜차이즈를 넘어선 진일보한 형태이다.

사업방식 프랜차이즈는 소규모 회사들에 이름을 빌려 주는 것뿐만 아니라 사업의 운영 시스템 전체를 가맹점에 제공해 준다. 그리고 그러한 차이 때문에 턴키 혁명과 그것의 경이로운 성공이 가능할 수 있었다.

턴키 혁명과 사업방식 프랜차이즈는 대부분의 창업자들이 가지고 있는 믿음에 반하는 신념에서 탄생했다.

창업자들은 대개 사업의 성공은 팔려는 상품의 성공에 달려 있다고 믿곤 한다.

그래서 상표명 프랜차이즈의 경우, 프랜차이즈의 가치는 캐딜락이나 메르세데스, 코카콜라처럼 본사가 지닌 상표명의 가치에 달려 있었다.

정말로 그랬던 시절도 있었지만, 이제는 더 이상 아니다. 미네소타에 몰아치는 눈보라의 눈송이만큼이나 상표명이 넘쳐나는 이 세상에서, 상표명만으로 확고한 위치를 구축하고 그것을 지킬 수 있으리라 기대하는 건 갈수록 쉽지 않고 엄청난 비용이 들어가는 일이 되어 버렸다.

결국, 프랜차이즈의 전체 규모가 전례 없는 속도로 급증하는 동안, 상표명 프랜차이즈는 감소 추세를 보였다.

프랜차이즈의 급증을 이끈 건 바로 사업방식 프랜차이즈였다.

그 이유는 사업방식 프랜차이즈가 사업의 진짜 상품은 파는 물건이 아니라 그것을 파는 방식이라는 신념에 근거하고 있기 때문이다.

그러니까 사업에서 진짜 상품은 사업 그 자체이다.

맥도날드에서 레이 크록은 자신이 팔아야 할 상품은 햄버거가 아니라 맥도날드 그 자체라는 사실을 간파했다.

그리고 그는 가장 중요한 어떤 이유 때문에 그것을 믿었다.

상품이 아닌 사업을 팔기

레이 크록은 훌륭한 기업가였다. 그리고 다른 모든 기업가들과 마찬가지로, 그도 한 가지 중요한 문제에 봉착했다. 거대한 꿈을 품은 그였지만, 돈이 없었다.

그래서 프랜차이즈 가맹사업을 하기로 했다.

프랜차이즈 가맹사업은 레이 크록의 꿈을 실현하는 수단이 되었다.

그 순간부터 레이 크록은 자신의 사업을 상품으로 그리고 프랜차이즈 가맹점주를 가장 중요한 고객으로 보기 시작했다.

프랜차이즈 가맹점주의 주 관심사는 햄버거나 프렌치프라이, 밀크셰이크가 아니라, 사업 그 자체였다.

사업을 시작하려는 프랜차이즈 가맹점주가 알고 싶어 하는 건 단 한 가지였다. "잘될까?"

따라서 레이 크록은 어떻게 하면 자신의 사업이 여느 다른 사업에 비해 더 잘되리라는 사실을 확실하게 보여 줄 수 있을까를 무엇보다 심각하게 고민했다.

맥도날드가 프랜차이즈 가맹점주의 꿈을 실현시켜 줄 수 있다면, 가맹이 이어지리라는 것은 자명한 일이었다.

그리고 레이 크록이 스스로 확신을 가지려면 정말로 맥도날드가 다른 여느 사업에 비해 더 잘되어야만 했다.

시작할 때부터 레이 크록은 다른 햄버거 업체하고만 경쟁하지 않았다. 다른 모든 사업 기회들과 경쟁했다!

하지만 레이 크록이 맥도날드가 정말로 잘될 것이라고 확신한 두 번째 이유가 있었다.

대다수 작은 기업들의 실패율을 알게 된 그는 결정적인 사실을 깨달았다. 즉, 가맹점주들이 각자의 생각대로 사업을 하면 대개는 실패할

확률이 높기 때문에, 성공 가능성이 높은 맥도날드로 만든다면 사업이 잘될 수밖에 없으리라는 사실이었다!

레이 크록이 이러한 사실을 이해하고 나자, 그의 문제는 기회가 되었다.

팔릴 만한 사업을 만들어야 하는 동시에, 일단 팔리고 나면 누가 가맹점주가 되든 상관없이 잘될 수 있는 사업을 만들어야 했다.

이러한 사실을 깨달은 레이 크록은 실패할 염려가 없는 예측 가능한 사업을 만드는 일에 착수했다.

바로 사람에 의존하는 사업이 아닌 시스템에 의존하는 사업이었다.

레이 크록이 없어도 잘될 수 있는 사업이어야 했다.

다른 소기업 사업주들과는 달리, 레이 크록은 사업에 휘둘리지 않고 사업을 지배했다.

그는 마치 엔지니어가 대량 생산이 가능한 제품의 시제품 원형을 만들 때처럼 자신의 사업에 대해 생각하기 시작했다.

레이 크록은 리엔지니어링(re-engineering : 1990년 마이클 해머가 주창한 개념으로 기업 전략에 맞춰 기업 체질 및 구조를 재설계하는 것)이라는 말과 방식이 유행하기 수십 년 전부터 이미 맥도날드를 리엔지니어링하기 시작했다.

그는 헨리 포드가 모델 T를 만들 때 생각했을 법한 방식과 똑같은 방식으로 맥도날드에 대해 생각하기 시작했다.

원형의 요소들을 어떻게 구성해야 아주 저렴한 비용에 완전히 호환

가능한 부품들로 조립될 수 있을까?

요소들을 어떻게 구성해야 그 결과로 만들어진 사업 시스템이 마치 모델 T처럼 유효하고 믿을 만한 사업 형태를 수천 번이라도 반복해서 만들어 낼 수 있을까?

레이 크록이 한 일은 산업혁명의 배경이 된 이런 생각을 이전의 어떤 기업에서도 시도한 적 없는 정도까지 사업개발의 과정에 적용한 것이었다.

상품으로서의 사업은 그것이 제대로 기능해야만 팔릴 것이다. 그리고 세상 어느 곳의 어떤 가맹점주가 운영하더라도 잘될 수 있도록 하는 유일한 방법은 대량 생산으로 들어가기 전 원형을 검증하여 완벽하게 예측 가능한 요소들로 프랜차이즈 사업을 만드는 것이다.

바로 여기에 턴키 혁명의 출발점이 된 사업방식 프랜차이즈가 놀라운 성공을 일궈 낸 비밀이 숨어 있다.

그 비밀은 바로 프랜차이즈 원형Franchise Prototype이다.

모든 성공한 프랜차이즈 사업주는 바로 프랜차이즈 원형 안에 그의 미래를 만든다. 모든 탁월한 프랜차이즈 사업주는 바로 프랜차이즈 원형 안에 부의 씨앗을 심는다. 그리고 바로 프랜차이즈 원형 안에서 당신의 사업을 움직이게 할 모델을 발견할 수 있다.

사라와 내가 이런 얘기를 나누기에 더없이 좋은 때였다.

그녀가 사업주가 된 기술자로서의 자신을 자각하고 그동안 사업에 쏟아부은 과도한 희생을 만회하고자 한다면, 지금이 바로 그 때였다.

밤 10시였다. 언제나 그랬듯 사라는 오늘도 정신없는 하루를 보냈다. 하루 종일 손님을 응대하고, 파이와 커피, 차를 내오고, 접시와 컵을 설거지해서 말린 뒤, 쌓고, 은식기에 광을 내고, 바닥을 걸레질하고, 쓰레기를 치우고, 다음 날을 위해 오븐을 정리하고, 카운터를 닦아 윤을 내는, 힘겨운 일을 하느라 사라의 얼굴은 붉게 상기되어 있었다.

그리고 그 날 하루 가게에서 많은 일들이 일어났음에도 불구하고, 언제 그랬냐는 듯이 가게 안은 흠잡을 데 없이 잘 정돈되어 있다. 그런 식으로 가게를 유지하는 데 들어가는 비용과 노력에도 불구하고, 사라가 가게에 깊은 만족감을 느끼고 있음을 잘 알 수 있었다. 하지만 사라는 확실히 지쳐 있었다.

우리는 의자 두 개를 끌고 탁자에 앉아 그녀가 준비한 차를 조용히 마셨다. 벽에 걸린 큰 시계가 우리의 침묵에 간간히 끼어들며 째깍째깍 소리를 냈다. 이따금씩 차가 가게 옆을 지나갔고, 밤거리를 걸어가던 사람들이 가끔 안을 들여다보며 가게 유리창 밖으로 지나쳐 갔다.

나는 사라가 준비가 되었다는 신호를 주기를 기다렸다.

마침내 사라가 생각에 잠겨 조용히 입을 열었다. "본받아야 할 예로 맥도날드에 대해 말씀해 주셨는데요, 그런데 선뜻 수긍하기가 쉽지 않아요. 제 이모가 오늘 여기에 계셨다면, 맥도날드에 대해서 말씀해 주신 것과는 정반대로 생각하셨을 거거든요. 말씀해 주세요. 제 이모가 그렇게 말했다면 뭐라고 대답하셨을지 궁금해요."

나는 대답했다. "있잖아요, 사라. 오늘 당신 내면에서 뭔가 변화가 일어났다는 걸 느낄 수 있어요. 뭔가 중요한 거죠. 당신이 맥도날드에 대한 그 질문의 답을 찾고 싶어 한다는 것도 말투에서 느껴지고요. 저역시 당신과 함께 그 문제를 깊이 파고들어가 보고 싶다는 열의가 생깁니다. 그래서 먼저 고맙다는 말을 해 주고 싶군요.

대개 작은 기업 사업주들은 제가 맥도날드에 대해 하는 말을 처음 들으면 그 요지를 오해하는 게 사실입니다. 그들은 패스트푸드를 저급한 음식으로 생각하죠. 그래서 맥도날드를 본보기로 제시하면, 그들은 내가 저급해 보이는 제품을 팔아도 사업에서 놀라운 성공을 거둘 수 있다는 주장을 한다고 생각합니다. 사실은 그렇지 않은데 말이죠. 그럼, 잠깐 그 문제로 되돌아가 봅시다.

이모님을 한 번도 뵌 적은 없지만 사라의 말을 들어보면 어떤 분인지 대충 알 것 같아요. 그리고 이모님께서 여기 나타나셔서 그렇게 물어보신다면 전 이렇게 말씀드리겠습니다.

'제가 보기에 레이 크록은 목적의식이 있는 사람이었습니다. 그에게는 뚜렷하고 순수하며 확실한 목적이 있었어요. 그 역시 우리들처럼 평범한 세상, 모든 일이 예상대로 돌아가지 않는 세상에서 사는 사람이었죠. 그런데 계속해서 정확히 예정한 대로 돌아가는 세상을 바로 맥도날드에서 본 겁니다. 그게 레이 크록에게 영감을 주었어요. 사실 그는 경외심마저 느꼈죠. 그는 단순한 사람이었고, 맥도날드라는 어마어마한 존재와 사랑에 빠져 버렸습니다.

이모님께서 파이 굽는 일을 그토록 사랑했듯이, 레이 크록은 맥도날드 만드는 일을 사랑했습니다. 당신이 특별한 파이를 만드는 일을 그토록 사랑했듯이, 레이 크록은 동일한 방식과 동일한 효과로 계속해서 특별한 결과물을 생산해 내는 일을 사랑했습니다. 당신이 주방의 향기와 냄새, 모습, 맛을 그토록 사랑했듯이, 레이 크록은 맥도날드의 향기와 냄새, 모습, 맛을 사랑했습니다. 그는 사랑에 빠진 남자였어요.

거꾸로 생각해 보면, 당신이 왜 맥도날드에 대해 비판적인지 이해는 할 수 있습니다. 사람들은 고기를 먹지 말아야 한다고 말하기도 하죠. 혹은 햄버거가 살찌는 음식이다, 아니다, 이러쿵저러쿵 말하기도 합니다. 하지만 어떠한 경우에도 맥도날드가 약속을 지키지 않는다는 말은 절대로 못하죠. 왜냐하면 약속을 지키니까요. 레이 크록이 일생 동안 사랑했던 맥도날드는 그가 떠나고 오랜 세월이 지난 지금까지도 세상 어느 사업보다도 약속을 잘 지키고 있습니다. 맥도날드는 매순간 우리가 기대하는 것을 정확히 전달하고 있으니까요.

그것이 바로 제가 맥도날드를 모든 소기업의 모델로 보는 이유입니다.

왜냐하면 우리들 대부분이 한 가게에서도 제대로 못하는 걸 맥도날드는 2만 8천 개가 넘는 지점에서 해내고 있으니까요!

그리고 그것은 저에게 진정성이 뭔지를 잘 보여 주는 모델입니다. 하기로 한 걸 하고, 만약 할 수 없다면, 어떻게 할지를 배우는 진정성 말이에요.

그게 훌륭한 사업의 기준이고 제가 그렇게 믿는다면, 맥도날드보다 더 훌륭한 사업은 없습니다. 우리 소기업 사업주들 중 어느 누가 그만큼 잘한다고 말할 수 있겠어요?

하지만 맥도날드에는 그보다 훨씬 더 중요한 게 있습니다.

맥도날드는 스스로 탁월한 사업을 일궈 냈을 뿐만 아니라, 우리 소기업 사업주들이 훌륭한 사업을 할 수 있게 도와주는 놀라운 방법을 창조했습니다. 우리가 모방할 수 있는 모델을 만든 것이죠.

그 모델이 지난 40여 년간 우리 경제에 미쳐 온 막대한 영향력은 헤아리기 어려울 정도입니다. 그래서 이모님, 만약 당신께서 레이 크록을 알았더라면, 분명히 그와 마음이 통하셨으리라 생각합니다.

당신이 그를 당신의 주방으로 초대하고, 그가 그의 주방으로 당신을 초대했을 겁니다. 당신은 파이 크러스트를 잘 굽는 기술에 대해 열정적으로 그와 이야기를 나누고, 그는 프렌치프라이를 잘 튀기는 기술에 대해 똑같은 열정으로 당신과 이야기를 나누었을 겁니다.

당신은 과일 준비하는 비결을 그와 나누고, 마찬가지로 그는 정성을 다해 골몰했던 햄버거 빵 만드는 비결을 당신과 나눌 것입니다.

한 가지만 빼고는 두 분이 똑같이 닮았어요.

이모님 당신에게는 혼자서, 혹은 사라와 함께 파이를 만들며 기쁜 마음으로 일하는 단 하나의 주방만 있었습니다.

반면에 레이 크록에게는 기쁜 마음으로 일하는 수천 개의 주방이 있었습니다. 거기서 그는 당신이 몇몇 사람들에게만 주었던 애정 어린 관심을 수백만 명의 사람들에게 쏟으며 완벽하게 그의 능력을 발휘했습니다.

당신은 당신의 일을 사랑하는 기술자이자 장인이지만, 그는 그의 일을 사랑하는 장인인 동시에 기업가입니다. 두 사람 사이에는 규모의 차이밖에 없습니다.'

이젠 레이 크록이 어떻게 그런 큰 사업을 일궈 냈는지 말씀드리죠."

지속 가능한 사업 원형

완벽하기란 불가능하지만, 그래도 정밀기계는 정밀함을 성취하기 위해 제작된다.
모터사이클에서 완벽하게 만들어진 부품 따위는 없으며 앞으로도 없겠지만,
그 기계에 올라타면 놀라운 일이 일어난다. 어떤 면에서든 가히 합리적이지는 못한 탓에
마법이라고 불러야 할 어떤 힘에 이끌려 시골길을 질주하고 있을 테니 말이다.

― 로버트 M. 피어시그, 「선과 모터사이클 관리술」

사업방식 프랜차이즈의 성공이 사업계의 가장 중요한 뉴스라는 사실에는 의심의 여지가 없다.

사업 첫 해를 기준으로, 새로 창업한 소기업의 실패율은 50%가 넘는데 반해, 사업방식 프랜차이즈는 95%의 성공률을 보였다. 5년을 기준으로 보면, 모든 사업의 80%가 문을 닫는 반면, 사업방식 프랜차이즈는 75%가 성공한다!

성공의 이유는 프랜차이즈 원형 때문이다.

프랜차이즈 사업주에게 원형은 꿈을 실현시켜 주는 모델이자, 꿈의 축소판이다. 원형은 모든 창조적인 사고가 실용주의의 젖을 먹고 자라

유효한 혁신으로 성장하는 인큐베이터이자 육아실이다.

또한 프랜차이즈 원형은 어떤 가정들을 사업 운영에 실제로 적용하기 전에 그 가정들의 유효성을 검증해 볼 수 있는 공간이기도 하다.

원형이 없다면 프랜차이즈는 다른 여느 사업만큼 혼란스럽고 미숙한, 실현 불가능한 꿈이 될 것이다. 원형은 가설과 실행 사이에서 일종의 완충 역할을 하며, 가설을 가상의 세계가 아닌 현실의 세계에서 검증할 수 있도록 해 준다. '잘될까?'라는 궁극적 질문에 대한 답이 유일한 가치 판단의 기준이 된다.

일단 원형을 완성하고 나면, 프랜차이즈 사업주는 가맹점주를 향해 이렇게 말한다. "사업이 어떻게 운영되는지 보여드리겠습니다."

그리고 사업은 제대로 돌아간다. 사업은 시스템에 의해 돌아가고, 시스템은 사람들에 의해 관리된다.

프랜차이즈 원형에서 시스템은 태곳적부터 모든 사업과 모든 인간 조직을 괴롭혀 온 문제를 해결하는 해법이 된다.

시스템은 사업이 제대로 돌아가는 데 필요한 모든 요소들을 통합한다. 모든 요소들이 통합을 이루고 목표의 실현을 위해 서로 호응하며 기능하도록 함으로써, 시스템은 사업을 하나의 기계로, 아니 좀 더 정확하게는, 살아 있는 유기체로 탈바꿈 시킨다. 그리고 근본이라고 할 수 있는 원형과 함께, 사업은 이전과는 전혀 다르게 움직인다.

레이 크록의 맥도날드에서는 사업 시스템의 매우 세세한 부분까지 먼저 원형 내에서 검증을 한 다음, 예전의 다소 운에 맡기던 사업에서는 결코 불가능했을 수준으로 통제를 했다.

프렌치프라이는 눅눅해지지 않도록 보온 용기에 7분 이상 놔두지 않았다. 눅눅하다면 맥도날드의 프렌치프라이가 아니다.

햄버거는 적당한 수분을 유지하기 위하여 10분 이상 보온 판에 두지 않았다.

똑같은 크기와 무게의 동결 고기 패티를 불판 위에서 정확히 똑같은 시간에 뒤집었다.

피클은 햄버거에서 삐져나와 고객의 무릎에 떨어지는 일이 없도록 미리 정해진 모양에 따라 사람의 손으로 배열했다.

음식은 60초 이내에 손님에게 내놓도록 했다.

훈련과 표준화, 질서가 좌우명이었다.

사소해 보이는 부분까지 꼼꼼히 신경 써 철저한 청결을 유지했다.

레이 크록은 저렴하면 대충하거나 싸구려려고 여기는 고객들의 편견을 깨리라 마음먹었다. 세상 어떤 사업도 그런 작은 부분에까지 그렇게 많은 관심을 기울이고, 고객의 기대를 매번 똑같은 방식으로 확실히 만족시켜 줄 시스템을 만들기 위해 노력한 적은 없었다.

이전의 상표명 프랜차이즈와는 달리, 레이 크록의 시스템은 프랜차이즈 가맹점에 재량권을 거의 주지 않았다.

따라서 맥도날드 프랜차이즈를 운영하려는 사람은 철저한 훈련 프로그램을 이수해야 했다.

맥도날드에서는 그 훈련 프로그램을 햄버거대학교라고 부른다.

그곳에서 가맹점주들은 햄버거 만드는 법이 아니라 햄버거를 만드는 시스템, 즉 매순간 고객을 만족시켜 주는 시스템이자 맥도날드가 일궈 낸 놀라운 성공의 기초가 된 시스템을 관리하는 법을 배웠다.

맥도날드가 스스로를 '세상에서 가장 성공한 소기업'이라고 불러도 놀랄 만한 일은 아니다.

정말로 그렇다!

레이 크록이 40여 년 전에 생각해 낸 놀랍도록 상세한 그 모든 요소들은 오늘날의 시각으로 보아도 경이롭다.

햄버거대학이나 피클의 배열, 패티의 두께, 빵은 따뜻하게 해서 내놓아야 한다는 까다로운 조건 등 그 모든 요소들이 레이 크록이 떠나고 오랜 세월이 지난 오늘날에도 여전히 맥도날드의 핵심 시스템으로 가맹점주들에게 인식되고 있다.

지금도 예전과 똑같다. 일단 시스템을 익힌 프랜차이즈 가맹점주에게는 자기 사업을 운영할 키가 주어진다.

그래서 이름도 턴키 운영Turn-Key Operation이라고 한다.

시스템 사용 자격을 얻은 프랜차이즈 가맹점주는 사용법을 익히고 나서 '키를 돌린다.' 그 다음은 시스템이 알아서 한다. 그리고 가맹점주는 시스템에 매료된다!

왜냐하면 프랜차이즈 사업주가 그 사업을 제대로 설계했다면, 모든 문제점을 충분히 검토했을 테니까. 프랜차이즈 가맹점주가 해야 할 일이라고는 시스템을 관리하는 법을 배우는 것뿐이다.

이 모든 것이 바로 프랜차이즈 원형 덕분이다.

시스템을 고안하고 완벽하게 만든 토대가 바로 프랜차이즈 원형이다. 프랜차이즈 원형에서는 실제로 시스템을 작동시켜 볼 수 있기 때문에 그것이 어떻게 움직이는지 알 수 있다.

시스템은 어디선가 통째로 가져와 사업에 적용하는 것이 아니라, 사업을 구축하는 과정에서 이끌어 내는 것이다. 그것은 끊임없이 반복되는 다음 질문에 대한 대답이다. "어떻게 하면 사업에 대한 통제력을 잃지 않으면서 고객이 원하는 걸 줄 수 있을까?"

기업가에게 프랜차이즈 원형은 현실에서 그의 비전을 구체화하는 도구이다.

관리자에게 원형은 그의 삶에 매우 중요한 질서와 예측 가능성, 시스템을 제공한다.

기술자에게 원형은 그가 사랑하는 일, 즉 기술적인 일을 자유롭게 할 수 있는 곳이다.

그리고 작은 기업의 사업주에게 지속 가능한 사업의 원형은 성공적인 사업을 구축하는 동시에 세 가지 인격을 조화롭게 육성해 낼 수 있는 수단을 제공한다.

따라서 이제 당신은 답을 찾았다. 프랜차이즈 원형이 당신이 찾고 있던 바로 그 모델이다. 프랜차이즈 원형은 성공적인 사업 모델이며, 기업가와 관리자, 기술자 모두를 만족시킬 균형 잡힌 모델이다.

그리고 원형은 내내 거기에 있었다!

맥도날드는 물론이고, 페덱스에도, 디즈니월드에도, 미시즈 필즈 쿠키에도 있었고, 서브웨이 샌드위치와 도미노 피자, 켄터키 프라이드 치킨, 피자헛에도 있었으며, 타코벨과 UPS, 유니버셜 스튜디오에도 있었다.

당신의 눈에 띄길 기다리며 줄곧 거기에 있었다!

프랜차이즈든 아니든, 지속 가능한 사업 원형은 당신 주변에 있는 모든 탁월한 사업의 핵심에 '독점적 운영시스템'Proprietary Operating System'의 형태로 존재해 왔다.

왜냐하면 사실상 독점적 운영시스템이 모든 사업방식 프랜차이즈의 전부라고 할 수 있기 때문이다.

탁월한 사업을 다른 모든 경쟁 사업들로부터 성공적이면서도 우선적으로 구분지어 주는 것은 바로 사업의 독점적 운영방식이다. 이런 측면에서 보면, 세상의 훌륭한 사업은 모두 프랜차이즈, 즉 독점적 사업이라고 할 수 있다.

따라서 다음과 같이 질문해 보아야 한다. 어떻게 하면 당신만의 독점적 운영시스템을 구축할 수 있을까? 어떻게 해야 그런 극히 자유로운 아이디어가 당신 안에서 샘솟도록 할 수 있을까?

어떻게 하면 당신만의 지속 가능한 사업 원형을 만들 수 있을까?

어떻게 하면 레이 크록처럼 매일매일 예상한 대로 쉽게 수익을 내는 성공적인 사업을 구축할 수 있을까?

어떻게 하면 당신 없이도 잘 돌아가는 사업을 만들 수 있을까?

어떻게 하면 사업에 얽매이지 않는 좀 더 충만한 삶을 살 수 있을까?

알겠는가? 왜 그것이 그렇게도 중요한지 이제 알겠는가?

왜냐하면 그렇게 하기 전까진 사업이 당신의 삶을 지배할 테니까!

하지만 일단 자유로운 아이디어가 샘솟기 시작하면, 당신은 자유의 길로 들어서게 된다!

사라가 내 말을 이해한 게 분명해 보였다.

지금 그녀의 뺨이 붉게 상기된 건 하루 종일 일했던 것과는 아무런 상관도 없으며, 창조적이고 지적인 검은 눈으로 나를 바라보는 그녀의 내면에선 질문들이 솟아나고 있다는 걸 알 수 있었다. 사라는 기업가적 사업을 창조한다는 생각에 흥분을 느끼고 있었다.

그리고 그녀는 자신에게 이미 기업가 인격이 있다는 것도 알았다.

사라는 레이 크록이 했던 것을 그녀의 사업에서 해낼 수 있었다. 그녀에게 필요한 거라고는 그 방법을 배우는 일뿐이었다.

사업에 휘둘리지 않고 사업을 지배하기

형식은 시작에 불과하다. 그것은 느낌과 기능의 조합이다.
형상과 재료가 목재와 어우러져 합쳐지면 어떤 모습일까를 상상하면서,
하나로 모아 조립하고 형태에 의미를 부여해 나간다.

– 제임스 크레노프 『가구 제작공의 수첩』

　　지금부터 내가 하려는 말의 요지를 이해하는
것은 매우 중요하다. 제대로만 이해한다면, 당신
의 사업과 삶은 예전과 완전히 달라질 테니까.
　　요지는 사업은 삶이 아니라는 것이다.
　　사업과 삶은 완전히 별개이다.
　　무엇보다 사업은 당신의 일부가 아니라 당신
과 분리된 객체이며, 그 자체로 규칙과 목적을 가지고 있다. 사업은 고
객을 찾아내고 지키는 본연의 기능을 얼마나 잘 수행하느냐에 따라 살
기도 하고 죽기도 하는 유기체라고 말할 수 있다.

삶의 목적이 사업을 위해 있는 게 아니라 사업의 목적이 삶을 위해 있다는 사실을 자각하고 나면, 반드시 사업에 휘둘리지 않고 사업을 지배해야 하는 이유를 온전히 이해하고 그렇게 할 수 있게 된다. 그래야 지속 가능한 사업 원형 모델이 당신을 위해 일을 시작하게 할 수 있다.

사업에 휘둘리지 않고 사업을 지배하는 상황이 일상 활동의 핵심 주제이자, 이 순간부터 당신이 하는 모든 것을 앞으로 나아가게 하는 중요한 촉매가 될 것이다.

당신이 소유했거나 소유하고 싶은 사업이 5천 개가 넘는 똑같은 사업의 원형이라고, 혹은 원형이 되리라고 가정하라.

당신의 사업이 5천 개가 넘는 똑같은 사업의 모델이 되리라고 생각하라. 유사한 사업이 아니라 똑같은 사업, 즉 완벽한 복제, 클론이어야 한다.

달리 말하면, 당신의 사업을 프랜차이즈를 주려 한다고 가정하라. (주: 가정하라는 것이지, 정말로 그래야 한다는 소리가 아니다. 여기서 핵심은 그게 아니다. 물론 당신이 원한다면 모르겠지만.)

그뿐만 아니라 이제 당신은 이것이 프랜차이즈 게임이라는 걸 알기 때문에, 게임에서 이기려면 다음과 같이 따라야 할 규칙들이 있음을 이해해야 한다.

원형 모델은 당신의 고객, 종업원, 거래처, 금융기관에 그들의 기대를 뛰어넘어 일관된 가치를 제공해야 한다.

원형 모델은 기술 수준이 가장 낮은 사람들에 의해서도 운영이 가능해야 한다.

원형 모델은 흠잡을 데 없이 질서가 잡힌 곳으로 자리매김해야 한다.

원형 모델에서 이루어지는 모든 일은 업무 지침서^{Operations Manual}로 문서화해야 한다.

원형 모델은 고객에게 한결같이 예측 가능한 서비스를 제공해야 한다.

원형 모델은 유니폼 색, 복장, 시설 규정을 적용해야 한다.

각 규칙을 차례대로 살펴보자.

1. 원형 모델은 당신의 고객, 종업원, 거래처, 금융기관에 그들의 기대를 뛰어넘어 일관된 가치를 제공해야 한다

가치란 무엇인가?

가치를 어떻게 이해해야 하는가? 내가 생각하기로는, 가치는 사람들이 인식한 것에 불과하다.

그러니 만약에 원형이 당신의 고객과 종업원, 거래처, 금융기관에 일관된 가치를 제공하는 것은 물론 그들의 과도한 기대마저 뛰어넘는다면 어떤 일이 벌어질까?

이것이 바로 기업가라면 누구나 반드시 해 보아야 하는 질문이다.

왜냐하면 가치야말로 기업가의 사업이 존재하는 이유이기 때문이다.

가치는 사업상 접촉하는 모든 사람에게 영향을 주기 때문에 탁월한 사업을 영위하려면 가치에 대한 이해가 선행되어야 한다.

가치는 가게 문을 나서는 고객에게 하는 인사말일 수 있다.

가치는 고객이 우편으로 받은 뜻밖의 선물일 수 있다.

가치는 일을 잘한 신입사원이나 성공적인 한 해를 보낸 영업사원을 칭찬하는 말일 수 있다.

가치는 제품의 합리적인 가격일 수도 있고, 도움을 더 필요로 하는 고객에게 평소와 달리 당신이 보인 헌신일 수도 있다.

가치는 성실한 은행원에게 보내는 간단한 감사의 인사일 수도 있다.

가치는 당신의 사업에 그리고 사업이 커가면서 당신이 얻는 만족감에 없어서는 안 될 요소이다.

2. 원형 모델은 기술 수준이 가장 낮은 사람들에 의해서도 운영이 가능해야 한다

그렇다. 기술 수준이 가장 낮은 사람들이라고 말했다. 왜냐하면 당신의 모델을 운영하는 데 고숙련 기술자들이 필요하다면, 복제가 불가능하기 때문이다. 시장에서 고숙련 기술자들을 데려오려면 프리미엄을 내야 한다. 그들은 몸값이 비싸기 때문에, 결국 제품이나 서비스의 가격 인상으로 이어질 것이다.

기술 수준이 가장 낮다는 말은 각자에게 주어진 기능을 수행하는 데 필요한 기술 수준이 가장 낮다는 것을 의미한다. 당신의 사업체가 법률회사라면, 변호사가 반드시 필요하다. 의료기관이라면, 의사가 반드시 필요하다. 하지만 꼭 뛰어난 변호사나 의사를 고용할 필요는 없다. 정말로 필요한 것은 괜찮은 변호사나 의사들이 더할 나위 없이 훌룡한 결과물을 만들어 낼 수 있도록 지렛대 역할을 해 줄 최고의 시스템이다.

스스로에게 계속해서 이런 질문을 던져 보아야 한다. 어떻게 하면 고객이 원하는 결과를 사람이 아닌 시스템에 의해 제공할 수 있을까? 달리 표현하면, 어떻게 하면 사람이 아닌 시스템에 의해 결과가 만들어지는 사업을 창조할 수 있을까? 어떻게 해야 전문가가 아닌 시스템에 의존하는 사업을 만들 수 있을까? 변덕스러운 인재를 채용하기보다는 어떻게 해야 정교한 시스템을 구축할 수 있을까?

사람이 중요하지 않다는 의미가 아니다. 오히려 사람이야말로 시스템에 생명을 불어넣는 장본인이다.

사람은 시스템을 설계하여 그것이 의도한 결과를 만들어 내도록 할 수 있다. 그리고 그 과정에서 시스템을 기반으로 일하는 직원들(모든 직원이 그래야 하겠지만)은 시스템을 향상시키는 법을 배움으로써 어떻게 해야 고객과 사업을 위해 좀 더 효과적으로 일할 수 있을지 알게 된다.

위대한 사업은 비범한 사람들이 아니라 비범한 일을 하는 평범한 사람들에 의해 만들어진다는 말이 있다. 나는 그 말이 진실이라고 믿는다.

하지만 비범한 일을 하는 평범한 사람들에게는 시스템, 즉 '일을 하는 체계'가 반드시 필요하며, 그 이유는 일관성 있는 결과물을 만들어 내려면 사람들이 가진 기술과 사업에 필요한 기술 사이에 존재하는 간극을 메꿔 주어야 하기 때문이다.

이런 맥락에서 시스템은 직원들의 생산성을 높여 당신의 사업을 경쟁자들과 확실히 차별화하는 데 필요한 도구가 된다.

그 도구들을 개발하고 직원들에게 도구의 사용법을 가르치는 일은 당신, 좀 더 정확히 말하면 당신 사업이 해야 할 일이다.

그리고 당신이 개발한 도구를 사용하고 그 경험을 바탕으로 개선책을 제시하는 것은 당신의 직원들이 해야 할 일이다.

내가 이것을 '평범한 사람들의 규칙Rule of Ordinary People'이라고 부르는 데에는 또 다른 이유가 있다. 그것은 평범한 직원들과 일할수록 당신의 일이 더 어려워지며 그런 상황이 당신에게는 오히려 일종의 축복이 되기 때문이다.

작은 기업의 사업주들은 대개 고숙련 직원들을 선호하는데, 그 이유는 그래야 자신의 일이 수월해지리라고, 즉 그냥 그런 직원들에게 일을 맡기기만 하면 될 것이라고 생각하기 때문이다.

다시 말하면, 그런 사업주들은 대개 '위임에 의한 관리'보다는 '포기에 의한 관리'를 선호한다는 소리다.

불행한 일이지만, 그런 식으로 생각하면 사업의 성장이 고숙련 직원들의 기분과 변덕에 따라 좌우되는 상황을 맞이하게 될 수밖에 없다.

고숙련 직원들이 일할 기분이 들면, 일이 된다.

그렇지 않으면, 일도 되지 않는다.

직원의 재량에 따라 좌우되는 그런 식의 사업에서는 '직원들을 어떻게 동기부여 해야 할까?', '어떻게 하면 직원들이 일할 기분이 나게 할까?'라는 질문이 끊이질 않게 된다.

비범한 사람들에 의존하는 사업에서 일관성 있는 결과를 만들어 내기란 사실상 불가능하다. 어떤 사업도 그런 식으로 지속될 수 없으며, 탁월한 사업이라면 결코 그렇게 하지 않는다!

탁월한 사업이 비범한 사람들에 의존하지 않는 이유는 의도적으로 평범한 사람들의 기술에 맞춰 사업을 구축하면, 결국 '비범한 사람이 없는 상태에서 어떻게 해야 의도한 결과를 만들어 낼 수 있을까?'라는 어려운 질문과 맞닥뜨릴 수밖에 없다는 사실을 잘 알기 때문이다.

평범한 직원들이 계속해서 비범한 결과를 만들어 낼 수 있도록 지렛대 역할을 해 줄 시스템을 모색할 수밖에 없을 것이다.

창업 이후로(사실 규모가 큰 사업도 마찬가지다!) 늘 골칫거리가 되어 왔던 인력 문제를 해결해 줄 혁신적인 시스템을 생각해 낼 수밖에 없을 것이다.

제대로 돌아가는 사업을 구축하고, 인력 개발을 대체하는 것이 아닌, 인력 개발과 상호보완적 관계로서의 사업 개발에 노력할 수밖에 없을 것이다.

3. 원형 모델은 흠잡을 데 없이 질서가 잡힌 곳으로 자리매김해야 한다

세 번째 규칙의 핵심에는 혼돈의 세상에서 사람들은 대개 질서를 갈망한다는 숨길 수 없는 사실이 있다. 그리고 굳이 천재가 아니어도 오늘날의 세상이 거대한 혼돈 상태에 놓여 있다는 것쯤은 알 수 있다. 전쟁, 기아, 범죄, 폭력, 인플레이션, 불황, 사회의 전통적 상호작용 형태의 변화, 핵 확산의 위협, HIV, 모든 끔찍한 형태의 대학살 같은 소식들은 TV를 응시하는 소비자들인 우리 모두에게 신속하고도 지속적으로 전달된다.

앨빈 토플러는 그의 혁명적인 책 『제3의 물결』에서 이렇게 썼다.

"오늘날 세상을 둘러보면 혼돈밖에는 보이지 않는다. 사람들은 저마다 무력감과 공허감으로 고통스러워한다." 이어서 다음과 같이 말한다. "인간에게는 생의 체계가 필요하다. 포괄적 체계가 결여된 삶은 방향을 잃은 난파선에 불과하다. 체계가 없으면, 무너질 수밖에 없다. 체계는 우리가 참조해야 할 비교적 고정된 좌표를 제시한다."*

질서가 잡힌 사업은, 그렇지 않았다면 혼돈의 세상에 있었을 고객과 종업원들에게 바로 그 '비교적 고정된 좌표'를 제공한다.

사업이 질서 정연해 보이면, 고객들은 당신의 직원들이 일을 잘 알고 있다고 생각한다.

사업이 질서 정연해 보이면, 직원들은 당신이 일을 잘 알고 있다고 생각한다.

사업이 질서 정연해 보이면, 세상이 혼돈스러운 와중에 제대로 돌아가는 것도 있다는 사실을 보여 준다.

사업이 질서 정연해 보이면, 고객들은 당신이 만든 제품이나 서비스

---

* 앨빈 토플러, 『제3의 물결』.

를 믿을 수 있다고 생각하고, 직원들은 당신과의 미래를 확신할 수 있다고 생각한다.

사업이 질서 정연해 보이면, 체계가 잡혀 있음을 보여 준다.

4. 원형 모델에서 이루어지는 모든 일은 업무 지침서로 문서화해야 한다

문서화는 한마디로 '이곳에서 우리가 일하는 방식'을 보여 준다.

문서화하지 않으면, 정례적인 일이 모두 예외적인 일로 바뀌어 버린다. 문서화는 직원들이 필요로 하는 체계를 제공하며, 어떻게 해야 가장 효율적이고 효과적인 방법으로 일을 완수할 수 있는지를 글로 설명해 준다.

문서화는 기존 직원들은 물론 신입 직원들에게 세상에는 일을 결정하는 논리와 결과를 만들어 내는 기술이 있음을 알려 준다. 문서화를 통해 질서가 확립된다.

다시 토플러의 말을 인용해 보자. "많은 사람들에게 직업은 금전의 차원을 넘어 심리적으로 매우 중요한 의미를 지닌다. 직업은 사람들에게 명확한 시간과 에너지를 요구함으로써 삶의 한 부분을 차지하며, 그것을 중심으로 삶의 나머지 부분들이 체계화될 수 있다."[*]

여기서 '명확한'이라는 단어가 중요하다.

문서화가 직원들에게 의미가 있으려면 체계를 잡는 데 필요한 명확

---

[*] 앨빈 토플러, 『제3의 물결』

성을 제공해야 한다.

문서화를 통해서 체계는 일반적인 목적이 아닌 구체적인 방법으로, 즉 우리 각자의 내면에 있는 기술자 인격이 당장 일을 하기 위해 이해할 필요가 있는 정확하고 단순화된 과제로 치환된다.

그러므로 체계를 문서화한 업무 지침서는 '회사 업무에 대한 안내서'라고 보면 가장 적절하다.

업무 지침서는 업무의 목적을 명시하고, 그 업무를 하는 동안 거쳐야 하는 절차를 구체화하며, 과정과 결과 모두에 적용되는 기준을 요약해 놓는다. 업무 지침서가 없다면 원형은 모델이 되지 못한다.

5. 원형 모델은 고객에게 한결같이 예측 가능한 서비스를 제공해야 한다

사업은 질서 정연해 보여야 하지만, 그것만으로는 충분치 않다. 사업은 실제로 질서 정연하게 움직여야만 하며, 예측 가능하고 균일한 방식으로 행해져야 한다.

얼마 전에 내가 경험했던 일은 그 점을 잘 보여 준다.

나는 한 이발소에 갔었는데, 처음 가 본 그곳에서 해준 머리는 이제껏 했던 것 중 가장 마음에 드는 축에 속했다. 이발사는 다른 곳에서처럼 전동가위를 사용하지 않았으며, 오로지 손으로만 가위를 다루는 달인이었다. 머리를 헹궈야 자르기가 쉽다면서 그는 이발 전에 나의 머리를 감겨 주었다. 머리를 자르는 동안, 이발사의 조수 한 명은 나의 커피가 식지 않도록 신경을 썼다. 전체적으로 정말 기분 좋은 경험이었기 때문에, 나는 다음번 예약도 미리 해 놓았다.

하지만 다음번 방문했을 때엔 모든 것이 변해 있었다. 오로지 손으로 가위질을 하는 대신, 이발 시간 전체의 약 50% 정도는 전동가위를 사용했다. 나의 머리를 감겨주기는커녕, 언급조차 하지 않았다. 그의 조수는 내게 커피를 한 번 가져다준 뒤로는 신경 쓰지 않았다. 그래도 머리 모양은 여전히 마음에 들었다.

몇 주 후, 나는 세 번째로 그 이발소를 찾아갔다. 이번엔 이발사가 내 머리를 감겨 주긴 했지만, 머리를 깎고 나서 마지막 손질을 하기 전에 감겨 주었다. 이번엔 이발사가 다시 손으로만 가위질을 했지만, 지난 두 번의 방문 때와는 달리 커피는 없었다. 이발사가 나에게 와인 한잔 하겠냐고 예의상 물어보기는 했지만 말이다. 처음에 나는 조수가 비번인가 하고 생각했으나, 조금 있으니 그녀가 가게 앞에서 바쁘게 물품을 정리하는 모습이 보였다.

이발소를 나설 때는 이제 더 이상 이곳에 오고 싶지 않다는 생각이 들었다. 이발사는 정말 탁월했으며, 단지 머리를 깎는 게 다가 아니었다. 그는 단순한 이발사가 아니었고, 유쾌하고 상냥한 데다 사업을 잘 아는 듯 보였다. 그런 경험이 이발보다 더 중요했다.

하지만 그 이발소가 주는 경험에는 일관성이 결여되어 있었다.

처음 이용하고 나서 갖게 되었던 기대감은 이후의 방문에서 깨져 버렸다. 앞으로 무슨 경험을 하게 될지 모호했다. 그런데 내 마음은 뭔가 확실한 걸 원했다. 내가 다시 그 이발소를 찾게 만들 만한 어떤 경험을 원했다.

예측이 불가능했기 때문에 이발사가 계속해서 제멋대로 나의 경험을 바꿔 버렸다는 사실 말고는 알 수 있는 게 아무것도 없었다. 내가 아니라 그가 나의 경험을 통제했다. 그리고 이발사는 그의 행동이 나에게 어떤 영향을 미칠지 세심하게 고려하지 않았다. 그는 고객인 나를 위해서가 아니라 자신을 위해 사업을 하고 있었다. 이유야 어찌되었든 그 가게의 단골이 되기로 마음먹을 만한 경험을 할 수도 있었지만, 이발사의 그런 행동 때문에 나는 결국 그런 경험을 하지 못했다.

내가 뭘 원하는지는 중요하지 않았다.

내가 가위 소리를 좋아했으며, 왠지 그런 가위 소리를 들어야 전문가답다고 생각한다는 사실은 중요하지 않았다.

내가 그의 조수의 서비스를 받는 걸 좋아한다는 사실은 중요하지 않았다.

머리를 깎기 전에 나의 머리를 감겨 주고 나 또한 그렇게 해야 머리가 좀 더 잘 손질되리라고 믿는다는 사실은 중요하지 않았다.

나로서는 그런 것들을 원하는 이유를 말해주기는커녕 부탁하기도 쑥스러웠다.

그들은 그저 기분에 따라 너무나 불합리하게 행동했다. 내가 원하는 것들을 설명하거나 그렇게 해야 옳다고 우겼다면, 좀 얼간이처럼 보이지 않았을까?

이발사는 내게 기분 좋은 경험을 선사했다가는 도로 그것을 빼앗아가 버렸다.

이 경험은 내가 대학에서 처음으로 들었던 심리학 강좌를 떠올리게 했다. 나는 교수가 '불에 덴 아이' 증후군에 대해 말했던 것을 기억한다. 이 증상은 동일한 종류의 행동에 대해 아동이 벌을 받기도 하고 상을 받기도 할 때 발생한다. 부모가 이런 행태를 보인다면 아이에게는 재앙이 될 수 있다. 아동은 자신에게 어떤 일이 생길지, 그리고 어떻게 행동해야 할지 감도 잡을 수 없을 테니 말이다. 그리고 그런 상황은 고객에게도 재앙이 될 수 있다.

물론 '불에 덴 아이'는 부모와 함께 지내는 것 말고는 달리 방도가 없다. 하지만 '불에 덴 고객'은 다른 곳으로 가 버릴 수 있다. 그리고 정말 다른 데로 가 버릴 것이다.

당신이 당신의 모델에서 무슨 일을 하든, 그보다 더 중요한 것은 그 일을 매번 똑같은 방식으로 해야 한다는 점이다.

6. 원형 모델은 유니폼 색, 복장, 시설 규정을 적용해야 한다

마케팅 연구들에 따르면, 구매할 때의 소비자 행동은 그들이 본 색과 모양에 영향을 받는다고 한다.

소비자 집단에 따라 특정 색과 모양에 대해 보이는 반응이 다르다.

믿거나 말거나, 당신의 사업 모델이 지닌 색과 모양이 사업을 망하게도, 흥하게도 할 수 있다!

색채연구소Color Research Institute의 창립자인 루이스 체스킨은 그의 책

『선택의 이유^{Why People Buy}』에서 색과 모양의 영향력에 대해 이렇게 썼다.

실용적인 관점에서는 무의미해 보이는 것들도 상징적 표현을 통해 엄청난 정서적 의미를 지닐 수 있다. 많은 경우에 이미지와 색은 커다란 자극을 주는 요인으로 작용한다.

얼마 전 우리는 의류매장에서 쇼핑을 하는 여성들에 대한 연구를 수행했다. 블라우스를 사려는 한 젊은 여성이 몇 가지 색깔 중에서 고민하고 있었다. 그녀는 파란색 블라우스를 얼굴 가까이에 들고 거울을 보았다. 그녀는 파란색이 자신의 금발머리에 잘 어울린다는 걸 알았다. 그녀는 부드럽게 빨간색 블라우스를 어루만졌다. 그녀는 빨간색을 무척 좋아하면서도, 색이 너무 강하고 화려하다고 말했다. 매장의 여직원은 그녀에게 요즘 노란색이 유행한다고 말해 주었다. 가장 잘 어울리는 색과 가장 좋아하는 색 그리고 요즘 유행하는 색 사이에서 마음을 결정할 수 없었던 그녀는 결국 회색 블라우스를 골랐다. 몇 주 후 내가 파악한 바로는, 그녀는 회색 블라우스를 좋아하지 않았다고 한다. '옷이 칙칙했어요'라고 그녀는 말했다. 그녀는 그 옷을 두 번밖에 입지 않았다.

블라우스 구매자들 중에는 내면의 욕망 중 하나를 따른 사람들도 있었다. 어떤 이들은 끌리는 색을 구입했다. 유행하는 색을 고른 사람도 있었고, 좋아하는 색을 선택한 사람도 있었다. 각자 가장 강력한 욕구를 충족시켜 주거나 가장 큰 바람을 채워 주는 색을 선택했다. 생각해 보라! 블라우스 하나 사는 데에도 이렇게 심오한 심리작용이 일어난다는 사실을.

당신의 사업 역시 체스킨의 이야기에 나오는 블라우스와 같다. 고객을 끄는 색깔이 있고 그렇지 않은 색깔이 있다. 고객들에게 보여 줄 색깔을 과학적으로 결정한 다음, 벽이나 바닥, 천장, 자동차, 청구서, 직원들의 복장, 진열, 간판 등 사업 모델 전체에 적용해야 한다.

원형 모델을 당신의 유일한 상품, 즉 당신의 사업을 위한 하나의 패키지로 생각해야 한다.

색과 마찬가지로, 명함이나 간판, 로고, 상품 진열 등에 있어서 고객을 끄는 모양이 있고 그렇지 않은 모양이 있다.

한 연구에서 체스킨이 보여 준 바에 따르면, 삼각형은 원형에 비해 매출이 상당히 낮으며, 방패형 문장은 원형과 삼각형보다 매출을 큰 폭으로 증가시킨다고 한다!

아무 의미 없어 보이는 모양이지만, 어떤 모양을 선택하느냐에 따라 매출이 늘기도 하고 줄기도 하는 걸 생각해 보라!

당신이 간판이나 로고의 모양, 명함의 글씨체에 신경을 쓰는지 여부에 따라 매출에 커다란 영향을 미칠 것이다! 그러니 마치 시리얼 상자를 포장하듯, 당신의 원형을 주의 깊게 포장해야 한다.

다음으로 넘어가기 전에, 이제까지 다루었던 내용을 정리해 보자.

사업에 휘둘리지 말고 사업을 지배하라.

대량 생산 제품의 시제품 원형을 만들듯이 사업을 하라.

당신의 사업을 당신 자신과 별개의 것으로 생각하라. 별도의 세계를 가진 것으로서, 당신의 노력의 결과물로서, 매우 구체적인 욕구를 채우도록 설계된 기계로서, 당신에게 좀 더 많은 생명력을 주는 메커니즘으로서, 부분을 상호 연결해 주는 시스템으로서, 시리얼의 포장으로서, 고객 내면 깊숙이에서 잠재된 욕구를 채워 주기 위해 창조된 것으로서, 다른 모든 장소와는 완전히 다르게 행동하는 장소로서, 다른 누군가의 문제에 대한 해결책으로서 사업을 생각하라.

사업을 결코 일자리로 생각하지 말라!

사업에 휘둘리지 말고 사업을 지배하면서, 다음의 질문에 스스로 답해 보라.

- 어떻게 하면 내가 없어도 사업이 잘 돌아가도록 할 수 있을까?
- 어떻게 하면 내가 계속해서 개입하지 않아도 직원들이 알아서 일하게 할 수 있을까?
- 어떻게 하면 사업이 5천 번 복제되어도 5천 번째 사업장 역시 첫 번째처럼 순조롭게 운영될 수 있도록 시스템화할 수 있을까?
- 어떻게 하면 사업을 소유하면서도 그로부터 자유로울 수 있을까?
- 어떻게 하면 해야 할 일이 아니라 좋아하는 일을 하면서 시간을 보낼 수 있을까?

스스로 이런 질문들을 하다 보면, 결국 '답을 알 수가 없다'는 진짜 문제에 봉착하게 될 것이다.

그리고 그것은 언제나 문제로 남아 있었다.

그러나 이제는 달라야 한다. 왜냐하면 이제는 당신이 모른다는 사실을 알고 있기 때문이다. 이제 당신은 그 문제를 정면으로 응시할 준비가 되어 있다.

문제는 사업이 아니다. 사업은 결코 문제가 된 적이 없었다.

문제는 당신이다!

예전부터 문제는 당신이었고, 앞으로도 그럴 것이다. 당신이 바뀌기 전까지는 계속 그럴 것이다.

사업이란 무엇이고 어떻게 돌아가는지에 대한 당신의 관점을 바꾸기 전까지는, 사업에 대해 완전히 새로운 방식으로 생각하기 전까지는, 심지어 당신의 사업처럼 소규모 사업이라 할지라도 사업은 곧 과학과 예술이라는 부인할 수 없는 사실을 받아들이기 전까지는, 계속 그럴 것이다.

과학과 예술이 그렇듯, 사업을 성공시키려면 구체적인 정보가 필요하다. 무엇보다 중요한 것은 사업을 성공시키려면 정보를 얻는 과정과 실천 그리고 정보를 사업에 생산적으로 사용하는 노하우가 필요하다는 사실이다.

앞으로 그 노하우에 대해 살펴볼 것이다.

성공의 사다리를 오르기 위해 당신이 사업에 대해 알아야 할 것을 습득하는 체계적 접근 방법, 그리고 당신의 사업과 같은 수천 개의 기업에 의해 성공적으로 이행되어 온 정상에 오르는 입증된 방법 말이다.

사라는 생각에 잠겨 나를 바라보더니, 입을 열었다.

"말씀하신 걸 제가 들은 대로 다시 정리해 볼게요." 사라는 탁자 위에 두 손을 꼭 모아 쥐고, 강조라도 하듯이 내게 몸을 기울였다.

"말씀하신 바에 따르면, 저는 스스로를 사업과 지나치게 동일시하고 있어요. 그래서 사업과 제 자신을 분리할 필요가 있어요. 첫째는 제가 사업을 생각하는 방식에서, 둘째는 제가 사업에 대해 느끼는 방식에서, 그리고 셋째는 제가 일하는 방식에서 말이에요.

그리고 제가 지금 느끼고 있는 모든 고통과 매일 일터에 올 때마다 경험하는 모든 좌절감의 원인은 바로 이러한 사업과의 동일시, 즉 내 스스로가 곧 사업이라고 생각하는 기술자의 욕구 때문이라고 말씀하셨어요. 제가 좋으면 사업도 좋을 것이고, 내가 열심히 일하면 사업도 성공할 것이고, 내가 사업에서 벌어지는 모든 걸 이해하고 있으면 아무것도 잘못될 리 없다는 저의 믿음 말이죠.

그리고 좌절감에서 해방되어 사업을 제대로 통제하려면, 사업과 제 자신을 분리시켜야 한다고도 말씀하셨어요. 그리고 이제까지 해왔던 익숙한 방식과는 전혀 다른 방식으로 사업에 대해 생각해야 한다고도 하셨고요. 제 사업을 하나의 상품으로 생각하는 거예요. 제가 만든 파이가 상품인 것처럼, 저는 제 사업을 그렇게 생각해야 하는 거죠. 그리고 그렇게 생각하다 보면, 불현듯 이런 질문이 나올 수밖에 없어요. 고객뿐만 아니라 제 가게에서 일하기를 원하는 직원들의 마음을 사로잡으려면 '상품으로서의 사업'을 어떻게 운영해야만 하는가?

그리고 그런 질문을 한다는 것 자체가 제가 이미 완전히 새로운 방식으로 사업을 하고 있다는 걸 의미해요!"

사라는 자신의 말을 곰곰이 곱씹어 보듯 잠시 멈췄다가 말을 이었다.

"그러니까 이때까지 저는 사업을 아이디어가 발현되어야 하는 대상으로 생각하지 못했어요. 그냥 일자리로만 생각했죠. 일하러 가는 곳으로 말이에요. 사업을 바라보는 다른 방식의 관점이 있을 거란 생각조차 못했어요. 하지만 지금은 달라요! 지금은 완전히 새로운 기회를 발견했다는 생각에 흥분을 감출 수가 없어요. 생각하다 보니, 고등학교 때 제 첫 문학수업이 떠오르네요. 로스케 선생님이셨는데, 문학적 주제에 생명력을 불어넣는 놀라운 능력을 지닌 분이셨죠. 첫 번째 과제로『허클베리 핀의 모험』을 읽었는데, 책을 손에서 놓을 수가 없었어요. 그 책에서는 진짜 사람들이 장애와 공포, 사랑, 다양한 감정을 경험하며 현실의 삶을 살아 내고 있었죠. 그 첫 수업시간에『허클베리 핀의 모험』이 제게 준 그 생생한 감동은 이전의 어떤 책과도 달랐어요.

제가 지금 느끼는 기분이 바로 그런 거예요. 마치 어떤 이야기가 담겨 있는지는 모르지만 새로운 모험과 놀라운 내용들로 가득하리라는 기대감으로 마음을 두근거리게 하는 그런 책의 첫 장을 넘길 때의 기분 말이에요. 지금 이 순간부터 제 사업은 물론 저도 이전과는 완전히 달라질 거예요!"

사라는 손으로 탁자를 꽉 누르고는, 숨을 돌리려는 듯 의자에 등을 기댔다.

"그리고 제가 제대로 이해했다면, 프랜차이즈 원형이 바로 제가 만들어 가야 할 사업의 형태예요. 프랜차이즈 원형은 '상품으로서의 사업'을 일컫는 말이고요. 그것은 바로 제 사업을 하나의 완성품, 즉 명확하게 정의할 수 있는 방식으로 보고 행동하고 느끼는 하나의 통일체로 생각하는 방법입니다. 나와는 독립된 별개의 개체로 보는 것이죠. 제가 제대로 이해했다면, 저는 상품을 만들 때처럼 제 가게 파이에 대한 모든 것을 고안하고 설계하고 제작해야 합니다. 모두들 사고 싶게 만드는 그런 방식으로 예측 가능한 운영을 하고, 고객의 욕구와 기대에 맞게 반응함으로써 고객들이 계속해서 다시 찾게 되는 그런 가게를 만들어야 해요. 그리고 저의 역할은 '저 없이도 언제나 완벽하게 돌아가는 사업'을 고안하고 설계하고 제작하는 것이에요.

저는 솔직히 그 말씀에 좀 압도당했다고 고백할 수밖에 없네요. 지난 세월을 통틀어 가장 흥분되고 도전의식을 불러일으키는 말이거든요!

그리고 무엇보다 좋은 건, 제가 이미 사업을 하고 있다는 거예요. 이제 방법만 배우면 되니까요!"

"사라, 제 말을 완벽하게 이해했군요. 그럼 이제 사업개발 프로세스 Business Development Process 단계로 넘어가도 되겠어요. 이제 배워야 할 내용은 생각보다 어렵지 않을 거예요." 내가 말했다.

제 3 부

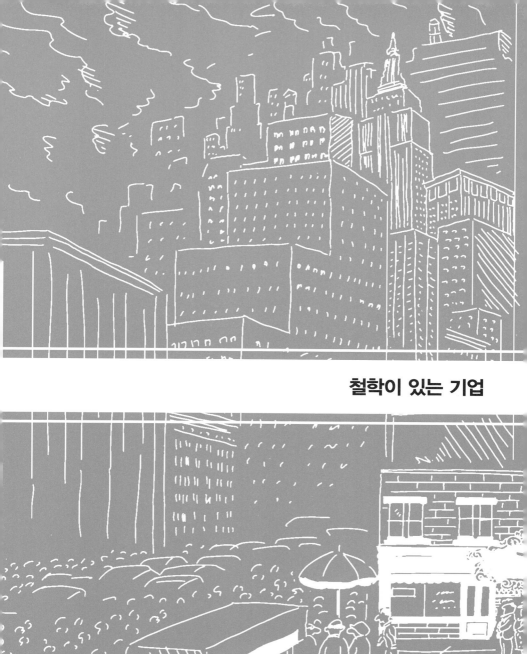

철학이 있는 기업

사업개발 프로세스

**실패에 대한 관용은 훌륭한 기업문화에서 찾아볼 수 있는 매우 독특한 특성이며,
경영진은 그 실패에서 교훈을 얻는다. 최고의 기업이 되려면 수많은 시도를 하면서
실패를 경험해야 하며, 그렇지 않으면 아무것도 배우지 못한다.**

– 톰 J. 피터스, 로버트 H. 워터맨 주니어, 「초우량 기업의 조건」

사업의 원형을 만드는 일은 끊임없는 과정, 즉 사업개발 프로세스를
거쳐야 한다. 뚜렷이 구분되면서도 완전히 통합되는 세 가지 활동이
사업개발 프로세스의 기초를 이루며, 그 활동을 통해 사업은 자연스럽
게 진화한다. 그 세 가지 활동은 바로 혁신, 수량화, 조직화이다.

혁신

혁신이라고 하면 흔히 창의력을 떠올린다. 하지만 하버드대학의 테
오도르 레빗^{Theodore Levitt} 교수가 지적하듯이, 창의와 혁신의 차이는 어

떤 일이 이루어지도록 생각하는 것과 실제로 어떤 일을 끝내는 것과의 차이라고 할 수 있다. 레빗 교수는 이렇게 말한다. "창의는 새로운 일을 생각해 내는 것이고, 혁신은 새로운 일을 행하는 것이다."[*]

프랜차이즈 혁명이 이루어진 배경에는 그동안 미국의 사업계에서 거의 간과되어 왔던 부문에서의 혁신이 있었다. 혁신이 필요한 부분은 상품이 아니라 상품을 파는 과정이라는 사실을 인식함으로써, 프랜차이즈 사업주는 그 혁신적 에너지를 사업의 운영방식에 더욱 집중해서 사용할 수 있었다.

사업주의 입장에서는 사업을 운영하는 과정 전체가 곧 마케팅 수단, 즉 고객을 찾아내고 지키는 체계라고 할 수 있다. 사업의 시스템을 구성하는 각각의 모든 요소는 프랜차이즈 사업주가 고객의 마음속에서 그의 사업을 다른 모든 사업과 차별화시킬 수 있는 수단이 된다.

사업이 곧 상품인 경우, 고객과 어떻게 상호작용 하는가가 단순히 상품을 파는 일보다 더 중요하다.

그리고 고객과 상호작용 하는 데 반드시 많은 비용을 들일 필요는 없다. 사실, 가장 강력한 혁신은 말이나 몸짓, 옷 색깔 같은 것을 몇 개 바꾸는 데에서 나오기도 한다.

가령 소매점의 판매원들은 고객이 찾아오면 뭐라고 하는가? 대개 "무엇을 도와드릴까요?"라고 한다. 누구나 한 번쯤은 들어 보았을 것

---

[*] 테오도르 레빗, 『기업의 성장을 위한 마케팅』

이다.

그러면 고객은 예외 없이 어떻게 대답하는가? "아니요, 괜찮습니다. 그냥 보는 거예요." 하고 대답한다. 한 번쯤은 그렇게 말한 적이 있을 것이다.

당연히 그랬을 것이다!

사실, 그건 일반적인 현상이다. 그렇다면 고객이 그렇게 대답할 줄 알면서도 판매원들은 왜 그런 똑같은 질문을 한다고 생각하나?

고객이 그렇게 대답하기 때문이다. 그래서 그렇다.

고객이 그냥 보기만 한다면, 판매원들은 일하지 않아도 될 테니까!

이 상투적인 몇 마디 말 때문에 이 나라의 소매점들이 얼마나 많은 손해를 보고 있는지 상상할 수 있는가? 바로 여기에 간단하고 돈도 들지 않는 혁신을 시도해 볼 만한 완벽한 기회가 있다.

혁신 | '안녕하세요? 무엇을 도와드릴까요?'라고 묻는 대신에, '안녕하세요? 저희 매장에 이전에 방문하셨었나요?'라고 물어보라. 고객은 '네' 또는 '아니요'라고 대답할 것이다. 어떤 경우이든 당신은 자유롭게 대화를 이끌어 갈 수 있다.

'네'라고 대답할 경우, 이렇게 반응할 수 있다. "잘됐군요. 저희가 마침 재방문하신 고객들을 위해서 새로운 특별 프로그램을 마련했는데 잠시 소개해 드리겠습니다."

반면에 '아니오'라고 대답한다면, 이렇게 말할 수 있다. "잘됐군요.

저희가 마침 처음 방문하신 고객들을 위해서 새로운 특별 프로그램을 마련했는데 잠시 소개해 드리겠습니다."

물론, 어떤 경우이든 소개할 만한 새로운 특별 프로그램을 마련해 놓아야 할 것이다. 하지만 그건 별로 어려운 일이 아니다.

생각해 보라. 그저 몇 마디 말이면 된다. 대단한 건 아무것도 없다. 하지만 장담컨대, 그로 인해 더 많은 수익을 올리게 될 것이다. 얼마나 많이? 그건 당신이 얼마나 열심히 하느냐에 달려 있다. 우리의 소매업 고객들이 경험한 바에 따르면, 이렇게 몇 마디 말을 바꾸는 것만으로 도 그 즉시 매출이 10~16% 증가했다고 한다!

믿을 수 있겠는가? 몇 마디 말만 바꿨는데 그 즉시 매출이 상승했다 는 사실을? 그것도 조금이 아니라 상당 폭이 올랐다! 당신 같으면 매출을 10~16% 올리기 위해 어떻게 했을까?

혁신 | 다시 판매원을 상대로 6주간 실험을 해 보자. 첫 3주 동안은 풀 먹인 황갈색 셔츠에 갈색 양복, 갈색 넥타이(남성의 경우), 깨끗하게 광을 낸 갈색 구두 차림을 하게 한다. 양복은 깨끗하게 잘 다려서 입도록 한다. 그리고 그 다음 3주 동안은 풀을 잘 먹인 하얀색 셔츠에 감청색 양복, 빨간색 넥타이(여성의 경우 빨간색 핀이나 스카프), 거울처럼 광을 낸 검정색 구두 차림을 하게 한다.

그 결과는 놀랍다. 두 번째 3주 동안 매출이 상승한다! 왜 그럴까? 우리의 소매업 고객들이 지속적으로 관찰한 바에 따르면, 갈색 양복보다 감청색 양복을 입었을 때 매출이 올라갔다고 한다! 누가 입고 있는지는 상관없다!

맥도날드나 페덱스, 디즈니, 미시즈 필즈 쿠키를 비롯한 수많은 위대한 기업들이 자사의 이미지에 그렇게 많은 시간과 돈을 들이는 것도 놀랄 만한 일은 아니다. 그게 이익으로 돌아오기 때문이다! 그것도 한 번이 아니라 지속적인 이익으로 돌아오기 때문이다.

혁신 | 다음번에 누군가에게 어떤 일을 부탁할 일이 생기면, 부드럽게 그의 팔을 살짝 건드리면서 부탁해 보라. 그러면 그렇게 하지 않을 때보다 더 많은 사람들이 긍정적으로 반응한다는 사실을 알고 놀라게 될 것이다.

이것을 당신의 사업에 적용하려면, 당신 또는 당신의 판매원들이 판매 행위가 이루어지는 중간 중간에 습관적으로 고객의 팔꿈치나 팔, 등을 어루만져야 한다. 우리의 고객들이 발견했듯이, 눈에 띄는 매출 향상을 보게 될 것이다.

혁신은 모든 뛰어난 사업을 가능케 하는 핵심이다. 혁신을 위해서는 끊임없이 이렇게 질문해 보아야 한다. 고객이 나의 사업으로부터 원하는 것을 얻는 데 방해가 되는 것은 무엇인가?

의미 있는 혁신을 하려면, 늘 고객의 관점에서 생각해야만 한다. 동시에 혁신은 당신의 사업을 단순화시켜 가장 중요한 핵심사항들만 볼 수 있도록 해 준다. 혁신을 하면 당신과 당신의 직원들이 사업을 운영하는 일이 더 쉬워져야 한다. 그렇지 않으면 그것은 오히려 상황을 복잡하게 만드는 새로운 문제가 될 뿐 혁신이라고 할 수 없다.

따라서 혁신은 고객이 마음속으로 당신의 사업을 어떻게 생각하는지 확인하고 당신의 사업이 지닌 개성을 확고히 하는 메커니즘이라 할 수 있다. 혁신은 고객의 욕구와 무의식적 기대에 대한 특징을 과학적으로 도출하고 정량적으로 확인한 결과이다.

혁신은 사업에 있어서 당신과 직원들이 "무엇이 최선의 방법인가?"라고 끊임없이 묻는 과정을 통해 발전시킨 기술이다. 질문을 해 보아도 최고의 방법은 결코 찾아내지 못하리라는 걸 알지만, 그런 질문을 함으로써 지금 우리가 알고 있는 것보다 더 나은 방법을 찾아내리라는 사실은 분명하다.

이런 점에서 나는 혁신을 '최선의 방법'을 찾아가는 기술이라고 생각한다. 혁신은 회사를 육성하고, 활성화시키는 고차원의 에너지를 생성하며, 생성된 에너지는 차례로 회사와 관련된 모든 당사자, 즉 종업원, 고객, 거래처, 금융기관을 성장시킨다. 혁신적인 회사에서는 모두가 함께 성장한다.

혁신이 대담하고 창의적인 노력의 특징이라는 사실에는 의심의 여지가 없다.

수량화

　하지만 혁신만으로는 어디로도 나아가지 못한다. 어찌 됐건 혁신이 효과를 나타내려면, 수량화되어야 한다. 수량화를 하지 않고서 혁신이 효과적인지 어떻게 알 수 있겠는가?

　수량화는 혁신의 영향력을 숫자로 보여 주는 것을 의미한다.

　가령, 아무 소기업 사업주나 붙잡고 어제 얼마나 많은 판매 기회가 있었느냐고 물어 보면(우리가 마이클 거버 컴퍼니에서 매일 하는 것처럼), 장담컨대 그들 중 99%는 모른다고 답할 것이다.

　이는 대부분의 사업에서 수량화가 이루어지지 않고 있다는 슬픈 현실을 보여 준다. 그 때문에 치러야 하는 대가는 실로 엄청나다.

　예를 들어 당신이 매장을 찾는 고객들에게 하는 인사말을 바꾸면 16%의 매출 증가로 이어지리라는 사실은 다음과 같은 수량화 과정을 거쳐야만 알 수 있다. (1)혁신을 시행하기 전에 방문하던 고객의 수를 파악한다. (2)인사말을 바꾸는 혁신을 시행하기 전에 제품을 구입하던 고객의 수와 구입한 제품의 금액을 파악한다. (3)인사말을 바꾼 후에 방문한 고객의 수를 센다. (4)제품을 구입한 고객의 수를 센다. (5)판매된 제품의 평균 단가를 확인한다. (6)혁신의 결과로 생긴 매출의 증가분을 파악한다. 그렇게 해서 나온 숫자를 보면 혁신이 창출한 정확한 가치를 판단할 수 있게 된다.

　상황을 통제하여 실험을 해 보고 결과를 측정하여 그 영향을 수량화해 보지 않고서, 감청색 양복을 입는 것이 구체적으로 사업에 어떤 금전적 영향을 미칠지 알 수 있을까? 답은 뻔하다. 알 수 없다.

그리고 내가 말했듯이, 거의 대부분의 작은 기업 사업주들은 물론, 심지어 수량화를 믿는 사람들조차 그런 사항들을 수량화해 보지 않는다.

대수롭지 않아 보이는 혁신이 사실은 정말로 중요하다는 것을 아는 소기업 사업주들이 거의 없기 때문이다!

하지만 스스로에게 물어보라. 감청색 양복을 입는 그런 간단한 변화만으로도 매출을 10% 올릴 수 있다면, 당신은 어떻게 하겠는가? 중요한 문제라고 생각하겠는가? 웃기는 질문이라고 생각할 만큼 답은 뻔하다. 당연히 중요하게 생각할 것이다!

그리고 사업개발 프로세스를 시작할 때부터 수량화 작업에 착수해야 한다는 점은 두말할 필요도 없다.

사업 운영과 관련된 모든 것을 수량화하는 일부터 시작하라.

모든 것이어야 한다.

하루에 당신이 직접 만나는 고객의 수는?

아침에 만나는 고객의 수는?

오후에는?

하루에 전화를 걸어오는 고객의 수는?

전화로 가격을 물어보는 고객의 수는?

제품을 구매하려는 고객의 수는?

하루에 팔리는 제품 X의 개수는?

하루 중 제품 X가 팔리는 시간대는?

한 주에 팔리는 제품 X의 개수는?

일주일 중 가장 바쁜 날은? 바쁜 정도는? 등등.

숫자에 대해서는 질문을 아무리 많이 해도 지나치지 않다.

결국 당신과 당신의 직원들은 사업 전체를 숫자로 생각하게 될 것이다.

모든 것을 수량화할 것이다.

사업의 건강 상태를 숫자의 흐름으로 읽어 볼 수 있을 것이다.

매우 중요한 숫자와 그렇지 않은 숫자를 알게 될 것이다.

의사가 혈압과 맥박에 익숙하듯, 사업과 관련된 숫자에 익숙해질 것이다.

숫자 없이는 당신이 어디를 향해 가는지는 고사하고, 지금 어디 있는지도 알 수 없을 것이다. 수량화를 통해 당신의 사업은 완전히 새로운 의미를 갖게 되고 가능성으로 활기를 띠게 될 것이다.

조직화

당신이 프로세스를 혁신하고 사업에 미치는 혁신의 영향을 수량화하고 나면, 이전보다 더 효과적인 방법을 발견하고 나면, 그리고 고객과 종업원, 거래처, 금융기관들로부터 긍정적인 대답을 더 많이 얻어내는 법을 찾아내고 나면, 이제는 모든 것을 조직화할 시간이다.

조직화는 사업의 운영 단계에서 재량이나 선택의 여지를 없애 버리는 것을 의미한다.

조직화가 없이는 당신이나 당신의 고객 모두 아무것도 계획하고 기대할 수 없다. 당신이 일을 할 때마다 매번 다른 방식으로 한다면, 그리고 회사의 모든 사람들이 정해진 체계 없이 각자의 재량과 선택에 따라 일을 한다면, 혼란이 생길 수밖에 없다.

테오도르 레빗은 그의 놀라운 책 『기업의 성장을 위한 마케팅』에서 이렇게 말했다. "자유 재량은 체계와 표준화, 품질의 적이다."*

'감청색 양복이 효과적이라면, 고객을 만날 때에는 반드시 감청색 양복을 입으라'는 말이 조직화를 신봉하는 자의 금언이어야 한다.

"'안녕하세요? 저희 매장에 처음 오셨나요?'라는 인사말이 그 무슨 말보다 효과적이라면, 고객을 대할 때에는 반드시 그렇게 말하라."가 조직화를 신봉하는 자가 따르는 그날의 규칙이어야 한다.

내가 조직화의 신봉자들이라고 부르는 이들은 어떤 사업을 하든 상관없이 사업의 세계에서 일관적이고 예측 가능한 결과를 만들어 내기로 마음먹었던 모든 사람들을 의미한다.

시대를 불문하고 그것은 페덱스의 프레드 스미스나 IBM의 토머스 왓슨, 맥도날드의 레이 크록, 디즈니의 월트 디즈니, 미시즈 필즈 쿠키

---

* 테오도르 레빗, 『기업의 성장을 위한 마케팅』

의 데비와 랜드 필즈일 수도 있고 아니면 다른 어느 누구일 수도 있다.

프랜차이즈 사업을 하든 안 하든, 모든 위대한 사업방식 프랜차이즈 기업의 창업자들은 한 가지 분명한 사실을 알고 있었다. '조직화하지 않으면 사업을 소유할 수 없다'는 사실이었다.

그리고 소유하지 않으면, 그 사업에 온전히 매달릴 수 없다.

그리고 온전히 매달릴 수 없으면, 독점적 사업방식을 만들어 내지 못한다. 독점적 사업방식이 없으면, 어떤 사업도 성공을 기대하기는 힘들다.

독점적 사업방식이라고 말할 때, 당신의 사업을 다른 모든 사업과 차별화시켜 주는 사업의 독점적 운영방식을 의미한다는 사실을 이해하기 바란다.

한마디로, 독점적 사업방식은 사업을 하는 당신만의 독특한 방식으로 정의된다. 그리고 당신만의 독특한 사업방식이 언제든지 복제될 수 없다면, 그것은 진정으로 사업을 소유했다고 할 수 없다. 사업을 통제하지 못한다는 소리다. 통제력을 상실하면, 사업은 실패할 수밖에 없다!

조직화의 필요성은 한 가지 확실한 사실, 즉 직원들이 예측 가능하게 행동하지 않으리라는 사실에 근거하고 있다.

하지만 당신의 사업이 예측 가능하려면, 직원들 역시 예측 가능해야 한다.

그럼 어떻게 해야 할까?

예측 가능성을 용이하게 해주는 시스템을 마련해야 한다.

무엇을 위해서?

고객에게 그들이 원하는 것을 주기 위해서이다.

왜 그래야 할까?

왜냐하면 고객은 언제든 원하는 것을 얻지 못하면 다른 곳으로 가 버릴 것이기 때문이다!

조직화는 고객의 인식에 당신을 단단하게 붙여 주는 접착제와 같다.

조직화는 인간의 다른 경험에서는 찾아볼 수 없는 확실성이자, 근거를 갈망하는 인간의 이면에 존재하는 체계와 논리이다.

효과적으로 작동하여 당신이 원하는 결과를 만들어 내기만 한다면 조직화가 꼭 복잡할 필요는 없다. 그냥 당신이 평소에 하던 대로 행동하고, 말하고, 보면 된다. 즉, 있는 그대로의 당신 모습이면 된다.

그리고 조직화가 더 이상 효과적이지 않으면, 그땐 바꿔 버려라!

사업개발 프로세스는 끊임없이 변한다.

조직화는 한 번 하고 나서 끝내 버리는 것이 아니다.

조직화는 계속해서 하는 것이다.

달리 말하면, 한 번 사업을 혁신하고 수량화하고 조직화하고 난 뒤에도 계속해서 혁신하고 수량화하고 조직화해야 한다는 뜻이다.

끊임없이 움직이는 이 세상에서 변하지 않는 것은 없듯이, 사업개발 프로세스 역시 역동적인 과정이다.

당신이 무엇을 만들어 내든 세상과의 충돌은 피할 수 없으며, 결국 언젠가는 파괴되고 말 것이다.

　사업개발 프로세스를 통해서 당신은 세상의 변화에 미리 대비할 수 있다. 제대로 기능하기만 한다면 사업개발 프로세스를 통해 미리 앞서서 세상의 변화를 예측할 수 있으며, 예측하지 못하는 경우라 하더라도 최소한 세상의 변화에 상당히 유연하게 대처할 수 있다.

　요약하면, 혁신과 수량화, 조직화는 모든 탁월한 사업의 근간이자 사업개발 프로세스의 정수이다.

　"제게 좀 도움을 주셨으면 해요." 사라가 걱정스러운 표정으로 말했다. "조직화라는 주제를 제대로 이해하려면 도움이 필요할 것 같아요. 조직화라는 말이 상당히 기계적이고 무감각하게 들리거든요! 조직화라는 단어를 생각하면, 직원들이 가게 안에서 각자 똑같이 동작을 맞춰 로봇처럼 일하는 모습이 떠올라요. 분명히 그런 의미로 말씀하신 건 아닐 텐데 말이죠. 하지만 그렇게밖에 생각이 안 되니 어찌해야 할지 모르겠네요."

　잘 모르겠다는 표정으로 말을 멈추었던 사라는 자신의 말이 옳다고 우기기라도 하듯이 조용히 나의 대답을 기다렸다.

　나는 부드럽게 입을 열었다. "사라, 사업개발 프로세스가 오로지 조직화만을 이야기하는 것이라면, 당신 말이 옳아요. 기계적인 일이 되겠죠. 목적의식도 없이 그저 습관이 되어 버리는 거예요. 왜냐하면, 사라, 조직화는 사실상 습관이 전부라고 해도 과언이 아니거든요. 조직화는 어떤 일을 습관화하는 것을 의미해요.

문제는 당신이 사업개발 프로세스와 그 구성 요소들을 분리해서 생각하는 바람에 전체 프로세스의 가치를 이해하지 못한다는 데 있어요. 왜냐하면 프로세스의 구성 요소들을 분해하는 순간, 프로세스는 사라지기 때문이죠. 완전히 생명력을 잃어버립니다. 이런저런 구성 요소들만 남죠. 시작도, 중간도, 끝도 없고, 이야기도 없이, 그저 시간 속에 멈춰 버린 사건만 남습니다. 프로세스에서 떨어져 나간 구성 요소는 죽은 거나 마찬가지예요. 그러니 혁신과 수량화를 빼 버린 채 조직화만을 생각하면, 목적과 의미, 활력이 사라진 행위만 떠오르게 되는 겁니다.

그렇게 생각해서는 안 됩니다. 전체 사업에서 어떤 행위 혹은 어떤 일이 하는 역할을 온전하게 이해하려면, 행위나 일을 그 자체로서가 아닌 전체 사업을 구성하는 일부분으로 보아야 합니다. 제 말이 무슨 의미인지 설명해 드릴게요.

이모님의 주방으로 돌아가서, 파이 굽는 과정을 생각해 보세요. 당신과 이모님이 파이를 굽는 전체 과정을 생각해 보면, 어느 한 부분보다는 훨씬 많은 부분들이 떠오르지 않나요?"

주방에서 이모와 함께했던 추억이 되살아나 사라는 살며시 미소를 지었다. "네, 정말 그래요." 그녀가 대답했다.

"그때의 인상, 냄새, 움직임, 사물들이 이모의 말과 웃음 그리고 도마 위에서 분주히 움직이던 손과 어우러져 모두 하나의 느낌 속에 녹아 있는 듯해요. 제가 조직화를 생각할 때 떠올렸던 느낌과는 정반대예요. 사실, 그게 바로 그 주방이 제게 그렇게도 특별하게 느껴지는 이유이거든요. 당시엔 창의력이 넘쳤을 뿐만 아니라 놀라움의 연속이었죠." 사라가 힘주어 말했다.

"하지만 생각해 보세요, 사라. 정말로 그런가요? 이모님이 당신에게 과일 자르는 구체적인 방법을 가르쳐 주지 않으셨나요? 아니면 과일을 쥐거나 준비하는 법은요? 이모님이 사라에게 가르쳐 준 것마다 뭔가 구체적인 방법이 있지 않았나요? 그 당시에 창의력이 넘치고 놀라움의 연속이었던 건, 단지 일 때문만이 아니라 그런 구체적인 방법을 이모님처럼 능숙하게 하고자 노력하면서 실력이 향상되었던 유쾌한 경험 때문이 아니었나요?

그러면서 기쁨도 생기지 않았나요? 만약 실력이 향상되는 일도 없이 마냥 한 가지 일만 계속했다면, 기쁨은 없었겠죠. 그저 기계처럼 똑같은 일만 반복하지 않았을까요? 변화가 가져다 줄 수 있는 신비, 그것이야말로 이모님이 파이 굽는 과정을 통해 사라에게 정말로 가르쳐 주고 싶으셨던 게 아니었을까요?

그래서 조직화가 필요한 겁니다. 일을 하는 방식 그리고 순서와 방법이 있어야 합니다. 조직화하지 않으면, 아무런 향상도 없을 것이기 때문입니다. 그리고 향상이 없으면, 일을 하는 의미도 없습니다. 우리는 그저 기계가, 아니면 당신이 말한 것처럼 '로봇'이 되어 버릴 겁니다. 거기엔 판에 박힌 일상이 주는 폭압 그리고 당신이 그토록 힘주어 말했던 단조로움과 따분함이 있을 뿐입니다.

하지만 사업개발 프로세스가 있으면, 조직화의 앞뒤에 지속적인 혁신과 수량화가 이어진다면, 그리고 일하는 방식을 끊임없이 연구한다면, 일 자체가 우리 개개인을 변화시키는 열쇠가 됩니다. 일이 습관 이상의 어떤 것, 즉 훨씬 더 큰 것과의 관계 속에서 우리가 누구이며 어떻게 스스로를 표현할지 탐구하는 행위가 되는 겁니다. 먼저 각자 직책을 맡고 그에 따른 역할을 수행함으로써 사업이 이루어지며, 나아가 직원들의 목적은 물론 사업 자체의 목적까지 성취되는 세계로 확장됩니다. 그런 식으로 계속 이어지게 되죠.

달리 표현하면 그것은 이모님의 지도 아래 사라가 주방에서 배움과 성장을 경험하면서 느낀, 도제 생활이 주는 기쁨이기도 합니다.

하지만 그 정도의 기쁨 말고도 더 많은 것을 경험할 수 있습니다.

이모님이 가르쳐 준 조직화된 기술을 사라가 연습을 통해 어느 정도 숙달하기 시작하면, 또 다른 경험을 하게 됩니다. 장인에 버금갈 정도로 능숙해지는 거죠.

장인은 현재 결실을 맺고 있거나 세심한 주의를 기울이고 있는 자신의 일에 대한 지식을 넓혀 갑니다. 그러다 자신이 하는 일의 표면 아래에 보석이 숨겨져 있다는 걸 알게 되죠. 기술을 연마하는 기쁨은 그 보석을 발견하는 데 있습니다. 그리고 보석을 발견하는 유일한 방법은 딴 생각하지 않고 오로지 기술을 연마하여 그 일과 하나가 되는 것입니다. 온 정성을 다해 연마하고 또 연마하는 것이죠. 언제 그 보석이 스스로 모습을 드러낼지 알 길은 없지만, 온 마음을 다해 믿으면 생각지도 못한 보석이 어느 날 모습을 드러낼 거예요!

장인은 부단한 노력을 통해 일에 있어서 만족하는 수준에 이른 사람입니다. 장인은 보석이 스스로 모습을 드러내는 것은 오로지 일을 통해서라는 사실, 그리고 일이 거의 완벽한 경지에 올라 마음까지 통하게 되면 그것이 바로 보석이라는 사실을 아는 사람입니다. 그래서 장인은 도제가 느끼는 것과 같은 짜릿함이 없어도 쉬지 않고 기꺼이 밤낮을 가리지 않고 기술을 연마하며, 그러면서도 달리 지름길 같은 건 없다는 사실을 잊지 않습니다.

도제의 단계와는 달리 장인의 단계는 길게 이어져 보석이 조용히 모습을 드러내는 그 날까지 계속되다가, 어느 순간 빛의 놀라운 폭발과 같은 황홀감을 경험하면서 장인은 대가의 경지에 이르게 됩니다.

사라도 그런 대가의 모습을 본 적이 있어요. 이모님의 얼굴과 눈빛에서 그리고 이모님이 당신에게 하는 말투에서 대가의 모습을 보았죠. 한 길만을 걸어가던 대가는 이제 다른 사람을 가르칩니다. 대가는 마치 과거의 자신을 대하듯 도제를 대합니다. 마치 당신이 당신의 어린 시절을 바라보듯이 말이죠. 대가는 성장과 변화, 변신의 과정이 결코 고정되어 있지 않고 끊임없이 바뀐다는 것을 압니다. 대가는 도제의 얼굴을 통해서 자기 자신을 새롭게 보고, 장인의 얼굴을 통해서 다시 순례의 길을 떠나고 일에 전념하는 데서 생기는 아름다움을 발견합니다. 대가는 일을 통해서 자신이 그렇게도 황홀해 했던 이유를 새롭게 발견하고, 처음부터 모든 걸 해야 하는 도제 역시 그런 황홀감을 경험하도록 도와줍니다.

이와 마찬가지로, 조직화 역시 앞선 것을 바탕으로 이루어지는 동시에, 뒤따르는 것의 기초가 됩니다. 그런 과정 속에서 과거와 현재, 미래에 경의를 표하게 되죠.

사라, 제 생각엔 이것이 사업개발 프로세스의 전부예요. 우리가 매일 해야만 하는 지극히 평범한 일들이야말로 사업개발 프로세스의 중심을 이루는 핵심이 되는 것입니다.

실제로 우리는 소규모 사업을 하면서 사업의 필수 요소인 사업개발 프로세스가 이해관계자들 사이의 의사소통에도 필수적이라는 사실을 경험한 바 있습니다. 사업개발 프로세스는 사고와 행동의 방식일 뿐만 아니라 존재의 방식이기도 합니다. 사업이란 게 결국은 삶의 강력한 은유임을 깨닫게 되었다고 말하게 될는지도 모르겠군요.

그리고 제 생각엔 거기에 바로 사업개발 프로세스의 핵심이 있습니다. 즉 핵심은 효율성이나 유효성, 더 많은 돈, '사업 규모 축소'나 '다운사이징downsizing'에 있는 것이 아니라, 사업과 이해관계에 있는 모든 사람들, 무엇보다 사업주인 당신의 삶을 정말로 풍성하게 해 준다는 데 있습니다.

그래서 나는 이 주제에 분명히 열정을 느낍니다. 이걸 뭐라 부르든 상관없습니다. 사업개발 프로세스라 부르든, 아니면 리엔지니어링이나 TQM(Total Quality Management; 전사적 품질 경영), 엑설런스, 카이젠(改善)이라 부르든 상관없어요. 중요한 것은 사람들의 마음과 영혼을 다루지 못한다면 그저 산만한 프로세스가 되어 버린다는 사실입니다.

조화와 균형, 열정, 목적, 관심이 담기지 않으면 품질이라는 말도 한낱 의미 없는 단어에 불과합니다. 그런 의미 없는 단어에 불과한 품질을 개선하려고 애쓰는 일은 시간 낭비일 뿐이죠.

사업도, 그리고 일도, 결국은 삶에 관한 것입니다. 마음만 먹으면 많은 것을 배울 수 있는 이 엄청나게 복잡한 세상을 똑바로 마주하며 고군분투하는 일입니다.

이렇게 사업개발 프로세스를 하나의 은유로 생각할 수 있어요. 개인적 변신의 과정, 현실과 직면하는 과정을 은유하는 것으로서 말이죠.

또한 당신이 직접 설계한 구조 안에서 진짜 기술을 개발하는 과정, 변화와 가치, 의사소통, 사고의 역동성을 이해하는 과정을 은유하는 것으로 말입니다.

사업개발 프로세스는 하나의 아이디어입니다. 우리 마이클 거버 컴퍼니가 현실에서 제대로 작동하는지를 입증하려고 연구해 온 아이디어입니다. 그것은 일종의 철학이기도 하고 우주론이기도 합니다. 아니면 뭐든 달리 부를 수도 있겠죠.

하지만 결국 사업개발 프로세스는 기회입니다. 당신이 처한 현재 상황에서 그리고 충분한 상상력과 소망으로 채워 갈 수 있는 미래 상황에서, 성취할 수 있는 건 뭐든지 성취할 수 있는 기회입니다."

불현듯 나는 사라가 내 말을 이해하는지 물어보지도 않고 떠들었다는 사실을 깨달았다. 가끔 확인했어야 했다.

"미안해요, 사라. 내 생각만 계속해서 이야기했죠? 혹시 질문 있나요? 좀 더 구체적으로 설명해 줄까요?"

사라는 탁자 위의 내 손을 잡더니 말했다. "물어보고 싶은 것들이 많지만, 제 생각엔 계속해서 설명해 주시는 가운데 답을 알게 될 것 같아요. 이제까지 설명해 주신 것만도 감사드리고 싶어요. 괜찮으시면, 사업개발 프로세스가 어떻게 작동하는지 계속해서 말씀해 주시겠어요?"

차를 한 모금 마신 나는 말을 이었다.

사업개발 프로그램

그대 정다운 벗들에게 말하노니, 골프 실력이 늘어갈수록
거기서 배운 것들을 삶의 다른 영역에서도 맛보게 되리라. 훈련에서 나오는 기품,
손에서 느껴지는 새로운 감각, 힘과 지식의 신장 그리고 그대가 때때로 느꼈던
그 모든 특별한 힘들이 우리의 삶 속으로 들어오기 시작하리라.

— 마이클 머피, 『내 생애 최고의 골프』

지금 앞에 놓인 과제는 명확하다. 5천 개 이상의 사업으로 복제될 수 있는 원형을 고민하는 일이다.

누군가 당신의 사업을 살 생각이 있다며 문을 열고 들어오는 장면을 상상해 보라. 하지만 그런 일이 일어나려면 잘되는 사업이어야 한다. 그리고 엄청나게 일을 하지 않아도, 당신 없이도 잘 돌아가는 사업이어야 한다.

그 순간을 상상해 보라. 잘될 사업일 뿐만 아니라 그 어떤 사업보다도 잘되리라는 사실을 아는 당신은 '이게 왜 유망한 사업인지 보여드리죠'라고 말하며 마음속으로 미소를 지을 것이다.

사업의 각 구성 요소와 그 요소들이 서로 어떻게 기능하는지 설명하면서, 그 잠재 고객에게 당신의 사업을 이해시키는 장면을 상상해 보라.

인력 문제에 대해 어떻게 혁신적이고 체계적인 해결책을 마련했는지, 그런 혁신적인 방법을 어떻게 수량화했는지, 그리고 혁신을 어떻게 조직화하여 매번 동일한 결과를 만들어 내도록 했는지 설명하리라.

직원들에게 잠재 고객을 소개하고, 사업에 매혹되기 시작한 고객에게 직원들이 자신들의 책무를 설명할 때 당신이 그 옆에 서 있는 장면을 상상해 보라.

체계와 예측 가능성, 흠잡을 데 없는 통제에 대해 설명해 주면 잠재 고객은 얼마나 감탄스러워 할까.

사업개발 프로그램이 그 모든 상상을 현실로 바꾸어 줄 것이다.

사업개발 프로그램은 단계별 과정이다. 그 과정을 통해 수천 개 이상의 똑같은 사업을 만들어 내는 완벽하게 조직화된 모델이 탄생하기도 하고, 기존의 사업을 그런 모델로 바꿔 놓기도 한다.

지속 가능한 사업 원형의 창조를 가능케 하는 수단인 사업개발 프로그램은 다음의 7개 단계로 구성된다.

1. 주요 목표 Primary Aim
2. 전략적 목표 Strategic Objective
3. 조직 전략 Organizational Strategy
4. 관리 전략 Management Strategy

5. 인사 전략^{People Strategy}

6. 마케팅 전략^{Marketing Strategy}

7. 시스템 전략^{Systems Strategy}

하나씩 살펴보도록 하자.

주요 목표

의지에 따른 행동의 주요 특징은 성취해야 할 선명한 목표가 존재한다는 것이다.

– 로버트 아사지올리, 『의지력』

이제는 내가 사업은 최우선 논의 대상이 아니라고 말해도 당신은 놀라지 않으리라 생각된다.

최우선은 당신이다.

혹은 내가 사업은 당신의 삶에 매우 중요한 역할을 할 수는 있지만, 그렇다고 해서 사업이 곧 삶은 아니라고 말해도 당신은 놀라지 않을 것이다.

하지만 사업의 역할에 대해 논하기 전에, 이런 질문을 스스로 던져 보아야 한다. 내가 가장 가치를 두는 것은 무엇인가? 나는 어떤 형태의 삶을 원하는가? 나는 내 삶이 어떤 모습, 어떤 느낌이기를 원하는가? 나는 어떤 사람이 되기를 소망하는가?

이 모든 질문에 대한 답이 바로 당신의 주요 목표이다.

다른 관점에서 그것을 생각해 보자.

당신이 지금 당신의 인생에서 가장 중요한 행사 중 한 군데에 참석하려 한다고 상상해 보라.

행사가 열리는 커다란 방에는 친구와 가족, 사업 동료들을 비롯하여 당신이 소중한 관계를 맺어 온 모든 사람들이 앉아 있다.

그 광경이 보이는가?

벽에는 진한 황금색 벽걸이 융단이 걸려 있고, 은은하고 부드러운 조명이 행사를 기다리는 손님들 얼굴 위에 따뜻한 불빛을 비추고 있다. 의자는 황금색 천으로 멋지게 덮여 있고, 바닥에는 황금색 융단이 깔려 있다.

방의 맨 앞에는 연단이 있고 그 위에는 양 끝에 촛불을 밝혀 놓은 아름답게 장식된 커다란 탁자가 놓여 있다.

탁자 위 한가운데에 이 행사의 주인공이 있다. 빛이 나도록 잘 닦인, 화려하게 장식된 커다란 상자이다. 그리고 그 상자 안에는…… 당신이 있다! 뻣뻣하게 굳은 채로.

방안의 모두가 눈물을 흘리는 가운데 상자 속에 누워 있는 당신이 보이는가?

자, 들어 보라.

녹음된 당신의 목소리가 방의 네 군데 스피커에서 흘러나온다. 들리는가? 손님들에게 당신이 말하고 있다. 그들에게 당신의 인생 이야기를 들려주고 있다.

그 이야기는 얼마나 듣기 좋은가?

그것이 바로 당신의 주요 목표이다.

인생이 종착역에 이르고 난 후에 당신은 어떤 인생 이야기를 들려주고 싶은가?

그것이 바로 당신의 주요 목표이다.

당신의 장례식장에 올 문상객들에게 들려줄 인생 이야기를 쓴다면, 어떻게 쓰고 싶은가?

그것이 당신의 주요 목표이다.

그리고 인생 이야기를 다 썼다면, 이제 남은 일은 그것을 실현하는 것이다. 그리고 이제부터 삶을 소중하게 여기며 살아가야 한다.

삶에 대해 심각하게 고민하고, 의지를 가지고 삶을 창조하며, 적극적으로 당신이 원하는 삶을 만들어 가야 한다.

단순해 보이는가? 그렇다.

쉬워 보이는가? 그렇지 않다.

하지만 당신의 사업이 단순한 일 이상의 의미를 지니려면 주요 목표가 반드시 필요하다.

왜냐하면 당신의 사업이 인생 이야기에서 없어서는 안 될 한 부분을 차지하고, 꿈을 실현하는 데 큰 기여를 하며, 주요 목표를 구성하는 중요한 요소가 되려면, 그 목표가 무엇인지 알아야 하기 때문이다!

목표가 뭔지도 모르는데, 어떻게 그 목표가 실현되기를 기대할 수 있겠는가?

당신의 사업을 성공시키는 데 주요 목표가 그렇게도 중요한 이유를 알겠는가?

당신의 삶이 어떤 모습이기를 바라는 선명한 그림도 없이, 도대체 어떻게 삶을 살아갈 수 있겠는가?

어떻게 첫 걸음을 떼어야 하는지 무슨 방법으로 알겠는가?

당신이 이룬 발전을 어떻게 측정하겠는가?

당신이 현재 어디에 있는지, 얼마나 멀리 왔는지, 그리고 가야 할 길은 얼마나 많이 남았는지 어떻게 알겠는가?

주요 목표가 없다면, 알 수 없다. 거의 불가능하다.

성인기의 기업들에는 현재 그들이 어디에 있는지 그리고 목표하는 곳으로 가려면 어떻게 해야 하는지 알고 있는 훌륭한 사람들이 있다.

훌륭한 사람들에게는 인생의 비전이 있으며, 매순간 그 비전을 추구한다.

그들은 삶에 이끌리기보다는 삶을 이끈다.

내가 생각하기에 훌륭한 사람들과 그 나머지 사람들의 차이점은, 훌륭한 사람들은 자신의 삶을 적극적으로 창조해 나가는 반면, 나머지 사람들은 삶이 자신들을 어디로 이끌어 갈지 기다리며 소극적으로 삶에 부응한다는 점이다.

두 인생의 차이는 충만한 삶과 그저 존재하는 삶과의 차이이며, 의지를 가지고 사는 것과 우연에 의지해 사는 것과의 차이이다.

카를로스 카스타네다가 『초인수업』에서 했던 멋진 말을 다시 떠올려 보자. "전사와 보통 사람의 근본적 차이는 전사는 모든 것을 도전으로 받아들이지만, 보통 사람은 축복 아니면 저주로 받아들인다는 데 있다."

따라서 창업을 하기 전에, 혹은 내일 다시 사업으로 돌아가기 전에, 다음과 같은 질문을 스스로에게 해 보아야 한다.

- 나의 인생이 어떻게 보이길 바라는가?
- 일상의 삶이 어떠하기를 바라는가?
- 내가 내 삶에 대해 잘 안다고 말할 수 있으려면 어떻게 해야 할까?
- 나의 가족, 친구, 사업 동료, 고객, 직원, 공동체를 비롯하여 다른 사람들과 어떻게 지내기를 원하는가?
- 사람들이 나에 대해 어떻게 생각하면 좋겠는가?
- 지금으로부터 2년 뒤에 무엇을 하고 있으면 좋겠는가? 지금으로부터 10년 뒤, 혹은 20년 뒤에는? 내 삶이 다하는 때에는?
- 인생에서 구체적으로 무엇을 배우고 싶은가? 영적으로, 신체적으로, 재정적으로, 기술적으로, 지적으로 무엇을 배우고 싶은가? 관계에 대해서는?
- 내가 원하는 일을 하려면 얼마나 많은 돈이 필요할까? 언제 그 돈이 필요할까?

이것들은 주요 목표를 세우는 데 있어서 스스로 해 볼 수 있는 질문들 중 일부에 불과하다.

이 질문들에 대한 답은 당신이 삶에서 이룬 발전을 평가할 수 있는 기준이 된다. 기준이 없으면, 삶은 목표나 목적, 의미도 없이 표류하게 될 것이다.

그런 점에서 주요 목표는 당신의 사업을 삶으로 이끄는 동시에 삶을 사업으로 이끄는 데 필요한 비전이라고 할 수 있다.

주요 목표는 당신에게 목적을 주고, 당신에게 에너지를 제공하며, 매일매일 당신에게 유용한 것을 공급해 준다.

"그게 바로 제가 사업을 하면서 놓치고 있던 거예요. 아! 너무나도 명확한 걸 어쩌면 그렇게도 모르고 있었을까요?" 사라가 소리치듯 말했다.

"너무 자책하진 마세요. 모르기는 우리 모두 매한가지예요. 제가 이야기를 하나 해드리죠." 내가 말했다.

"예전에 한 젊은 남자가 있었어요. 막 40대에 접어들었고 인생에서 어느 것 하나 이루지 못한 듯 보였죠. 어쨌든 그는 변변한 직장조차 가진 적이 없었고, 삶에 아무런 목적도 없었어요. 대학도 졸업하지 못했죠. UCLA에서 1학년까지 다녔었지만, 그는 아무런 흥미도 느끼지 못하고 학교를 그만두었거든요. 어렸을 때 음악을 공부했고 재능이 있다는 말도 들었지만, 청년이 되자 음악을 계속해야 할지 확신하지 못했습니다.

그는 음악을 비롯해서 종교, 신비주의, 시 쓰기, 통속소설 쓰기, 돈벌이 등 다른 많은 것에 매혹되기도 했지만, 어떤 것도 오래 지속하지는 못했어요. 닥치는 대로 일하고 타고난 재능 덕분에 잘하는 일도 있었지만, 그럴 때조차 그 어떤 직업도 그 속에서 미래를 꿈꾸지 못했으며, 적어도 인생을 걸 만큼 그를 매혹시키지는 못했습니다. 학기 중간에 대학을 그만둔 그는 미술을 공부하려고 차를 몰고 뉴욕으로 갔다가, 이내 마음을 바꿔 군대에 입대한 후 한국으로 파병되었죠. 그러다가 갑자기 아버지가 돌아가시면서, 그는 고향으로 돌아와 어머니와 어린 두 동생을 돌보아야 했습니다.

얼마 후 그는 어떤 활달한 여자를 만나 함께 유럽으로 건너간 뒤, 거기서 모터스쿠터를 타고 이 나라 저 나라를 여행하며 성당 앞의 거리에서 색소폰을 연주하고 성화도 그려 주며 밥값을 벌었죠. 마침내 돈도 떨어지고 여행도 재미가 없어지자, 그와 그 여자는 뉴욕으로 돌아와 뉴욕의 영업용 택시를 LA의 새 주인에게 배달해 주는 일을 했습니다.

그가 25살이 되었을 때 두 사람은 결혼을 한 뒤 두 아이를 낳고 샌프란시스코로 이사했죠. 거기서 그는 백과사전을 팔며 생계를 유지하고 가끔은 색소폰도 불면서 점점 나이를 먹어 갔습니다. 그들의 삶은 계속되는 전쟁터였어요. 아내가 술에 취하고 외도를 하는 바람에 허구한 날 부부싸움을 했고 삶의 목적도 없다 보니, 결국엔 이혼에 이르게 되었습니다.

얼마 지나지 않아 그는 훨씬 나이 어린 여성을 만났습니다. 그의 전 부인과는 달리 반짝이는 눈을 가진 그녀는 그의 시를 읽고 감동했고, 그의 음악을 듣고 경탄했으며, 단지 그의 옆에 있는 것만으로도 행복해하면서 아무것도 묻지 않았죠. 그는 계속해서 백과사전을 팔았고 목적이라고 할 만한 뭔가를 찾을 수 있기를 간절히 바라며 남몰래 끙끙 앓기도 했지만, 그녀를 만난 후로 그의 삶은 긍정적으로 변했고 결국 그녀와 두 번째 결혼을 했습니다.

책 외판원 생활을 그만두고 대학에 다시 입학한 그는 입이 아닌 노동으로 할 수 있는 일을 찾아 건축을 공부했어요. 그런 다음 순종적인 새 아내와 함께 캘리포니아 남부로 이사한 그는 건축 일을 하려 애쓰며 몇 번 해고를 당하기도 한 끝에 결국 그 일을 제대로 하는 법을 배웠습니다.

그 당시 30대 후반이었던 그는 자기보다 스무 살은 어린 사람들 틈에서 일을 시작했습니다. 직장 동료들은 그를 괴짜라고 생각했죠. 턱수염이 가슴 근처까지 내려올 정도로 길었고 머리카락이 어깨를 덮고 있었거든요. 그는 밤이면 시를 쓰고, 주말에는 재즈를 연주하고, 직장에서는 멕시코 사람들과 함께 부리토를 먹고, 저녁엔 담배를 피웠습니다. 그가 간절히 이루고자 하는 꿈은 그의 아내와 함께 멘도시노 카운티에 약 8만 제곱미터의 땅을 사서 거기에 가족이 살 집을 직접 지은 다음, 모든 것이 준비되면 전 부인과의 사이에서 낳은 두 딸을 데려와 함께 사는 것이었어요.

그들은 캘리포니아 산타아나의 방 한 칸짜리 작은 집에서 살았으며, 52년형 쉐보레 픽업트럭을 몰았고, 댄이라는 그레이트 데인(독일산 큰 사냥개 – 옮긴이) 종 개와 머레이라는 검은색 작은 푸들을 키웠어요. 당시 그들은 그런 생활에 도취하여 그만하면 완벽한 삶이 아니겠냐고 자족하며 살았습니다.

하지만 모든 것이 좋기만 해 보였던 그런 생활도 끝이 납니다. 점점 나이를 먹어 가던 그 젊은 남자는 어떤 설명할 수 없는 힘에 이끌려서 모든 것을 정리하고 다시 북쪽으로 돌아가기로 결정했기 때문입니다. 그는 바라던 인생을 살기에 충분할 정도의 돈을 저축했습니다. 그의 손은 '정직한' 일을 하면서 투박해지고 울퉁불퉁해졌으며, 근육이 잡힌 그의 몸은 햇볕에 그을려 아름다워 보였고, 그의 머리는 그가 썼던 시와 다시 시작한 음악 그리고 담배 연기로 가득했죠. 그는 지금이야말로 3년 전부터 준비하기 시작했던 건축업을 시작할 시간이며, 이제 필요한 것이라고는 지금까지 막연하게 준비해 온 것을 결단력 있게 밀고 나가는 것뿐이라고 생각했습니다.

그와 그의 아내는 키우던 댄과 머레이를 비롯해서 그들이 지난 몇 년간 캘리포니아 남부에서 입이 아닌 노동으로 일하며 모은 것들을 52년형 쉐보레 픽업트럭 안에 모두 실은 다음, 그리 멀지 않은 과거에 떠나왔던 샌프란시스코로 돌아갔습니다.

예기치 못했던 큰 변화가 일어난 건 바로 그때였습니다. 이제 38세가 된 그 남자와 그의 젊은 아내는 개들을 태운 픽업트럭과 함께 그의 여동생과 남편이 사는 집으로 들어가 잠시 얹혀살면서 '멘도시노 카운티'의 땅을 사기 위해 이곳저곳을 알아보러 다녔죠. 그러던 중 그의 매제는 자신이 운영하는 광고회사의 IT 중소기업 고객들에게 자문을 제공하는 일을 형님에게 맡겨야겠다고 생각합니다. 형님이 영업 분야에 전문성이 있다고 생각했죠. 물론 그 남자가 진정으로 하고 싶은 일을 찾아 그의 젊은 아내와 함께 '멘도시노 카운티'에 정착할 때까지만 임시로 해 달라는 것이었어요.

자, 그가 자신의 꿈을 정말로 이루리라는 건 모두 알고 있었죠. 아무도 의심하지 않았어요. 젊은 시절을 강렬한 이상으로 채워 온 그가 결국 자신의 비전을 실현하리라는 것에는 한 치의 의심도 없었으니까요. 단지 행동에 옮기기만 하면 8만 제곱미터의 땅도 손에 넣을 수 있었을 거예요. 물론 건축업 허가와 돈도 필요했지만, 어느 누구도 그런 게 장애가 되리라고는 생각하지 않았습니다.

어쨌든 그는 평범하지 않은 삶을 살아온 사람이었어요. 마음먹은 일은 뭐든지 했고, 무슨 일을 하든지 잘했어요. 일단 하고 나면, 싫증을 내긴 했지만요. 그것도 그가 선택한 거였어요. 친구들과 가족들이 보기에 그는 때론 놀랍기도 하고 때론 불쌍하기도 하여 확실히 관심이 갈 수밖에 없는 사람이었어요. 전혀 이해 못할 사람은 아니었지만요. 하지만 경외감을 느끼게 되는 건 어쩔 수 없었어요. 왜냐하면 그 남자가 다음번엔 무슨 일을 할지 아무도 알지 못했으니까요. 그리고 어쨌든 사람들은 은연중에 그를 부러워했어요! 믿겨지세요? 그가 자유로워 보였기 때문에 사람들은 그를 부러워했다고요! 정작 그는 속으로 고민이 끊이질 않았고, 삶의 목표도 없는 상태였는데 말이죠. 그는 자신이 가진 삶의 철학이 엉뚱하고 때로는 위험하기까지 하다는 사실을 부정하지는 않았어요. 나이를 먹어가고 때로는 무분별하기도 했지만, 이 남자의 삶은 낭만적인 모험 영화 같다고도 할 수 있고, 아니면 비참하고 슬픈 영화 같다고도 할 수 있었죠.

누가 보든 그는 꽤 위태로운 삶을 살았습니다. 긴 턱수염을 하고 젊은 아내 그리고 개 두 마리와 살며 픽업트럭을 모는, 자기 집도 없는 이 중년 남성은 구입할 형편도 안 되는 땅을 보러 다녔습니다. 그러면서도 자신의 계획에 잘못된 것이 있다고는 생각하지 않았어요. 그랬던 그가 지금 전혀 생각지도 못한 곳으로 향하는 에스컬레이터에 올라타려 하고 있었어요.

그리고 그는 발을 내딛어 올라탔죠. 그건 기절할 정도로 놀라운 일이었어요! 그는 매제의 호의 덕분에 전혀 상상도 못했던 세상을 표류하게 되었습니다. 바로 실리콘밸리였어요. 그는 기업을 소유한 기술 전문가들을 찾아다녀야 했습니다. 이름을 발음하기조차 어렵고, 만드는 제품에 대해서도 그로서는 아는 바가 없던 그런 기업들을 말이죠. 그는 너무나 모르는 게 많아 꿀 먹은 벙어리가 되어 버렸어요. 그럼에도 그는 뭔가에 이끌리어 그 일을 계속했습니다. 기업주들이 그에게 물었죠. '저를 어떻게 도와주실 건가요?' 그가 대답했습니다. '모르겠

습니다.' 그들이 그에게 물었어요. '제 사업에 대해 뭘 알고 계시죠?'
그가 대답했습니다. '아무것도요.' 그들은 그를 한참 쳐다보았습니다.
그는 앉아서 곰곰이 생각에 잠겼습니다. 기업주들이 그에게 말했습니
다. '좀 생각해 보고 오지 그래요?' 그는 그러겠다고 대답했어요. 그러
고는 그렇게 했습니다. 왜냐하면 거기에 뭔가가 있다는 걸 알았으니
까요.

자, 여기 밤이면 TV를 보거나 저녁식사 테이블에 앉아 있는 사람들
에게 백과사전을 팔러 다녔던 한 남자가 있습니다. 그 사람들의 얼굴
엔 밤에 불쑥 찾아온 그를 싫어하고 의심하는 표정이 역력했지만, 그
가 백과사전을 펼쳐 놓고 생생하게 살아 있는 선명한 색깔의 그림들
을 보여 주면 표정이 달라졌어요. 그 책에는 지도와 인체 해부도 그리
고 평범한 삶에서는 보지 못했던 세계의 경이로운 것들, 자녀와 손자
에게까지 전해줄 수 있는 교육과 지식, 정보의 자산들이 끝도 없이 이
어지고 있었죠. 그때가 정보화 시대가 도래하기 한참 전이었다는 걸
생각해 보세요.

이제 사람들은 휘둥그레진 눈으로 그 모든 현란한 그림들을 쳐다보
며 살까 말까를 망설입니다. 밤늦은 시간 그가 프랭크와 마지 앞에서
정성을 다해 설명을 마치자, 마침내 프랭크가 한숨을 쉬며 조용히 말
합니다. '자, 마지. 어떻게 생각해? 사야 할 것 같아?' 그리고 30대의
그 남자는 거기 앉아서 미동도 없이, 프랭크는 고사하고 마지를 부추
기는 말도 한마디 없이, 그저 '예' 또는 '아니요'의 대답을 기다립니다.

어떤 대답이 나오든 그는 다시 밤거리로 나설 것입니다. 운이 좋다면, 그림에 흠뻑 빠져 책에 손자국을 내는 어린 자녀들이 있는 벤과 메리 부부 가정을 한 번 더 방문할 수도 있겠죠.

이런 사내에게 실리콘밸리는 기적의 세계였어요! '게다가 낮에 일할 수 있다고?!' 그래서 그는 실리콘밸리의 고객들을 찾아다녔습니다. 하지만 실리콘밸리나 그들의 사업 그리고 그들이 만드는 약간은 괴상한 것들에 대해 아는 바가 전혀 없었기 때문에 그는 바보가 되어 버린 기분이었죠. 실리콘밸리 사람들은 이질적이고 단단하고 괴상한 작은 뇌 안의 어떤 작은 방에 사는 듯했고, 그들의 복잡하고 작은 세계는 이제껏 그가 경험했던 커피 테이블과 시, 음악, 건축과는 전혀 상관없는 불가사의한 블랙박스처럼 보였어요. 그럼에도 그는 그들이 무엇을 필요로 하는지를 직감적으로 알았습니다. 실리콘밸리에 그를 기다리던 뭔가가 있음을, 조금은 이상하고 불가해한 방식으로 살아온 그의 특이한 삶이 그를 위해 준비해 온 뭔가가 있음을 그리고 인생의 굴곡을 겪으며 마음 내키는 대로 얽매이지 않는 삶을 살면서도 열정이 충만했던 사람만이 그 진가를 알아볼 수 있는 뭔가가 있음을 그는 즉시 알았습니다.

그리고 바로 그때, 실리콘밸리 사람들의 세계와 그의 세계 사이를 가로막고 있던 장막이 올라갔어요. 하지만 무엇보다 그 장막은 그의 내면을 갈라놓았던 그리고 그와 그의 삶을 갈라놓았던 장막이기도 했죠.

문득 그는 실리콘밸리 사람들도 사업에 대해 자기만큼 모르기는 매한가지라는 사실을 깨닫고는 아찔한 기분을 느꼈어요! 전율을 느낀 그 짧은 순간 그는 다시 태어났죠. 완전히 새로운 인생을 발견한 거예요.

새로운 인생을 발견한 그는 난생 처음으로 어떤 목적의식을 지니게 되었습니다. 다시는 그 장막이 내려오지 않게 하겠다고, 다시는 그 장막이 뭔가를 숨기지 못하게 하겠다고 다짐했죠. 세상은 그가 생각했던 것과는 달랐습니다. 실리콘밸리 사람들은 알고 있겠지 하고 믿었던 것들을 실은 그들 중 어느 누구도 알지 못했습니다. 그가 생각했듯이 모든 것이 불가사의하기는 했지만, 누구에게나 마찬가지였어요. 그는 실리콘밸리의 어느 누구도 뭐가 어떻게 돌아가는지 제대로 알지 못한다는 사실을 깨달았습니다! 완전히 해석하기 나름이었죠. 그리고 그도 남들만큼 잘 해석할 수 있었어요. 아니, 아마도 더 나았을 거예요.

어쨌든 그는 프랭크와 마지를 직접 찾아갔던 사람이었잖아요. 그는 최악 중에서도 최악이라 할 수 있는 방문판매에서 살아남은 사람이었어요. 그는 책을 팔려다 독일산 셰퍼드에게 물린 적도 있었죠. 부엌 탁자 바로 맞은편에서 말이에요! 실리콘밸리의 어떤 사람이 그런 경험이 있다고 말할 수 있겠어요? 그리고 거기서 살아남아 그런 얘길 할 수 있겠느냐고요. 그런 상황에서도 그는 책을 팔았어요! 찢어진 계약서와 수표를 들고 걸어 나왔죠. 그에게 누가 감히 블랙박스가 위험하다고, 그가 이해할 수 없는 무서운 것이 있다고 말할 수 있을까요?"

나는 말을 멈추고, 이 이야기를 듣고 사라가 어떤 생각이 들었는지,

묻고 싶은 질문은 없는지 알아보려고 한참을 기다렸다. 하지만 하던 말을 끝내려 계속해서 말을 이었다.

"그리고 그 남자의 삶은 거기서 일단 막을 내린 다음 다시 새로운 막을 열었답니다. 40대 초반에 들어선 그는 두 번째 결혼생활을 끝냈죠. 두 번째 결혼에서 사랑스러운 셋째 딸을 낳았지만, 그 아이도 이혼을 막아 주지는 못했어요. 사실 어떤 아이도 이혼을 막아 줄 수는 없죠. 그 후 몇 년이 지나면서 그는 자신이 선택한 직업에서 그 누구보다도 최고가 되었어요. 그는 많은 비밀을 알게 되었죠. 그는 전 부인들보다 몸집이 훨씬 큰 여자와 결혼하여 자녀 두 명을 더 낳고, 아직도 모르는 게 엄청나게 많다는 생각에 그 무지와 싸우기 위한 전투를 벌여나가고, 계속되는 장애물을 하나하나 헤쳐 나가고, 책을 쓰고, 세계를 돌아다니며 강연을 하고, 커다란 사업체를 세웠다가 거의 실패한 후에 고집스럽게 다시 세우고, 찌르고, 잽을 날리고, 씨름하고, 격투를 벌이고, 웃고, 노래하고, 사랑하고, 포효했습니다. 그 모든 과정을 지나면서 그는 다른 무엇보다 그에게 커다란 의미를 준 한 가지 명확한 다짐을 잊지 않았습니다. 무슨 수를 써서라도 장막이 내려오지 못하게 하리라.

왜냐하면 장막이 내려오면 그는 어둠에 덮이게 될 테니까요. 빛을 가리는 것이 바로 어둠이죠. 열린 마음으로 빛을 비추고 무지에서 깨어나지 못하게 막는 장애물을 없애는 일이 그의 진짜 목표가 되었습니다. 깨어나 마음을 열고 상황을 제대로 파악하며 잘못된 신념을 버리는 일이었죠. 그리고 거기에는 한 가지 이유가 있었어요. 인생의 성패가 달려 있었거든요.

바로 그거예요, 사라.

잃어버릴까봐 두려워해야 하는 건 당신의 사업이 아니에요. 그것보다 훨씬 더 중요한 게 있어요. 바로 당신 자신이에요.

그게 전부예요.

당신의 장막이 감추고 있는 진실은 무엇일까요? 어떤 잘못된 생각이 장막 반대편의 빛과 세상으로부터 당신을 과거와 어둠, 좁은 믿음 속에 가두고 위축시키고 있나요?

사라, 장막을 들어 올리기 전까지는, 세계를 가리고 있는 가면을 과감히 벗겨 내기 전까지는, 안전지대를 벗어나기 전까지는, 당신이 무엇을 놓치고 있는지 결코 알 수 없을 거예요.

바로 당신이에요, 사라. 장막 반대편에서 당신이 찾아내길 바라며 기다리고 있는 건 다름 아닌 바로 당신 자신이라고요.

난 그걸 알아요, 사라. 왜냐하면 내가 지금까지 이야기한 그 남자가 바로 나니까요. 장막이 올라갔을 때, 난 뭔가를 배웠어요.

거기엔 당신 말고는 아무도 없어요!"

전략적 목표

'화살이 멀리 나가지 못하는군요.' 선생이 말했다.
'당신의 정신이 그만큼 멀리 미치지 못하기 때문이지요.'

— 오이겐 헤리겔, 「마음을 쏘다, 활」

당신에게 원하는 삶의 모습이 생기고 그것이 단지 소유 이상이라는 사실을 깨닫게 된다면, 그리고 마음을 열어 성장하며 자신의 참모습을 찾고 그 참모습이 주는 의미의 중요성을 발견하는 일이 우리가 진정으로 원하는 것임을 깨닫는다면, 이제 당신은 사업을 시작할 준비가 되었다. 전략적 목표를 세울 준비가 된 것이다.

전략적 목표란 궁극적으로 어떻게 해야 사업을 통해 주요 목표를 이룰 수 있는지 매우 명확하게 진술한 것을 말한다. 그것은 완성품으로서의 사업이 어떤 모습이어야 할지 보여 주는 비전이기도 하다.

이런 맥락에서 사업은 목적이 아니라 수단, 즉 삶을 고갈시킨다기보다는 풍성하게 해 주는 수단이다.

전략적 목표와 사업 계획은 다르다. 전략적 목표는 사업 전략과 계획인 동시에 인생 계획의 결과물이기도 하다. 인생 계획은 삶을 형성할 뿐 아니라 사업에도 영향을 미친다. 사업 전략이 제공하는 틀 안에서 계획에 맞춰 사업을 운영함으로써 시간이 흐름에 따라 인생 계획을 실현해 간다. 사업 전략과 계획은 사업의 방향, 그 방향으로 가는 방법, 그 과정에서 따라야 할 구체적인 기준에 관해 공유가 필요한 모든 사람과 소통하는 방법이다.

또한 사업 전략과 계획은 중요한 사람들, 가령 은행이나 투자자, 전략적 파트너에게 사업을 마케팅하는 유용한 수단이다.

하지만 사업 전략과 계획을 단순 명료하게 서술하여 일련의 기준으로 정해 놓지 않으면, 도움이 되기는커녕 혼란만 일으킬 것이다.

그렇게 기준으로 정해 놓은 것이 바로 전략적 목표다.

전략적 목표는 구체적인 성과를 측정하는 도구이자, 합리화가 아닌 실행을 위해 설계된 것이며, 투여 대비 원하는 결과물을 정확히 생산하도록 해 주는 사업의 형판^{templet}이다.

전략적 목표에 포함되어야 하는 몇몇 기준에 대해 자세히 살펴보자.

첫 번째 기준 : 돈

전략적 목표의 첫 번째 기준은 돈, 즉 총수입이다. 당신의 비전은 얼마나 큰가? 회사의 규모가 얼마나 되었으면 하는가? 3십만 달러짜리 회사인가? 아니면 1백만 달러짜리? 5억 달러짜리?

이 질문에 답하지 못한다면, 당신의 주요 목표를 실현하는 데 사업이 도움이 될지를 어떻게 알 수 있을까?

하지만 총수입만으로는 충분치 않다. 총이익이나 세전 이익, 세후 이익이 얼마나 될지도 알아야 한다.

이 시점에서 당신은 사업을 시작한 사람이라면 누구나 맞닥뜨리는 첫 번째 딜레마에 빠진다. 먼 미래의 매출 규모를 어떻게 지금 알 수 있을까?

답은, '불가능하다'이다. 하지만 그건 문제가 안 된다. 사업을 시작할 때에는, 아무런 기준이 없는 것보다는 어떤 기준이라도 있는 것이 낫다. 단지 사업을 위해서만이 아니라, 당신의 인생을 위해서 그리고 주요 목표의 실현을 위해서 금전적 기준을 세우는 일은 전략적으로 필요하다.

사실, 전략적 목표를 위한 기준을 세울 때 항상 물어보아야 할 첫 번째 질문은 이것이다. 무엇이 나의 주요 목표를 실현하는 데 도움이 될까?

따라서 돈에 대한 첫 번째 질문은 '내가 바라는 삶을 영위하려면 돈이 얼마나 필요한가?'가 된다. 수입이 아닌 자산 기준으로 생각해야 한다. 달리 말하면, '일에서 자유로워지려면 돈이 얼마나 필요한가?'이다.

사실, 당신이 창업을 한 유일하고도 궁극적인 이유가 있다. 매각하는 것이다!

창업을 시작하여 성공시킨 다음 그 대가를 얻는다!

레이 크록이 했던 것처럼, 프랜차이즈 원형을 만들어 턴키 운영 방식을 통해 사업이 제대로 돌아가도록 한 다음, 그 사업을 매각한다.

얼마나 받기 원하는가? 순이익의 10배? 아니면 20배?

언제 매각하기 원하는가? 지금으로부터 3년 후? 아니면 5년 후?

그렇다면 누군가 매입하는 이유는 무엇일까?

성공적인 사업이기 때문이다!

그것이 성공적인 이유는 성공할 수 있는 방식으로 사업을 구축했기 때문이다. 다른 사람들의 사업보다 성공 가능성이 높도록 사업을 구축했다. 구체적인 사업상의 문제들에 대해 턴키 해결책을 만들었다. 돈을 찍어 내는 작은 기계이자, 언제나 예상대로 움직이는 정확히 예측 가능한 사업이다.

당신이 원하는 모든 것을 줄 수 있는 사업이다.

당신이 원하는 모든 것을 줄 수 있는 사업이기 때문에, 잠재적 매입자가 원하는 모든 것도 줄 수 있는 사업이다.

이쯤 해서 또 다른 기준이 등장한다. 일단 인생의 재정적 기준을 세웠다면, 그리고 투자 수익을 얻는 것이 사업을 하는 이유임을 알았다면, 이제는 그런 기준을 달성할, 즉 기준에 부합하는 투자 수익을 만들어 낼 현실적인 기회를 확보해야 한다는 사실이 명백해지기 때문이다.

기준에 부합하는 투자 수익을 만들어 낼지 어떻게 알 수 있을까?

당신의 사업이 추구할 만한 기회인지 판단함으로써 알 수 있다.

두 번째 기준 : **추구할 만한 기회**

추구할 만한 기회는 주요 목표와 전략적 목표를 위해 세운 재무 기준을 달성할 수 있는 사업을 말한다.

재무 기준을 달성할 수 있다고 합리적으로 판단되면, 그 사업은 추구할 만하다.

하지만 그렇지 않다면, 그 사업이 얼마나 흥미진진하고 재미있고 매력적이든 상관없이, 잊어버려라. 외면해 버려라. 그런 사업은 당신의 소중한 시간을 너무 많이 빼앗고 진짜 추구할 만한 기회를 발견하지 못하게 할 것이다.

추구할 만한 기회인지 어떻게 판단하는가? 주위를 둘러보고 스스로에게 물어보라. 내가 염두에 두고 있는 사업은 상당수 소비자층이 경험하는 불만을 해소시켜 주기 때문에 나의 시간과 노력을 들일 만한 가치가 있는가?

이 기준은 전략적 목표의 중요한 두 가지 필요를 충족시켜 준다. 어떤 사업을 하려고 하며 누가 당신의 고객이 될지, 즉 무엇을 누구에게 팔아야 하는지에 대해 알려 준다.

어떤 사업을 하는가?

어떤 사업을 하는지 아무에게나 물어보면, 무의식적으로 팔고 있는 상품의 이름을 댈 것이다. '컴퓨터 사업을 하고 있어요'라거나 '온탕 욕조 사업을 하고 있어요'라고 한다. 사업의 궁극적 산물이 아닌, 상품 이름만 댄다.

둘 사이에 무슨 차이가 있을까?

상품은 고객이 실제로 손에 들고 나가는 것이다.

반면 궁극적 산물이란 고객이 사업장을 나설 때 느끼는 총체적인 것을 말한다.

즉, 고객이 상품이 아니라 사업에 대해 느끼는 것을 의미한다.

둘 사이의 차이를 이해하는 일은 훌륭한 사업을 일궈 내는 전부라고 해도 과언이 아니다.

레블론Revlon의 창업자이자 큰 성공을 거둔 기업가인 찰스 레브슨Charles Revson은 자신의 회사에 대해 이렇게 말한 적이 있다. "레블론이 공장에서 만드는 것은 화장품이지만, 매장에서 파는 것은 희망이다."

상품은 화장품이지만, 궁극적 산물은 희망이다.

1980년대 샤넬의 TV 광고를 보면, 몽환적인 배경음악이 흐르는 가운데 믿을 수 없을 만큼 잘생긴 남자와 눈에 띄게 아름다운 여자가 나온다. 화면은 계속해서 빠른 속도로 바뀌면서 높이 뻗은 빌딩과 같은 다른 장면들을 보여 준다.

그때까지 그 도발적인 영상에는 음악 말고는 다른 소리는 나오지 않는다.

비행기의 검은 그림자가 빌딩을 수직으로 올라간다.

여자가 남자에게 다가간다. 음악은 계속 흐른다.

남자가 유혹하듯 다정한 목소리로 말한다. "뭐 하나 물어봐도 될까요?"

여자가 대답하는 소리는 들리지 않는다.

여자가 고개를 뒤로 젖히고 눈을 감으며 살짝 입을 벌린다.

그때 광고 문구가 나온다. "환상을 경험하세요. 샤넬."

향수에 대해서는 한마디도 없다. 향수는 상품이다. 광고는 궁극적 산물, 즉 환상을 판다.

"샤넬을 사라. 그러면 이 환상을 당신도 누릴 수 있다." 이것이 광고가 말하고 있는 것이다.

당신 사업의 궁극적 산물은 무엇인가? 당신의 고객은 어떤 기분을 느끼며 매장을 나설까? 마음의 평안? 지위? 힘? 사랑? 고객이 당신에게서 진짜로 사는 것은 무엇인가?

진실을 말하자면, 아무도 상품에는 관심이 없다.

사람들은 느낌을 사는 것이다.

세상이 점점 복잡해져 가고 상품이 더욱 다양해져 갈수록, 우리가 원하는 느낌은 더 무의식적이고 급박해지는 반면 덜 합리적이 되어 간다.

사업의 궁극적 산물이란 결국 고객의 느낌을 예측하고 그것을 만족시키는 방법에 대한 것이다. 그리고 인구통계와 사이코그래픽스(psychographics, 마케팅 연구에서 소비자의 행동 양식·가치관 따위를 측정하는 심리학적 기법 – 옮긴이)를 통해 대상 고객을 분석한다면 고객의 느낌을 예측하고 만족시키는 방법을 미리 파악할 수 있을 것이다.

누가 나의 고객인가?

모든 사업에는 주요 인구통계학적 모델Central Demographic Model이 있다. 즉, 가장 가능성 있는 고객층이 누구인지를 보여 주는 모델이다. 그리고 거기에는 나이, 성별, 수입, 가족 관계, 교육, 직업을 비롯해서 그런 고객을 특징짓는 일련의 특성들이 있다.

인구통계는 시장의 현실에 관한 과학이며, 누가 당신의 고객인지를 말해 준다.

주요 인구통계학적 모델에 따른 고객이 제품을 구입하는 데에는 그만의 아주 특별한 이유가 있겠지만, 그 어떤 이유도 합리적으로 이해되거나 설명되지 않는다! 어쨌든 고객은 사거나 사지 않는다.

고객이 사거나 사지 않게 만드는 동기들이 있으며, 그런 동기들이 주요 인구통계학적 모델을 구성하는 요인이 된다.

반면에 사이코그래픽스 분석은 지각된 시장의 현실에 대한 '심리통계적' 과학이며, 당신의 고객이 제품을 구입하는 이유를 말해 준다.

그래서 "이 사업은 추구할 만한 기회인가요?" 하고 당신이 물었을 때 그에 대답하려면 얼마나 많은 판매 기회가 있는지(당신의 고객에 대한 인구통계학적 분석), 그리고 그런 기회에 감춰져 있는 감정적 혹은 지각적 욕구를 당신이 얼마나 성공적으로 충족시켜 줄 수 있는지(당신의 고객에 대한 사이코그래픽스 분석)를 판단해 보는 수밖에 없다.

기준은 세 개 정도면 될까?

전략적 목표에 구체적으로 몇 개의 기준이 있어야 한다는 법칙 같은 건 없다. 질문해 보아야 할 다음과 같은 구체적인 질문들이 있을 뿐이다.

- 원형은 언제 완성될 예정인가? 2년 후? 3년 후? 아니면 10년 후?
- 어디에서 사업을 할 예정인가? 사는 고장에서? 지방에서? 전국적으로? 국제적으로?
- 어떤 방식으로 사업을 할 예정인가? 소매? 도매? 아니면 둘을 결합한 형태로?
- 보고, 청결, 복장, 관리, 채용, 해고, 교육 등과 관련하여 어떤 기준을 세울 예정인가?

사업에 어떤 기준을 세우느냐에 따라 사업과 그 사업에서의 경험이 결정되리라는 사실을 알 수 있다.

전략적 목표를 위한 기준을 세움으로써 그 기준을 충족하기 위한 긴장이 유발되며, 거기에서 미래의 사업 모델이 만들어진다. 그리고 그런 방법을 통해서 현재의 사업은 미래의 사업 모델에 한층 더 가까워진다.

우리가 앞서 보았던 것처럼, 최고의 기업들과 유능한 사람들은 먼저 기준을 세움으로써 어떤 결과를 도출하는 데 필요한 에너지를 만들어낸다.

월요일 아침 11시였다. 지난번 사라를 만난 지 일주일이 흘렀다. 월요일은 파이에 대한 모든 것이 쉬는 날이었다.

우리는 사라의 사업에 대해 하루 종일 함께 이야기를 나누기로 했다.

만나기로 한 레스토랑에서 내가 앉아 있는 자리로 걸어 들어오는 사라의 모습은 활기차 보였다. 일주일 전의 모습과는 확실히 달라 보였다. 눈은 빛나고 몸짓에는 활기가 넘쳐, 훨씬 젊어 보이기까지 했다. 사라는 나누고 싶은 얘기가 많은 듯했다.

그 레스토랑은 나의 친구가 운영하는 곳이었다. 레스토랑 창업을 위해 그와 많은 일을 함께한 덕분에, 그곳에서 나는 눈치 볼 필요 없이 있고 싶은 만큼 있을 수 있었다. 사실, 그 레스토랑은 내 고객들에게 성공한 사업으로 자신 있게 소개할 수 있을 만한 그런 멋진 곳이었다.

사라는 앉자마자 이야기를 시작했다.

나는 그녀에게 커피를 따라 주었다.

"생전 처음 진정으로 제가 무엇을 원하는지 이해하게 된 것 같아요.

그걸 알게 해 주셔서 무척 감사하다는 말씀을 먼저 드리고 싶어요. 지난 주 당신을 만나고 나서 다시는 일에 압도당하지 말아야겠다는 생각이 들었어요. 뭐라 명확하게 설명할 수는 없지만, 일에 사로잡힌 탓에 얼마나 큰 대가를 치러야 했는지 깨닫게 되었죠. 그리고 그것을 깨닫자 갑자기 영원한 자유를 얻은 듯했어요. 그날 밤 진정한 자유를 느끼게 되었죠.

그렇다고 제가 지난 6일 동안 일하지 않았다는 소리는 아니에요. 일은 했죠. 어쨌든 가게는 열어야 했으니까요. 하지만 지난주는 그 전과 달랐어요. 저의 일부(지난번에 기술자 인격이라고 부르신 그 부분인 것 같아요)가 일을 하는 동안, 저의 또 다른 일부는 일에서 벗어나 있었어요. 제가 하는 일이 저를 완전히 압도하지는 않았어요. 그리고 제가 스스로를 기업가라고 생각하지 않는다고 말했던 것 기억하세요? 그런데 이젠 제가 기업가라는 사실을 깨닫게 되었어요! 제 내면의 기업가 인격은 언제나 그 자리에 있었다는 걸 말이에요. 당신이 기업가라고 부른 것이 알고 보니 제가 이제까지 저의 영혼으로 알고 있던 것이더라고요.

'저의 영혼'이라는 말은 이모가 했던 말이죠. 이모는 제게 이렇게 말하곤 했어요. '사라야, 너의 영혼을 살찌우거라. 너를 살아 있도록 하는 게 바로 영혼이니까.' 어렸을 때 기억으로는, 늘 저를 곤경에 빠뜨렸던 것이 바로 제 영혼이었어요. 선생님들께서 저를 그렇게도 많이 꾸중하셨던 것도 바로 저의 영혼 때문이었어요. 선생님들은 부모님께 이렇게 말씀하시곤 했어요. '공상하는 버릇만 없다면, 사라는 지금보다 학교 생활을 훨씬 더 잘할 수 있을 텐데요.' 수업 시간에 진도를 쫓아가는 일보다는 공상에 빠져 있게 했던 원인이 바로 저의 영혼이었죠.

저는 늘 어떤 것에든지 공상에 빠져 있었어요. 생각은 이상한 나라에 가 있었고 뭐든지 제 상상력을 자극했어요. 선생님과 부모님은 저의 그런 부분 때문에 화가 나신 듯했지만, 제 이모는 언제나 저의 영혼을 북돋아 주셨죠. '사라야, 너의 영혼을 부드럽게 대해 주어야 한다.' 이모는 제게 그렇게 말하시곤 했어요. '영혼을 자유롭게 해 줘야 하지만, 관심을 주는 일도 소홀히 해서는 안 된단다. 지나치게 관심을 주거나 너무 적게 주면, 영혼은 제멋대로 날뛰게 될 거야. 그게 바로 영혼을 야생마처럼 생각해야 하는 이유란다. 영혼에는 너를 돕는 부분도 있고, 스스로를 돕는 부분도 있단다. 그러니 각 부분의 성격을 잘 알아야 한다. 영혼을 가둬 놓으면, 죽고 말거야. 반대로 그저 내키는 대로 하도록 놔두면, 너는 영혼을 절대로 이해하지 못하겠지.'"

사라는 계속해서 말했다. "그리고 제가 지난 3년 동안 무슨 짓을 했는지 깨닫게 되었어요. 제 영혼 주변에, 저의 기업가 기질 주변에 울타리를 두르고 있었는데, 그걸 알아차리지도 못했던 거예요. 하지만 지난주에 제가 아주 오랫동안 저의 영혼을 울타리에 가둬 놓고 있었다는 사실을 알아차리게 되었어요. 제 부모님이, 제 선생님이 그렇게 하라고 가르쳤죠. 그리고 전 착한 소녀처럼 가르쳐 주는 대로 말을 잘 들었어요. 하지만 이제 야생마는 자유예요! 이제 다시 이모가 있는 주방으로 돌아온 거예요. 몇 년 전 이모가 주방에서 저와 함께 했던 걸 이제 진정으로 이해하게 되었어요. 이모는 제게 파이 굽는 법을 가르친 게 아니었어요. 이모가 구웠던 건 바로 저였어요! 이모는 제게 그 야생마에 대해서, 제 영혼에 대해서 가르친 거였어요. 창의성에 대해서요.

그리고 당신이 제게 기업가 인격에 대해 말씀해 주셨을 때, 그 모든 것들이 일순간 제게로 돌아왔어요. 저의 이모, 주방, 파이, 수업 시간의 공상, 어렸을 때 숨곤 했던 비밀 장소 같은 것들 말이에요. 그리고 제가 어쩌다 오래 전에 그런 비밀 장소에 숨기를 그만두었는지, 그리고 제가 얼마나 그 장소를 그리워하는지 깨닫게 되었어요!

파이 굽는 것과 이모가 말했던 것을 제가 혼동했다는 사실을 깨닫게 되었어요. 파이를 잘 굽는 게 전부라고 생각했죠. 그게 아닌데 말이죠. 예전에도 아니었고, 앞으로도 파이를 잘 굽는 게 전부가 될 수는 없을 거예요."

사라는 계속해서 말했다. "그러니까, 사업 이야기로 돌아가서, 내가 정말로 바라는 것은 사업을 시작해서 키운 다음 그것에서 자유로워져 뭐든지 내가 원하는 다른 일을 하는 것이라는 사실이 명확해졌어요. 지금 당장은 내가 인생을 걸 만큼 원하는 다른 일이 무엇인지 말씀 드릴 수 없지만 말이죠."

"한번 생각해 보세요." 내가 말했다. "할 수 있는 만큼 제게 말해 보세요."

그녀가 미소를 지었다. "당신은 제 이모 같아요. 이모는 결코 그냥 넘어가는 법이 없었거든요.

좋아요, 해 볼게요. 안 될 게 뭐 있겠어요?"

사라는 잠시 눈을 감고 마음을 모으는 듯했다. 그런 다음 마치 자기 자신에게 이야기하듯이 조용히 말하기 시작했다.

"전 다시 어린 소녀로 돌아가요. 비밀 장소에 숨곤 했던 그때로, 저의 영혼을 잃어버리기 전 그때로 말이에요. 때는 여름이고, 저는 침대에 누워 제 방 천장을 바라보며 열린 창문으로 불어오는 시원한 산들바람을 느끼고 있어요. 해야 할 일도 없고, 어디 가야 할 곳도 없죠. 인생에서 가장 멋진 기분을 만끽하고 있어요. 거기 그냥 그렇게 누워서 눈을 떴다 감았다 하면서, 공상을 하고 기분 좋은 여름 냄새를 맡고 있어요. 깎은 잔디 냄새, 잔디밭에 뿌려지는 물 냄새가 가득해요.

그때 상상을 시작하죠. 처음엔 색만, 아무것도 없이 색만 있어요. 마치 크리스털과 꽃처럼, 내 머리 위에서 눈부시게 빛나는 색의 향연이 펼쳐지죠. 그러다가 그 색이 형상을 띠어요. 제 모습 같기도 하고, 어떤 다른 것 같기도 하죠. 저는 집에서 150미터 정도 떨어진 곳에 우리 정원을 가로질러 떡갈나무 네 그루가 있는 곳까지 흐르는 시내를 따라 걷고 있어요. 커다랗고 뒤틀린 그 떡갈나무 네 그루는 우리 정원 구석에 작은 숲처럼 서 있어요. 이모와 나는 그 작은 숲이 다른 나라라도 되는 듯이 '떡갈나무 나라'라고 불렀죠. 그리고 어렸을 때 저는 그 작은 숲에 가서는 제가 다른 나라에 여행을 왔다는 상상을 하곤 했어요.

저는 침대에 누워서 지금 떡갈나무 나라에 있다고 상상을 해요. 그런 상상을 자주 하곤 했죠. 그 떡갈나무 나라에서는 제 야생마가 저를 기다리고 있어요. 저는 떡갈나무 나라 한가운데 서 있고, 그늘 속에서 야생마의 몸이 검게 번들거리고 있어요. 내가 걸어가 얼굴을 쓰다듬자 그는 몸을 떨더니 제게서 뒷걸음질쳐요. 잠시 우리가 서로를 미동도 없이 바라보는데, 갑자기 그가 가 버려요! 야생마는 몸을 빙그르르 돌리더니 갈기와 꼬리를 흔들며 떡갈나무를 빠르게 벗어나 시내 건너편의 언덕 위로 올라가더니 곧 시야에서 사라져 버려요. 저는 문득 부드럽게 얼굴을 어루만지는 시원한 산들바람을 느껴요. 아무런 할 일 없이 한가한 기분 좋은 여름날 아침, 저는 침대 이불 속에서 나른한 미소를 지으며 살아 있다는 짜릿한 기분을 느끼죠."

사라의 볼을 타고 눈물이 흘러내리고 있었다. 소중한 뭔가를 잃어버렸다 다시 찾은 눈물이었다. 그녀의 얼굴에 환한 미소가 번졌다. 그 눈물이 그녀에게, 또 내게 무엇을 의미하는지 잘 알기 때문에, 그녀를 바라보는 나의 눈에도 눈물이 고였다.

우리는 말없이 점심을 먹은 다음, 마음을 가라앉히고 오후의 대화를 이어갔다. 웨이터가 차 주전자를 가져다주었다. 사라가 자신의 잔과 내 잔에 차를 따르고 나자, 내가 다시 이야기를 시작했다.

"사라, 이제 기분이 한결 나아졌으니, 사업이 당신에게 무엇을 해 줄 수 있을지 저에게 한번 말해 보세요. 사라의 전략적 목표를 말해 보는 것으로 시작하면 어떨까요?"

그녀가 대답했다. "좋아요. 제 생각을 말씀드려 볼게요." 사라는 수줍게 미소를 지었다.

사라가 생각을 정리하는 동안 나는 조용히 생각에 잠겼다. 나는 전에도 그런 미소를 수백 번은 아니더라도 수십 번은 본 적이 있었는데, 그런 미소를 지을 때가 바로 사업주들이 자신의 사업을 전에는 감히 꿈꾸지도 못했던 더 커다란 것으로 상상하기 시작하고 그런 생각을 다른 누군가에게 말할 때였다. 그들은 마치 자기들이 감당할 수 없는 큰 것을 꿈꾸는 사람으로, 그래서 도가 지나쳐 주제도 모르는 사람으로 비춰질까봐 부끄러워하는 듯 보인다. 나는 그들이 어린 시절에도 분명히 비슷한 경험을 하지 않았을까 생각한다. 기상천외한 생각을 부모님이나 선생님에게 말씀드렸을 때, '그건 불가능해'라는 말과 함께 돌아오는 것은 말도 안 되는 꿈을 꾼다는 질책뿐이어서 좌절과 부끄러움을 느꼈으리라. 그래서 혼자서만 상상하는 어린 아이로 남아 다시는 누구에게도 감히 그 상상을 입 밖으로 꺼내 이야기하지 못했으리라. 그런 식으로 우리의 부모님과 선생님들은 정작 자신들은 의식하지도 못한 채 우리의 '영혼'을 빼앗아 가 버린다.

그러나 내가 짐작한 대로 사라는 부끄러움을 느끼지 않고 자신 있게 그녀의 꿈을 말했다. 그녀의 사업이고 그녀의 생각이었으며, 그녀에게 그 꿈은 다른 무엇보다 선명했다.

사라가 말했다. "지금으로부터 약 7년 후 내 사업은 이런 모습일 거예요. 매장은 전부 4개예요. 제가 지금 운영하고 있는 매장에 더해서,

세 개가 더 생기는 거죠." 사라는 인접한 지역 세 군데의 이름을 댔다.

"상호명은 똑같아요. 이름을 바꿀 필요는 없죠. 파이가 전부인, 이모가 내게 경험시켜 준 파이가 전부인 사업이니까요. 제가 다른 사람들에게 전해 주고 싶은 경험이기도 하구요. 제 고객뿐만 아니라 제 직원들에게도 말이에요. 어쨌거나 파이에 대한 모든 것이라는 이름을 들었을 때 모든 이들이 뭔가 기분 좋은 느낌을 떠올렸으면 좋겠어요.

각 매장마다 45만 달러씩 해서 총 180만 달러의 연간 매출을 올려요. 순이익이 얼마나 될지 확신하긴 어렵지만, 대략 15% 정도의 이익률을 가정해서 각 매장마다 67,500달러씩, 네 개 매장을 합치면 27만 달러가 될 거예요. 그 정도면 합리적인 이익 목표라고 생각해요. 지금은 이익률이 11% 밖에 안 되지만 말이죠. 제 말은, 제 수입은 빼고 난 수치가 그렇다는 거예요.

그 말은, 제가 7년 후에 사업을 매각한다면, 현실성 있는 주가수익률을 감안할 때, 1백만 달러 이상을 받을 수 있다는 걸 의미해요. 7년 후에 1백만 달러. 그게 제 꿈이에요." 사라는 이미 은행 계좌에서 그 돈을 본 것처럼 미소를 지으며 내게 말했다. "왜냐하면 첫째, 내가 원했던 모든 것을 하는 데 그 이상의 돈은 필요 없고, 둘째, 그건 정말로 목표로 해볼 만한 금액이기 때문이죠. 그렇게 목표를 정하니 제가 해야 할 일들이 어느 정도 명확해져요.

두 번째 매장을 열 수 있으려면, 지금 하고 있는 매장부터 저 없이도 잘 돌아갈 수 있도록 해야 한다는 사실을 깨달았어요. 그래서 제가 가장 먼저 하려는 일 중 하나는 제가 잘 아는 일들을 모두 문서화하는 거예요. 사실은 지난주 만남 이후로 벌써 문서화하는 작업을 시작했어요. 예를 들면, 저는 파이를 맛있게 굽는 법을 알아요. 그리고 제가 파이 굽는 법을 문서화할 수 있다는 것도 알기 때문에, 그게 바로 제가 가장 먼저 시작하려는 일들 중 하나가 되는 거죠. 하지만 제가 너무 앞서 나간 것 같군요. 그보다 먼저 제 사업이 성공하면 어떤 모습일지 설명해 드릴게요. 그래야 제 사업에 대한 감이 잡히실 테니까요.

제 이모는 우리가 살면서 겪는 문제들 중 하나는 정성이 부족한 것이라고 말씀하시곤 했어요. 우리가 주방에서 사과를 자르거나, 뭐 그런 일들을 할 때, 이모는 그렇게 말씀하시곤 했죠. 이모는 이렇게 얘기했어요. '사과를 자를 때, 우리는 뭔가 중요한 일을 하고 있는 거란다. 그리고 신은 우리에게 중요한 것들을 주셨지. 사과도 충분히 중요하지만, 주방과 칼, 서로 함께하는 마음도 중요하단다. 그러니 사과를 자를 때, 똑바로 잡아서 넘치지도 모자라지도 않는 적당한 힘으로 잘라야 한다는 걸 명심하여라. 사과를 자르는 내 손을 잡아 봐라. 내 말이 무슨 뜻인지 느껴지니? 넘치지도 모자라지도 않게. 넘치면, 넌 금방 지칠 거야. 모자라면, 사과를 자를 수 없겠지.'

저는 제 사업도 '넘치지도 모자라지도 않게' 하고 싶어요. 그리고 제 사업이 '모든 정성을 다하는' 사업이 되었으면 좋겠어요. 제 가게 파이에 대한 모든 것이 파이가 아닌 정성에 대한 모든 것이 되길 원해요.

그리고 정성에 대한 모든 것인 사업이라면, 우리가 사업에서 하는 모든 것, 사업을 통해 '보고 행동하고 느끼는' 모든 것, 사업의 모든 면에서 정성이 드러날 거예요. 제 가게에서 만드는 진짜 제품은 파이가 아니라 정성이 될 거예요." 사라는 내가 토머스 왓슨에 대해 들려줬던 이야기를 떠올리며 나에게 미소를 지어 보였다.

"그래서 저는 파이에 대한 모든 것을 그런 정성을 경험하게 될 모든 사람들을 위한 모델로 생각해요. 그리고 그런 생각을 하면 흥분을 감출 수 없는 이유는 제가 그걸 해낼 수 있다는 걸 알기 때문이죠! 이모가 제게 그 방법을 가르쳐 줬거든요. 주방을 반짝반짝 빛날 때까지 문질러 닦으며 정성을 다한다는 게 무슨 의미인지 저는 알아요. 칼을 예리한 면도날처럼 갈아서 정성을 다한다는 게 무슨 의미인지 저는 알아요. 신선한 과일을 고르고, 냄새를 맡고, 집어서 살펴보고, 과일이 준비되었을 때를 정확히 아는 것이 무슨 의미인지 저는 알아요. 정성을 다하다 못해 제 이모는 직접 밭을 가꾸기도 하셨죠. 우리는 최고로 좋은 유기농 비료만 사용했어요. 그래서 저는 파이에 대한 모든 것에서도 직접 밭에서 키운 과일이 필요하다는 생각이 들었어요. 그리고 그게 바로 제가 이번 주에 깨달았던 거예요!

그래서 지금 저는 파이에 대한 모든 것이 제가 상상하는 모습 그대로의 가게가 되려면 직원들이 매장에서 그저 일만 하는 것으로는 충분  치 않다는 걸 확실히 느껴요. 제가 어렸을 때 이모와 함께 일하면서 배웠던 것을 저희 직원들도 배워야 해요. 직원들에게는 파이에 대한 모든 것이

제 이모 같은 존재가 될 거예요!

　그리고 저는 그렇게 할 자신이 있어요!" 사라가 다시 열정적으로 내게 말했다. "제가 이모에게서 느꼈던 그런 자신감이 생생하게 느껴져요. 그러니까 각 매장은 중앙의 유기농 밭에서 기른 과일로 파이를 만들 거예요. 그렇게 하려면, 과일을 심을 수 있고 각 매장에서 접근 가능하도록 모든 매장의 중간 즈음에 위치하는 그런 밭이나 땅을 물색해 봐야겠죠.

　그렇게 한다는 건 각 매장에서 제철 과일들로만 파이를 만들겠다는 뜻이기도 하죠. 제 이모도 그렇게 했으니까요. 저는 밭에서 직접 기른 과일만 사용할 것이고, 그런 점 때문에 파이에 대한 모든 것은 다른 빵집이나 파이 가게와는 차별화된 독특한 가게가 될 거예요. 직접 자기 밭에서 온 정성을 다해 키운 과일로 음식을 만드는 가게가 되는 거죠.

　하지만 저를 흥분시키는 게 또 하나 있어요." 사라가 계속해서 말했다. "제가 상상하는 것들 중 상당 부분이 이미 지금의 가게에 실현되어 있다는 사실이에요!

　바닥은 최고급 오크나무로 깔려 있고, 오븐은 시중에 판매하는 것 중 최상품이에요. 인테리어도 정말 끝내주고요.

　이모가 봤다면 가게를 정말 좋아하셨을 거예요.

　그리고 이 모든 걸 생각하는 동안 깨달은 게 또 한 가지 있어요. 내가 제대로 하고 있는지 잘 모를 때에는, 그저 스스로에게 '이모라면 어떻게 생각했을까?'라고 물어보면 된다는 거예요. 그러면 답을 알 수 있어요. 어때요?" 그녀는 내게 솔직하게 물었다.

"저의 전략적 목표가 무엇인지 감이 잡히세요? 좀 더 구체적이어야 할까요?"

"사라, 너무 훌륭해서 말문이 막힐 지경이에요." 웃으며 내가 말했다.

"그럼, 다음은 뭐죠?" 사라가 그녀와 나의 잔에 따뜻한 차를 따르며 물었다.

── 14 ──

조직 전략

모든 조직에는 위계질서가 있다.
각 계층의 사람들은 상부 계층 사람들의 부하로 일한다. 그러므로 조직은
체계화된 집단이라 할 수 있다. 체계화되지 않으면, 무리에 불과하다.
무리는 완성하기보다 파괴한다.

― 테오도르 레빗, 『기업의 성장을 위한 마케팅』

　　모든 사람들은 '조직화'되기를 원한다. 하지만 조직도Organization Chart
를 만드는 것부터 시작해야 한다고 제안하면 사람들은 의심스러운, 때
로는 적대적이기까지 한 눈초리로 쳐다본다.

　　"말도 안 돼요." 예전에 한 고객은 이렇게 대꾸했다. "우리는 정말
작은 기업이에요. 조직도는 필요 없다고요. 능력 있는 직원 몇 명만 있
으면 돼요!"

　　그의 항변에도 불구하고, 나는 계속해서 주장했다.

　　왜냐하면 그가 모르는 것을 나는 알고 있기 때문이었다.

　　다른 어떤 사업개발 단계보다도 조직도에 반영된 조직 개발이 작은

기업에 중대한 영향을 미칠 수 있음을 알기 때문이었다.

사람을 중심으로 조직하기

기업들은 대부분 기능보다는 개인의 특성을 중심으로 조직을 구성한다.

즉, 책임이나 책무보다는 사람을 중심으로 조직을 구성한다는 의미다. 그렇게 하면 혼란만 유발된다.

내 말의 의미를 가장 잘 보여 줄 수 있는 예를 살펴보자. 형제이자 동업자인 잭과 머레이가 부자가 될 수 있으리라는 확신을 가지고 새롭게 창업한 부품 제조회사인 '위젯메이커^{Widget Makers}'의 예이다.

잭과 머레이는 대부분의 동업자들과 마찬가지로 일을 분담함으로써 동업자 관계를 시작했다.

잭이 부품을 만들지 않으면, 머레이가 만든다.

잭이 고객을 응대하지 않으면, 머레이가 한다.

머레이가 장부 정리를 하지 않으면, 잭이 한다.

처음에는 사업이 기름칠이 잘 된 기계처럼 매끄럽게 돌아간다.

사업장은 티끌 하나 없이 깨끗하다.

유리창은 반짝반짝 빛난다.

바닥은 세심하게 잘 청소되어 있다.

고객들은 미소를 짓는다.

그리고 잭과 머레이는 일을 척척 해낸다.

일을 분담하여 언제나 서로 번갈아 가며 일을 한다.

월요일에는 머레이가 사업장을 연다. 화요일엔 잭이 한다. 수요일에는 머레이가, 목요일에는 잭이 한다.

어쨌거나 둘은 동업자가 아니던가?

만약 둘 다 하지 않으면, 할 사람이 누가 있나?

둘이서 일을 분담하는 건 더할 나위 없이 공정하다.

그래서 둘은 계속해서 그런 식으로 한다. 그리고 사업이 커진다.

갑자기 머레이와 잭이 감당할 수 있는 것보다 더 많은 일이 생긴다. 둘은 도와줄 사람이 필요하다.

그래서 그들은 제리를 고용한다. 제리는 훌륭한 사람이다. 게다가 조카이기도 하다.

누군가에게 월급을 줘야 한다면, 가족 중에서 고르는 편이 나으니까.

이제는 잭과 머레이 그리고 제리가 서로 번갈아 가며 일을 한다.

잭이 장부 정리를 하지 않으면, 머레이가 한다.

머레이와 잭이 장부 정리를 하지 않으면, 제리가 한다.

머레이가 고객을 응대하지 않으면, 잭이나 제리가 한다.

잭이 사업장 문을 열지 않으면, 머레이나 제리가 한다.

모든 일이 잘 되어 간다. 사업은 급성장한다. 잭과 머레이와 제리 세 사람은 너무 바빠 죽을 지경이다.

얼마 지나지 않아 허브가 합류한다. 잭의 처남이다. 좋은 사람이고 일도 열심히 한다. 적극적이고 열성적이기도 하다.

이제 잭과 머레이, 제리, 허브가 서로 번갈아 가며 일을 한다.

잭이 장부 정리하는 일을 하지 않으면, 허브나 머레이, 제리가 한다.

머레이가 고객을 응대하지 않으면, 잭이나 제리, 허브가 한다.

제리가 부품을 만들지 않으면, 머레이나 잭, 허브가 한다.

모두가 서로 번갈아 가며 사업장의 문을 열고, 전화를 받고, 샌드위치를 사러 나가고, 돈을 예금하러 은행에 간다.

그러던 어느 날 갑자기 부품들이 반품되어 오기 시작한다. 예전처럼 일이 되어 돌아가지 않는 듯하다.

"전에는 이런 문제가 없었어." 잭이 머레이에게 말한다. 머레이가 허브를 본다. 허브는 제리를 쳐다본다.

갑자기 장부에 이상한 점이 발견된다.

"전에는 이런 문제가 없었어." 머레이가 잭에게 말한다. 잭이 제리를 본다. 제리가 허브를 쳐다본다.

그리고 그건 시작에 불과했다.

사업장 여기저기에서 문제가 발생한다.

공구들이 없어진다.

부품에 불순물이 들어간다.

골판지가 작업 테이블에 널려 있다.

못이 나사 상자에 들어 있고, 나사가 못 상자에 들어 있다.

잭과 머레이와 제리와 허브는 사업장을 오고가며 서로 부딪히기 시작한다.

그들은 작업 공간을 확보하려고 서로를 밀치기도 한다.

창문에 때가 끼기 시작한다.

바닥에 먼지가 쌓인다.

성질이 나기 시작한다.

하지만 누가 누구에게 무슨 말을 해야 하나?

모두가 모든 일을 한다면, 어떤 일에 대해 누가 책임을 져야 하나?

잭과 머레이가 동업자라면 책임자는 누구인가?

둘 다 책임자라면, 잭이 제리에게 지시한 일을 머레이가 허락하지 않는 경우엔 어떻게 되나?

허브가 점심식사를 하러 나가고 싶으면 누구에게 말해야 하나? 잭? 머레이? 제리?

누군가 항상 사업장을 지키도록 해야 할 책임은 누구에게 있나?

부품에 하자가 생기면 그 상황을 바로잡을 책임은 누구에게 있나?

장부가 맞지 않으면 그것을 바로잡을 책임은 누구에게 있나?

바닥을 청소해야 할 때, 창문을 닦아야 할 때, 사업장을 열고 닫아야 할 때, 고객이 도움을 원할 때, 그 일을 할 책임은 누구에게 있나?

조직도가 없으면 모든 것이 행운과 선의, 즉 사람들 각자의 개성과 그들이 베푸는 호의에 따라 결정된다는 사실을 잭과 머레이는 제대로 이해하지 못했다.

안타깝게도 개성과 선의, 호의, 행운은 성공적인 조직으로 이끄는 충분조건이 되지 못한다. 오히려 그것들은 혼돈과 재앙을 유발할 뿐이다.

조직에는 더 많은 것이 필요하다.

당신의 기업을 조직하기

이제 위젯메이커를 처음부터 다시 만들어 보자.

잭과 머레이는 자기 집 주방에 앉아 있다.

그들은 위젯메이커를 창업하기로 결정한 바 있다.

두 사람은 기대감으로 무척 들떠 있지만, 사업을 성공시키려면 창업을 하는 방식이 대다수 사람들과는 달라야 한다는 사실을 알고 있다.

가장 먼저 그들은 사업을 합명회사(사원 모두가 회사의 채무에 대하여 직접 연대하여 무한 책임을 지는 회사 – 옮긴이)가 아닌 주식회사의 형태로 하기로 결정했다.

즉, 그들 자신을 동업자로 생각하기보다는 주주로 생각한다는 의미이다.

많은 사람들이 알고 있듯이, 합명회사의 형태로 다른 사람들과 동업했다가 실패할 경우 그보다 더 끔찍한 상황은 없다는 것을 잭과 머레이도 잘 알고 있다.

가족기업이 아닐 때 그렇다.

가족기업의 경우 합명회사보다 더 끔찍한 상황을 맞이할 수 있다는 것도 잭과 머레이는 알고 있다.

하지만 가족기업이면서 합명회사이면 어떨까?

아니다. 잭과 머레이는 다른 방식으로 사업을 하기로 결정했다.

주방 탁자에 앉아서, 잭과 머레이는 각자 빈 종이를 가져다 놓고 맨 위에 각자 이름을 적는다.

이름 밑에다 '주요 목표'라고 쓴다.

그리고 한 시간 정도 잭과 머레이는 각자 자신의 삶이 어떤 모습이 기를 바라는지 생각해 본 다음, 앞에 놓인 종이 위에 적는다.

그런 다음 또 한 시간 정도 두 사람은 각자 적은 것과 개인적 꿈을 나눔으로써, 어쩌면 지금까지 형제로서 서로에 대해 알던 것보다 더 많은 걸 이해하게 될지 모른다.

그 다음 단계로 잭과 머레이는 빈 종이의 위에서 아래로 3분의 1쯤 되는 지점에 가로 선을 긋는다. 그 선 위에 두 사람은 굵은 글씨로 주 주라고 적는다. 두 사람은 사업을 하는 데 있어서 그들의 대외적 역할 이 주주라는 것에 동의한다.

대내적으로 그들은 앞으로 스스로를 종업원으로 생각하겠다는 것에 도 동의한다. 두 사람은 이렇게 해야 나중에 쓸데없는 갈등을 피할 수 있음을 인식한다.

그 다음 단계로 할 일은 약간의 시간이 필요하다. 위젯메이커 주식 회사의 전략적 목표를 세우는 일이다. 잭과 머레이는 열중해서 그 작 업을 한다. 두 사람이 잠정적으로 정한 주요 인구통계학적 모델과 관련하여 머레이가 필요한 조사를 하기로 했다. 그들이 목표로 하는 시장에 얼마나 많은 잠재 고객이 존재하는가? 그 잠재 고객의 수는 늘어나는 추세에 있는가? 경쟁 상황은 어떠한가? 부품의 가격을 얼마로 해야 하며 어떻게 팔아야 하는가? 그 부품 시장의 향후 전망은 어떠한가? 시장이 어느 정도 확대될 것으로 기대하는가? 목표 시장이 바뀔 가능성이 있는가?

소비자들이 다른 부품 회사들을 어떻게 평가하고 있는지 알아보기 위해 설문지를 만들어 주요 인구통계학적 모델의 소비자들 중에서 뽑은 표본 집단에 우편을 발송하는 일도 머레이가 맡기로 했다. 그와 동시에 머레이는 표본 고객들 중 150명에게 직접 전화를 걸고, 잠재 고객들이 부품에 대해 어떻게 느끼고 생각하는지 파악하기 위하여 욕구 분석Needs Analysis을 수행할 것이다. 고객들에게 부품은 어떤 의미인가? 그런 부품들이 고객들의 삶을 어떻게 바꾸어 왔는가? 고객들이 제한 없이 어떤 형태의 부품이든 가질 수 있다면, 그런 부품은 어떤 모습일까? 그런 부품을 사용한다는 건 어떤 기분일까? 고객들이 좋은 부품을 원하는 이유는 어떤 일을 하고 싶어서인가?

머레이는 정해진 기한까지 조사를 마무리하기로 했다.

머레이가 조사를 하는 동안, 잭은 은행에서 대출을 받는 데 필요한 예비 재무자료, 즉 향후 1년 동안의 운영에 따른 예상 재무 현황 및 현금흐름 추정치 등을 취합하는 일을 맡기로 했다.

고객 및 경쟁 현황, 가격에 대한 정보가 모아지면, 잭과 머레이는 다시 만나서 그들의 전략적 목표를 완성하고 대출에 필요한 마지막 숫자들을 확정할 것이다.

두 사람에게 행운이 함께한다. 머레이가 주요 인구통계학적 모델에 관하여 수집한 정보 그리고 경쟁 현황과 가격이 더할 나위 없이 고무적이기 때문이다.

그들은 전략적 목표를 완성한 다음, 조직 개발의 과제, 즉 조직도를 만드는 작업에 착수한다.

전략적 목표에는 두 사람이 어떻게 사업을 진행하려는지가 뚜렷이 나타났기 때문에(한 장소에서 부품과 그 부품의 부속물을 조립하여 '노스 마린 웨스트'라는 지역의 특정 고객층에게 판매한다는 계획), 잭과 머레이는 그들의 조직도에 다음과 같은 직책이 필요하다는 데 의견을 같이한다.

- 사장 겸 최고 운영 책임자President and Chief Operating Officer(COO): 전략적 목표를 달성하고 잭과 머레이를 비롯한 모든 주주들에게 보고하는 책임을 진다.
- 마케팅 담당 임원Vice-President/Marketing : 고객을 발굴하고, 부품을 사용하는 고객들이 낮은 비용으로 더 손쉽게 만족을 느낄 수 있는 새로운 방법을 찾아 COO에게 보고하는 책임을 진다.
- 운영 담당 임원Vice-President/Operations : 마케팅에서 약속한 그대로를 전달함으로써 고객을 지키고, 고객들에게 좀 더 나은 서비스를 제공하기 위해 비용은 낮추고 효율성은 높이는 새로운 부품 제조 방법을

찾아내어 COO에게 보고하는 책임을 진다.

- 재무 담당 임원 Vice-President/Finance : 회사의 수익성 기준을 달성하고 필
  요한 자본을 가장 유리한 조건에 확보함으로써 재무 담당자로서의
  책무를 다하고 마케팅과 운영을 지원하며 COO에게 보고하는 책
  임을 진다.
- 마케팅 담당 임원 밑에는 영업부와 광고/시장조사부 2개 부서를 두
  어 보고하도록 한다.
- 운영 담당 임원 밑에는 생산부, 고객관리부, 시설관리부 3개 부서
  를 두어 보고하도록 한다.
- 재무 담당 임원 밑에는 매출채권 관리부와 매입채무 관리부 2개 부
  서를 두어 보고하도록 한다.

잭과 머레이는 의자에 등을 기대고 앉아 위젯메이커 주식회사의 완
성된 조직도를 보며 미소를 짓는다. 마치 큰 기업처럼 보인다. 문제는
조직도의 빈 칸에 이름을 채울 사람이 잭과 머레이 두 사람밖에 없다
는 점이다! 지금은 직원이 두 사람밖에 없으니까.

하지만 두 사람은 위젯메이커 주식회사가 계획했던 것들을 실현했
을 때 갖춰야 할 모든 직책을 조직도를 통해서 효과적으로 완성했다.

그리고 무엇보다 중요한 것은 그들이 지금 당장 해야만 하는 일들을
명확하게 보여 준다는 점이다!

잭과 머레이는 현재의 위젯메이커와 미래의 위젯메이커 사이에는

차이가 없다는 사실을 깨닫는다. 담당자의 얼굴만 바뀔 뿐, 필요한 직책은 동일하다.

잭과 머레이가 해야 할 다음 일은 조직도 상의 각 직책에 맞는 직책 계약서Position Contract를 작성하는 것이다.

직책 계약서(우리 마이클 거버 컴퍼니에서는 그렇게 부른다)에는 각 직책에서 달성해야 할 목표, 각 직책 담당자의 책임, 목표 달성 여부를 평가할 여러 기준들, 각 직책의 책임을 수행하는 데 있어서 승인을 받아야 할 결재 라인 등이 요약되어 있다.

잭과 머레이는 직책 계약서가 직무 기술서가 아니라는 걸 안다.

그것은 기술서가 아니라 회사와 종업원 사이의 계약서로서, 회사의 운영 규칙이 요약되어 있다.

직책 계약서는 조직의 각 직원들에게 의무와 책임을 부여한다.

책임은 문자 그대로 '공개적으로 동의를 표명하는 것'을 의미한다.

그러므로 직책 계약서는 어떤 사람을 뽑아서 어떤 일에 배정할지를 확인하는 서류이다.

새로운 회사 내 각 직책에 맞는 직책 계약서를 완성하고 나면, 잭과 머레이가 주주로서 진행해야 할 가장 중요한 과제는 조직도의 빈 칸에 이름을 채워 넣는 일이다.

지금은 오직 두 사람밖에 없기 때문에, 과거와 같은 실수를 되풀이하지 않으려면 지혜롭고 조심스럽게 그 과제에 접근하는 것이 매우 중요하다.

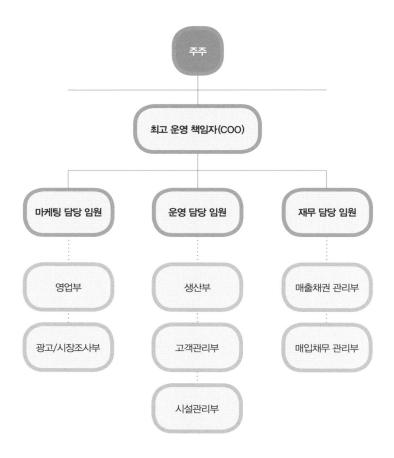

| 위젯메이커 주식회사 조직도 |

주주

최고 운영 책임자(COO)

마케팅 담당 임원

운영 담당 임원

재무 담당 임원

영업부

생산부

매출채권 관리부

광고/시장조사부

고객관리부

매입채무 관리부

시설관리부

조직도를 완성한 두 사람은 아까 종이에 그어 놓은 가로선 아래 중간 즈음에 상자를 그리고 그 안에 새 회사의 최고 운영 책임자를 의미하는 COO 혹은 사장이라고 적는다.

다음으로는 둘 중 누가 그 직책을 맡을지 결정하는 가장 어려운 단계이다. 둘 중 한 사람만 해야 한다는 건 두 사람 모두 이해하고 있다. 회사에 COO가 둘일 수는 없다. 책임 소재와 담당이 분명해야 하기 때문이다.

잭이 할까? 아니면 머레이가 할까?

그들은 그 문제를 심각하게 고민한다.

COO 역할을 맡는 사람은 잭과 머레이의 꿈을 실현하는 일에 최종 책임을 져야 할 것이다.

신중하게 생각한 끝에 머레이는 속으로 잭이 그 역할을 맡아야 한다고 결정한다. 머레이가 형이기는 하지만, 그가 진심으로 생각하기에 언제나 좀 더 진중하게 책임감 있는 모습을 보여 온 건 잭이었다.

잭은 늘 머레이보다 철두철미한 모습을 보여 왔다. 두 사람 중에서 머레이가 좀 더 창의력이 뛰어나긴 했지만, COO 자리에 창의력이 꼭 필요한 건 아니다.

어쨌든 두 사람에게는 평생 모은 돈을 거는 일이다.

모든 것을 걸고 뭔가를 성취하려는 사업이라면, 그 사업을 책임지고 끌고 나갈 누군가를 정해야 할 수밖에 없다.

머레이는 자신의 결정에 대해 잭과 상의한다.

두 사람은 그 결정에 사업의 운이 걸려 있다는 것을 알고 있다. 서로에 대한, 그리고 주도면밀하게 함께 고심해 왔던 전략적 목표에 대한 신뢰의 약속임을 이해한다.

그들은 COO는 단지 직책 이상의 의미를 지닌다는 것을 알고 있다. 그것은 진심에서 우러난 헌신을 의미한다.

오랜 상의 끝에 두 사람은 COO에 잭을 선임하는 데 동의하고, 잭은 '사장 겸 COO'를 위한 직책 계약서에 서명함으로써 직책에 따르는 책임과 권한을 진지하게 받아들인다.

다음 단계는 마케팅, 운영, 재무 담당이라는 세 명의 임원 직책을 결정하는 일이다.

창업 준비 단계부터 머레이가 마케팅 시장조사 프로젝트에서 뛰어난 모습을 보였기 때문에 잭은 머레이에게 마케팅 담당 임원을 맡는 데 이견이 없는지 묻는다.

마케팅 담당이야말로 늘 하고 싶었던 일이었기 때문에 머레이는 흔쾌히 받아들이고, 기쁜 마음으로 마케팅 담당 임원 직책 계약서에 서명한다. 그런 다음 잭은 회사의 대표로서 머레이의 직책 계약서에 서명한다.

다음은 운영 담당 임원을 정할 차례다. 잭은 머레이와 상의하여 이 직책을 자신이 맡기로 한다. 왜냐하면 머레이가 부품을 만들고 파는 일을 동시에 다 하기란 쉽지 않을 것이기 때문이다. 그래서 이번에는 잭이 사장으로서 그리고 운영 담당 임원으로서 직책 계약서에 서명한다.

마지막으로 잭이 재무 담당 임원의 책임을 맡기로 직책 계약서에 서명한다. 이 직책을 누가 맡을지에 대해서는 잭과 머레이 사이에 이견이 없다.

이번엔 머레이가 영업부와 광고/시장조사부를 맡기로 하고 직책 계약서에 서명한다.

잭은 생산부, 고객관리부, 시설관리부뿐만 아니라 매출채권 관리부, 매입채무 관리부를 맡기로 하고 직책 계약서에 서명한다.

모든 직책을 확정하고 나자, 잭과 머레이는 또다시 등을 기대고 앉아 그들이 결정한 것을 살펴본다. 그런데 그것을 살펴보던 두 사람은 깜짝 놀란다. 잭이 8개 직책을 맡은 반면, 머레이가 맡은 직책은 3개뿐이다. 뭔가 수정이 필요하다.

고민 끝에 두 사람은 머레이가 고객관리부뿐만 아니라 매출채권 관리부와 매입채무 관리부의 책임도 맡기로 하는 데 동의한다.

그러면 각자 6개 직책을 맡게 된다.

하루 평균 6개 직책 정도는 수행할 수 있어야 한다고 잭과 머레이는 야심 차게 속으로 생각한다.

그리고 마침내 조직이 완성되었다!

아직 일은 시작도 하지 못했지만, 그럼에도 불구하고 두 사람은 회사의 모습에 대해서, 그리고 그들이 해야 할 일, 각 직책에 책임을 부여하는 기준, 직책 간 책임 소재나 책임져야 할 구체적인 업무 등에 대해서 생각해 볼 수 있었다.

그리고 준비 단계 하나를 완성함으로써, 체계를 마련했다는 기분이 들었다. 의기양양해지는 기분이었다.

앞으로 해야 할 일이 태산 같기는 하지만, 그럼에도 어쨌든 할 수 있을 것 같았다.

어쨌든 잭과 머레이는 자신들이 잘 해내리라는 걸 알았다.

조직을 만들었으니까.

두 사람이 계획했던 사업의 겉모습이 어느 정도 갖춰졌다.

조직도를 작성함으로써 잭과 머레이는 그들의 프랜차이즈 원형을 위한 청사진을 만든 셈이었다.

직책의 원형 만들기 : 자기 자신을 시스템으로 대체하기

사업이 완성되고 난 후의 모습을 그려 보았던 잭과 머레이는 원형을 만드는 과정을 시작한다.

하지만 원형을 만드는 과정은 조직의 상부가 아닌 하부에서 시작되어야 한다.

두 사람은 사업의 주인이지만, 동시에 직원으로서도 일을 시작한다.

즉 영업직원이나 생산직원, 매출채권 관리직원의 직책도 맡고 있다.

원형을 만드는 과정은 사업주나 동업자, 혹은 주주의 지위, COO나 마케팅 담당 임원의 지위가 아니라, 조직의 맨 아래에 위치한 종업원의 입장에서 시작해야 한다. 전략적 업무가 아닌 기술적 업무에서 시작해야 한다.

기술적 업무란 기술자들이 하는 일이다.

전략적 업무란 관리자들이 하는 일이다.

사업이 번창하면, 잭과 머레이는 다른 사람을 찾아 기술적 업무를 맡기고 자신들은 전략적 업무에 집중해야 한다.

조직도는 직책과 관련하여 그런 중대한 변화를 모색할 수 있는 수단이 된다.

이제 잭과 머레이가 이 장 첫 부분에서 경험했던 사업의 성장 과정을 똑같이 되풀이하는 것을 살펴보되, 이번에는 조직도에 각 직책의 원형을 만듦으로써 지난번의 재앙과 같은 상황을 피하도록 해 보자.

잭과 머레이는 그들의 사업장에 출근한다. 하지만 이번엔 다르다. 두 사람은 더 이상 사업장에서 일만 하는 데에는 관심이 없다. 이번에는 제대로 돌아가는 사업을 개발하는 데 초점을 맞춘다. 그렇게 하기 위해서 그들은 완전히 다른 방식으로 일을 시작한다.

머레이는 영업직원으로 일을 하는 동시에, 마케팅 담당 임원의 입장에서 영업직원의 일을 생각한다.

잭은 생산직원으로 일을 하는 동시에, 운영 담당 임원의 입장에서 생산직원의 일을 생각한다.

달리 말하면, 잭과 머레이는 사업을 만들어 가기 시작할 때부터 각 직책을 마치 그 직책의 프랜차이즈 원형인 것처럼 생각한다는 의미이다.

머레이는 영업직원으로 일을 하는 동시에, 혁신과 수량화, 조직화를 이행하는 입장에서 영업직원의 일을 생각한다.

마찬가지로, 잭은 생산직원으로 일하는 동시에, 혁신과 수량화, 조직화를 이행하는 입장에서 생산직원의 일을 생각한다.

각 직책마다 이런 질문을 해 보아야 한다. "이 직책에서 어떻게 하면 고객에게 최고의 서비스를 제공할 수 있을까? 내 직책에서 어떻게 하면 회사의 이익을 극대화하면서도 고객들이 원하는 것을 가장 쉽게 전달할 수 있을까? 그리고 동시에, 내 직책에서 어떻게 하면 실무자들이 가능한 한 최고의 경험을 하도록 할 수 있을까?"

머레이는 어떤 색과 어떤 형태의 복장이 고객들에게 가장 긍정적인 영향을 줄 수 있는지 알아보기 위해 영업직원으로서 자신이 입고 있는 복장을 시험해 보기 시작한다.

여러 가지 다른 인사말도 시험해 본다.

그는 위젯메이커 주식회사가 고객들과 어떻게 상호작용하는지, 효과를 증대시키려면 상호작용을 구성하는 각 요소들을 어떻게 수정해야 하는지 생각하기 시작한다.

그리고 머레이는 자신이 생각한 여러 가지 혁신 방안들이 판매에 어떤 영향을 미치는지를 수량화해 보고 나서, 그중 가장 결과가 좋은 방안을 정하여 '위젯메이커 영업업무 지침서'에 적어 놓는다.

오래지 않아 그 '영업업무 지침서'에는 전화를 걸거나 받을 때, 혹은 문에서 손님을 맞이할 때 어떤 식으로 말해야 하는지 그리고 고객의 문의나 불만, 우려를 어떻게 처리해야 하는지에 대한 구체적인 방법이 수록된다. 또한 주문을 넣고, 반품을 처리하고, 새 제품의 요구 사항에 대해 조치를 취하고, 재고를 확보하는 체계적 방법도 지침서 안에 담긴다.

'영업업무 지침서'가 완성된 후에야, 머레이는 영업직원 채용을 위한 공고를 낸다.

하지만 뽑으려는 사람은 영업 경험이 있는 사람이나 영업의 달인이 아니라, 영업의 초보자이면서 견습생이 될 만한 사람이다.

열정을 다해 잘하는 법을 배우려는 사람, 머레이가 그렇게 많은 시간과 에너지를 쏟아 발견한 것을 배우려는 사람, 아직 모르는 게 많아 열심히 답을 찾고 있는 사람, 아직 기술을 습득하지는 못했지만 열린 마음으로 기술을 배우고자 하는 사람을 원한다.

그리고 일요일 신문 영업직 구인난에 이런 공고가 실린다. '턴키 방식으로 운영되는 수익성 높은 우리 회사의 사업을 직접 오셔서 확인해 보십시오. 경력은 없어도 됩니다. 열린 마음, 배우고자 하는 마음만 있으면 됩니다.'

그리고 지원자들과 면접을 하면서 머레이는 그들에게 '영업업무 지침서'와 위젯메이커의 전략적 목표를 보여 주고 어떻게, 어떤 이유로 그것들이 만들어지게 되었는지를 설명해 준다.

머레이는 지원자들에게 위젯메이커가 어떤 회사인지 그리고 잭과 머레이가 품은 꿈은 무엇인지를 이야기해 준다. 그 이야기를 통해 지원자들은 자신들이 최고가 되겠노라고 마음먹은 시장에서 어떻게 스스로를 차별화할 수 있는지 이해하게 된다.

그는 지원자들에게 조직도를 보여 주고, 영업직원은 어디에 속하는지, 누구에게 보고해야 하는지 그리고 현재는 누가 그 직책을 맡고 있는지를 설명한다.

또한 그는 지원자들에게 회사의 주요 목표에 대해 알려 줌으로써, 지원자들 중 누가 위젯메이커와 비전을 공유할 수 있는지 판단한다.

그리고 마침내 적합한 사람을 발견하여 채용한 머레이는 그에게 '영업업무 지침서'를 주어, 그 안에 담긴 인사말을 외우고 복장 규정을 준수하며 체계를 익히도록 한 다음에서야 일을 시작하도록 한다. 머레이가 혁신하고 수량화하고 조직화한 영업 시스템을 사용하도록 하는 것이다.

정확히 그 시점에 맞추어 머레이는 영업부장의 자리로 올라가고 사업개발 프로세스를 처음부터 다시 시작한다.

왜냐하면 그 시점에서 머레이는 기술적 업무에서 벗어나는 가장 중요한 단계를 밟았기 때문이다. 즉 관리자에 의해 움직이는 시스템으로 자기 스스로를 대체한 셈이다. 그리고 이제 머레이의 역할은 일을 하는 것이 아니라 시스템을 관리하는 것이 된다.

이제 머레이는 전략적 업무에 집중한다.

그리고 머레이가 그 일을 하는 동안, 잭은 그가 맡고 있는 각각의 기술적 업무에 대해 머레이가 한 것과 똑같은 일을 한다!

두 사람 모두 직원으로 일하는 동시에 관리자로 일하면서, 계획에 따라 모든 걸 진행한다.

이런 경험을 통해 잭과 머레이는 사업을 개발하는 데 있어서 중요한 교훈을 배웠다. 기업가 열병에 걸린 기술자로서, 사업과 인생의 조화를 유지하고자 하는 사람이라면 반드시 배워야 하는 교훈이다.

그것은 바로 조직도는 전략적 목표에서, 그리고 전략적 목표는 주요 목표에서 나온다는 교훈이다.

즉, 앞 단계가 원인이 되어 그 다음 단계가 만들어지기 때문에, 결국 주요 목표가 전략적 목표의 완성에, 그리고 전략적 목표가 조직도의 완성에 기여하게 되는 셈이다.

논리적 흐름에 따라 통합된 전체를 이루게 된다.

이번 장의 사례에서, 위젯메이커 주식회사는 잭과 머레이의 삶을 창조하는 동시에 재창조하는 체계적 시스템이 되었다.

조직도가 없다면, 혼란과 불화, 갈등만 조장하게 된다.

하지만 조직도가 있음으로 해서, 사업의 방향과 목적, 형태에 균형이 잡힌다. 그리고 목적의식을 가지고 상호작용하면서 합리적인 전체를 향하여 의도적으로, 응집력 있게 그리고 성실하게 앞으로 나아가게 된다.

마침내 좋은 사람들이 함께 모여 어떤 일을 이뤄 낼 수 있게 되는 것이다!

사라는 큰 소리로 숨을 내쉬며 두 팔을 천장으로 뻗어 기지개를 켰다. 마치 뭔가 다루기 어려운 과제를 할 때의 기분을 떨쳐 버리려는 모습처럼 보였다.

"아, 정말 쉽지 않네요. 기업가 역할을 할 수도 있겠다고 생각한 순간, 제가 해야 할 일들을 더 많이 주시니 말이에요." 그녀가 말했다.

"제가 제대로 이해했는지 자신이 없어요. 말씀해 주신 내용을 제가 다시 정리해 볼게요. 말씀하신 바에 따르면, 지금이 아니라 7년 후 파이에 대한 모든 것이 성공했을 때 어떤 모습일지를 조직도로 그려 봐야 한다는 말씀이시죠?"

"네." 내가 대답했다.

"그리고 일단 조직도를 완성하고 나면, 제가 현재 하고 있는 일에 해당되는 직책에 모두 제 이름을 적어 넣어야 한다고도 하셨고요."

"맞습니다." 내가 대답했다.

"그런 다음 각 직책의 권한과 책임을 매우 구체적으로 기술한 직책 계약서를 만들어, 제가 그 직책의 종업원인 것처럼 실제로 각각의 직책 계약서에 서명을 해야 한다는 말씀이시죠?"

"그렇습니다. 정확히 당신이 그 종업원인 것처럼 말이에요. 사업이 제대로 돌아간다면, 당신은 각각의 종업원 역할을 해야 할 테니까요! 다른 사람으로 그 역할을 대체할 때까지는 말이죠." 내가 말했다.

사라는 다이아몬드처럼 빛나는 눈으로 온 집중을 다하여 계속해서 서둘러 말했다.

"그리고 그렇게 해야 하는 이유는, 만약에 제가 저의 종업원에게서 기대하는 그대로 행동하지 않으면, 그리고 제가 종업원들에게서 원하는 그대로 일하지 않으면, 결국 제가 기대하는 대로 직원들을 움직이게 할 시스템을 결코 만들 수 없을 것이기 때문이죠.

달리 말하면, 만약 제가 저의 종업원들에게서 기대하는 그대로 행동하지 않으면, 제가 만드는 시스템은 그저 저의 개인적 선호를 채우는 데 불과할 뿐, 저를 제외한 다른 모든 사람들을 최대한 생산적이고 행복하게 만들어 주는 데 정말로 필요한 것은 되지 못한다는 의미죠.

그리고 만약에 저의 개인적인 선호를 채우는 데 그친다면, 저와 같은 사람, 즉 사업주로서 똑같은 관심을 가진 사람, 나와 똑같은 목표를 가진 다른 사업주 말고는 다른 어느 누구도 제 자리를 대신하지는 못하리라는 걸 의미합니다."

사라는 숨을 가다듬는 듯 잠시 멈췄다가 다시 물었다. "말씀하신 게 그런 거죠?"

"바로 그거예요!" 나는 대답했다. "사업을 처음부터 다시 시작할 생각이라면, 당신이 해야 하는 역할들로부터 당신 자신을 분리해 내는 것이 매우 중요합니다. 그런 역할들에 당신이 꼭 필요하도록 만드는 대신에, 당신이 먼저 그런 역할들에서 자유로워져야 합니다.

내면의 세 가지 인격들 사이에서 전투가 벌어진다고 얘기했던 거 생각나세요? 그런 갈등을 없애는 유일한 방법은 당신 자신과 당신 주위의 세계를 최대한 명확하게 조직화해서 가능한 한 분명하게 기능할 수 있도록 하는 것이라고 말했던 거 기억나나요?

자, 우리가 싸워야 하는 대상은 이러한 무의식적 인격들이 보이는 역기능적 본성입니다. 우리가 의지를 가지고 체계화해야 할 것은 바로 우리의 무의식적 본성이죠. 그리고 무의식적으로가 아닌 의식적으로 할 때만이 체계화가 가능해집니다.

그래서 우리 내면의 한 부분, 구제프라는 사람이 '동인driver'이라고 부른 우리 내면의 한 부분이 나머지 모든 부분을 통제해야 합니다. 구제프는 그것을 마부가 말과 마차를 이끌어야만 한다는 표현으로 비유한 적이 있었죠.

사업의 주인으로서, 사업의 마부로서, 말과 마차를 이끄는 일이야말로 당신이 해야 할 진짜 역할입니다. 그리고 그렇게 하기 위해서는 모든 역할들을 구별할 수 있어야만 합니다. 가장 중요한 것과 중요하지 않은 것을 구분하고, 당신이 지닌 최고의 지성이 이끄는 대로 사업이 움직이도록 조직화할 수 있어야만 합니다.

그리고 일단 사업을 가능한 한 현명한 방법으로 조직하고 나면, 다음으로 가장 중요한 일은 당신이 성실하게 만들어 낸 게임의 규칙을 준수하는 것입니다.

당신이 규칙을 따르지 않는다면, 누가 따르겠어요?

그 규칙이 리더인 당신에게는 예외라면, 어떻게 다른 사람들이 당신을 따르길 기대할 수 있겠어요?

당신 자신이 규칙을 높이 평가하여 존중하고 따르지 않는다면, 어떻게 다른 사람들이 당신이 하는 게임에 진지하게 참여하리라고 기대할 수 있겠습니까?

당연히 기대할 수 없습니다. 왜냐하면 아무도 그렇게 하지 않을 테니까요!

이것이 바로 조직 개발의 전체적인 과정입니다. 사업에 대해서 최대한 충분히 생각한 다음, 사업의 운용 방식을 구조화하는 과정이죠. 그렇게 구조화한 것이 바로 조직도입니다. 사업이 성공하여 제대로 돌아가게 되면, 그것이 정확히 어떤 모습일지를 사람들과 세상에 말해 주어야 할 사람은 사라 바로 당신입니다. 꿈이 있을 때, 그 꿈을 세계와 나눌 사람도 바로 당신입니다. 그리고 꿈을 나누고 나서, 그로 인해 생겨난 비전을 당신이 믿어 의심치 않는다는 사실을 사람들과 세상에 외쳐야 할 사람도 바로 당신입니다!

그 정도의 확신도 없다면 그건 순진한 오만에 불과하겠죠." 나는 그녀에게 말했다.

"하지만 당신이 당신만의 규칙을 지키며 산다면, 당신이 '말한 것을 실천'한다면, 그리고 당신이 생각한 대로 산다면, 당신의 사업은 지켜볼 만한 대상이 될 것입니다."

"알겠어요!" 사라가 말했다.

"저는 의심한 적 없었는데, 사라는 확신이 없었나 보군요." 내가 대꾸했다.

"그럼 이제 관리 개발로 넘어갑시다. 그런 다음 인력 개발을 살펴보죠." 내가 사라의 찻잔에 새로 차를 따르면 말했다.

"관리, 사람, 시스템이 하나가 되어야, 원형도 하나가 될 수 있거든요."

관리 전략

시스템이 해결책이다.

− AT&T

관리 전략을 성공적으로 이행하려면 굉장히 유능한 관리자가 있어야 한다고 생각할지 모르겠다. 경영대학원을 졸업하고 인사 및 인력 개발에 고도의 기술을 지닌, '사람 다루는 기술'을 갈고 닦은 그런 사람 말이다.

아니다. 그런 사람들은 필요 없다.

게다가 당신은 그런 사람들을 채용할 여유도 없지 않은가.

사실, 그런 사람들은 당신에게 골칫거리가 될 것이다.

그 대신 당신에게 필요한 것은 관리 시스템이다.

관리 시스템은 당신의 관리 전략이자, 지속 가능한 사업 원형이 당신이 원하는 결과를 만들어 내도록 하는 수단이 될 것이다.

관리 시스템은 직원들의 행동을 예측할 수 없어 힘들어하는 당신의 고민을 해결해 줄 해결책이 될 것이다.

관리 시스템은 관리를 위한 의사결정의 필요성을 최대한 줄이는 동시에 꼭 필요한 의사결정의 경우 그 과정을 조직화함으로써 직원들과 관련한 문제들을 기회로 바꾸어 줄 것이다.

관리 시스템이란 무엇인가?

관리 시스템은 마케팅 효과를 만들어 내기 위해 사업 원형 속에 설계해 넣은 시스템을 의미한다.

자동화된 시스템일수록, 더 효과적인 사업 원형이 될 것이다.

관리 시스템을 만들고 유망한 관리자들에게 그 사용법을 가르치는 과정인 관리 개발은 많은 사람들이 믿는 것처럼 관리 수단이 아니다. 그것은 마케팅 수단이다.

관리 개발의 목적은 효율적인 원형을 만드는 데만 있는 것이 아니라 효과적인 원형을 만드는 데에도 있다.

그리고 효과적인 원형이란 다른 어떤 사업보다도 수익성 있는 고객을 더 잘 찾아내고 유지하는 사업을 의미한다.

내가 지난 17년간 애용했던 리조트호텔을 통해서 그런 시스템이 어떻게 실행되는지 살펴보자.

성냥, 박하, 커피 한 잔 그리고 신문

처음엔 그저 우연이었다. 즉, 내게는 우연이었다는 소리다. 그곳에 계획하고 간 건 아니었으니까.

나는 7시간 동안이나 운전을 하느라 지쳐서 샌프란시스코로 가기 전에 어디서 하룻밤 묵기로 했다.

그 호텔은 태평양이 내려다보이는 작은 삼나무 숲에 위치해 있었다.

호텔 로비에 들어설 즈음에는 이미 해는 지고 숲은 캄캄하게 변해 버린 뒤였다.

로비에 들어서는 순간 왠지 모르게 내가 특별한 장소에 와 있다는 생각이 들었다. 로비에는 은은한 조명이 비추고 있었다. 호텔 프런트를 둘러싸고 있는 세 벽면을 따라 속을 꽉 채운 베이지색 소파가 놓여 있었고, 삼나무 벽판에 반사된 붉은빛이 그 소파 위에 드리워져 있었다. 내가 방금 들어온 정문 맞은편에는 길고 검은 나무탁자가 있었는데, 탁자 위에는 엮어서 만든 인디언풍의 커다란 바구니가 놓여 있고, 그 안에는 싱싱한 과일이 가득 담겨 있었다. 바구니 옆의 거대한 청동램프에서 나오는 짙고 매끄러운 불빛이 과일에 반사되어 흩어지면서 로비에 흥겨운 분위기를 더해 주었다. 정교한 뜨개질로 만든 리넨 천이 탁자 위를 완전히 덮어 탁자 양 끝 바닥까지 닿을 듯 길게 늘어져 있었고, 리넨 천의 밝고 이국적인 무늬 때문에 색색의 과일, 청동색 램프, 붉은 황토색 벽이 도드라져 보였다.

탁자 건너편에 있는 거대한 자연석 벽난로에서는 떡갈나무 통나무 장작이 탁탁, 기분 좋은 소리를 내며 타올라 로비 가득히 이글거리는 불빛을 비추고 있었다.

설사 내가 피곤하지 않은 상태였다고 하더라도, 내 얼굴에 느껴지는 열기와 내 등에 느껴지는 밤의 냉기가 주는 묘한 대비는 나를 그 호텔 로비로 이끌기에 충분했을 것이다. 피곤했던 나는 그야말로 그 분위기에 녹아들 수밖에 없었다.

프런트 데스크의 여직원은 빨간색, 녹색, 흰색이 어우러진 줄무늬 블라우스와 빳빳하게 다린 붉은 황토색 치마를 입고 있었다. 블라우스를 장식한 붉은 황토색 리본 맨 위에 마치 훈장처럼 호텔 로고가 새겨진 배지를 착용하고 있었고, 그에 어울리는 리본으로 뒷머리를 묶고 있었다.

"베네치아 호텔에 오신 것을 환영합니다." 그녀가 따뜻한 미소로 나를 맞이했다.

예약을 하지 않았는데도, 그녀가 나를 맞이하고 나서 벨보이의 방 안내를 받기까지는 채 3분도 걸리지 않았다. 너무나 간편해서 믿을 수 없을 정도였다.

그리고 방은 또 어땠나! 방의 전체적인 인상은 절제된 화려함이었다. 은은한 파스텔 톤의 두툼한 카펫이 온 바닥에 깔려 있었고, 스트로브 잣나무로 만든 킹사이즈 침대 위에는 흠 잡을 데 없이 깨끗하고 아름다운 새하얀 누비이불이 덮여 있었으며, 북서태평양의 경관과 새들을 그린 풍경화가 삼나무의 거친 질감이 살아 있는 우아한 벽을 아름답게 꾸며 주고 있었다. 내가 불을 켜리라는 것을 이미 안다는 듯, 벽난로의 쇠살대 위에는 통나무 장작이, 그 밑에는 정성스럽게 말아 놓은 종이가 준비되어 있었으며, 벽난로 바닥에는 우아한 특대 성냥이 비스듬하게 놓여 있었다.

뜻밖의 행운에 기뻐하면서 나는 저녁을 먹으러 가기 위해 옷을 갈아입었다. 체크인 할 때 벌써 그 여직원이 레스토랑 예약을 해 주었었다! 나는 깜깜해진 밖으로 나가 레스토랑을 찾았다. 본관 건물 밖 오솔길에는 밝게 빛나는 표식이 있어서, 그것이 가리키는 곳으로 가니 어두운 삼나무 숲을 지나는 또 다른 밝은 표식이 있는 길로 이어졌다.

밤공기는 고요하고 상쾌했다.

저 멀리서 철썩거리는 태평양의 파도 소리가 고요하고도 규칙적으로 들려 왔다. 아니면 나의 상상이었을까? 어쨌든 상관없었다. 마법 같은 기운이 그곳을 감싸고 있었다.

레스토랑은 호텔과 태평양이 내려다보이는 둥근 언덕 위에 있었다. 안으로 들어갈 때까지만 해도 다른 사람을 보지 못했는데, 안으로 들어서니 사람들로 가득했다.

내가 지배인에게 이름을 대자 기다리는 다른 사람들이 있음에도 불구하고 그는 즉시 나를 자리로 안내했다. 이 레스토랑은 예약을 소중하게 여기는 게 분명해 보였다.

그곳에서도 지금까지의 경험만큼 정말로 기분 좋은 식사를 할 수 있었다. 음식은 먹음직스럽게 준비되었고, 서비스는 지나치게 야단스럽지 않았다. 나는 브랜디 한 잔을 마시며, 저녁식사 손님들을 위해 클래식 기타리스트가 연주하는 바흐의 푸가를 감상했다.

나는 계산서에 서명을 하고 방으로 돌아왔다. 돌아오는 길에 보니, 밤이 깊어 주위가 어두워질수록 그에 대비하여 길을 밝히는 조명은 더 밝아져 있었다.

방에 도착할 즈음, 밤공기가 싸늘하게 느껴졌다. 나는 벽난로에 불을 지피고 잠들기 전에 브랜디를 한 잔 더 마시면 좋겠다고 생각하며 방에 들어섰다.

세상에나!

벽난로에는 불이 활활 타오르고 있었고, 침대 위 누비이불과 베개는 잠자기 편하도록 잘 정리되어 있었으며, 베개 위마다 상쾌한 향의 박하가 놓여 있었다.

침대 옆 작은 탁자 위에는 브랜디 한 잔과 카드가 놓여 있었다. 나는 카드를 집어 들어 읽었다.

베네치아 호텔을 처음 방문해 주신 것을 환영합니다. 즐거운 시간 보내시길 바랍니다. 도움이 필요하시면, 24시간 언제나 주저하지 마시고 전화 주십시오. — 케이시

그날 저녁 나는 극진한 보살핌을 받는다는 기분을 느끼며 잠이 들

었다.

다음날 아침 목욕탕 쪽에서 나는 부글거리는 소리에 잠에서 깨었다. 일어나서 살펴보니 싱크대 위에 놓인 커피메이커의 자동 타이머가 켜지면서 커피가 끓고 있는 소리였다. 커피메이커 옆에 놓인 카드에는 이렇게 쓰여 있었다.

손님이 좋아하시는 커피를 준비했습니다. 맛있게 드세요! −K.

그리고 그건 정말로 내가 좋아하는 커피였다!

아니, 도대체 그걸 어떻게 알았을까?

그러다 문득 지난밤 레스토랑에서 직원들이 내가 어떤 커피를 좋아하는지 물었던 기억이 났다. 그리고 그 커피가 지금 여기에 있다!

어찌된 영문인지를 막 깨닫고 있을 때, 조용히 문을 두드리는 소리가 들렸다.

문을 열어 보았더니 아무도 없었다. 하지만 매트 위에 신문이 놓여 있었다. 내가 늘 보는 〈뉴욕타임스〉였다.

도대체 그걸 어떻게 알았을까?

그러다 문득 기억이 났다. 지난 밤 내가 체크인 할 때, 프런트 데스크의 여직원이 내가 어떤 신문을 좋아하는지 물었었다. 그리고는 난 지금까지 잊고 있었는데, 그 신문이 지금 여기에 있다!

그리고 내가 그 호텔을 이용할 때마다 매번 똑같은 서비스를 받았다.

하지만 첫 방문 이후로 그들은 내가 좋아하는 것을 재차 물어본 적이 없었다.

나는 그 호텔 관리 시스템의 일부분이 된 것이다.

그리고 그들은 한 번도 기대를 저버리지 않았다.

그 시스템은 내가 무엇을 좋아하는지 알고 있고, 정확히 동일한 시점에 정확히 동일한 방식으로 내가 원하는 것을 제공해 준다.

시스템이 제공한 것은 정확히 무엇이었나? 성냥, 박하, 커피 한 잔, 신문뿐이었다!

하지만 그건 단순한 성냥, 박하, 커피 한 잔, 신문이 아니었다. 누군가 나의 말에 귀 기울이고 있다는 표시였다.

그리고 그들은 매순간 나의 말에 귀 기울였다.

방에 들어가 벽난로에 불이 켜져 있는 것을 보았을 때, 누군가 나를 배려하고 있다는 느낌을 받았다. 내가 무엇을 원하는지 생각하는 누군가가 있었다.

말 한마디 하지 않았는데도 그들은 나의 말에 귀를 기울였다.

베개 위에 놓인 박하와 잠자기 편하게 정리된 이불 그리고 탁자 위의 브랜디를 보았을 때, 누군가 나를 배려하고 있다는 느낌이 들었다. 내가 무엇을 원하는지 생각하는 누군가가 있었다.

말 한마디 하지 않았는데도 그들은 나의 말에 귀를 기울였다.

목욕탕 쪽에서 커피 끓는 소리가 들리고 내가 좋아하는 커피를 준비했다는 그 카드를 본 순간, 내게 어떤 커피를 좋아하는지 물어본 사람이 있었다는 사실을 기억했다.

그리고 그들은 나의 대답에 귀를 기울였다.

문 앞에 놓인 신문을 보고 그것이 내가 즐겨 보는 신문임을 알아챈 순간, 내게 어떤 신문을 좋아하는지 물어본 사람이 있었다는 사실을 기억했다.

그리고 그들은 나의 대답에 귀를 기울였다.

게다가 그 모든 것이 철저히 자동적으로 이루어졌다!

마케팅 효과를 내기 위해 설계된 조직적 해법, 즉 호텔 관리 시스템의 통합적 요소가 모든 세세한 부분에까지 작동하고 있었다.

그 호텔을 세 번째 방문하고 나서, 나는 지배인과 이야기를 나눌 수 있는지 물었다.

나는 그가 어떻게 나에게 매번 똑같은 서비스를 제공할 수 있었는지 알고 싶었다.

고객의 다양한 욕구에 부합하려면 직원들이 각각 그에 맞는 정확한 질문을 해야 했었을 텐데, 어떻게 그는 그걸 가능하게 했을까?

아주 유능한 직원들을 채용했기 때문일까?

종업원들이 주주로 참여하고 있어서일까?

아주 특별한 보상 체계가 있기 때문일까?

지배인은 29살의 젊은 남자였다. 그는 자신의 사무실로 가서 이야기하자고 했다. 레스토랑에 갈 때 내가 지나가곤 했던 삼나무 숲이 내려다 보이는 적당한 크기에 채광이 좋은 사무실이었다. 그의 책상은 늘어놓은 서류 하나 없이 깨끗하게 잘 정돈되어 있었다.

'아주 꼼꼼한 젊은이구만. 이 호텔이 잘 돌아가는 이유는 아마도 이 젊은이 때문일 거야.' 나는 속으로 생각했다.

호텔 사장에게서 부여받은 책임을 완수해야 하는 자신의 역할과 일에 대해 열정적으로 이야기하는 젊은 지배인의 모습에서 그가 자신의 일을 즐기고 있음을 분명히 느낄 수 있었다.

지배인이 쑥스러운 듯한 미소를 지으며 말했다. "있잖아요, 선생님. 제가 여기 이렇게 앉아서 호텔 일에 대해 말씀드리는 게 좀 재미있다는 생각이 드네요. 5개월 전까지만 해도, 저는 호텔 사업에 대한 경험이라고는 3년 전 프레즈노에 있는 홀리데이 인에서 손님으로 이틀 밤 묵은 게 전부인 사람이었거든요."

그는 말을 이어갔다. "사실, 저는 이 일을 하기 전에 근처 레스토랑에서 즉석요리를 만드는 요리사로 일하고 있었습니다. 그러다 호텔 사장님과 알게 되었어요. 사장님은 제게 호텔 사업을 배워 볼 생각이 있느냐고 물었고, 호텔 사업에 대해 아직 알지도 못하는 저를 채용하셨죠. 제가 호텔 사업에 대해 아는 모든 것은 전부 여기서 배운 것입니다. 여기 보여 드릴 게 있어요."

지배인은 책상 뒤에서 빨간색 바인더를 꺼냈다. 바인더 옆면에는 호텔 로고와 OM이라는 머리글자가 새겨져 있었다.

"여기서 저희가 하는 일은 간단합니다. 누구든지 할 수 있어요."

그는 바인더의 목차 면을 펼쳤다.

"이것은 저희의 업무 지침서Operations Manual입니다. 보시는 것처럼, 여러 가지 체크리스트 말고는 없습니다. 이 부분은 객실 정리를 위한 체크리스트죠." 지배인은 바인더에서 노란색으로 된 페이지를 펼쳤다.

"이 페이지들은 노란색으로 되어 있습니다. 지침서에 담긴 모든 내용은 색깔별로 구분되어 있죠. 노란색에는 객실 정리에 대한 내용이 담겨 있어요. 파란색은 고객 지원 서비스에 관련된 것이죠. 가령 밤에 벽난로의 불을 지필 때, 베개 위에 박하를 놓는다는 등의 내용이 있습니다.

각각의 체크리스트에는 객실 담당자가 업무를 수행함에 있어서 반드시 밟아야 하는 구체적인 단계들이 항목별로 명시되어 있습니다. 객실 담당자는 출근을 하면 개별 우편함으로 여덟 부의 체크리스트를 받습니다. 객실 담당자는 자신이 담당하는 여덟 개의 객실을 정리하면서 방마다 한 부의 체크리스트를 사용하죠.

객실 담당자는 여덟 개의 객실을 정리하고 준비하는 절차를 진행하면서, 각각의 항목들이 기준에 부합하게 처리되었는지를 확인하며 체크리스트를 채워 나갑니다. 여기 보시는 것처럼, 체크리스트의 맨 아래에는 규정대로 일을 처리했는지를 확인하는 객실 담당자 서명난이 있습니다.

만약 일을 제대로 하지 않고 서명을 한다면 즉각적인 해고의 사유가 되죠.

하지만 이 시스템의 정말로 놀라운 면은 따로 있습니다.

각 체크리스트의 뒷면에는 객실의 도면이 그려져 있어서, 완수해야 할 일과 일의 순서를 확인할 수 있습니다. 객실 도면은 담당자가 업무를 익히는 데에도 도움이 되며, 각각의 업무를 완수할 때마다 객실 담당자들은 도면의 해당하는 부분에 체크 표시를 합니다.

이 도면이 있기 때문에 우리는 새로운 직원이 오더라도 금방 훈련을 시켜서 오랫동안 일해 온 직원과 똑같은 결과를 내도록 만들 수 있습니다.

여기에다가 더 확실히 하기 위하여 객실 담당자의 감독관들이 매일 현장 검사를 실시하여 어떠한 실수라도 바로 찾아낼 수 있도록 하고 있습니다."

그는 잠시 멈추었다가 미소를 지으며 말했다. "하지만 실수가 발견되는 경우는 거의 없습니다. 이 시스템은 마술처럼 돌아가거든요.

여기서 저희가 하는 모든 것과 똑같이 돌아가는 시스템이 있습니다. 사실, 사장님은 우리 시스템의 모든 것을 미리 계획해서 실행해 보셨다고 하더군요. 조명, 사우나, 수영장은 시간에 맞춰 컴퓨터로 움직이고 계절 변화에 연동되도록 되어 있어서, 고객들에게 예측 가능한 서비스를 제공합니다. 예를 들어, 주위가 어두워질수록 호텔 밖 조명이 밝아지는 걸 보셨는지 모르겠네요. 아무도 신경 쓸 필요가 없도록 자동적으로 그렇게 되죠.

다른 예를 더 많이 보여 드릴 수도 있습니다만, 아마도 제 말씀의 요지가 무엇인지 이해하셨으리라 생각됩니다. 고객들에게 긍정적인 인상을 줄 것이라고 저희 사장님이 믿는 방향으로 모든 것들이 조직화되었다는 사실입니다. 이곳에 묵었던 고객들이 서비스가 훌륭하다는 칭찬을 하려고 저를 얼마나 많이 찾아오는지 아시면 아마 놀라실 거예요. 하지만 고객들이 칭찬하는 건 대단한 것들이 아닙니다. 사소한 것들이죠."

지배인이 하는 말을 모두 이해하고 믿을 수 있었지만, 나는 여전히 의문이 들었다. "어떻게 객실 담당자들이 체크리스트를 사용하도록 만들었나요? 어떻게 객실 담당자들이 시스템을 이용하게 할 수 있었죠? 직원들이 매번 똑같은 일을 하는 걸 피곤해하거나 지겨워하지는 않았나요?'"

"아, 거기에 저희가 정말로 자랑할 수 있는 점이 있죠." 지배인이 대답했다.

인사 전략

인생이라는 게임은 인생의 목표를 반영한다.

— 로버트 S. 디로프, 『마스터 게임』

"어떻게 하면 직원들이 내가 원하는 대로 일하도록 할 수 있을까?" 나는 이런 질문을 사업주들에게서 귀가 따갑게 듣는다.

그러면 난 언제나 이렇게 대답한다. "불가능해요! 직원들이 어떤 일을 하도록 만들 수는 없습니다."

그리고 나는 말한다. "직원들이 어떤 일을 하길 원한다면, '그 일을 하는 것'이 하지 않는 것보다 그들에게 중요할 수밖에 없도록 분위기를 만들어야만 합니다. 그러면 '그 일을 잘하는 것'이 직원들의 삶 자체에 녹아들게 됩니다."

그런 질문을 너무나 많이 받곤 했기 때문에, '어떻게 직원들이 당신이 원하는 대로 일하도록 합니까?'라는 나의 질문에 호텔 지배인이 어떻게 대답할지 궁금했다.

그의 대답은 내가 거의 들어본 적이 없는 대답이었기 때문에 신선하게 느껴졌다.

"여기서 일을 시작했을 때 제가 첫 번째로 놀란 것은 사장님이 저를 진지하게 대하신다는 사실이었죠." 지배인이 말했다.

"무슨 뜻인가 하면, 생각해 보세요. 여기 왔을 때 저는 호텔 업무라고는 경험이 하나도 없는 젊은이에 불과했죠. 하지만 사장님은 결코 저를 그런 사람으로 대하지 않으셨어요. 사장님은 제가 함부로 대할 수 없는 성인이라도 되는 양 대하셨죠. 중요한 문제를 논의할 수 있을 만한 상대라도 되듯이 말이에요.

그리고 제가 여기 와서 두 번째로 놀란 것은, 사장님이 이 호텔의 운영을 굉장히 진지한 자세로 임하신다는 사실이었어요.

무슨 말인가 하면, 단순히 사장님이 호텔 운영을 진지하게 하신다는 의미가 아니었어요. 누구나 자신이 운영하는 사업에 대해서는 진지하죠. 제가 놀란 것은 그 진지함의 형태였어요.

사장님에게는 호텔이 호텔 이상의 의미인 듯 보였어요.

호텔이 마치 사장님의 존재를 표현하는 대상, 즉 사장님이 지닌 신념의 상징인 듯했어요.

따라서 제가 만약 호텔을 진지하게 여기지 않았다면, 내가 존경하는 그분을 진지하게 생각하지 않는 것처럼 보였을 거예요.

제 생각으로는 사장님이 저를 진지하게 대하신 이유도 그래서인 것 같습니다. 그런 진지함 때문에 저와 사장님 사이에는 어느 정도의 의사소통이 이루어질 수 있었고, 그 덕분에 저는 사장님이 어떤 신념을 지녔는지 그리고 어떻게 그 신념을 호텔 사업의 일상을 통해 표현하려 하는지를 들을 수 있었죠."

그는 계속해서 말을 이었다. "이곳에 처음 출근했던 날은 절대로 잊지 못할 겁니다. 마치 대학 동아리나 뭐 그런 데에 들어온 느낌이었거든요. 바로 여기였어요." 지배인은 손을 휘저어 원을 그리며 우리가 앉아 있는 사무실을 가리켰다. "여기는 원래 사장님의 사무실이었죠.

전 선생님이 앉아 계시는 자리에 앉아 있었고요. 그리고 사장님은 여기에 앉아 계셨죠." 그는 자기가 앉아 있는 자리를 가리키며 말했다.

"그때는 마침 연휴가 막 끝난 월요일 아침이었기 때문에, 해야 할 일이 산더미 같았죠. 새 직장에 첫 출근하면 언제나 가장 먼저 하게 되는 일은 나를 채용한 사람을 만나서 내가 해야 하는 일에 대해 잠간 설명을 듣고는 바로 나가서 지시 받은 일을 하는 거였죠. 그래서 첫 출근날, 사장님이 제게 커피 한잔 같이하자고 말씀하셨을 때 전 무척 놀랐어요. 사장님이 느긋해 보이셨거든요. 사업가처럼 보이지 않았다고 말할 수도 있겠군요."

지배인은 자신이 한 말을 정정했다. "아니요, 그런 건 아니었어요.

사장님은 제가 이제껏 본 사람들 중에서 가장 사업가다운 분이셨을 거예요.

하지만 사장님이 사업을 하는 방식이 저를 놀라게 했죠.

사장님은 우리가 이야기하려는 것이 그날의 가장 중요한 주제라도 되는 것처럼, 그리고 저의 직무에 대해 상의하는 것이 그때의 다른 어떤 일보다도 중요한 일이라도 되는 것처럼 말씀하셨어요.

사장님은 그저 일을 시키려고 저를 채용한 게 아니었어요. 그보다 훨씬 중요한 뭔가를 시키려고 저를 채용한 거였죠.”

지배인은 미소를 지었다. “있잖아요, 전에는 이런 얘기를 어느 누구에게도 해 본 적이 없었어요. 정말 이상한 일이기는 하지만, 선생님과 이야기를 나누면서 제가 이곳을 왜 그렇게도 소중하게 생각하는지 분명히 깨닫게 되네요. 바로 사장님을 존경하기 때문이에요. 저에게는 이곳이 곧 사장님입니다. 제가 사장님을 존경하지 않았다면, 여기서 지금처럼 잘하지는 못했을 거란 생각이 들어요. 어쨌거나 여기서 저희가 하는 일은 모두 사장님의 생각에서 나온 것이죠. 그리고 출근 첫 날 사장님이 저를 데리고 한참을 이야기하신 것도 바로 이 호텔에 대한 사장님의 생각이었어요. 그리고 이 호텔이 사장님에게 어떤 의미인지도 말씀해 주셨어요.

사장님이 제게 말씀하신 것들은 이전 직장에서는 어느 누구에게서도 들어본 적 없는 것들이었습니다.

사장님은 이렇게 말씀하셨죠. ‘우리가 하는 일은 우리가 누구인지를 그대로 반영해서 보여 준다네. 우리가 엉성하게 일한다면, 그건 우리 내면이 엉성하기 때문이야. 우리가 일에 늦는다면, 그건 우리의 내면이 게으르기 때문이지. 그리고 우리가 일에서 따분함을 느낀다면, 그건 우리의 내면이 따분함을 느끼기 때문이야. 일이 따분한 게 아니라 우리 자신이 따분한 거거든. 가장 하찮은 일이라도 예술가가 하면 예술 작품이 되지 않나? 그러니까 이곳에서 하는 일은 우리 자신의 외면이 아닌 내면에 속한 것이지. 우리가 일을 하는 모습은 우리의 내면을 비춰 주는 거울이 되는 거야.'"

지배인은 마치 호텔의 사장이 그를 통해서 말하고 있는 것처럼 말을 이어갔다. "사람을 빼고 나면 일이라는 것은 별다른 의미가 없습니다. 아무것도 할 수 없죠. 사람이 행하기 전까지 일은 그저 생각에 불과해요. 하지만 사람이 일을 하는 순간, 그 일은 세상에 영향력을 미치게 되며, 이는 곧 그 일을 하는 사람뿐 아니라 그 일의 이면에 있는 생각을 세상에 반영하는 것이 됩니다.

그 과정에서 우리가 하는 일은 바로 우리 자신이 됩니다. 그리고 우리는 그 일의 이면에 있는 생각에 생명력을 불어넣는 동력이 되는 것이죠.

우리가 일을 하는 순간 그 일은 세상에 영향력을 미치며, 우리는 그 영향력의 창조자가 됩니다."

그는 계속해서 말했다. "달갑지 않은 일 같은 건 없습니다. 특정 형태의 일을 달갑지 않게 보는 사람들이 있을 뿐이죠. 하기 싫은 일을 해야 하는 이유를 정당화하기 위해 세상의 온갖 변명을 다 갖다 대는 사람들, 일을 자기 자신의 진정한 모습을 볼 수 있는 기회라기보다는 사회적 외견이나 지위를 얻기 위해서 감내할 수밖에 없는 일종의 형벌로 여기는 사람들이 있을 뿐입니다.

사장님은 사람들이 일의 이면에 있는 생각에 생명력을 불어넣기보다는 사형선고를 내리길 좋아한다고 말씀하셨어요.

그렇기 때문에, 대부분의 사업체와 그 사업체를 이용하는 사람들 사이에서 엉성하고, 사려 깊지 못하고, 일관성이 없고, 비인간적인 거래가 일어나는 것을 우리는 경험하게 됩니다. 여기서 우리가 하는 것과는 정반대이지요.

여기가 차별화되는 이유는 이 호텔에 일하러 오는 모든 직원들에게 선택의 기회를 주기 때문입니다. 일을 하고 난 후가 아니라 하기 전에 주는 것이죠.

그렇게 하기 위해서 우리는 직원들이 자신이 해야 하는 일의 이면에 있는 생각을 명확히 이해하도록 합니다.

그런 점이야말로 여기에 취직할 때 저를 가장 흥분시킨 요인이었던 것 같아요. 일 자체보다도 일의 이면에 있는 생각이 더 중요한 저의 첫 직장이었죠.

사장님이 제게 말씀해 주신 내용은 크게 세 가지로 나눌 수 있었습니다.

첫째, 고객이 항상 옳은 것은 아니지만, 그들이 옳든 그르든 우리의 할 일은 고객이 옳다고 느끼도록 만드는 일이라고 하셨어요.

둘째로는 여기서 일하는 모든 직원들은 자신이 맡은 업무에서 가능한 한 최고가 될 수 있도록 노력해야 한다고 말씀하셨어요. 그렇게 할 수 없다면, 그렇게 할 수 있을 때까지 시늉이라도 해야 합니다. 그런 시늉조차 할 마음이 없는 직원이라면, 여길 떠나야죠.

셋째로는 사업은 익숙하지 않은 것으로 익숙한 모든 것을 검증하는 곳이며, 둘 사이의 충돌이 성장을 유발하고 의미를 만든다고 하셨습니다.

사업에 대한 사장님의 생각은 결국 중요한 한 가지 개념으로 모아집니다. 사업은 최고가 되기 위해 무술을 연마하는 장소인 무술도장과 같다는 것입니다. 하지만 대부분의 사람들이 생각하는 것처럼 도장에서의 진짜 싸움은 한 사람과 다른 사람 사이에서 벌어지는 게 아니에요. 무술도장에서의 진짜 싸움은 우리 내면에서 벌어지죠.

그것이 사장님과 제가 첫 번째 만남에서 나눴던 이야기이자, 일과 사업에 대한 사장님의 철학입니다. 저는 우리의 관계에서 정작 호텔은 별로 중요하지 않다는 걸 깨닫게 되었습니다. 정말로 중요한 것은 사장님이 이곳에서 벌이는 게임에 제가 얼마나 진지하게 참여하느냐 하는 것이었어요. 사장님이 찾는 직원은 단순히 게임에 참여할 선수가 아니었습니다. 일자리 이상의 뭔가를 원하는 사람을 찾고 계셨어요."

지배인이 내게 말해 준 것, 즉 호텔 사장이 지배인에게 말해 준 것은 사람들은 그저 재미를 주는 사람을 위해 일하고 싶어 하지 않는다는 사실이었다. 그들은 세상에 명확하게 규정된 행동 체계를 창조한 사람들을 위해 일하고 싶어 한다. 스스로를 검증하고 검증받을 수 있는 그런 행동 체계 말이다. 그러한 행동 체계를 우리는 게임이라 부른다.

잘 구상된 게임보다 더 흥미진진한 것은 없다.

최고의 사업을 일궈 낸 사람들에게 사업은 잘 구상된 행동 체계, 즉 게임을 의미하며, 그 게임의 규칙들은 당신이 사업주로서 세상에 대해 갖는 생각을 상징한다.

세상에 대한 당신의 생각이 긍정적이면, 사업도 그러한 긍정을 반영할 것이다.

세상에 대한 당신의 생각이 부정적이면, 사업도 그러한 부정을 반영할 것이다.

이런 맥락에서, 직원들이 당신의 게임을 어느 정도 신뢰하느냐에 따라 직원들이 얼마나 '당신이 원하는 대로 일을 할지'가 결정된다.

그리고 직원들이 당신의 게임을 신뢰하는 정도는 그들에게 달려 있는 것이 아니라, 당신이 그 게임을 직원들에게 얼마나 잘 전달하느냐에, 그것도 관계를 시작한 후가 아니라 관계를 시작할 때 얼마나 잘 전달하느냐에 달려 있다.

그러한 생각을 전달하는 방식이 바로 인사 전략이다.

인사 전략 수립은 당신이 주요 목표 및 전략적 목표를 만들 때부터 시작되어, 조직 전략(조직도 및 모든 직책을 위한 직책 계약서)과 직원들의 업무를 규정한 업무 지침서를 만드는 과정까지 계속해서 이어진다.

인사 전략은 당신의 신념을 통해서 그리고 당신이 만든 원형이 그 신념을 잘 예증하리라 기대하는 마음을 통해서 전달된다. 또한, 원형의 모든 단계와 부문에서 책무를 이행하기 위해 당신이 세워 놓은 기준을 통해서도 전달되며, 당신의 사업체가 단지 사람들이 일하러 가는 곳 이상이 되려면 고객과 직원, 당신 자신에게 사업체가 어떤 모습이어야 할지를 묘사하는 데 사용한 언어를 통해서도 전달된다.

하지만 당신의 사업이 벌이려는 게임을 글로 간단하게 표현하기란 불가능하다. 그 게임이 신뢰할 만한 게임인지를 눈으로 보고 경험할 수 있어야 한다.

그것은 결국 당신이 어떻게 행동하느냐에 관한 모든 것이라고 해도 과언이 아니다.

억지로 꾸며 낸 게임은 한낱 공허한 말장난에 불과할 것이다.

그 게임이 직원을 채용하기 위한 도구가 되어서는 안 되며, 게임이 냉소의 대상이 되지 않으려면 게임에 참여한 직원들이 활력을 얻는 데 필요한 것을 제공해 주어야 한다.

게임은 현실이 되어야 하며, 당신이 게임에 의미를 부여해야 한다.

게임은 당신을 평가하는 척도가 된다.

당신이 게임에서 어떻게 행동하느냐에 따라 다른 참여자들이 당신을 어떻게 생각할 것인지가 결정된다.

게임의 규칙

어떤 게임이든 '사람들이 하는 게임'에는 규칙이 있으며, 그 규칙을 철저히 지켜야 게임이 제대로 진행된다.

여기에 맛보기로 규칙 몇 가지를 제시해 보았다. 나머지 규칙들은 당신만의 게임을 하면서 스스로 발견해야 할 것이다. 게임을 하는 과정에서 규칙을 깨닫게 될 것이다.

1. 직원들에게 시킬 일을 먼저 정한 다음에 그것을 바탕으로 게임을 만들어서는 절대로 안 된다. 직원들에게 게임을 진지하게 받아들이도록 하려면, 게임을 먼저 만들고 나서 직원들이 해야 할 일을 정해야 한다.

2. 당신 스스로도 하고 싶지 않은 게임을 만들어 직원들에게 참여하도록 해서는 절대로 안 된다. 직원들이 당신의 잘못을 찾아내어 당신이 그 잘못을 잊지 않도록 해 줄 것이다.

3. 게임을 끝내지 않고도 승리할 수 있는 구체적인 방법들이 있음을 분명히 하라. 게임이 끝난다는 것은 당신의 사업이 문을 닫는다는 것을 뜻하기 때문에 게임은 끝날 수 없다. 그러나 게임을 하는 과정에서 승리를 맛보지 못한다면, 직원들은 지쳐가게 될 것이다. 이런 이유로, 때때로 맛보는 승리의 경험은 직원들에게는 매우 소중하다. 승리를 맛본 직원들은 게임에 흥미를 느끼며 계속하려 한다.

4. 때때로 게임에 변화를 주되, 전략이 아닌 전술을 바꾸어라. 전략은 당신의 게임을 구성하는 논리의 도덕적 토대, 윤리이다. 따라서 전략은 당신과 직원들이 서로에게 한 약속의 기초이기 때문에, 신성불가침의 영역으로 남아 있어야 한다. 하지만 변화는 필요하다. 왜냐하면 어떤 게임이든 시작할 때는 굉장히 신나는 게임이었다 하더라도 진행되면서 밋밋

해질 수 있기 때문이다.

변화가 필요한 때인지 가늠하려면, 직원들을 살펴보면 된다. 그러면 게임이 거의 끝나가고 있는지를 판단할 수 있을 것이다. 다른 직원들이 눈치 채기 전에 게임이 끝나간다는 사실을 간파하여 게임의 판도를 바꿀 경영상의 조치를 취하는 것이 요령이다. 모든 직원이 그러한 조치에 어떻게 반응하는지 살펴보면 변화를 끌고 나가야 할지 판단할 수 있을 것이다. 하지만 조치를 취한 초기에는 알 수 없다. 처음에는 저항이 있을 수 있기 때문이다. 하지만 밀고 나가야 한다. 그래야 저항을 뚫고 더 생동감 있는 새로운 게임으로 나아갈 수 있을 것이다.

5. 게임이 저절로 지속되리라 절대로 기대하지 말라. 계속해서 직원들에게 그 게임에 대해 상기시켜 주어야 한다. 적어도 일주일에 한 번은 게임에 대해 논의할 수 있는 특별 회의를 하라. 적어도 하루에 한 번은 게임이 진행되는 과정에서 발생한 예외적인 상황을 이슈화하여 모든 직원들이 알도록 하라.

게임은 스스로 존재하지 않는다는 사실을 잊지 말아라. 게임은 직원들이 참여하는 만큼만 생명력을 얻게 된다. 하지만 사람들에게는 자신이 시작한 모든 일을 잊어버리고 사소한 것에 마음을 뺏기는 거부할 수 없는 본능이 있다. 대부분의 훌륭한 게임들이 그 방향을 잃어버리곤 한다. 게임이 방향을 잃어버리지 않게 하려면, 당신의 직원들은 다르리라는 기대를 버려라. 수시로 당신이 직원들과 함께하고 있는 게임에 대해 그들에게 상기시켜 주어라. 아무리 자주 상기시켜 주어도 지나치지 않다.

6. 타당한 게임이어야 한다. 논리적이지 못한 게임은 진행되기도 전에 실패할 것이다. 가장 좋은 게임은 상식의 토대 위에 세워진다. 충분히 매력적인 게임인지를 누구나 알 수 있어야 한다. 모호하게 시작한 게임으로는 어떠한 성과도 이뤄 내기 어렵다. 당신이 서 있는 토대를 먼저 파악한 다음, 그곳에서 끌어들일 수 있는 모든 논리적 증거를 수집하라. 조만간 그 논리적 증거들이 필요하게 될 것이다. 왜냐하면 검증되지 않은 게임은 어차피 게임이라고 할 수 없으니까.

하지만 게임을 위한 세계 최고의 논리적 증거를 확보했다 하더라도, 그것이 강력한 정서적 몰입에 의해 뒷받침되지 않는다면 게임은 결국 실패하리라는 점을 명심하라. 논리적이라고 하는 것은 결국 직원들에게 이성적 증거를 제시함으로써 그들의 정서적인 몰입을 유도하는 것이라고 할 수 있다. 정서적 몰입이 시들해진다면, 이는 직원들이, 그리고 아마 당신도, 게임의 논리를 망각해 버렸음을 의미한다. 그러니 게임의 논리를 자주 보여 주고, 모두가 게임의 존재 이유를 잊지 않도록 하라.

7. 가끔은 게임이 재미있어야 한다. 내가 '가끔은'이라고 말한 점에 주목하라. 사실 사업이라는 게임은 항상 재미있을 수도 없고 또 그럴 필요도 없다. 재미는 게임을 잘할 때 부수적으로 느끼는 짜릿함의 일부이다. 그러려면 '재미없을 때'를 만나도 실패하지 않고 지속적으로 능력을 발휘하는 법을 배워야 한다.

그와 동시에, 당신이 하는 게임에 의도적으로 재미를 가미하는 일도 필요하다. 하지만 당신이 의도적으로 가미한 재미가 직원들에게도 정말 재미있어야 한다. 재미있는지는 직원들이 판단한다. 그들이 재미를 느낀다면, 분명 게임의 진행에 도움이 될 것이다. 하지만 너무 자주는 피하고 대략 6개월에 한 번 정도만 가미하라. 재미라는 것은 직원들이 기대하면서도 평소엔 잊고 지내는 그런 것이 되어야 한다.

8. 좋은 게임을 생각해 낼 수 없다면, 훔치기라도 하라. 다른 사람의 생각도 당신의 생각 못지않게 좋을 수 있다. 하지만 다른 사람의 게임을 도용하더라도, 그것을 완벽하게 이해해야 하다. 게임을 하는 척 흉내 내는 것만큼 나쁜 것도 없다.

게임의 논리

호텔 지배인이 보기에 사장의 게임은 훌륭했기 때문에 그는 그 게임을 하는 법을 배웠다. 그것은 간단하지만 효과적인 게임이었으며, 다음과 같은 논리 위에 세워졌다.

오늘날 대부분의 사람들은 자신들이 원하는 것을 얻지 못하고 있다. 직업이나 가족, 종교, 정부로부터 그리고 가장 중요한 자기 자신으로부터 원하는 것을 얻지 못하고 있다.

우리들 대부분은 삶에서 뭔가를 잃어버리고 있다.

목적이자 가치, 즉 삶을 평가할 수 있을 만한 기준을 잃어버리고 있으며, 해볼 만한 가치가 있는 게임도 우리가 잃어버리고 있는 것들 중 하나이다.

또한 관계 맺고 있다는 느낌도 잃어버리고 있다.

사람들은 고독에 몸부림친다.

목적과 소중한 가치를 상실한 세상에서, 공허감 이외에, 애정에 굶주린 피상적 자아의 파편 이외에 우리가 나눌 수 있는 것이 무엇이 있을까?

그래서 우리들 대부분은 음악, TV, 사람, 마약 등 오락거리를 찾아 굶주린 사람처럼 헤매 다닌다.

그리고 우리들은 물질적인 것에 매달린다.

입는 것과 먹는 것, 공허감을 채워 주는 것, 무너진 자존감을 떠받쳐 주는 것, 의미 있고 중요한 인생과 연관 지을 수 있는 것들을 찾아 헤맨다.

우리를 얽매는 것들이 빠르게 산더미처럼 쌓여 가고, 사람들은 대부분 그 속에 묻혀 버린다.

그런 일을 겪고 나면 사람들은 목적과 체계, 의미가 있는 공동체를 찾는다. 즉, 행동하는 인간은 필수적인 공동체, 흔히 우리의 문화에 널리 퍼져 있는 무질서한 생각을 정리하여 구체적 결과에 분명히 집중할 수 있는 공동체, 우연이 아닌 의도한 대로의 모습을 보여 주는 적극성과 행동의 중추, 즉 훈련과 의지가 그 자체로 소중하게 여겨지는 공동체, 그리고 우리들 대부분이 잃어버린 고향을 대신해 줄 공동체를 필요로 한다.

사업이 바로 그런 공동체가 될 수 있다. 사업을 통해 해 볼 만한 가치가 있는 게임을 창조할 수 있다.

사업이 바로 그런 공동체가 될 수 있다. 가치 있는 결과를 만들어 내는 과정을 통해서 사업은 성실, 의도, 약속, 비전, 탁월함 같은 단어들이 행동을 촉구하는 수단으로 사용되는 공동체가 될 수 있다.

가치 있는 결과란 어떤 것일까?

그것은 당신의 사업체가 특별한 장소이며, 특별한 사람들에 의해 만들어졌고, 가능한 최고의 방식으로 일을 수행한다는 느낌을 고객들에게 주는 것을 말한다.

그리고 그 모든 것은 가장 단순하면서도 인간적인 이유로 행하여진다. 가치 있는 일에는 생명력이 있기 때문이다!

다른 어떤 이유가 필요한가?

인간은 놀라운 행위를 할 수 있는 능력이 있다. 달에 가고, 컴퓨터를 만들고, 우리 모두를 파괴할 수 있는 폭탄을 제조할 수도 있다.

작은 기업을 운영하는 것은 최소한의 능력으로도 할 수 있어야 한다.

그런데 만약 그것을 할 수 없다면, 우리의 원대한 생각들이 지니는 가치는 무엇일까?

그 원대한 생각들은 우리를 우리 자신과 서로에게서 그리고 우리의 본모습으로부터 멀어지게 만드는 것 말고 어떤 목적을 위해 존재하는가?

게임을 하기

호텔 사장의 생각을 따라가면서, 당신은 그가 창조한 게임의 지도를 마음속으로 그려 보는 작업을 시작할 수 있다. 그의 호텔은 청결과 아름다움, 정리정돈에 최선의 노력을 다함으로써 고객들이 감각적 체험을 할 수 있는 세계가 되었다.

하지만 그러한 노력은 온전히 상업적 명분이 아니라(상업적 명분도 있기는 했다. 그 어떤 사업도 상업적 명분 없이 성공할 수는 없으니까) 도덕적 명분에 기초했다. 즉 사장의 철학, 세계관, 생각에 기초한 것이었다.

그런 다음 사장의 생각은 잘 설계된 과정을 통해서 말과 행동으로 직원들에게 전달되었다.

이것의 중요성은 아무리 강조해도 지나치지 않다.

사장은 자신의 생각을 문서화된 시스템을 통해서, 그리고 그의 따뜻하고 감동을 주는 긍정적인 태도를 통해서 전달했다.

그는 질서 정연하고 인간적인 방법으로 전달해야지만 직원들 역시 고객을 즐겁게 해 주는 질서 정연하면서도 인간적인 과정을 이해할 수 있다는 사실을 알았다.

요컨대, 전달하는 방법이 전달하고자 하는 생각만큼이나 중요했다.

그리고 그 호텔의 직원 채용 과정은 사장의 생각을 전달하는 첫 번째이자 가장 중요한 수단이 되었다.

지배인이 내게 설명했듯이, 채용 과정은 몇 가지 구별되는 요소들로 구성되었다.

1. 동시에 모든 지원자들이 참석하는 설명회를 열어, 사전에 잘 준비한 대본에 따라 사장의 생각을 전달한다. 이 설명회에서는 사장의 생각뿐 아니라 그러한 생각을 성공적으로 이행해 온 회사의 역사와 경험을 설명하고, 모집 직무에 적합한 지원자가 되려면 어떤 자질을 갖춰야 하는지에 대해서도 알려 준다.

2. 각 지원자들에 대한 개별면접을 통해 지원자의 이력이나 경력뿐만 아니라 설명회를 통해 전달된 사장의 생각에 대해 어떤 의견을 갖고 있는지 듣는다. 이 면접에서 각 지원자들은 모집 대상 직무에서 사장의 생각을 이행하는 데 자신이 적합한 인재라고 느끼는 이유도 설명해야 했다.

3. 전화로 합격자 통보를 한다. 이때도 사전에 대본을 준비해서 한다.

4. 불합격자들에 대해서는 관심을 보여 주어서 감사하다는 면접관의 서명이 들어간 편지를 보낸다.

5. 교육 첫날에는 사장과 신입 직원 모두를 위한 다음과 같은 활동을 한다.

▪ 사장의 생각을 다시 한 번 살펴본다.

▪ 사장의 생각을 현실화시켜 주는 전반적인 사업의 시스템에 대해 요약 설명한다.

▪ 신입 직원들에게 시설에 대한 안내를 하면서, 특히 사람과 시스템

이 상호 의존해야 함을 보여 주기 위하여 근무 중인 사람과 시스템을 강조하여 설명한다.

▪ 신입 직원들의 질문에 대해 명확하고 충분하게 답변해 준다.

▪ 신입 직원들에게 유니폼과 업무 지침서를 배부한다.

▪ 전략적 목표, 조직 전략, 각 직무별 직책 계약서를 비롯하여 업무 지침서를 살펴본다.

▪ 고용 서류를 작성한다.

이런 채용 과정은 시작에 불과하다.

생각해 보라. 이 모든 과정은 그저 관계의 시작일 뿐이다!

사업을 시스템화한다는 것은 반드시 인간성을 파괴하는 경험일 필요는 없으며, 오히려 그 정반대라는 사실을 이제 이해하는가?

직원들이 당신이 원하는 대로 하게 하려면, 그것을 가능하게 할 환경을 먼저 만들어야 한다는 사실을 이제 이해하는가?

직원들을 채용하고 개발하고 지키는 일은 사업과는 완전히 무관한 삶을 살아온 사람들에 대한 이해를 바탕으로 하는 전략을 요구한다는 사실을 이제 이해하는가?

시스템이 정말로 해결책이라는 사실을 이제 이해하는가?

추구해 볼 만한 가치가 있다는 생각이 없으면, 아무런 인사 전략도 존재할 수 없다는 걸 이제 이해하는가?

'거기에 저희가 정말로 자랑할 수 있는 점이 있죠!'라고 그 젊은 지배인이 말했듯이, 당신이 결정적으로 내세울 수 있는 생각이 있어야 한다.

관리, 사람, 시스템. 사라가 이 모든 것을 이해하는 것을 지켜보면서, 나는 사업을 통합적으로 바라보려는 생각이 사라의 상상력을 자극하기 시작했다는 것을 알았다.

내가 가르쳐 준 것들이 자신의 능력을 벗어난다는 생각 때문에, 즉 자신과 같은 한낱 파이 굽는 사람은 도달할 수 없는 수준이라는 지레짐작 때문에 생겼던 저항과 의심, 공포는 사라졌다.

자신은 지금까지 알고 있던 것보다 훨씬 더 능력이 있는 사람이라는 사실을, 그리고 내가 설명한 게임은 사실 몇 년 전 어머니의 주방에서 이모가 애정 어린 관심으로 그녀에게 가르쳤던 게임과 같다는 사실을 사라는 완전히 이해하기 시작했다. 아무런 차이도 없음을 이해한 것이다.

사라는 내 마음을 읽기라도 한 듯 내게 미소를 지어 보이며 말했다.

"우리가 이야기했던 모든 것들이 서로 연결되어 있다는 사실을 알게 되었어요. 이젠 전부 이해가 되네요. 퍼즐이 맞춰지고 있어요. 퍼즐 조각들이 합쳐져서, 흥미진진한 그림으로 완성되는 게 보여요. 늘 그 자리에 있었던 그림이라는 걸 이젠 알겠어요! 그림을 완성하려면 누군가 정확한 자리에 퍼즐 조각을 맞춰 넣기만 하면 되죠. 선생님께 몇 가지 여쭤 보기 전에, 제 눈에 보이기 시작한 그 그림을 말씀드리고 싶어요."

"어서 말씀해 보세요. 그 이야기를 해 주지 않으면 오히려 제가 실망할 것 같은데요." 나는 웃으며 말했다.

"다시 제 어린 시절로 거슬러 올라가요. 제가 아까 말씀드렸던 영혼이 있었던 시절로, 어린 소녀처럼 느끼던 시절로요. 그리고 저는 혼자가 아니라는 것을, 나 혼자만 그런 식으로 느꼈던 건 아니라는 것을 이제 알아요.

비슷한 경험을 한 소년과 소녀들이 아마 많이 있었을 거예요. 그리고 저처럼 어릴 적 경험의 영향에서 여전히 벗어나지 못한 채 성인이 된 남성과 여성들도 많이 있어요.

그래서 저의 경험, 즉 제 선생님과 부모님이 가르치는 대로 따르면서 나의 영혼, 나의 야생마를 울타리에 가둬 놓았던 경험에서 출발하여 저의 사업 철학에 대해 생각해 보려 해요. 제가 앞으로 저의 직원들과 고객들에게 어떤 진정한 가치를 전달하려면 제 나름대로의 사업 철학이 필요할 것 같거든요.

'이곳에서 영혼은 속박당하지 않습니다.' 이게 저의 사업 철학이 될 거예요. 어쩌면 우리 가게에 오는 모든 분들이 우리가 어떤 목적으로 사업을 하는지 알 수 있도록 문 위에 써 붙여 놓는 것도 좋겠네요." 사라는 활짝 웃었다. "아니면, 이런 말이 더 좋겠어요. '영혼을 자유롭게 하십시오!' 네, 그게 더 좋겠어요. 느낌도 더 좋은걸요." 사라는 매우 흡족해 하며 큰 소리로 웃었다.

계속해서 말을 이어가는 사라를 보면서 나는 경우에 따라서는 말을 한다는 것이 얼마나 놀라운 재능이 될 수 있는지 분명히 알 수 있었다.

내가 보기에 사라는 나에게 말한다기보다는 자기 자신에게 말하고 있었으며, 그렇게 말함으로써 그녀의 내면과 경험, 이모와의 관계, 비범한 상상력 속에 살아 있던 기적들을, 자신이 안다는 것조차 모르던 진실들을, 그리고 입 밖으로 나오는 언어를 통해 그녀의 내면에서 발굴되길 기다리던 모든 소중한 것들을 발견하고 있었다.

말을 통해 입 밖으로 나와 자유롭게 된 언어들은 공기 중에서 합쳐져 또 다른 뭔가가 되었다. 그것은 비전이었고 이해였고 확장이었다.

사라는 계속해서 말했다.

"이모가 제게 정성에 대해 가르쳤던 그 시절로 거슬러 올라가서 사업에 대한 저의 그림을 그려 볼 수도 있을 것 같아요.

이모가 지금 살아계셨다면, 이렇게 말씀하셨을 거예요. '모두가 정성을 다하면, 파이는 저절로 잘될 거야!'

그러니까 저는 제 사업을 학교로 생각할 수도 있어요. 제 이모가 제게 가르쳐 주려고 그렇게도 애썼던 그 모든 것들, 즉 관심을 갖는다는 게 어떤 의미인지, 우리가 하는 모든 일에서 있는 그대로의 모습으로 온전히 존재한다는 것이 우리의 영혼에게 어떤 의미인지를 직원들에게 가르치는 정성에 대한 학교 말이에요.

맙소사, 저는 제가 배운 게 하나도 없는 줄로만 알았어요!" 자신이 막 깨달은 사실에 놀라 눈을 크게 뜨며 사라가 내게 말했다.

"하지만 있어요. 배운 게 있다고요. 그리고 이제 저는 이모의 자리를 대신하려 해요. 사랑스럽고 다정하고 온화하고 단호했던 이모의 자리를 대신하려 해요. 이모가 이모의 주방에서 장인이었던 것처럼, 저도 이제 저만의 주방에서 장인이 될 거예요.

그리고 게임의 규칙을 만들어 낸다는 건 또 얼마나 즐거운 일인가요. 옷이나 행동에 대한 규칙, 어떤 도구를 어떻게 사용하는지에 대한 규칙, 매일 아침저녁으로 바닥과 벽과 계산대를 어떻게 청소하며 반짝반짝 빛을 내려면 어떻게 닦아야 하는지에 대한 규칙, 파이 넣는 그릇과 각종 식기류를 넣어 두는 찬장에 대한 규칙, 유리잔과 은식기류와 그릇에 대한 규칙, 오븐을 어떻게 뜨겁게 하고 어떻게 열고 닫고 청소하는지에 대한 규칙, 가게 문을 열고 닫는 것에 대한 규칙, 돈과 장부정리와 일일 정산에 대한 규칙, 머리와 손톱에 대한 규칙 같은 것들 말이에요!"

사라가 자신의 비전을 쏟아 내고 그 비전이 모습을 갖추기 시작하면서 그녀의 눈이 반짝이고 있었다. 구체적으로 어떤 규칙들이 있는지 사라가 지금 당장 알 필요는 없었다. 중요한 것은 그런 연습을 하며 감을 잡았다는 사실이었다.

사라의 이모가 말했듯이 '파이는 저절로 잘될 것'이다.

사라는 자신만의 길을 찾았다.

"관리에 대해서 좀 더 말씀해 주세요. 아까 말씀하시길, 사업을 성공시키는 데 반드시 전문적인 관리자가 필요한 건 아니라고 하셨는데요.

사실 전문 관리인을 두지 않으면 저로서는 돈이 덜 드니 좋기는 하죠. 하지만 경험 많은 관리자를 고용하는 게 뭐가 문제가 될까요?" 그녀가 말했다.

"전부 다 문제가 될 거예요, 사라!

사라가 관리하는 방법을 모르는데, 어떻게 관리자를 뽑고 그들을 관리할 수 있겠어요?

불가능해요!

왜냐하면 그 관리자들은 다른 누군가의 사업에서 배운 기준대로 관리할 거거든요. 당신의 사업을 위한 기준이 아니고요.

포기에 의한 관리보다는 위임에 의한 관리를 해야 한다고 했던 말 기억하세요?

하지만 당신의 책임은 위임할 수 없어요, 사라.

책임을 위임한다는 건 결국 포기하는 거예요.

주주로서, 사업주로서, COO로서, 마케팅 담당 임원으로서, 재무 담당 임원으로서, 그밖에 무슨 직무를 맡든지 간에 당신은 사업에서 벌어지는 모든 일에 전적인 책임을 져야만 합니다.

그리고 그렇게 하려면, 당신이 의도한 방향으로 회사를 이끌어야만 해요.

그 말은 당신이 기준을 세워야 한다는 걸 의미합니다.

당신이 세워야만 하는 가장 중요한 여러 기준들 중 하나는 바로 관리 시스템입니다. 모든 관리자들 그리고 당신의 회사에서 앞으로 관리자가 될 모든 사람들이 결과를 만들어 내는 데 이용할 시스템 말이에요.

당신의 주요 목표를 비롯해서 사업의 전략적 목표, 게임의 규칙들을 둘러싸고 있는 기준들을 만들어야 합니다. 사라가 이모님에 대해, 그리고 이모님의 놀라운 주방에 대해 제게 지금까지 들려준 이야기 속에서 찾을 수 있죠. 그리고 당신이 실현하고자 하는 파이에 대한 모든 것이라는 이름의 사업을 위해 마음과 머리에 품은 비전을 분명하게 보여 줄 기준들도 세워야 합니다!

그런 기준들을 세우고 그에 따라 관리하는 데 전문적인 관리자는 필요 없습니다. 기준에 따라 관리하는 법을 배울 의지가 있는 사람들만 있으면 충분합니다. 당신처럼 열정적으로 그런 기준들을 따를 사람들 말이에요!

요컨대, 당신에게는 당신의 게임에 참여하려는 사람들이 필요해요, 사라. 자기가 더 나은 게임을 만들겠다고 생각하는 사람들이 필요한 게 아닙니다.

따라서 먼저 관리 시스템의 기초가 될 게임의 규칙을 만들 필요가 있습니다.

일단 게임과 그 규칙을 정하고 나면, 그것을 관리하는 시스템을 만들어야 합니다.

왜냐하면 관리자들은 단순히 사람들만 관리하는 게 아니거든요. 관리자들은 시스템을 관리하며, 당신의 사업 파이에 대한 모든 것은 그 시스템에 의해 목표를 성취하게 됩니다.

시스템이 결과를 만들어 내며, 사람들은 그 시스템을 관리합니다.

그리고 사업의 시스템에는 계층이 있는데, 그 계층은 네 가지 요소로 구성되어 있습니다.

첫 번째 계층은 '목표를 이루는 방법'에 관한 것입니다.

두 번째 계층은 '목표를 이룰 직원들을 모집하고 채용하고 교육하는 방법'에 관한 것입니다.

세 번째 계층은 '목표를 관리하는 방법'에 관한 것입니다.

네 번째 계층은 '목표를 바꾸는 방법'에 관한 것입니다.

여기서 제가 언급한 '목표'는 당신의 사업에 명시된 목표를 말합니다. 페덱스의 경우, 그 목표는 '안전하고 확실한 익일 배송을 약속드립니다'입니다.

사라, 당신 사업의 '목표'는 '정성'입니다.

전화를 받을 때 정성을 어떻게 표현하겠어요?

오븐에서 파이를 꺼낼 때 정성을 어떻게 표현하겠어요?

고객에게서 돈을 받을 때 정성을 어떻게 표현하겠어요?

그런 식으로 계속해서 파이에 대한 모든 것에서 하는 모든 일 가운데 정성을 어떻게 표현할지를 생각해 보세요.

그런 질문들에 대한 답들이 바로 '목표를 이루는 방법'입니다! 그것은 당신이 사업을 위해 준비해 온 모든 것의 총합이 되며, 세세한 모든 업무를 수행하는 데 있어서 따라야 하는 명확한 절차가 됩니다. 그 모든 것이 업무 지침서 안에 문서화됩니다. 그 모든 것을 당신의 학교에서 가르칩니다. 당신의 사업이 지속되는 한 그 모든 것들을 당신과 당신의 직원들이 관리하고 개선하고 논의합니다! 그것이 바로 '목표'의 본질이며, 당신이 만들어 낸 최선의 방법입니다. '목표'는 당신이 믿는 것입니다. '목표'는 사람들이 당신에게서 물건을 사고 당신을 위해 일하며 당신을 돕고 신뢰하는 이유입니다.

제가 말씀드렸던 그 호텔의 경우처럼, 사라의 사업을 다른 모든 사업들과 차별화시켜 주는 것은 사람이 아니라 시스템입니다.

시스템 없이 일관된 결과를 만들어 내려 한다고 상상해 보십시오!

당신이 앞으로 만들겠다고 한 네 개의 지점마다 관리자들이 각자 자기 방식대로 운영한다고 상상해 보십시오.

어떤 기준이나 합의, 일관적인 형식 없이, 즉 판단의 일관성 없이 모든 사람들이 저마다의 주관적인 방식으로 말을 하고 조직에 대한 생각을 표출하며 저마다의 절차와 시스템을 따르는 그런 사업에서 일관성 있게 전달될 수 있는 것이 있기나 할까요? 그게 매력적인 사업으로 보이세요?" 내가 물었다.

"생각만 해도 질리네요." 사라가 대답했다.

"상상 이상으로 훨씬 더 안 좋은 결과를 가져올 거라 생각해요.

관리 시스템은 그만큼 중요합니다. 그리고 그것이 잘 설계된 마케팅 시스템과 결합된다면……."

마케팅 전략

우리는 의사소통에 실패했다.

– 작자 미상

마케팅 전략은 처음부터 끝까지 고객과 함께 살고 죽는다.

따라서 마케팅 전략을 개발하는 과정에 있어서, 당신의 꿈이나 비전, 관심 그리고 당신이 원하는 것 따위는 잊어버리는 것이 절대적으로 중요하다. 다 잊어버리고 고객만 생각해야 한다!

마케팅에 관한 한, 당신이 무엇을 원하는지는 중요하지 않다.

고객이 무엇을 원하는지가 중요하다.

그리고 고객이 원하는 것과 고객이 원하리라고 당신이 생각하는 것 사이에는 아마도 엄청난 차이가 존재할 것이다.

비합리적 의사 결정자

당신의 고객을 마음속에 떠올려 보라.

그가 당신 앞에 서 있다.

고객은 얼굴을 찌푸리지도, 미소를 짓지도 않고 있다. 그는 완전히 무표정하다. 그런데 뭔가 이상한 점이 있다.

그의 이마에서 안테나가 솟아 나와 천장까지 뻗어 있다! 안테나의 끝에는 센서가 달려 있어서 쉬지 않고 삐삐 소리를 내고 있다.

그리고 센서는 그 주위의 모든 감각 데이터, 즉 당신 가게나 사무실, 혹은 점심을 먹고 있는 레스토랑의 색깔과 모양, 소리, 냄새 같은 데이터를 수집하고 있다.

또한 센서는 당신에 대한 감각 데이터도 수집하고 있다. 당신이 어떻게 서 있거나 앉아 있는지, 머리는 어떤 색깔인지, 머리는 어떻게 빗었는지, 당신의 얼굴 표정은 어떤지, 긴장한 표정인지, 당신이 고객을 정면으로 바라보고 있는지 아니면 옆에서 보고 있는지, 바지에 주름이 있는지, 신발은 무슨 색깔이며 잘 닦여 있는지, 낡았는지, 신발 끈은 잘 묶여 있는지 등등.

그 어떤 것도 주위 환경의 자극을 탐지하는 고객의 센서를 피해 갈 수 없다.

그 어떤 것도 구매 여부 결정에 사용할 정보를 수집하는 고객을 피해 갈 수 없다.

하지만 정보의 수집은 고객이 구매 결정을 하는 과정에서 거치는 첫 번째 단계에 불과하다.

여기서 관심을 가져야 할 부분은 센서가 정보를 가지고 무엇을 하는가 하는 것이다. 왜냐하면 고객의 의사 결정은 센서가 정보를 어떻게 처리하느냐에 달려 있기 때문이다.

그 센서를 고객의 의식Conscious Mind이라고 생각해 보자.

의식의 역할은 의사 결정에 필요한 정보를 수집하는 일이다.

하지만 정보를 모으는 행위는 대부분 무의식적으로, 즉 자동적이고 습관적으로 이루어진다.

따라서 고객의 의식이 적극적으로 온갖 종류의 인상을 받아들인다고 해도, 그것들 대부분을 거의 자각하지 못한다.

말 그대로 잠든 상태에서 정보를 수집한다.

사실, 정보의 수집을 멈출 수도 없다!

다행스럽게도, 의식이 그것을 자각할 필요는 없다.

왜냐하면 의사 결정을 하는 것은 고객의 의식이 아니기 때문이다.

의사 결정을 하는 것은 고객의 무의식이다.

고객의 모든 행동은 무의식적으로 이루어진다.

바로 고객의 무의식 속에서 구매 과정의 두 번째 단계가 일어난다.

고객의 무의식이란 무엇인가?

무의식의 세계는 저마다 완전히 다른 욕구와 기호를 지닌 수많은 괴생물체가 혼자 혹은 떼 지어 조용히 먹이를 찾아 헤엄쳐 다니는 거대하고 컴컴한 심해와 같다.

그 괴생물체들은 다름 아닌 고객의 기대를 의미한다.

그리고 괴생물체들이 헤엄치는 그 바다는 정작 당신의 고객에게는 매우 생소한 공간이다.

고객은 저 밑에서 헤엄치고 있는 것이 무엇인지 알 길이 없다. 지하의 바위 뒤에 숨어 있는 것이 무엇인지, 바닥에 엎드려 돌처럼 미동도 없이 가만히 있으면서 달콤한 작은 먹잇감이 지나가기를 참을성 있게 기다리고 있는 것이 무엇인지 알 길이 없다.

하지만 그 바다의 모든 생물체, 즉 고객의 모든 기대는 고객의 삶에서 비롯된 결과물임을 확신해도 좋다.

고객의 반응, 지각, 태도, 신념, 의견, 추론, 결론에서 비롯된 결과물이다. 고객이 태어난 순간부터(우리 모두가 알고 있는 상식의 경우에는 태어나기 전부터) 당신 옆에 서 있을 때까지 고객이 경험한 모든 것의 축적이다.

그리고 고객의 기대라는 것은 그러한 기대들의 총합이라 할 수 있는 고객의 개성이 필요한 먹이를 얻는 수단 그 이상도 이하도 아니다.

그 괴생물체, 즉 고객의 기대가 필요로 하는 먹이는 의식('표면')으로부터 감각 입력이라는 형태로 들어온다.

그리고 그 먹이가 기대와 맞으면, 의식은 '좋다'고 말한다.

먹이가 기대와 맞지 않으면, 의식은 '싫다'고 말한다.

먹이의 맛을 보자마자 좋은지 싫은지 결정을 내린다!

TV 광고를 보는 사람들은 3초나 4초 안에 구매 결정을 내린다고 한다. 여러 실험에 따르면, 인쇄 광고물의 경우 구매 결정을 한 사람 중 75%는 제목의 문구만 보고 그런 결정을 한다고 한다. 또한 여러 데이터에 따르면, 제품 설명회에서 판매 여부는 첫 3분 안에 결정된다고 한다.

그렇게 개인의 심리학적 특징에 따라 구매 결정이 내려진 후에 벌어지는 일이라고 해 봐야 무의식이 의사 결정의 결과를 의식으로 올려 보내면 의식은 다시 현실세계로 나가 이미 정서적 확신으로 내려진 결정을 뒷받침하는 데 필요한 이성적 증거들을 모으는 일이 전부다.

이것이 바로 구매 의사 결정이 만들어지는 과정이다.

비합리적이다!

누군가 주의 깊게 지켜본다면, 아무도 합리적인 구매 결정을 하지 못한다는 사실을 입증할 수 있을 것이다.

그러니 당신의 고객이 '생각 좀 해 볼게요'라고 하는 말을 믿지 말라.

그는 생각하지 않을 것이다.

그는 어떻게 생각하는지도 모른다.

고객은 그가 하려는 '생각', 즉 구매 여부를 이미 결정한 상태이다.

사실 생각해 보겠다는 말의 진짜 의미는 다음의 둘 중 하나다. 사실대로 말할 경우 당신이 어떤 반응을 보일지 염려되어 싫다고 말하기가 감정적으로 어렵다는 의미이거나, 고객의 의식이 요구하는 '먹이'를 당신이 제공하지 못한다는 의미다.

어떤 경우이든, 구매 의사 결정에 생각이 개입할 여지는 거의 없다.

우리가 믿고 싶어 하는 것과는 반대로, 의사 결정은 무의식적으로, 그리고 즉각적으로 내려진다.

사실, 당신이 깨닫기 오래전에 의사 결정은 이미 내려졌다.

하지만 고객조차 그런 사실을 알지 못했다.

성공적인 마케팅 전략의 두 가지 기둥

그렇다면 다음과 같은 질문이 생긴다. 고객조차 자신이 무엇을 원하는지 모르는데, 내가 그걸 어떻게 알 수 있을까?

그렇다. 당신은 알 수 없다!

고객이 스스로에 대해 아는 것보다 당신이 고객에 대해 더 많이 알기 전까진 그렇다.

당신이 고객의 인구통계학적 특징과 심리학적 특징을 알기 전까진 그렇다.

인구통계학적 특징과 심리학적 특징은 성공적인 마케팅 전략을 떠받치는 두 가지 핵심 기둥이다.

당신의 고객이 누구인지 안다면(인구통계학적 특징), 그들이 왜 구매하는지를 알아낼 수 있다(심리학적 특징).

그렇게 함으로써 당신은 고객의 무의식적 욕구를 충족시켜 줄 원형의 구축 작업을 자의적으로가 아닌 과학적으로 시작할 수 있다.

다시 말하자면, 인구통계학은 시장의 현실을 탐구하는 과학이며, 구매자가 누구인지를 알려 준다.

심리학적 특징을 보여 주는 사이코그래픽스는 지각된 시장의 현실에 대한 과학이며, 특정 인구통계학적 유형에 따라 어떤 이유로 물건을 구매하는지를 알려 준다.

이 두 가지 과학이 마케팅 전략에서 어떻게 활용될 수 있는지 예를 들어 살펴보자.

IBM의 로고가 파란 색조를 띠고 있음을 눈여겨 보라. 나는 그것을 'IBM 파란색'이라고 부른다. 왜 그렇게 부를까? IBM의 색깔이기 때문이다. 그것이 바로 시장에서 IBM을 '빅 블루Big Blue'라는 애칭으로 부르는 이유다.

왜 다른 색이 아닌 파란 색조를 내세웠을까? 왜 파란색으로 했을까?

주요 인구통계학적 모델에 따르면 IBM의 고객층은 파란 색조에 놀라울 정도로 마음이 끌리고 높은 선호도를 보였기 때문이다.

사람들은 그 파란 색조를 보고 첫눈에 반한다!

'트루 블루True Blue'라는 표현을 들어본 적이 있는가? 이 표현은 IBM의 독특한 색을 의미한다. IBM의 주요 인구통계학적 모델에 속하는 소비자들은 파란 색조가 신뢰할 만한 색이라고 생각한다.

IBM이 파란색 대신 주황색을 선택했다면 어땠을까?

글쎄, 주황색은 IBM 소비자들이 선호하는 색상 범위의 반대편 끝에 위치하기 때문에, IBM의 그런 훌륭한 성공 신화는 없었을지도 모른다. '빅 블루' 대신에 '빅 오렌지'를 떠올리기란 쉽지 않다. 내 생각에는 IBM의 소비자들이라면 주황색 컴퓨터는 사지 않으려 했을 것 같다!

자, 이 말이 황당하게 들릴 수도 있다는 건 알지만, 원한다면 실험을 해 볼 수도 있다.

이 책 앞부분에서 내가 직원에게 감청색 양복을 입히고 고객의 반응을 보라고 했던 작은 실험을 기억하는가?

그런 양복을 입은 사람을 마음속으로 그려 보라.

당신의 마음속 눈에 그 사람이 보이는가?

입고 있는 짙은 감청색 양복의 등에는 벤트(양복 저고리의 양쪽 옆이나 뒷자락 가운데에 터놓은 곳 – 옮긴이)가 있으며 가는 세로줄 무늬도 있는 것 같다. 바지에는 날카롭게 주름이 잡혀 있고 풀을 먹인 하얀색 셔츠에 빨간색과 파란색이 어우러진 줄무늬 넥타이를 매고 있다. 그리고 반짝반짝 광이 나도록 잘 닦은 검은색 윙팁(날개 모양의 가죽 장식이 코끝에 달린 구두 – 옮긴이) 구두를 신고 있다.

이제 그 사람을 보니 어떤 느낌이 드는가?

사업을 하는 사람처럼 보이는가?

신뢰할 만한 사람처럼 보이는가?

확실하고 믿을 만하며 의지할 만한 사람으로 보이는가?

당연히 그럴 것이다.

연구에 따르면, 감청색 양복은 아마도 사업상 입을 수 있는 가장 적절한 양복일 것이라고 한다. 즉각적인 영향력을 미치는 것으로 알려졌다.

이번엔 똑같은 사람이지만 감청색 양복을 입지 않은 모습을 떠올려
보라.

이번엔 주황색 양복을 입고 있다.

맞다. 아래위 모두 주황색인 양복이다!

꽤 비싼 양복이다.

거기에다가 그는 새하얀 실크 셔츠를 입고 녹색과 하얀색이 어우러
진 줄무늬가 있는 이탈리아산 실크 넥타이를 매고 있다.

그리고 허리에 맨 혁대의 은색 버클 전면에는 비취로 자기 이름의
머리글자를 새겨 놓았다.

또한 2캐럿짜리 다이아몬드로 만든 넥타이핀이 조끼의 맨 위 단추
에 매달려 빛나고 있다.

그리고 잘 다려 주름을 잡은 그의 주황색 바지 밑에는 흰 도마뱀 가
죽으로 만든 카우보이 부츠가 비길 데 없는 모습을 드러내고 있다!

그 모습이 보이는가?

이제 이해가 되나?

자, 그 사람의 사업은 실패했으니 빨리 그 모습을 지워 버리는 게 좋
겠다!

그리고 여기서 깨달아야 할 중요한 점은 두 사람의 차이는 그 사람
들 속에 존재하는 것이 아니라 당신의 마음속에 존재한다는 사실이다.

무의식이 어떻게 받아들이느냐의 차이인 것이다.

더욱 중요한 사실은 생각할 겨를도 없이 순간적으로 그 차이를 지각한다는 사실이다.

당신이 감청색 양복을 입은 남자가 함께 사업을 할 만한 상대이며 주황색 양복을 입은 남자는 그렇지 않다고 생각한다면, 이는 현실이라고 부를 만한 것은 없다는 사실을 말해 준다. 적어도 우리가 이해한 바로는 그렇다.

현실은 오로지 누군가의 지각, 태도, 신념, 판단(기대를 야기하는 마음의 상태를 당신이 뭐라 부르길 원하든 상관은 없다) 속에서만 존재한다.

따라서 '욕구를 찾아 채워라'라는 유명한 격언은 정확하지 않은 말이다.

'지각된 욕구를 찾아 채워라'라고 해야 한다.

왜냐하면 당신의 고객이 자신이 뭔가를 필요로 한다는 사실을 지각하지 못한다면, 실제로 그가 뭔가를 필요로 하더라도 그 욕구 자체를 알지 못할 테니까 말이다.

이해가 되는가?

고객들이 하는 의사 결정 과정의 중심에 바로 '지각'이 있다.

그리고 당신이 고객의 인구통계학적 특징을 알면, 고객들이 지각하는 것이 무엇인지 이해할 수 있게 되며, 그러면 그런 지각에서 생겨난 고객의 기대를 충족시켜 주기 위해서 무엇을 해야 하는지도 알 수 있게 된다.

고객이 심리적으로 느끼는 현실도 알 수 있게 된다.

인구통계학적 모델에는 지각의 여러 유형이 구체적으로 나타나 있기 때문에, 이를 활용하면 고객이 어떻게 지각하는지를 미리 파악할 수 있다.

나이와 교육 수준, 가족 구성원의 수, 거주 지역이 유사한 특정 그룹의 여성들이 제품을 구매하는 이유는 그들이 지닌 매우 독특한 심리학적 특징 때문이다.

무의식적으로 유지되는 그런 심리학적 특징들은 나이, 결혼 상태, 교육 수준, 거주 지역별로 다 차이가 있을 것이다.

그리고 이런 차이 때문에 각 고객 그룹별로 구매하고자 하는 것이 미리 결정된다.

마케팅의 복잡성에 대해 이제 감이 잡히는가? 그렇길 바란다.

왜냐하면 당신이 감을 잡기 전까지는, 당신이 마케팅의 복잡성을 심각하게 받아들이기 전까지는 그리고 당신이 마케팅에 진심 어린 관심을 기울이기 전까지는, 사업 원형을 완성하는 일은 그저 희망사항에 불과할 것이기 때문이다. 도박이나 다름없다!

작은 기업의 사업주들이 인구통계학적 특징과 심리학적 특징에 따라 의사 결정을 하고 고객의 마음속에 그들의 원형을 어떻게 자리 잡게 할지 판단하는 일은 매우 어려운데, 우리 회사에서는 작은 기업 고객들이 그런 어려운 일을 시작할 수 있게 도와주는 도구를 개발했다. 그 효과는 실로 놀라웠다.

우리가 만났을 때 여느 기업과 다를 바 없던 그 사업체들은 그 도구를 이용하여 지혜롭게 운영되기 시작했다.

사업체에 고객들이 몰려들어 활기를 띠었으며, 그들에게는 대부분 그런 경험이 처음이었다.

예전에는 추측과 맹목적 희망으로 정신없이 바쁘게 사업을 운영하였으나, 이제는 조사를 하고 적극적으로 구체적 정보를 수집하며 세심하게 통제된 실험을 하는 과정이 그 자리를 대신했다.

혁신, 수량화, 조직화가 사업주들의 노력을 뒷받침하는 동력이 되었다.

사실 어느 기업이든 그렇게 할 수 있다. 그리고 소규모 사업이라면 반드시 그렇게 해야 한다!

IBM이나 맥도날드, 페덱스, 디즈니와 같은 성숙기의 기업들도 그렇게 하는데, 하물며 당신이 똑같이 하지 않을 수 있을까?

당신의 사업은 큰 기업보다 훨씬 취약하다.

그러니까 오히려 큰 기업보다 더 열심히 마케팅을 해야 한다.

시대가 변하고 있다.

우리는 '용서 없는 시대'에 들어섰다.

셀 수 없이 많은 소기업이 정보 과잉 사회의 도전을 받아들이든지 아니면 그것 때문에 파괴되든지 하는 시대이다.

고객이 엄청난 양의 제품과 약속에 휩쓸려 혼란과 망설임 속에서 허우적대는 시대이다.

이런 시대에 우리가 도전해야 할 일은 고객의 언어를 배워, 당신의 목소리가 엄청난 소음 너머로 들릴 수 있도록 분명하고 능숙하게 그 언어를 말하는 것이다.

왜냐하면 고객이 당신의 목소리를 듣지 못하면, 그냥 지나쳐 버릴 테니까 말이다.

아마 이 글을 읽으면서 당신은 혼란을 느낄지도 모르겠다. 당신 스스로에게 틀림없이 이렇게 묻고 있으리라. 도대체 마케팅을 어떻게 하라는 거야? 어떻게 내 고객의 인구통계학적 특징, 심리학적 특징을 알 수 있을까? 어떤 색깔, 어떤 모양, 어떤 단어를 사용해야 하지?

하지만 이러한 질문들을 하고 있다면, 당신은 제대로 가고 있는 것이다!

이 책의 목적은 답을 제시하는 것이 아니라 그런 질문들을 이끌어내는 것이기 때문이다!

'어떻게 할지'를 가르쳐 주는 것이 아니라, '무엇을 해야 하는지'를 생각하도록 하는 것이기 때문이다.

무엇을 해야 하는지를 당신이 이해하지 못한다면, 마케팅이 사업 원형에 매우 중요하다는 사실을 이해하지 못한다면, 고객들은 당신이 상상했던 것보다 훨씬 더 자신의 신념과 기대에 있어서 비합리적이라는 사실을 이해하지 못한다면, 그리고 당신의 사업 원형이 곧 당신의 상품임을 이해하지 못한다면 '어떻게 할지'를 안다고 해도 아무짝에도 쓸모가 없을 것이다.

하지만 아직 끝나지 않았다.

사업개발 프로그램에서 거쳐야 할 한 가지 단계가 더 남아 있다.

그것은 바로 당신의 사업 원형을 결합시켜 줄 접착제, 시스템 전략이다.

"선생님이 '어떻게 할지'에 대해 말씀하시고 싶어 하지 않는다는 건 알겠어요. 하지만 여기서 무사히 살아 나가시려면, 제게 좀 더 가르쳐 주셔야 할 거예요!" 사라가 짐짓 과장된 표정으로 눈을 흘기며 말했다.

"제 가장 중요한 고객의 인구통계학적 특징과 심리학적 특징을 어떻게 알아내죠?" 사라가 애원하듯 물었다.

"좋아요." 나는 입을 열었다. "현재 사라가 놓인 상황에서 시작해 봅시다. 우리가 사라의 사업에 대해 이미 알고 있는 것들을 한번 생각해 보죠. 먼저 사라의 가게를 좋아하는 사람들이 있어요. 그리고 사라가 마음속으로 바라는 파이에 대한 모든 것의 모습은 지금까지 만들어 온 모습과 크게 다르지 않아요. 비록 창업 초기에 그런 생각들을 명확히 체계적으로 나타내지는 않았지만, 그래도 그 당시에 당신 내면의 기업가 인격이 바삐 움직였다는 걸 이젠 알아요. 그리고 앞으로 그곳에서 표현하고자 마음먹은 '정성'도 사실은 늘 사라의 내면에 존재해 왔어요. 지금까지 그 정성은 맛있는 파이와 아름다운 가게에서 그리고 거기에 더해 비록 지금은 기진맥진해 있기는 하지만 당신의 사랑스러운 모습에서 드러나곤 했었죠."

사라는 뭐라 말하는 대신 조용히 웃었고, 나는 계속해서 말을 이어갔다.

"그래서 제 생각으로는 지금 사라의 가게를 찾아오는 사람들은 그 정성을, 당신이 제게 그토록 감동적으로 들려주었던 그 정성을 좋아하는 마음을 무의식적으로 표현하고 있다고 단정해도 괜찮을 것 같아요. 그 사람들은 심지어 지금도 당신의 가게를 찾고 있잖아요!

그렇다면 당신이 물어야 할 첫 번째 질문은 이것이죠. 그들은 누구인가?

나의 고객들은 구체적으로 어떤 사람들인가? 그들의 인구통계학적 특징은 무엇인가?

어떻게 그 질문에 답해야 할까요? 고객에게 직접 물어보면 돼요!

설문지를 완성하면 무료 파이를 주는 식으로 해서 고객 한 사람 한 사람에게 직접 물어보세요.

무료 파이는 당신이 그 정보를 받는 대신 지불하는 대가죠.

당신이 얻은 답들은 분명 그 값어치를 할 겁니다.

하지만 설문조사를 하면서 심리학적 특징에 관한 데이터뿐만 아니라 지역에 관한 데이터도 얻어야 합니다.

어떻게 하면 될까요? 설문지에 고객들이 선호하는 색깔, 모양, 단어뿐만 아니라, 그들이 구입하는 향수, 자동차, 옷, 장신구, 음식의 브랜드를 물어보세요. 그런 다음 해당 브랜드의 광고를 찾아서 사라의 고객들에게 성공적으로 제품을 판매하고 있는 그 기업들이 어떤 메시지를 보내고 있는지 살펴보십시오. 사라 가게의 손님이기도 한 동시에 해당 기업들의 제품도 구입하고 있는 그 고객들은 동일한 인구통계학적 특징과 심리학적 특징을 지닌 사람들이잖아요? 그러니 그 기업들이 어떤 메시지를 보내는지 관심 있게 살펴보면, 그 고객들에게 당신이 어떤 메시지를 보내야 할지도 알아낼 수 있을 겁니다.

사라가 만난 적이 없는 사람들의 경우에는 어떻게 해야 할까요? 당신의 상권Trading Zone이라고 판단한 지역에서 주요 인구통계학적 모델에 부합하는 고객의 명단을 돈을 주고라도 사세요!

상권이란 무엇인가요? 그것은 당신의 현재 고객들이 주로 거주하고 있는 지역적 범위를 의미합니다. 고객 설문지에 나타난 주소들을 확인하여 지도에 표시한 다음, 그것을 둘러싸는 선을 그리십시오. 그것이 바로 당신의 1차 상권입니다.

그런 다음 그 지역에 거주하는 사람들의 정확한 인구통계 명단을 입수하세요.

이 정도면 '어떻게 할지'에 대한 대답으로 충분할까요? 그것만으로도 한동안은 바쁘게 지내지 않겠어요?" 나는 짐짓 조바심을 내는 척하며 사라에게 물었다.

"괜찮다면, 잠시 '무엇을 해야 하는지'의 문제로 돌아가 이야기해 보죠. 그 문제는 보기보다 얘기할 게 많거든요."

나는 계속해서 말을 이었다. "내가 한 말 때문에 마케팅 업무가 복잡하다고 생각할는지 모르겠지만, 실은 그다지 복잡하지 않습니다. 하지만 진지하게 생각할 필요는 분명히 있어요. 왜냐하면 작은 기업 사업주들은 흔히 마케팅 업무를 그저 '양식'에 맡기면 되는 일 정도로 생각하기 때문입니다. 저는 '양식'의 의미가 '나의 의견'으로 변질되는 경우를 자주 보아 왔습니다. 대부분의 작은 기업 사업주들은 제가 '의도적 허위정보'라고 부르는 것에 의해 고통 받으면서 아무런 정보도 없이, 그리고 진실을 알고자 하는 마음도 없이 그저 자신들이 원하는 대로 결정한 다음 실행에 옮깁니다. 가령, 로고를 덤으로 만들어 주는 동네 인쇄 가게에다 편지지의 디자인을 맡기거나 사업주의 부인들이 고른 색깔을 사용하고, 어떤 색깔이나 모양이 잠재 고객의 심리학적 특징에 부합하는지는 생각하지 않고 그저 간판 만드는 일만 해 온 동네 업자에게 간판 제작을 맡기는 식입니다.

요컨대, 사라 당신이 과학적으로 깊이 있게 파고들 필요는 없다고 하더라도, 적어도 마케팅의 과학에 민감할 필요는 있습니다. 그리고 계속해서 관심을 기울여야 합니다. 사실, 당신의 사업에 필요한 모든 것에 관심을 기울여야 합니다. 사업이라는 예술, 사업이라는 과학을 배우는 학생이 되어야 합니다. 그것이 바로 마케팅을 위해서 '무엇을 해야 하는지'에 관한 부분입니다. 맥도날드나 페덱스, 디즈니, 월마트 같은 기업들이 효과적인 마케팅을 위해 얼마나 많은 돈을 쏟아붓는지 아세요? 펩시코나 아메리칸 익스프레스 같은 회사들이 자사의 브랜드를 제대로 인식시키기 위해 얼마나 많은 시간과 관심을 기울이는지 아세요? 예상이 빗나가기는 얼마나 쉬운가요? 예상이 빗나갔을 때 처러야 하는 대가는 얼마나 될까요?

작은 기업을 운영하는 당신이 그런 기업들만큼 돈을 투여할 여력은 없습니다. 하지만 그런 기업들이 하는 것과 동일한 질문을 하고, 그 질문에 대해 그들만큼 시간을 들이고 생각하고 관심을 기울일 여력은 있습니다.

그리고 그것이 바로 제가 계속해서 작은 기업 사업주들에게 진짜 업무, 즉 전술 업무가 아닌 전략 업무에 집중하라고 권유하는 이유입니다. 당신이 내내 전술 업무에 매달리고 있으면, 즉 당신의 모든 에너지를 사업에 쏟아부으며 내내 일만 하고 있으면, 답을 찾는 일은 고사하고 응당 물어보아야 할 매우 중요한 질문조차 할 시간이나 에너지가 없을 것이기 때문입니다. 사업의 주체로서 일할 시간이나 에너지가 전혀 남지 않을 것입니다.

사업주는 마케팅에 관한 질문으로 사업을 시작해야 합니다.

COO는 계속해서 마케팅에 관한 질문을 해야 합니다.

마케팅 담당 임원은 마케팅에 관한 질문을 하는 일에 전적인 책임을 지고 있습니다.

사실, 마케팅이라는 것이 결국은 '경쟁자를 제치고 고객들이 우리를 선택하도록 하려면 우리의 사업이 고객들의 마음속에 어떤 모습으로 존재하여야 하는가?'라는 질문을 의미한다면, 회사 내의 어떤 직무나 직책도 마케팅에 관한 질문으로부터 자유로울 수 없습니다.

따라서 그런 시각에서 보면, 사업을 운영하는 과정 전체가 곧 마케팅 과정이라고 해도 과언이 아닙니다.

마케팅 활동은 당신이 고객들을 끌어오기 위해서 하는 약속과 더불어 시작되며, 당신에게 온 고객들을 상대로 판매 행위를 할 때도 계속됩니다. 그리고 고객들이 문을 나서기 전에 약속을 지키는 것으로 끝이 납니다.

회사들에 따라서는 그 과정을 고객 발굴Lead Generation, 판매 전환Lead Conversion, 고객 만족Client Fulfillment으로 부르기도 합니다.

사라 당신의 사업에서는 마케팅, 판매, 운영이라고 부르는 과정이죠.

하지만 뭐라고 부르든, 마케팅 과정은 모든 사업을 관통하는 핵심 과정이라고 할 수 있습니다.

그리고 마케팅 과정이 얼마나 잘 통합되어 있는지, 그리고 과정의 각 요소들이 나머지 요소들과 얼마나 유기적으로 연결되어 있는지 살펴보면, 고객들이 다시 찾아오도록 하는 일을 당신이 얼마나 잘해 내고 있는지 판단할 수 있을 것입니다.

그리고 모든 사업의 주요 목표는 고객들이 다시 찾아오도록 만드는 것입니다.

왜냐하면 맥도날드나 페덱스, 디즈니를 비롯하여 사실상 모든 탁월한 기업들은 새로운 고객을 발굴하는 것보다는 기존 고객에게 제품을 파는 것이 비용이 훨씬 적게 든다는 사실을 잘 알고 있기 때문입니다.

그리고 그것이 바로 고객 발굴, 판매 전환, 고객 만족의 과정이 사업의 성장에 그렇게도 중요한 이유입니다. 마케팅 활동이란 그런 것이며, 과정의 일부가 아닌 과정 전체에 해당되는 활동입니다.

그리고 결코 중단되어선 안 됩니다!

마케팅 담당 임원과 운영 담당 임원, 재무 담당 임원에게는 각자 맡겨진 구체적인 책무가 있기는 하지만, 동시에 그들은 한 가지 공통된 목표를 공유합니다. 즉 고객들이 듣기 원하는 약속을 하고, 경쟁업체들보다 그 약속을 더 잘 이행한다는 목표입니다!

그리고 그들은 COO라는 직책을 통해 서로 연결됩니다. 이 모든 활동의 동력인 COO가 사업운영 과정의 각 요소들을 연결합니다. COO는 전략적 목표의 성취와 게임 규칙 유지의 책임을 맡은 조정자로서, 그리고 선택한 게임의 조정자로서 전체 사업운영 과정의 통일성을 유지합니다. 그리고 거기가 바로 시스템의 계층과 프로세스가 만나는 지점입니다.

그 지점에서 사업이 통합됩니다.

그 지점에서 관리 시스템과 사업개발 프로세스가 각각의 역할을 활발히 수행합니다.

내가 '유효지점Power Point'이라고 부르는 그 지점에서 사업은 진정으로 활력을 얻게 됩니다.

그 지점은 모든 위대한 사업의 정적 본성과 동적 본성이 만나는 곳이자, 끊임없이 계속해서 '이럴 땐 이렇게 해야 돼'라고 알려 주는 곳입니다. 끊임없는 발전이 이루어지는 곳이며, 짜릿한 열광이 넘치는 곳입니다.

무엇을 위해서요?

바로 다른 경쟁자들이 감히 하지 못하는 약속을 하고 지키기 위해서 입니다!

그게 바로 마케팅이에요, 사라. 그게 바로 당신의 사업이 지향해야 할 모습이에요. 활기가 넘치는 가운데 성장하면서 다른 경쟁자들이 감히 하지 못하는 약속을 하고 지키는 일에 최선을 다하는 것 말이에요.

그게 바로 당신이 해야 할 일입니다. 그렇게 할 준비가 됐나요?"

"한번 지켜봐 주세요." 사라가 대답했다.

"그러면 마지막 부분으로 가서 모든 것을 종합해 봅시다." 내가 말했다.

"시스템 그리고 시스템이 하는 매우 중요한 역할에 대해 알아보죠."

시스템 전략

세상은 각종 사건들이 얽혀 있는 복잡한 조직처럼 보인다.
그 안에서 서로 다른 다양한 연결들이 교차하거나 겹쳐지거나 합쳐짐으로써
전체적인 구조를 이룬다.

— 베르너 하이젠베르크, 「물리학과 철학」

나는 이 책에서 시스템에 대해 언급해 왔지만 그것이 정확히 무엇인
지는 정의하지 않았다. 그러니 일단 시스템에 대한 정의부터 해 보자.

시스템은 일과 활동, 생각, 정보들의 집합체이며, 이들은 서로 상호작용하
는 가운데 다른 시스템들을 바꾼다.

요약하면, 모든 것이 시스템이다. 우주, 세계, 샌프란시스코 만, 내가
앉아 있는 사무실, 내가 사용하는 워드프로세서, 내가 마시는 커피 한
잔, 당신과 내가 맺고 있는 관계, 이 모든 것들이 시스템이다.

우리가 이해할 수 있는 시스템이 있는 반면, 이해할 수 없는 시스템도 있다.

우리가 이해할 수 있는 시스템을 살펴보자.

바로 당신 사업의 시스템이다.

시스템의 세 가지 종류

사업에는 세 가지 종류의 시스템, 즉 하드시스템과 소프트시스템, 정보시스템이 있다.

하드시스템은 생명이 없는 죽어 있는 것이다. 내 컴퓨터는 하드시스템이며, 내 사무실 로비의 색깔도 그렇다.

소프트시스템은 살아 있는 것, 또는 생각 같은 것이다. 당신은 소프트시스템이며, 희곡 『햄릿』도 그렇다.

정보시스템은 하드시스템과 소프트시스템 사이의 상호작용에 대한 정보를 우리에게 제공해 주는 시스템이다. 재고관리, 현금흐름 예측, 영업활동 요약 보고서는 모두 정보시스템이다.

혁신, 수량화, 조직화 그리고 세 가지 시스템의 통합이 바로 사업개발 프로그램의 전부이다.

이제 각 시스템을 사례를 들어 살펴보고, 원하는 결과를 얻기 위해 시스템이 어떻게 통합되는지 알아보자.

하드시스템

마이클 토마스 주식회사에서 우리는 세미나와 내부 회의 그리고 기존 고객 및 잠재 고객과 함께하는 컨퍼런스에서 '화이트보드'를 널리 사용하곤 했다. 1986년에『사업의 철학』초판이 처음 발간되었을 당시에는 우리 사무실에서 고객들과 작업을 했지만 지금은 대부분의 작업이 전화나 팩스, 이메일을 통해서 이루어지기 때문에, 고객을 직접 만날 일이 그렇게 많지 않다.

당신이 짐작하는 바와 같이, 우리 사무실은 색상과 청결에 관한 한 엄격한 기준 하에 운영되었다(물론 지금도 그렇다).

그 당시 색상 기준에 따르면, 칠판이 아닌 화이트보드를, 분필이 아닌 파란색 마커를 사용하도록 되어 있었다. 불행하게도, 색상 기준에 따르면, 벽도 하얀색이어야 했다.

오래지 않아 청결 기준과 색상 기준 사이에 충돌이 생기기 시작했다.

세미나나 회의, 컨퍼런스가 끝나면, 해당 모임의 책임자는 맨 나중에 그 방을 나가야 했다. 이 말은 그가 화이트보드 등을 깨끗하게 닦아야 한다는 것을 의미했으며, 이는 직원들이 달가워하지 않는 일이었다.

직원들이 그 일을 하지 않으려 한 건 아니었다. 하지만 그런 일은 재빨리 해치우고 자기들이 좋아하는 일을 하려다 보니, 지우개가 부주의하게 화이트보드 가장자리 너머까지 닿는 일이 빈번했다.

얼마 지나지 않아 새하얗던 벽에 파란색 잉크의 더러운 얼룩이 묻기 시작했다!

미칠 지경이었다.

우리는 전면적인 캠페인을 실시했다.

'벽에 묻은 파란색 잉크 얼룩'에 관한 회의를 열었다.

다음과 같은 제목의 메모도 돌렸다.

수신 : 전 직원

제목 : 벽에 묻은 파란색 잉크 얼룩에 관한 건

우리는 새로운 화이트보드 청결 규정을 만들었다. 청소 팀도 만들었다. 벽을 둘러보고 화이트보드 주변의 얼룩을 불시 점검하는 시간도 가졌다. 화이트보드마다 그 위에 '주의해서 닦으시오!'라는 표지도 붙였다.

하지만 우리가 무슨 짓을 하든, 우리가 얼마나 열심히 노력을 하든, 평균 수준의 꼼꼼함을 지닌 우리 직원들에게 어떤 말을 하든, 벽의 파란색 잉크 얼룩은 줄어들지 않았다. 우리가 할 수 있는 조치라고는 계속해서 그 벽에 하얀색 페인트칠을 하거나 옛날처럼 칠판과 분필을 사용하는 것뿐이었다.

둘 다 해결책은 되지 못했다.

그래서 우리의 '얼룩 방지 시스템'이 탄생하게 되었다.

우리는 흠 잡을 데 없이 깨끗한 벽이라는 기준을 고집하는 동시에, 이런 기준을 유지하기가 불가능해 보이도록 만드는 다른 기준(화이트보드, 하얀 벽, 파란색 잉크)도 유지했다. 간단히 말하면, 원하는 것과 가지고 있는 것 사이에 충돌이 생긴 것이었다.

불가피한 두 가지 요소가 충돌을 일으켰다.

혁신이 반드시 요구되는 상황이었다.

어떤 새로운 시스템을 만들어야 하는 상황이 되었다.

하지만 우리가 경험하고 있는 충돌을 개선책으로 바꾸려면 '의지'라는 세 번째 요소가 필요했다.

우리는 그 문제를 해결하기 전까진 쉬지 않겠다고 마음먹었다.

어떤 충돌에 의지가 더해지면 에너지가 생긴다.

반면에 의지가 결여된 충돌은 혼란을 유발한다. 엔진은 돌고 있지만 어디로도 가지 못한다.

충돌에 의지가 더해지면 해결책이 나온다. 딜레마를 넘어서 움직이게 된다.

보아라! 마이클 토마스 주식회사의 얼룩 방지 시스템을!

매우 명료하고 매우 간단하다.

우리는 화이트보드마다 그 둘레에 투명 아크릴판을 댔다.

화이트보드 가장자리에 폭 10센티미터 정도의 투명 아크릴판을 두르자, 말 그대로 파란색 잉크의 아수라장은 더 이상 발생하지 않았다!

일거에 벽이 깨끗해졌다.

직원들은 매우 기뻐했고, 고객들은 놀라워했다.

3주 동안 우리가 회사에서 했던 갖가지 방법들, 즉 끊임없이 벽을 다시 칠하고, 메모를 돌리고, 경고문을 붙이고, 불시 점검 팀을 만들고, 정책 공해를 만드는 짓들은 역사의 뒤안길로 사라졌다.

폭 10센티미터의 투명 아크릴판으로 모든 문제가 해결됐다!

그것은 인간적이고 완전히 통합된 결과를 낳은 하드시스템이었다.

전형적으로 사람에 의해 야기된 문제에 대응한 시스템적 해결책이었다. 그 문제를 계속 관리해야 할 사람도 필요 없었기 때문에, 나는 그 문제를 신경 쓸 필요 없이 자유롭게 이 책을 쓰거나, 신경 써야 할 다른 일을 할 수 있었다.

결국, 그것이 바로 시스템의 목적이다. 즉 하고 싶은 일을 할 수 있도록 당신을 자유롭게 해 주는 것이다.

소프트시스템

뭔가를 팔아야 한다.

그리고 그 뭔가를 팔아야 하는 주체는 바로 사람이다.

사업을 하는 사람이라면 누구나 80/20법칙을 들어 본 적이 있으리라. '직원의 20%가 80%의 매출을 올린다.'

안타깝게도 80%의 직원이 하지 않는 일을 그 20%가 하고 있다는 사실을 아는 사람은 거의 없는 것 같다.

자, 들어 보라.

20%의 직원들은 시스템을 이용하고, 80%는 하지 않는다.

판매 시스템이 바로 소프트시스템이다.

그리고 나는 그런 시스템을 도입하자마자 매출이 100~500%까지 증가하는 것을 목격한 적이 있다.

판매 시스템이란 무엇인가? 그것은 당신과 당신의 고객 사이에 이루어지는 완전히 조직화된 상호작용으로서, 다음과 같은 6단계를 거친다.

판매가 이루어지는 과정에서 특정할 만한 기준 시점들, 혹은 고객이 구매를 결정하는 시점들을 확인한다.

각 시점에 따라 효과적인 고객응대 문안을 대본으로 작성한다. (그렇다. 연극 대본을 쓰듯이 작성한다!)

각각의 대본과 함께 사용할 다양한 보조 자료를 준비한다.

각 기준 시점별 대본을 암기한다.

영업사원들이 동일하게 각 대본대로 이행한다.

있을 수 있는 모든 가능성을 직원 각자가 충분히 필요한 만큼 표현하고, 지켜보고, 귀 기울이고, 듣고, 인정하고, 이해하고, 관여하게 함으로써, 직원들에게 좀 더 효과적으로 고객과 의사소통할 수 있는 여지를 남겨 준다.

우리 회사에서는 그것을 '유효지점 판매시스템Power Point Selling System' 이라고 부른다.

우리가 함께 일했던 한 경력개발 회사의 영업 경험이 없는 직원들에게 그 시스템을 도입하자, 한 해 만에 매출이 300% 증가했다.

한 광고회사는 영업이나 광고 경험이 없는 직원들에게 그 시스템을 사용하도록 하자, 2년간 매출이 500% 증가했다.

한 헬스 센터의 신입직원들에게 그 시스템을 사용하도록 했더니 두 달간 매출이 40% 증가했다.

당신의 회사에도 그 시스템을 도입한다면, 어떤 종류의 사업이든 상관없이 동일한 효과를 볼 것이다.

유효지점 판매시스템은 구조와 내용의 두 부분으로 구성되어 있다. 구조는 당신이 해야 할 일에 관한 것이며, 내용은 그 일을 하는 방법에 관한 것이다.

시스템의 구조에는 사전에 결정되는 판매 과정의 모든 요소가 들어가며, 무슨 말을 하고, 그 말과 함께 어떤 보조 자료를 사용하며, 어떤 복장을 해야 하는가가 포함된다.

시스템의 내용에는 판매 과정에서 영업직원이 하는 행위가 들어가며, 어떤 톤으로 말하고, 그 말과 함께 보조 자료를 어떻게 사용하며, 어떤 표정을 지어야 하는지가 포함된다.

판매 과정에서 구조와 내용은 결합되어 자의적인 수단만 가지고 영업을 하는 사람보다 훨씬 더 탁월한 결과를 만들어 낸다.

유효지점 판매시스템의 가장 중요한 요소라고 할 수 있는 '무슨 말을 하는가'에 대해 좀 더 구체적으로 살펴보자. 우리 마이클 거버 컴퍼니에서는 그것을 '유효지점 판매 과정'이라고 부르기도 한다.

유효지점 판매 과정은 영업직원과 고객 사이의 전체 상호작용을 규정하는 일련의 대본이다.

기준 시점별 대본은 다음과 같다.

1. 약속 잡기
2. 고객 평가하기
3. 해결방안 제시하기

약속 잡기 | 대부분의 영업직원들이 판매 과정 초기에 실패하는 이유는 약속 잡기의 목적을 깨닫지 못하기 때문이다.

그들 대부분은 약속 잡기의 목적이 대상 고객을 정하고 그 고객이 구매할 만한 고객인지를 알아보는 데 있다고 생각한다. 그렇지 않다.

약속 잡기의 목적은 단 한 가지뿐이다. 약속을 잡는 것이다.

약속 잡기가 성공해야 판매 과정은 두 번째 단계인 고객 평가하기로 옮겨갈 수 있다.

약속 잡기의 대본은 전화나 직접 대화를 통해 전달해야 하는 일련의 문안들로 구성되며, 제품이 아닌 당신이 팔아야 하는 궁극적 산물에 대해 주로 이야기함으로써 잠재고객의 무의식을(기억하는가?) 사로잡을 수 있는 문안이어야 한다.

예를 들면 다음과 같다.

"안녕하세요, 잭슨 사장님. 저는 월터미티 주식회사의 쟈니 존이라고 합니다. 요즘 자산 관리를 위해서 눈여겨볼 만한 새로운 방법들이 나왔는데, 혹시 들어보셨나요?"

"새로운 방법들이라고요?"

"네, 충분히 그렇게 부를 만하죠. 잠깐만 시간을 내주시겠습니까?"

여기서 궁극적 산물은 무엇인가? 자산의 관리다. 관리가 핵심이다. 이런 대화는 잭슨 사장에게 지금 세상에는 그가 모르고 있었지만(그래서 자산을 관리할 수 없었다) 이제는 알게 된(그래서 자산 관리가 가능해진다!) '눈여겨볼 만한 새로운 방법들'이 있다는 사실을 알려 준다.

게다가 즉시 알려 준다! 잭슨 사장은 금방 감정적으로 몰입하게 된다. 이제 그에게 필요한 것은 그런 감정적 몰입을 뒷받침해 줄 이성적 증거를 찾는 일이다. 이성적 증거를 제시하는 일이 바로 쟈니 존이 해야 할 일이다. 약속이 잡힐 수밖에 없는 이유이다.

간단하고 효과적이다. 대본대로 하면 약속이 잡힌다.

무엇을 하려고 약속을 잡는가?

고객 평가하기를 위해서이다.

고객 평가하기 | 고객 평가하기에서 가장 먼저 해야 할 일은 약속 잡기에서 했던 말을 반복함으로써 고객의 감정적 몰입을 다시 한 번 이끌어 내는 것이다.

"기억하시나요, 사장님? 지난번 전화통화를 할 때, 제가 눈여겨볼 만한 새로운 자산 관리 방법들이 나왔다고 말씀드렸잖아요?"

두 번째로는, 어떤 방식으로 당신이 말한 약속을 지킬 것인지를 잠재 고객에게 말해 주어야 한다.

"자, 그 방법들에 대해 사장님께 말씀드리고 싶습니다. 동시에, 사장님이 운영하시는 사업체의 자산 관리를 돕기 위해 저희 회사 월터미티 주식회사가 개발한 믿을 수 없을 정도로 효과적인 방법에 대해 소개해 드렸으면 합니다. 괜찮으시죠?"

세 번째로 해야 할 일은 다음의 두 가지를 강조함으로써 잠재 고객의 마음에 당신에 대한 신뢰를 구축하는 것이다. 첫째, 회사의 전문성을 강조한다. "우리는 자산 관리 전문회사입니다."(우리는 이것을 '포지셔닝 선언Positioning Statement'이라고 부른다.) 그리고 둘째, 잠재 고객의 편에서 이러한 전문성을 활용하는 데 필요한 일이라면 무엇이든지 하겠다는 당신의 개인적 의지를 드러낸다.

"사장님, 저희 회사의 설립 이유에 대해 말씀드리겠습니다. 저희는 사장님 같은 분들이 자산을 제대로 관리하지 못해서 늘 힘들어 한다는 사실을 알게 되었습니다. 전문성이 없어 보이는 재무 전문가들 탓에 그리고 진심으로 고객들의 이익을 위하는 듯 보이지 않는 은행들 탓에 적정 이자율보다 더 높은 이자를 내는 일이 생긴다는 걸 알게 되었죠." 이런 식으로 계속한다.

"그런 일 때문에 항상 불만스러우시죠? 당연히 그러실 겁니다. 그게 바로 저희 월터미티 주식회사가 자산 관리 시스템을 만든 이유입니다. 가장 저렴한 비용으로 가장 훌륭한 재무 관리를 받을 수 있는 시스템이죠. 너무 좋아서 거짓말처럼 들리실 수도 있겠습니다만, 저희 시스템이 어떻게 그런 일을 할 수 있는지 설명 드리도록 하겠습니다……."

여기서 쟈니 존은 자신이 잭슨 사장이 무엇 때문에 힘들어 하는지를 이해하고 있으며, 개인의 능력이 아닌 월터미티 주식회사의 자산 관리 시스템을 이용하여 잭슨 사장의 어려움을 덜어 줄 수 있는 전문성을 지니고 있음을 전달하고 있다.

고객 평가하기에서 네 번째로 해야 할 일은 월터미티 주식회사의 자산 관리 시스템과 그것의 장점에 대해 설명하는 것이다. 시스템의 기능이 아닌 잠재 고객에게 줄 수 있는 이점에 대해 설명한다.

"사장님, 월터미티 주식회사의 자산 관리 시스템은 세 가지 일을 하도록 설계되어 있습니다.

첫째, 자산 관리에 있어서 문제가 되는 부분이 무엇인지 저희들이 구체적으로 알 수 있도록 해 줍니다. 그렇게 하는 이유는 자산 관리라는 것이 고객 한 분 한 분에게 맞게 맞춤형으로 이루어져야 함을 저희들이 잘 알고 있기 때문입니다. 이를 위해 저희 월터미티 주식회사에서는 자산 관리 설문지라고 부르는 것을 만들었습니다. 설문지의 구체적인 질문을 통해서 저희는 고객이 원하는 대로 자산 관리가 이루어지도록 제대로 방향을 설정할 수 있습니다. 오늘 미팅을 마치기 전에 설문지의 내용을 설명 드리도록 하겠습니다.

완성된 설문지는 저희 회사의 재무 시스템 그룹으로 갑니다. 거기에는 일단의 재무 전문가들이 있어서, 설문지를 살펴보고 정확히 작성되었는지를 확인합니다.

정확히 작성된 것이 확인되면, 그들은 설문지의 정보를 자산 관리 시스템에 입력합니다. 자산 관리 시스템은 설문지의 정보를 분석하여 저희들이 수년간 축적한 광범위한 데이터와 비교하도록 설계되어 있습니다. 정보를 분석하고 나면, 시스템은 사장님을 위한 맞춤형 해결방안을 만들어 낼 것입니다. 제가 아까 말씀드렸듯이, 가장 훌륭하면서도 비용은 가장 저렴한 재무 관리 방안이죠. 자산을 제대로 관리해서 다른 누구의 이익이 아닌 사장님 본인의 이익을 위해 쓸 수 있는 방안입니다.

그 해결방안은 재무 보고서의 형태로 준비될 것이며, 제가 그 보고서를 사장님께 직접 전달하면서 내용을 설명드릴 것입니다.

저희의 방안이 마음에 드신다면, 저희는 더없이 기쁜 마음으로 사장님이 그 방안을 시행하실 수 있도록 도와드릴 것입니다. 혹여 마음에 들지 않으시더라도, 적어도 저희가 사장님의 상황에 대해 더 잘 알게 된 계기가 된 셈이니, 나중에라도 사장님을 도와드릴 수 있을 것입니다.

어떤 경우이든, 사장님은 아무런 비용 없이 재무 보고서를 받아 보실 수 있습니다. 그렇게 무료로 재무 보고서를 드리는 이유는 저희가 진정성을 가지고 이 일을 한다는 걸 보여드리기 위함이며, 지금이든 나중이든 사장님과 함께 일할 수 있다면 무척 기쁠 것입니다.

자, 그럼 함께 설문지를 살펴보도록 하겠습니다. 살펴보고 나서, 자산 관리 분야에서 생겨나고 있는 눈여겨볼 만한 새로운 방법들 몇 가지를 요약해서 설명 드리도록 하겠습니다. 그런 다음에는 저희가 재무 보고서를 준비할 수 있도록 설문지를 작성해 주시면 감사하겠습니다. 괜찮으시죠?"

고객 평가하기에서 쟈니 존이 해야 할 다섯 번째 일은 자산 관리 설문지를 완성하는 것이다.

여섯 번째로 쟈니 존이 할 일은 약속했던 정보를 잠재 고객에게 제공하고 그것이 고객을 위해 재무 보고서를 준비하는 일과 어떻게 관련되어 있는지를 보여 주는 것이다(이 일은 고객 평가하기를 위한 회의를 시작하면서 할 수도 있고, 아니면 끝내면서 할 수도 있다).

고객 평가하기에서 쟈니 존이 해야 할 일곱 번째 일은 다음번에 재무 보고서를 가지고 잠재 고객과 만날 약속을 잡는 것이다. 동시에, 쟈니 존이 소중한 해결방안을 무료로 제공할 것이며, 잠재 고객이 해결방안을 시행하기로 결정하든 아니든 상관없이 고객이 그 방안을 이해하도록 도울 수 있다면 얼마든지 시간을 낼 것이라는 점도 상기시켜 주어야 한다.

고객 평가하기를 완료하고 나면, 쟈니 존은 잠재 고객을 유효지점 판매 과정의 세 번째 시점인 해결방안 제시하기로 이끌 약속을 잡을 것이다.

해결방안 제시하기 | 해결방안 제시하기는 유효지점 판매 과정 중에서 가장 쉬운 부분이다. 왜냐하면 쟈니 존이 이 지점까지 효과적으로 자신의 임무를 수행해 왔다면, 판매는 이미 이루어진 것이나 마찬가지이기 때문이다.

대부분의 영업직원들은 제품을 팔면 '끝난' 것으로 생각한다. 그러나 사실은 그렇지 않다. 제품을 판다는 건 '시작'을 의미한다. 고객 평가하기가 바로 그 시작이다. 고객 평가하기 과정을 통해서 잠재고객은 자신이 겪는 어려움에 대해 더 깊이 생각하게 되며, 당신과 함께 묻고 대답하는 과정을 거치면서 이용 가능한 기회가 있다는 사실을 알게 된다.

당신은 지금 잠재 고객에게 줄 뭔가를 가지고 있다.

즉, '매우' 저렴한 비용으로 자산에 대한 '관리'를 '받고자' 하는 잠재 고객에게 '재무 분야'의 '탁월한 해결책'을 제시해 줄 '눈여겨볼 만한 새로운 방법들'이다.

달리 말하면, 잠재 고객은 당신(혹은 쟈니 존)을 알게 됨으로써, (1)지식을 갖춘 재무 관리의 승리자 대열에 들어서게 되고, (2)귀빈처럼 대접을 받게 되며, (3)'전문가'들처럼 돈을 관리하게 되고, (4)삶에 대한 통제권을 쥐게 된다.

그리고 그는 과도한 비용을 들이지 않고도 모든 이익을 누리게 될 것이다!

이 정도면 누가 보더라도 충분하지 않을까?

해결방안 제시하기는 고객의 감정적 몰입(기억하는가?)을 뒷받침해 줄 이성적 증거를 제시하는 단계에 불과하다.

해결방안 제시하기 단계에서 쟈니 존은 지난번 고객 평가하기 동안에 자신이 말했던 모든 내용을 잠재 고객에게 다시 한 번 상기시켜 준다. 지난번 만남에서 심리적으로 강렬하게 끌렸던 그 모든 내용을 지금은 잠재 고객이 다 기억하지 못하는 상태이다. 하지만 금방 되살아날 것이다. 그 모든 내용이 그의 내면에서 완전히 사라져 버린 건 아닐 테니까.

그런 다음 쟈니 존은 잠재 고객을 위해 작성된 재무 보고서를 진정성을 가지고 성실한 태도로 아주 세세하게 단어 하나, 쉼표 하나, 숫자 하나까지 설명한다!

쟈니 존은 잠재 고객이 이 보고서를 월터미티 주식회사의 이익이 아니라 고객의 이익에 부합하는 보고서라고 느끼는지 확인하는 질문을 한다.

잠재 고객, 즉 잭슨 사장을 위해 맞춤형으로 준비된 그 재무 보고서의 모든 내용을 설명하고 나서 쟈니 존은 이렇게 묻는다. "저희가 추천해 드린 방안들 중에서, 지금 바로 가장 도움이 된다고 생각하시는 방안은 어느 것입니까?" 그런 다음 대답을 기다린다! 왜냐하면 누가 먼저 말하느냐에 따라 판매 여부가 결정되기 때문이다. 쟈니 존이 먼저 입을 열 수밖에 없는 상황이라면, 그것은 '판매가 이루어지지 않을 것' 임을 의미한다.

그래도 그뿐이다. 판매 계약서를 쓰는 것만 빼고는 다 했으니까!

물론, 그런 경우보다는 다르게 전개될 가능성이 훨씬 더 높다.

잠재 고객이 이 방안이 마음에 든다고 말하면 어떤 일이 생길까?

잠재 고객이 저 방안에 대해 묻는다면 어떤 일이 생길까? 이밖에도 다양하게 전개될 수 있다.

하지만 내 말을 믿어라. 당신이 침구류를 팔든, 아니면 컴퓨터나 수영장, 꽃, 비료, 카나리아, 강아지, 조립식 주택을 팔든, 유효지점 판매 과정은 도움이 될 것이다.

내가 그걸 어떻게 아냐고?

도움이 된다는 걸 이미 수없이 보았기 때문이다!

하지만 유효지점 판매 과정이 당신에게 도움이 되려면, 반드시 매번 동일한 방식으로 기꺼이 그 과정을 거쳐야만 한다. 매번 동일한 방식으로 동일한 문안을 사용해야 하며, 매번 동일한 방식으로 재무 보고서를 설명해야 한다.

매번 동일한 방식으로 그 과정을 거치도록 함으로써, 당신은 영업직원이 아닌 영업 시스템을 갖게 될 것이다.

바로 소프트시스템이다.

예전에는 예측 불가능했던 결과를 예측 가능한 방식으로 만들어 내는 기술이다.

그리고 정보시스템을 이용하면, 예측이 어느 정도 가능한지도 알 수 있게 될 것이다.

정보시스템

정보시스템이 앞선 사례에 나온 소프트시스템과 상호작용하려면, 당신에게 다음과 같은 정보를 제공해야 한다.

정보	기준 시점
전화를 건 횟수는?	1
접촉한 잠재 고객의 수는?	2
일정이 잡힌 약속의 수는?	3
확인된 약속의 수는?	4
실제로 만난 약속의 수는?	5
일정이 잡힌 '고객 평가하기'의 수는?	6
확인된 '고객 평가하기'의 수는?	7
완료된 '고객 평가하기'의 수는?	8
일정이 잡힌 '해결방안 제시하기'의 수는?	9
확인된 '해결방안 제시하기'의 수는?	10

　상기 정보는 수작업으로든, 컴퓨터의 데이터베이스로든, 일정 양식에 기록되어야 한다.

　정보시스템은 각각의 기준 시점을 따라가며 판매 시스템의 활동을 추적하여, 정말 놀라우리만치 많은 것들을 알려 줄 것이다.

　판매 과정의 한 기준 시점에서 다음 기준 시점으로 이행된 비율이 어느 정도이며, 그리고 어떤 영업직원이 어느 기준 시점에서 도움을 필요로 하는지 알 수 있다. '판매 시스템을 이용하는 직원'과 이용하지 않는 직원에 대해서도 알 수 있다.

　만약 당신이 전화를 거는 데 드는 비용을 계산했다면, 판매 과정의 그 다음 기준 시점을 수행하는 데 드는 비용도 계산할 수 있으며, 그런 식으로 기준 시점별로 계산을 해 나가다 보면 제품 하나를 판매하는 데 드는 전체 비용을 계산할 수 있다.

　한 마디로, 정보시스템은 당신이 알아야 할 필요가 있는 것들을 알려 주는 시스템이다!

　지금은 모르지만, 판매 시스템을 개발 · 관리 · 수정하려면 알아야 할 필요가 있는 것들을 알려 준다.

　그리고 재무와 생산, 제품개발을 위해 알아야 할 필요가 있는 것들도 알려 준다.

시스템 전략이 당신의 프랜차이즈 원형을 결합시켜 줄 접착제라면, 정보는 당신의 시스템 전략을 결합시켜 줄 접착제다.

정보시스템은 당신이 언제, 왜 바꿔야 하는지 알려 준다.

정보시스템이 없다면, 당신은 눈가리개를 한 채로 세 바퀴를 돌고 나서 손에 쥔 다트를 던지라는 신호를 기다리는 사람과 다를 바 없을 것이다.

승산이 전혀 없는 게임이다.

하지만 작은 기업을 운영하는 대부분의 사람들은 그런 게임을 하려고 한다.

하드시스템, 소프트시스템, 정보시스템.

물건, 행동, 생각, 정보.

이것들은 우리의 삶과 당신의 사업을 구성한다.

하나씩 따로 떼어 놓기가 얼마나 어려운지 아는가?

그것들이 서로 얼마나 뒤얽혀 있는지 아는가?

내가 사업 시스템을 말할 때 그것이 무엇을 의미하는지,

그리고 사업을 완전히 통합된 시스템으로 생각하는 일이 왜 그렇게도 중요한지 이제 이해가 가는가?

사업의 한 부분을 나머지 부분과 떼어 놓고 생각하는 것이 정신 나간 짓인 이유는 사업의 모든 요소들이 서로 영향을 미치고 있기 때문이다.

주요 목표, 전략적 목표, 조직 전략, 관리 전략, 인사 전략, 마케팅 전략, 시스템 전략, 이 모든 것들은 서로 독립적이라기보다 완전히 상호의존적이다.

사업개발 프로그램의 성공 여부는 당신이 그 통합을 얼마나 제대로 인식하느냐에 전적으로 달려 있다. 그리고 통합의 결과물이 바로 당신의 원형이다.

당신이 그 모든 걸 이해한다면, 이 책에 들인 우리의 시간은 헛되지 않으리라. 하지만 이해가 안 된다면, 눈가리개를 벗어라. 기회는 두 번 오지 않을 테니까.

우리에게는 해야 할 사업이 있다.

눈을 가리고 다트게임을 할 여유는 없다.

이제 거의 끝나가는 참이다. 사라도 나도 그것을 알고 있다. 이제 남은 일이라고는 각각의 퍼즐 조각을 맞추는 것뿐이었다. 우리가 함께 이야기했던 모든 것을 사라가 통합할 수 있도록, 그리고 그것을 그녀의 사업인 파이에 대한 모든 것에 어떻게 제대로 적용할지 알 수 있도록 도와주는 일만 남았다.

사라가 말했다. "하드시스템이 무엇인지 알겠어요. 제 가게의 간판, 바닥, 벽, 진열 선반, 탁자, 직원들의 유니폼, 그런 것들이에요. 달리 말하면, 제 가게에서 눈으로 볼 수 있는 모든 것들, 그리고 그것들이 서로 어울리는 방식을 말하죠. 사실, 하드시스템이 제대로 갖춰지면, 전체 가게가 아름답게 설계되어 완전히 통합된 하나의 시스템처럼 보여야 해요."

사라는 계속해서 말을 이었다. "그리고 정보시스템이 뭔지도 알겠어요. 제 가게들(사라는 이미 한 개가 아닌 네 개의 가게를 염두에 두고 있었다!)의 일상 업무에서 정보를 뽑아 내는 저의 능력을 의미하죠. 판매된 파이의 수량과 종류, 판매된 시간대, 각 점포를 방문한 고객의 수와 시간대, 포장 판매한 파이의 수, 점포 내에서 먹고 간 파이 조각의 수, 점포 내에서 먹기도 하고 포장 구입도 한 고객의 수와 같은 정보 말이에요. 그리고 이제 막 정보시스템에 대해 생각하기 시작했기 때문에, 앞으로 알고 싶은 더 많은 것을 생각해 낼 수 있을 것 같아요.

제가 완전히 이해하지 못한 건 소프트시스템에 관한 부분이에요. 그것에 대해 조금 더 말씀해 주시겠어요? 제 직원들이, 그 뭐죠, 유효지점 판매 시스템이라고 하셨나요? 그걸 사용한다는 게 도저히 상상이 안 돼요."

"사라가 그것을 제대로 이해했는지 미심쩍어 하던 참이었어요." 내가 말했다.

"제가 처음에 혁신에 대해서 이야기할 때 했던 말 기억하세요? '안녕하세요? 무엇을 도와드릴까요?'라는 말 대신에 '안녕하세요? 저희 매장에 처음 오셨나요?'라고 물어보라고 했죠?

자, 사라는 그걸 어떤 식으로 사라의 사업에 맞게 활용할 거죠?

우리가 해 볼 만한 가치가 있는 게임에 대해서, 그리고 지배인이 호텔에서 사용한 직원 채용 과정에 대해서 이야기했던 거 기억하세요? 그걸 어떤 식으로 사라의 사업에 맞게 활용할 거죠?

그 지배인이 사장이 하는 게임에 대해 이야기할 때 언급했던 그 대본에 대해서는 어떤가요? 그걸 어떤 식으로 사라의 사업에 맞게 활용할 거죠?

그리고 우리가 그 호텔의 체크리스트에 대해 이야기한 다음, 이어서 그 체크리스트를 규정하는 관리 시스템에 대해 말했던 거 기억하나요? 그걸 어떤 식으로 사라의 사업에 맞게 활용할 거죠?"

나는 계속해서 말했다. "사실, 사라 당신이 사업상 접촉하게 되는 모든 사람들과 한 서면 혹은 구두 의사소통이 전부 소프트시스템입니다. 의사소통에 사용하는 단어들이 완전히 통합되었을 때 얼마나 큰 힘을 발휘하는지 제대로 아는 사람은 거의 없습니다. 당신의 가게에 있는 모든 시각적 요소들이 한데 어우러져 기능해야 하듯이, 직원 채용 때 사용할 대본, 가게 이름, 직원들의 교육훈련 자료, 고객용 안내책자의 단어들, 광고, 당신이 하는 모든 말 등도 한데 어우러져 기능함으로써 하나의 강력하고 효과적인 메시지를 만들어 내야 합니다.

사라 당신이 곧 파이에 대한 모든 것이에요. 아무도 당신을 대신할 수 없어요.

아무도 당신과 똑같은 이야기를 할 수 없어요.

아무도 당신과 똑같은 방식으로 동일한 단어를 사용할 수 없습니다.

그리고 그 단어들은 파이에 대한 모든 것의 생각을 대변합니다.

그것은 오로지 당신의 마음에서 나온 생각입니다.

이모님과 당신이 너무나 잘 이해하는 생각이죠.

사라가 하는 사업의 혈액이자 심장, 영혼과도 같은 생각입니다.

그리고 그 영혼이 얼마나 소중한지 당신은 잘 알고 있어요, 사라. 그 영혼을 소중히 여기고, 타인들과 나누며, 자유롭게 해 주어야 해요.

그게 바로 소프트시스템입니다. 이제 알겠어요? 그 모든 것들이 어떻게 하나로 어우러져서 사랑스럽고 오래 지속되는, 그러면서도 끊임없이 변하는 경이로운 완전체가 되는지 알겠어요?

내가 왜 기술자의 역할만으로는 절대로 충분치 않다고 말하는지 이제 알겠죠? 당신의 사업이 잠재력을 마음껏 발휘하려면 해야 할 일이 너무나 많다는 것도 이제 알 수 있겠죠?

그리고 재미있기까지 하다고요!"

사라가 활짝 웃고 있었다.

사라에게 보내는 편지

자유는 저절로 오지 않는다. 쟁취해야 한다.
한 번만 얻으면 되는 게 아니라, 날마다 쟁취해야 한다.

— 롤로 메이, 「자아를 잃어버린 현대인」

친애하는 사라에게.

이 세상에 우연이란 없다는 말이 있듯이, 마침 롤로 메이의 탁월한 책 『자아를 잃어버린 현대인』을 세 번째로 다 읽은 오늘 사라에게 편지를 쓰게 된 것은 아마도 신의 뜻이 아닐까 생각합니다. 핵심가치, 의미, 목적, 자율과 같은 뜨거운 주제들이 진보적인 생각으로 여겨지는 오늘날, 그의 책이 사업을 하는 우리 모두에게 주는 교훈은 얼마나 큰지요. 사실 롤로 메이는 이미 1953년에 그러한 주제들에 대해 호소력 있는 주장을 펼쳤습니다!

그런 문제를 생각하면, 우리들 중에서는 메이가 말한 불안의 시대나 카뮈, 도스토옙스키, 키에르케고르, 카프카, 오웰, 혹은 T.S.엘리엇의 시 〈텅 빈 사람들〉이나 데이비드 리스먼의 책 『고독한 군중』을 떠올리는 사람들이 있지 않나요? 하지만 이런 사람들에게 그 문제는 단지 사업의 성공에 관한 문제가 아니라, 삶과 죽음의 문제였습니다!

메이의 책이 처음 발간되었던 1953년 당시에 우리에게는 삶의 가치에 대한 그런 갈망이 있었고 지금도 있는데, 그 사이에 우리에게는 도대체 어떤 일들이 있었습니까? 냉전? 달 여행? 한국전쟁? 베트남전쟁? 캄보디아 내전? 성혁명? 페미니스트 혁명? 시민 권리의 폭발? 심리학 혁명? 뉴에이지 선언과 새천년? 수도 없이 많은 일들이 있었습니다! 그런데 40년간 그 모든 일들을 겪고 나서도 우리는 여전히 삶의 의미를, 믿음의 대상을 찾고 있고, 마치 전혀 새로운 것을 이야기하듯이 그런 주제를 이야기하고 있습니다!

사라, 20세기 말에 우리가 배우지 못했던 교훈은 무엇입니까? 아마도 우리가 충분히 정성을 다하지 못하고 있다는 교훈인지도 모릅니다. 제가 보기에는, 정성을 다할 때 의미가 생기는 것이지, 그 반대가 아닙니다. 우리가 소중히 여기는 것을 정성을 다해 보살펴야 합니다. 주위를 둘러보면, 우리가 근본적으로 충분히 정성을 다하지 않고 있기 때문에 우리가 하는 일에서 진정한 의미를 발견하지 못한다는 사실을 깨닫게 됩니다.

이 말이 우리가 그 어떤 것에도 정성을 기울이지 않는다는 소리는 아닙니다. 우리는 분명히 정성을 다하고 있습니다. 돈을 버는 일에, 안전해지는 일에, 스스로를 지키는 일에, 그리고 슈퍼볼(미국 프로미식축구 챔피언 결정전 - 옮긴이)에 정성을 다하고 있습니다.

하지만 제 생각에는 우리가 정성을 기울여 왔던 그 일들은 도스토옙스키나 카뮈, 톨스토이, 키에르케고르, 카프카, 구약과 신약의 저자들, 그리고 롤로 메이가 사용한 저울에 올려 놓고 보면 하찮기 그지없는 것들입니다. 사라, 문제는 오늘날 우리가 너무나 가볍다는 데 있습니다. 우리는 가치를 말할 때조차, 그러한 가치가 스웨터나 구찌 구두 한 켤레처럼 수표를 써서 얻을 수 있는 상품인 듯 여깁니다. 오늘날에는 리더십, 자율권, 관리, 관계, 직무 훈련 세미나가 무수히 많이 열립니다. 마치 몇 번 훈련만 받으면, 갑자기 우리 스스로에 대해 상당히 중요한 뭔가를 발견하게 될 것처럼 말이죠. 난 그렇게 생각하지 않아요, 사라.

제가 생각하기에 우리에게는 세미나의 '트레이너들'이 우리를 위해 준비한 것보다는 훨씬 더 많은 것들이 필요합니다. 우리의 그런 사소한 욕구에 정신을 번쩍 들게 할 만큼 무자비하며 인정사정없는 충격, 그러면서도 스스로 관리 가능한 충격이 필요합니다. 우리 각자가 구축해 온 자신만의 작은 영역에서 불시에 사소한 욕구를 날려 버리거나 곧장 그 자리에서 태워 버려 결코 다시는 입에 올리지 않을, 그런 강력한 충격 말이에요.

그리고 사라, 그런 사소한 욕구에는 분명 문제가 있습니다. 물론, 기회도 있기는 하지만요. 어떤 이로움을 줄 것이라는 보장도 없이 그런 욕구를 아무 생각 없이 따르거나 더 나아가 열렬하게(어떤 두려운 일이 생길지 따지지도 않고) 맹신한다면, 그런 사람이 어떻게 삶의 핵심에 이를 수 있겠습니까?

친애하는 사라, 나는 얼마 전까지만 해도 우리가 그런 기로에 서 있다가 헤어졌다고 생각합니다. 그곳에 서서 나는 새롭게 길을 찾아 떠나는 사라를 지켜보면서, 당신이 어디로 가는지, 그리고 거기서 무엇을 발견할 것인지 알고 있다고 생각하면서도, 동시에 그런 건 결코 알 수 없다는 사실을 깨닫습니다. 당신이 선택한 그 길은 미래를 향해 가는 길이면서도, 한편으론 사라의 어린 시절과 사라가 잃어버렸다고 생각했던 '영혼'으로 거슬러 올라가는 길이기도 하죠.

하지만 사라, 당신이 찾게 될 '영혼'은 과거에서 되찾아야 하는 것이 아니라 당신이 선택한 미래로 가는 길에서 기다리는 것임을 저는 제 인생 경험을 통해 분명히 알 수 있습니다. 영혼은 당신의 뒤에 있는 게 아닙니다. 당신 앞에 있습니다. 영혼은 이미 거기서 당신을 기다리고 있어요! 당신이 그 영혼을 만나 하나가 되는 일만 남았습니다! 저처럼 완고한 사람에게는 너무 형이상학적인 말이라 입증할 수는 없지만, 그것이 사실이라는 데에는 한 치의 의심도 없습니다.

저 역시 영혼을 만나는 그런 똑같은 경험을 몇 번이고 계속해서 했기 때문에 잘 압니다. 내 앞에 펼쳐진 수천 개의 길 가운데 영혼이 나를 기다리고 있는 길을 선택하여 주저함 없이 기쁜 마음으로 발을 내디딤으로써, 잠재력을 발산하고 참자아를 추구하는 일이 내게 달려 있음을 알고 있습니다. 그것은 영적인 행위이자, 영혼과의 접촉이라 할 수 있어요.

그리고 사라, 우리의 영혼에 바로 의미가 존재합니다. 사라의 이모님이 정성이라고 부른 바로 그것이죠. 정성을 기울이도록 하는 주체가 바로 당신의 영혼입니다, 사라. 당신의 부모님과 선생님들은 영혼이 파괴적이라고 생각하여 그것을 당신에게서 빼앗아 가려 했지만, 이모님은 당신이 무엇을 찾아냈는지 아셨어요. 당신의 영혼은 줄곧 거기에서 당신을 기다리고 있었으니까요! 영혼은 아무 데도 간 적이 없어요. 다른 곳으로 가버렸던 건 바로 당신이었습니다. 그리고 지금 당신이 가는 길은 바로 당신과 이모님이 함께 걸었던 그 길입니다. 주방으로, 여름날 아침 작은 소녀가 그윽하고 우아한 여름 공기를 들이마시며 누워 있던 침대로, 떡갈나무 네 그루가 서 있는 곳으로, 당신의 손으로 검은 말의 얼굴을 쓰다듬던 그곳으로 향하는 길.

당신의 길은 늘 거기에 있었어요, 사라. 당신이 길을 잃고, 그 길을 믿지 않았던 것뿐이에요. 여느 소녀와 마찬가지로 부모님이 당신을 떠나가지 않게 하려고 그리고 선생님의 사랑을 받으려고 당신을 당신 자신으로부터 단절시켜 버렸던 거예요. 하지만 다행스럽게도, 영원히는 아니었죠.

지금 당신이 가는 이 길, 즉 기업가의 길은 이러저리 꼬불꼬불 꺾여 있기 때문에, 때때로 당신을 놀라게 하기도 하고 심지어 충격을 주기도 할 것입니다. 뻔히 예상할 수 있는 길은 분명 아니지만, 그래서 더욱 흥미진진하죠! 놀라움의 연속이자 끊임없이 전투가 벌어지는 길입니다. 그런 길이기 때문에, 진정한 인생의 길이라 할 수 있죠. 롤로 메이는 그 길을 '자유의 길'이라고 부르며, 이렇게 말했습니다. "따라서 자유란 그저 어떤 결정에 '네' 혹은 '아니오'라고 말하는 문제가 아니며, 우리 스스로를 만들고 창조하는 힘이다. 니체의 말을 인용하면 자유는 '진정으로 우리 자신이 되는' 능력이다."[*]

우리는 지금까지 당신의 사업과 그 관계에 대해서, 계획 세우기와 시스템, 통제, 관리에 대해서, 인력개발과 조직개발, 마케팅개발, 그리고 주의를 기울여야 하는 사업의 여러 부분들에 대해서 많은 이야기를 나누었습니다. 하지만 당신이 한 가지 중요한 사실을 잊어버린다면 그 어떤 것을 해도 아무런 차이도 만들어 내지 못할 것입니다. 바로 장막이 내려오지 못하게 해야 한다는 것입니다.

장막은 바로 당신의 안전지대입니다. 그리고 안전지대는 당신이 어린 소녀일 때 쓰고 있던 거짓 가면입니다. 영혼이 없다면 결코 안전할 수 없기 때문이죠. 안전지대는 당신의 얼굴 앞을 가로막은 장막이며, 그래서 당신은 그것을 통해서만 세상을 볼 수 있습니다. 안전지대는 당신이 살아온 아주 작은 은밀한 세상이며, 너무 작아서 어디에 숨든 다 알 수 있는 곳입니다. 지난 날 당신은 안전지대에 사로잡혔었지만, 조금만 방심하면 다시 사로잡힐 수 있습니다. 왜냐하면 안전지대가 당

---

[*] 롤로 메이, 「자아를 잃어버린 현대인」.

신에게 어떤 의미인지, 그리고 당신이 얼마나 편안함을 바라는지 알고 있기 때문이며, 통제권을 쥐고 있다는 안락함을 위해서라면 당신이 어떤 대가라도, 즉 최후의 대가인 당신의 삶마저도 포기하리라는 걸 알고 있기 때문입니다.

　그러니까 사라, 이 새로운 길이 그리고 영혼과 함께 산다는 것이 당신에게 어떤 의미를 준다면, 당신이 진정으로 영혼을 돌보고 싶다면, 당신의 삶에서 영혼을 지키세요. 조금만 방심하면 안락함이 우리를 집어삼키고 우리 모두를 겁쟁이로 만들 테니까요.

　이제 인사를 해야겠군요. 사라가 어떻게 지내는지, 사업은 잘 되어 가는지 알려 주세요. 그리고 기억하세요. 당신이 어디 있든지 내 마음이 함께한다는 것을.

마이클 거버

전 세계 기업가들의 꿈을 되찾아 주는 일

> 지식인은 행동에 대해 생각만 하거나 행동하고 나서
> 무엇을 할까 생각하는 삶이 아닌, 행동하는 삶을 산다는 것을 알아야 한다.
> 지식인은 진심으로 길을 선택하고 그 길을 따라간다.
>
> ─ 카를로스 카스타네다, 『별도의 실재』

이 책은 그저 성공에 대한 처방전이 아니라 준비를 요구하는 책이다.

하지만 싸울 준비가 아닌, 배움을 요구하는 책이다.

기존의 기술과 이해와는 다르게 어떻게 좀 더 생산적으로 그리고 인간적으로 느끼고 생각하고 행동하는지 배울 것을 요구한다. 오늘날의 세계는 만만한 곳이 아니다. 인류가 지난 20년간 경험한 변화는 그 이전 2천 년간 경험했던 변화보다 더 많다.

이전에 유효했던 지리적, 정치적, 사회적, 감정적 경계는 이제 더 이상 유효하지 않다. 규칙은 끊임없이 바뀌고 있다. 하지만 사람들은 경계나 체계, 규칙들 없이는 살아갈 수 없다.

그래서 우리의 '새로운 시대 상황'에 더 이상 맞지 않는 경계나 체계,

규칙들이 사라진 빈 공간을 채우기 위해 새로운 것들이 갑자기 생겨나고 빠르게 확산되어 왔다.

안타깝게도, 빠르게 변화하는 세상에서는 규칙들이 자리를 잡을 만한 시간이 거의 없다. 새로운 규칙들이 생겨나자마자 탐욕스러운 변화의 소용돌이 속으로 빨려 들어가고 나면 눈 깜짝할 새에 더 많은 규칙들이 생겨나고, 계속해서 더 많은 규칙들이 생겨난다.

이 모든 변화의 결과는 혼돈과 무질서이며 변화가 일어날 때마다 세상은 전보다 훨씬 더 요동치고 그때마다 전통은 사라져 간다. 세상은 점점 어려움에 처하고 혼란이 지배한다.

하지만 어려움은 세상 '저 밖'에서 시작되지 않았다. 만약 그랬다면, 우리는 정말로 곤경에 빠졌으리라. 우리들 중 '저 밖'에서 벌어지고 있는 일을 통제하거나 심지어 영향이라도 미칠 만큼 제대로 아는 사람이 누가 있겠는가? 사업에 대해 뭔가를 하기도 그렇게 어려운데, 하물며 세상에 대해서는 도대체 무엇을 할 수 있겠는가?

할 수 없다. 두말하면 잔소리다. 우리가 할 수 있다고 생각하는 조치가 있다면 그건 미봉책에 불과하며, 환멸을 불러일으켜 결국 엄청난 불행을 야기하는 조치가 될 것이다. 왜냐하면 미봉책은 해결책이 될 수 없기 때문이다. 미약한 노력으로 세상을 고쳐 보겠다고 한들 전체적인 상황은 바꿀 수 없다. 그런 노력이 효과를 본다고 해도, 어떤 주어진 시점에 우리가 속한 상황만 바꿀 수 있을 뿐이다.

그렇다. 우리는 세상 '저 밖'을 바꿀 수 없다. 그리고 다행스러운 일이지만, 그럴 필요도 없다. 훨씬 더 가까운 곳에서 시작할 수 있기 때문이다. 우리는 '이곳'에서 시작할 수 있다. 사실, 성공하려면 '이곳'에서 시작해야 한다. 왜냐하면 혼돈은 다른 모든 사람의 '저 밖', 혹은 세상 '저 밖'에 있는 게 아니기 때문이다. 혼돈은 당신과 나의 '이곳'에 있다.

문제는 세상이 아니다. 당신과 내가 문제다.

혼돈에 빠진 건 세상이 아니라, 우리다.

눈에 보이는 세상의 혼돈은 사실 우리 내면의 혼돈이 반영된 것일 뿐이다.

세상이 양식의 결핍을 반영한다면, 그것은 우리 자신의 양식이 결핍되어 있기 때문이다. 세상이 무슨 일을 하는지도 모르는 것처럼 움직인다면, 그것은 우리 자신도 무슨 일을 하는지 모르기 때문이다. 세상이 폭력적이고 탐욕스러우며, 비정하고 잔혹하고, 때로는 백치처럼 보인다면, 그것은 당신과 내가 그렇기 때문이다.

따라서 세상을 바꾸려면, 우리가 먼저 우리의 삶을 바꿔야 한다!

불행하게도 우리는 그런 식으로 생각하는 법을 배운 적이 없다. 우리는 '저 밖'의 사회를 대변하며, 우리가 아닌 그들의 입장에서 생각하는 데 익숙하다. 우리는 바뀌지 않고 그대로 있기 위해 세상을 고치고 싶어 한다. 그리고 '저 밖' 사회의 문제는 '안'에서 나온다.

하지만 이제 바꾸는 법을 배워야 할 시간이다. 이제 바꿔야 할 시간이다.

우리가 하지 않으면, 혼돈은 사라지지 않을 테니까.

그리고 우리는 더 이상 이런 혼돈을 감당할 수 없다.

우리에겐 시간이 없다.

간극을 메우는 일

간극을 메우는 일, 이것이 바로 이 책이 하고자 하는 이야기다.

'밖'과 '안' 사이의 간극,

세상 '저 밖'과 세상 '이곳' 사이의 간극을 메우는 일.

그리고 당신의 사업이 간극을 메우는 다리가 될 수 있다. 당신과 세계 사이의 간극을 메우는 다리이자, 세상 '저 밖'과 세상 '이곳'을 좀 더 인간적으로 이어 줄 수 있는 다리이다.

좀 더 생산적으로, 그리고 제대로 기능하는 방식으로 세상 '저 밖'과 세상 '이곳'을 이어 주는 다리이다.

앞서 말했던 그 호텔처럼, 당신의 사업은 무술도장이 될 수 있다. 죠 하이암스는 그의 책 『나를 이기는 싸움』에서 도장에 대해 이렇게 말했다.

도장은 우리가 우리 자신, 즉 우리의 공포와 불안, 반응, 습관과 만나게 되는 작은 우주이다. 겨루기라는 제한된 충돌이 벌어지는 무대인 도장에서 우리는 적과 마주하지만, 사실 그는 적이 아니라 오히려 우리 스스로를 좀 더 완전하게 이해하도록 도와주는 동반자이다. 도장은 우리가 누구이며 어떻게 세상에서 반응해야 하는지에 대해 짧은 시간에 많은 것을 배울 수 있는 장소이다. 도장 안에서 벌어지는 충돌은 우리가 도장 밖에서 일어나는 충돌을 다스리도록 도와주며, 무술을 연마하는 데 필요한 완전한 집중과 훈련은 일상으로 이어진다. 도장에서의 활동은 우리에게 끊임없이 새로운 것들을 시도하라고 요구하기 때문에, 도장은 배움의 원천이기도 하다. 선불교의 용어를 빌자면, 깨달음의 원천인 것이다.[*]

그리고 작은 기업도 그렇다!

소규모 사업은 우리가 어떤 행동을 취하든 그것에 즉시 반응하는 장소이다. 삶을 변화시키는 방식으로 생각을 구현하는 연습을 할 수 있는 장소이고, 우리 자신에 대해 가지고 있는 모든 가정들을 검증해 볼 수 있는 장소이며, 지나치지만 않다면 질문이 적어도 대답만큼이나 중요한 장소이다. 보편적인 것보다 구체적인 것이 우선하는 장소이고, 우리의 관심을 요구하는 장소이며, 따라야 할 규칙과 지켜야 할 순서가 있는 장소이다. 이상주의적이 아닌 현실적인 장소이지만, 동시에 현실을 뒷받침하는 이상주의가 반드시 있어야 하는 장소이기도 하다. 세계가 관리 가능한 크기로 줄어든 장소, 즉 즉각 대응할 수 있을 만큼 작으면서도 우리가 가진 모든 것을 검증할 수 있을 만큼 큰 장소이다. 진정한 무술도장이다. 우리만의 세계이다.

---

[*] 죠 하이암스, 「나를 이기는 싸움」

우리만의 세계

결국 그것이 바로 '미국인들이 가진 소규모 사업의 꿈'이다. 굉장히 많은 기업가들의(그러면서도 지나치게 기업가적이지는 않은) 노력에 촉매가 되는 꿈이다.

우리만의 세계를 창조하는 일이다.

수많은 사람들이 자기 사업에 뛰어드는 오늘날 그들이 이야기하는 기업가 혁명이란 무엇인가?

그것은 '저 밖' 혼돈의 세계에서 우리만의 세계로 날아가는 비행이라 할 수 있다.

기업가 혁명은 구조와 형식, 통제를 위한 갈망이다. 또한 다른 것을 위한 갈망이기도 하다. 좀 더 개인적인, 덜 분명하지만 인간으로서의 정체성과 훨씬 더 직접적으로 연관된 것을 위한 갈망이자, 직업에서는 경험하기 불가능한 우리 자신과 세계와의 관계를 위한 갈망이다.

하지만 안타깝게도, 우리가 보았던 것처럼 '꿈'은 거의 실현되지 않는다. 소기업 대부분이 실패한다. 그리고 실패하는 이유는 분명하다. 우리 스스로 혼돈을 유발하기 때문이다.

우리는 바뀌지 않는다. 우리는 '저 밖'을 바꾸려 한다. 작은 기업을 창업하여 세상을 바꾸려 하지만, 정작 우리는 그대로다.

그래서 우리에게 새로운 세상을 열어 준 소규모 사업은 결국 세상에서 가장 형편없는 일자리가 되어 버린다!

이 모든 것에서 배우는 교훈은 단순하다. '저 밖'에서 시작해서는 우리의 삶을 바꿀 수 없다는 것이다. 그래 봐야 더 큰 혼란만 생길 뿐이다.

먼저 그 세계가 어떻게 구성되어 있고 어떻게 기능하며 게임의 규칙은 무엇인지를 이해해야만 우리의 삶을 바꾸고 우리만의 세계를 창조할 수 있다. 이 말은 우리가 세상과 그 안에서의 존재 방식을 자세히 관찰해 보아야 함을 의미한다. 그리고 자세히 관찰하려면 범위와 복잡성에 있어서 충분히 작은 세계이어야 한다.

소기업이 바로 그 작은 세계다.

그리고 사업개발 프로그램은 좀 더 효과적으로 그 작은 세계를 연구하는 수단이 될 수 있다.

그리고 지속 가능한 사업 원형은 그러한 연구의 성공에 필요한 훈련을 시켜 주는 수단이 될 수 있다.

혁신과 수량화, 조직화는 우리와 우리의 적수(그게 누구이든지)가 우리의 한계와 약점, 장점을 발견하게 해 주며, 우리의 상상이 이뤄지길 바라기보다는 현실에서 유효한 것을 발견하게 해 주는 실천 방안이 된다. 무술 대결에서 상상이 끼어들 여지는 없다. 거기선 죽을 수도 있으니까!

혁신과 수량화, 조직화는 우리 사업의 신념체계, 즉 세상과의 상호작용을 위한 철학적 기반을 제공하며, 우리 스스로 내린 한계를 뛰어넘어 배우고 창조하고 확장하는 원천이 된다.

그리고 혁신과 수량화, 조직화를 통해서 우리의 사업은 단순히 일하러 가는 장소 이상의 그 뭔가가 될 수 있다. 우리 안의 기술자 인격 뿐만 아니라 더 많은 인격을 만족시켜 주는 장소가 될 수 있다. 온전한 우리 자신을 위해, 즉 우리 내면의 혁신가와 지지자, 행동가 그리고 기업가와 관리자, 기술자를 위해 사업을 개발하는 장소가 된다.

사업을 통해서 당신과 나는 더 많은 생명력을 얻을 수 있다.

행동을 위한 생각

하지만 사업이 제대로 돌아가는가?

사업 원형 모델이 제대로 기능할까?

다음과 같은 중국 속담이 있다.

귀로 들은 것은 금방 잊어버리리라.

눈으로 본 것은 오래 기억하리라.

하지만 행동하기 전까진 그 어떤 것도 이해하지 못하리라.

한마디로 나의 대답은 확실히 '그렇다!'이다. 사업 원형 모델은 그것을 적용할 때마다 당신에게 유효한 결과를 보여 줄 것이다. 원형은 일하는 사람들의 온전한 참여를 요구하기 때문에 효과적이다. 건성으로, 아니면 앞뒤 가리지 않고 원형을 만들 수는 없다. 오로지 지적으로, 합리적으로, 계획적으로, 체계적으로, 온정적으로 해야 한다.

그러한 사업개발 프로세스는 거기에 참여한 사람들의 즉각적인 변화를 유발한다. 그리고 그것이 바로 성공의 열쇠이다.

사업개발 프로세스에 참여한 사람들이 그것을 지속하려면 그들의 목표를 기억해야 한다. 그렇게 기억하는 과정을 통해 목표가 현실화된다. 당신의 사업은 목표가 구체적이고 실질적인 방식으로 검증될 수 있는 장소가 되며, 사람들이 바라는 삶의 상징, 즉 그들이 누구이며 무엇을 믿는지를 명시적으로 표명하는 대상이 된다. 인간의 의지를 보여주는, 역동적으로 진화하는 살아 있는 증거가 된다.

하지만 이제 그것에 대해선 더 이상 생각하지 말기 바란다.

이제는 행동할 시간이다.

행동하기 전까진, 그 어떤 것도 이해하지 못하기 때문이다.

행동하면, 생각할 여지는 남지 않을 것이다. 당신의 길에 제대로 들어설 테니까. 그때까지는 그저 또 다른 좋은 생각, 또 다른 창조적인 생각으로 남겨 두어라.

생각을 혁신으로 바꿀 시간이다.

전 세계 소기업에 꿈을 되찾아 줄 시간이다.

너무 오래 생각만 해 왔다.

첫걸음을 내딛는 일

그래서 지금 당신은 어떠한가?

의욕이 불타오르고, 다시 시작하고 싶다는 마음이 들지 않는가? 당신의 사업을 작은 '돈 찍어 내는 기계', 즉 턴키 운영으로 바꾸고 싶다는 생각이 들지 않는가?

그렇다면, 사라처럼, 그리고 사라와 같은 수많은 작은 기업 사업주들처럼 당신은 첫걸음을 내딛어야 한다.

사업에서 한 걸음 물러서서 새로운 '기업가 신화의 눈^{E-Myth Eyes}'으로 그것을 보아야 한다.

사업의 현재 상태를 분석하고 사업이 성공했을 때 어떤 모습이길 원하는지를 결정한 다음, 꿈을 실현하려면 당신이 현재 서 있는 곳과 앞으로 가야 할 곳의 간극이 얼마나 되는지 판단해야 한다.

그 간극을 이해하면 당신이 꿈꾸는 사업을 만들기 위해 정확히 무엇을 해야 하는지 알게 될 것이다.

그리고 기업가 신화의 눈으로 당신의 사업을 보면, 그런 간극은 언제나 시스템이 없기 때문에, 즉 당신의 사업을 다른 모든 사업과 차별화시켜 줄 독점적 사업방식이 없기 때문에 생겨난다는 사실을 발견하게 될 것이다.

1986년 『사업의 철학』이 처음 발간된 이래로, 나의 회사는 수많은 소기업 사업주들과 기업가들이 그들의 사업에서 한 발 물러서서 각자의 간극을 발견하는 일을 도와 왔다.

우리는 이 책을 통해 당신을 위해서도 똑같은 일을 할 수 있기를 바랐다. 당신의 사업과 삶, 당신의 미래를 위해 현재 서 있는 곳에서 원하는 곳으로 가는 다리를 어떻게 건너야 하는지 배울 수 있기를 바랐다.

그러니 잊지 말아라.

귀로 들은 것은 금방 잊어버리리라.

눈으로 본 것은 오래 기억하리라.

하지만 행동하기 전까진 그 어떤 것도 이해하지 못하리라.

이제 시작하자.

마이클 거버
마이클 거버 컴퍼니 공동 창립자/회장
캘리포니아 주 칼즈배드

감 사 의 글

　가장 먼저 나의 작업을 변함없는 열정으로 지지해 준 열성적인 독자들과 팬들에게 깊은 감사를 표하고 싶다. 그들이 없었다면 나의 메시지는 아무런 의미도 갖지 못했을 것이다.

　세상을 밝혀 준 아름다운 아내 루즈 델리아를 내게 허락하신 신께 감사드린다. 오랫동안 나의 내면 깊숙이 갇혀 있던 창조성을 말로는 다 표현할 수 없는 방식으로 일깨우고 새롭게 발현하도록 해 준 사람은 바로 나의 사랑, 평생의 동반자인 루즈 델리아였다. 생기 있고 질서 정연하며 흠잡을 데 없이 아름다운 그녀의 모습이 내 삶을 기쁨으로 채워 주었다. 루즈 델리아는 내가 살아가고 생각하고 사랑하고 성장하는 방식을 바꾸어 놓았다. 그것도 영원히!

　이 책에 소개된 아이디어들을 함께 생각해 냈을 뿐만 아니라 그것을 완성하는 데 필요한 지원을 아끼지 않은 분들에게 감사를 표한다. 내가 굳이 이름을 말하지 않아도 그들은 알고 있으리라.

　우리의 회사를 신뢰하고 새로운 일원이 된 분들에게도 감사를 드린다. 그들은 나의 진정성과 사업의 철학에 대한 견해뿐만 아니라, 세계를 향한 나의 꿈, 즉 '전 세계 작은 기업들에 꿈을 되찾아 주는 일'을 위한 꿈과 비전, 목적, 사명이 얼마나 중요한지를 공감하고 끊임없이 지지해 주었다.

특별한 나의 아이들, 악셀, 킴, 힐러리, 샘, 올리비아도 빼놓을 수 없다. 오로지 아버지만이 알 수 있는 방식으로 아이들은 받은 것보다 더 많은 걸 내게 주었다.

내 회사 기업가 신화의 동료들에게도 감사를 표한다. 그들은 때와 장소를 가리지 않고 변함없이 기업가 신화 메시지의 지지자가 되어 주었으며, 이 책의 정신에 대한 열정은 물론, 서로에게, 그리고 수천 명의 고객에게 헌신함으로써 때론 불가능해 보이고 타당한 이유가 없어 보이는 상황에서도 그 메시지에 생기와 의미를 불어넣었다.

수많은 고객들 그리고 독자들에게 감사를 드린다. 그들은 우리의 진정성에 신뢰를 보내 주었으며, 그 과정에서 탁월하고 결단력 있게 부족함을 넘어선다는 것이 어떤 의미인지를 우리가 가르쳐 준 것 이상으로 우리에게 가르쳐 주었다.

그리고 마지막으로, 처음에 나와 함께 경이로운 기업가 신화를 창조했던 사람들에게 감사를 표한다. 그들은 "사업에 휘둘리지 말고 사업을 지배하라!"고 외친 내 말에 귀 기울이고 믿고 적용하여 사업을 성장시킴으로써 회계사, 변호사, 안경사, 척추 지압사, 재정 자문가, 조경 사업자, 건축가, 부동산 중개인, 부동산 투자자, 보험지점, 치과의사, 그 밖에도 너무나 많은 사업 분야에서 기업가 신화의 본보기가 되었다. 『사업의 철학』을 서로에게, 그리고 친구들에게 알린 여러분의 창조적 영감, 약속, 헌신에도 감사를 표한다.

사업의 철학

초판 1쇄 발행 2015년 9월 1일
초판 20쇄 발행 2024년 10월 25일

지은이 | 마이클 거버
옮긴이 | 이제용
일러스트 | 최광렬

발행인 | 정상우
편집인 | 주정림
디자인 | 석운디자인
펴낸곳 | (주)라이팅하우스
출판신고 | 제2022-000174호(2012년 5월 23일)
주소 | 경기도 고양시 덕양구 으뜸로 110 오피스동 1401호
주문전화 | 070-7542-8070 팩스 | 0505-116-8965
이메일 | book@writinghouse.co.kr
홈페이지 | www.writinghouse.co.kr

한국어 출판권 ⓒ 라이팅하우스, 2015
ISBN 978-89-98075-20-0 (03320)

상처받지 않는 영혼

상처받지
않는 영혼

·

내면의 자유를 위한

놓아 보내기 연습

마이클 A. 싱어 지음 | 이균형 옮김 | 성해영 감수

라이팅하우스

마이클 싱어는 우아하고도 단순한 방법으로 독자를 한 걸음 한 걸음씩 지혜의 근원으로 데려간다. 이 책을 주의 깊게 읽으면 당신은 영원을 맛볼 것이다.

— 디팩 초프라 (초프라 행복센터 대표, 영성철학자)

동양은 동양이고 서양은 서양이다. 하지만 마이클 싱어는 영적 탐구로부터 일상의 고난에 이르기까지 성공을 이루는 방법에 관한 이 뛰어난 책을 통해 이 위대한 두 전통 사이에 다리를 놓아 준다. 프로이트는 삶은 사랑과 일로 이루어진다고 말했다. 싱어의 지혜가 번뜩이는 이 책은 훌륭한 웅변과 재치 그리고 강력한 논리로써 이 말을 완결시켜 준다. 일과 사랑은 사심 없는 헌신의 양극임을 보여줌으로써 말이다.

— 레이 쿠르츠바일 (발명가, 저술가)

마이클 싱어는 나의 마음을 완전히 새로운 사고의 차원으로 열어 주었다. 이 책을 통해 나는 새롭고 흥미로운 방식으로 심리학적이고도 지적인 도전을 받았다. 많은 시간 동안의 내적 성찰을 요구할지도 모르겠지만 이 책은 자신과 진리에 대한 깊은 이해를 추구하는 모든 이들이 반드시 읽어야 할 책이다.

— 루이스 시아바치 (메릴린치 부사장)

세상의 가장 위대한 스승들은 중도中道를 가르친다. 그러나 이들이 표현하는 영적 언어들은 비밀스럽고 일상적이지 않다. 양극단을 피하고 중간의 길을 가는 것이 중도일까? 양 끝의 한가운데가 중도일까? 중도란 '영원히 있다'는 편견과 '완전히 없다'는 편견을 모두 벗어나 무수한 원인과 조건들의 관계 속에서 균형과 조화의 중심이 순간순간 지금 여기에서 드러남을 말한다. 다양한 영적 전통을 경험한 마이클 싱어는 이 심오하고 알쏭달쏭한 중도의 가르침을 실제 삶의 예화 속에서 쉽고 명쾌한 언어로 풀어낸다. 중도의 비밀을 확실히 알고 싶은가?『상처받지 않는 영혼』의 일독을 권한다.

— 미산 스님 (상도선원 원장, 옥스퍼드대 철학박사)

『상처받지 않는 영혼』은 명쾌하고 실질적인 방법으로 인간 삶의 진정한 목표인 깨달음을 성취하는 길을 보여 준다.

— 비크람 초두리 (비크람 요가 창시자, 인도 요가대학 설립자)

마이클 싱어의『상처받지 않는 영혼The Untethered Soul』은 대단히 흥미로운 책이다. 이미 적지 않은 수의 명상 서적이 시중에 나와 있지만, 이 책은 여러 모로 주목할 만하다. 영어 원제가 간명하게 보여 주듯 우리의 영혼을 속박이나 굴레tether, 즉 자신을 규정하는 한계로부터 자유롭게 하는 방법에 대한 논의가 이 책의 요지이다. 그리 길지 않은 분량임에도 불구하고 명상의 현대적 의미와 중요성을 참으로 친절하게 되짚어 주는 이 책이 독자들에게 소개되어 무척 기쁘다. 일견 평범해 보이는 일상적 삶의 이면에 경이로운 신비가 숨겨져 있다는 가슴 뛰는 진실을 이 책을 통해 확인할 수 있기를 기원한다.

— 성해영 (서울대학교 인문학연구원 교수, 종교학)

『상처받지 않는 영혼』은 '지금 여기'에 살지 못하고 고통 받는 사람들에게 내면의 중심 속에 머물며 매 순간을 온전히 사는 생생한 삶의 길을 친절하게 안내한다. 삶의 고난 속에서 가슴을 닫고 사는 우리들에게 마음의 벽을 넘어서, 삶의 흐름에 저항하지 않고 기꺼이 '예'라고 말할 수 있는 실천의 가능성을 보여 준다. 이 책의 안내가 궁극적으로 깨어 있는 마음챙김mindfulness 수련의 실천으로 이어질 수 있다면 더할 나위 없이 큰 선물이 될 것이다.

— 안희영 (서울불교대학원학교 심신통합치유학과 교수, 한국심신치유학회회장)

정직하게 말해서, 비길 데 없이 훌륭한 책이다. 마이클 싱어는 단순하고도 심오한 역설적 방법으로 독자를 깊은 영적 여행으로 데려간다. 그것은 에고에 얽매인 의식으로부터 출발해서 근시안적이고 억눌린 자아상을 넘어 내적 자유와 해탈의 경지에서 끝을 맺는다. 마이클 싱어의 책은 구도의 결실을 맺지 못한 채 깊고 충만한 삶을 갈구하는 모든 이에게 더없이 귀한 선물이다.   — 요기 암릿 데자이

이 책은 영적 의식의 길을 명쾌하고 강력하게 다뤄 놓은 명석한 담론이다. 마이클 싱어는 영적 여정을 가고 있는 이들에게 확고한 디딤돌을 제공해 준다.

— 압둘 아지즈 사이드 (아메리칸 대학교 평화학 교수)

『상처받지 않는 영혼』은 내가 여행 갈 때 반드시 챙겨 가는 다섯 가지 물건 중 하나이자 가장 사랑하는 책이다. 내가 이 책에서 가장 좋아하는 부분은 '마음속 가시 빼내기'이다. 여러분에게도 영적 여행을 시작할 수 있는 소박한 시작점이 될 것이다.

— 오프라 윈프리 방송인 (하포주식회사 회장)

당신의 신성한 자아를 비쳐 보여 줄 거울이 이 속에 있다. 이 책 속에서 당신은 깊은 영성을 맛볼 것이다. 교의와 의식으로 덧칠되지 않은 알짜 영성을 찾고 있다면 이 책을 읽어야 한다.

— 랍비 잘만 샤흐터 샬로미

마이클 싱어는 꾸밈없고 명쾌한 문장으로 위대한 영적 가르침들의 핵심을 전한다. 이 책의 각 장들은 속박된 인간의 상황에 대한 깊은 성찰로서, 그 낱낱의 매듭을 우아하게 풀어내어 영혼을 자유롭게 해줄 방법을 알려 준다. 그 단순함과 정확성이 이 책의 놀라운 경지를 말해 준다.

— 제임스 오데어 (이지과학연구소장)

『상처받지 않는 영혼』은 의식의 본성과 그것을 실제로 의식적으로 사용하는 법에 대해 내가 읽은 책 중에 실로 가장 뛰어난 담론이다. 이것은 우리의 진면목, 드러나고 있는 인간성 속에서 우리가 대면하는 그것에 대한 가장 명쾌한 설명이다.

— 진 휴스턴 (철학자, 심리학자, 『신화적 삶과 가능성에 대한 열망』 저자)

이 책은 아주 드문 종류의 책입니다. 얼굴은커녕, 짤막한 저자 소개 외에는 자신의 홈페이지에서조차 신상을 알리지 않고 있던 어떤 스승의 책 한 권이 조용히 서점의 한 귀퉁이에 놓여 있다가, 아마존 독자들의 호평이 여러 해에 걸쳐서 하나둘씩, 그러나 꾸준히 쌓여 가면서 소문이 퍼져 드디어 어떤 임계점에 다다랐는지, 급기야는 재작년 오프라 윈프리가 자신의 쇼에서 이 책과 저자를 소개하면서 일약 베스트셀러가 된 후로 지금까지도 독자들의 식을 줄 모르는 사랑을 받고 있으니 말입니다.

아직도 저자는 세상에 나서기를 저어하지만, 이 책이 저자를 충분히 이야기해 줍니다. 저자는 마음의 일상적 지껄임에 대한 관찰로부터 시작해서 깊은 영적 경지로 이어지는 내면의 여행을 누구나 당장 출발할 수 있도록 쉽고도 부드럽게 안내해 주는 보기 드문 스승입니다.

이 책을 읽고 나면 문외한이라도 명상이니 수행이니 영성이니 하는 것의 진정한 의미를 철학적이지도, 신비적이지도 않은 일상적 언어를 통해 이해하게 되고, 무엇보다도 그것을 실천할 수 있는 지극히 단순한 방법을 확실히 알게 될 것입니다. 그 다음은 독자의 몫입니다. 하지만 독자의 몫으로 남겨진 그것도 시간을 따로 내어서 복잡하고 힘들게 해야 하는 '수행'이 아니라 즉각적인 보상을 가져다주는, 일상 속의 흥미로운 게임이 될 것입니다.

저자는 이렇게 말합니다. 삶 속의 온갖 자잘한 일들을 대면하여 늘 중심에 머물게 하는 이 마음의 기술을 연마하는 게임에 맛을 들이다 보면, "어느 날 문득 당신은 자신이 정말 중대한 문제 앞에서도 중심을 지킬 수 있게 된 것을 발견할 것이다. 과거 같았으면 당신을 파멸로 몰아갔을 종류의 사건도 당신을 완벽하게 평화로운 중심에 남겨둔 채 왔다가 그냥 지나가게 할 수 있다."

삶의 한가운데서부터 출발해서 초월적인 영성의 세계로 이어지는 여행을 안내하고 있지만, 사실 이 책은 명상이란 단어조차 몇 번 언급하지 않습니다. 다만 우리의 마음속에서 지금도 벌어지고 있는 우스꽝스러운 현상들을 보여주면서 거기서 어떤 오해와 착각과 잘못이 일어나고 있는지를 분명히 일러주고, 그것을 현장에서 바로잡을 수 있도록 도와줍니다.

여기에 이 책의 매력이 있습니다. 한마디로 이 책은 수행자들의 전유물처럼 보이던 '명상'을 나날의 생활과 직결된, '제대로 사는 삶'의 방식, 곧 삶의 도道로서 소개해 줍니다. 그러니 삶 자체를 깊은 수행의 도장으로 바꿔 놓는 이것이야말로 현대의 생활인들에게 가장 알맞은 형태의 마음공부라고 생각됩니다. 당신에게 무엇으로 다가오든 간에, 이 책에 담겨 있는 그것을 당신의 두레박으로 양껏 길어 올리시기를.

옮긴이 이균형

『상처받지 않는 영혼』은 미국과 서구 국가들 그리고 그 밖의 많은 나라에서 엄청난 성공을 누렸습니다. 이 같은 세계적인 호응의 원인은, 이 책이 우리가 사는 외부세계에 관한 것이 아니라 내면세계에 관한 것이기 때문입니다. 국적과 언어를 막론하고 우리는 모두가 자기만의 내면세계에서 살고 있고, 시시각각 변해 가는 주변 환경에 적응하기 위해 최선의 노력을 기울이고 있습니다. 자신의 내면에서 편안하면 우리 삶의 모든 것도 훨씬 더 아름답고 흥미롭고 영감에 넘치게 됩니다. 하지만 내면이 불편하면 삶도 짐스럽고 위협적인 것이 되어 우리를 압도합니다.

한국과 같은 성공적인 나라의 사람들에게는 외면적인 성공뿐만 아니라 내면의 상태를 다루는 법을 터득하는 것이 매우 중요합니다. 사람들은 종종, 이런저런 것을 하고 싶은데 살기에 바빠서 할 시간이 없다고들 합니다. 『상처받지 않는 영혼』의 가르침이 멋진 점은, 그것이 시간과는 상관없는, 우리가 이미 하고 있는 나날의 생활을 어떻게 바라보고 다가갈 것인지를 논하고 있다는 점입니다. 자신이 내면의 삶을 어떻게 살아가고 있는지를 깨닫고, 내면의 상태를 개선하는 데 필요한 일을 하는 것은 일상생활을 제쳐두고 해야 하는 일이 아니라 그 속에서 할 수 있는 일입니다. 그러므로 궁극적으로는, 나날이 경험하는 기쁨과 사랑과 만족의 수준을 끌어올리는 이 능력은 모든 사람이 갖추고 있는 것입니다. 그리고 그렇게 하는 것은 개인적으로 만족스러운 일일 뿐만 아니라 사회적으로도 매우 책임성 있는 일입니다. 그것은 주변의 모든 사람들에게 빛을 비춰 주니까요.

한국은 매우 긍정적이고 열심히 일하는 국민들이 '하면 된다'는 정신을 증명해 보여 준 나라입니다. 이 세상은 그와 같은 역할 모델을 절실히 요구하고 있습니다. 한국민들이 평화와 조화의 본보기가 되어서 깨달음의 시대를 열어 준다면 정말 멋지겠습니다.

깊은 사랑과 존경으로
마이클 싱어*
뉴욕타임스 베스트셀러 1위 『상처받지 않는 영혼』 저자

★ 마이클 싱어는 플로리다 대학교 Harn 박물관 Cofrin 아시아 미술부의 한국미술 영구전시관 창설 기금을
    마련한 기부자이다. 이 한국미술 보존센터는 한국 국립문화재연구소, 코리아 재단, 대한민국 문화재관리
    국의 관대한 후원을 받아 창설되었다.

감 사 의 글

이 작업은 여러 해 전에 린다 빈이 나의 강의 중 일부를 받아 적으면서 나에게 책을 써보도록 부추겼을 때 그 씨가 뿌려진 것이다. 그녀는 내가 마침내 책 쓰기에 착수할 때까지 끈기 있게 기록을 해나갔다. 이 일에 대한 그녀의 헌신과 노고에 깊이 감사드린다.

책 쓰기를 시작하자 카렌 에트너가 자료를 정리하고 내용에 대한 제안과 함께 원고를 정리하는 일을 도와줬다. 우리는 단어들의 흐름이 가슴과 마음과 영혼에 평화로운 느낌을 가져다줄 때까지 함께 글을 다듬고 다듬었다. 그녀의 헌신과 정성 어린 노고에 깊이 감사드린다.

차례

'무엇보다도 너 자신에게 진실하라. 그러면 낮이 가면 절로 밤이 오
듯이, 너는 누구에게도 거짓될 수가 없을 테니까.' – 윌리엄 셰익스피어

햄릿의 1막에서 폴로니우스가 아들 라에르테스에게 하는 이 유명
한 대사는 그 뜻이 너무나 분명하다. 우리가 타인과 정직한 인간관계
를 유지하려면 먼저 자신에게 정직해야 한다는 것이다. 하지만 라에
르테스는 곧 깨달을 것이다. 자신에게 온전히 정직해지기보다 차라리
바람을 붙드는 편이 더 쉬우리라는 것을. 과연 우리는 도대체 어느 '자
아'에게 진실해야 할까? 기분이 나쁠 때 나타나는 자아에게? 아니면
실수를 저지르고 겸연쩍어할 때 거기 있는 그 자아에게? 우리가 우울
하거나 화 나 있을 때 가슴속 어두운 구석에서 투덜거리고 있는 그에
게? 아니면 삶이 너무나 가뿐하고 환상적으로 느껴지는 그 찰나적 순
간에 나타나는 그에게?

이 의문으로부터 우리는 '자아Self'라는 개념이 처음 생각했던 것보
다 훨씬 복잡한 것임을 깨닫는다. 라에르테스가 전통 심리학의 자문
을 구할 수 있었더라면 거기서 약간의 답을 얻었을지도 모른다. 심리

학의 아버지인 프로이트는 마음을 이드$_{id}$와 에고$_{ego}$와 슈퍼에고$_{superego}$
로 나누었다. 이드는 우리의 원초적이고 동물적인 본성이고 슈퍼에고
는 사회가 우리 안에 주입시켜 놓은 분별적인 반응체계, 그리고 에고
는 이 두 가지 강력한 힘의 균형을 유지시키려고 애쓰는, 외부세계에
대한 우리의 대변자라는 것이었다. 하지만 이것도 젊은 라에르테스에
게 크게 도움이 되지는 않았을 것이다. 아무튼 이 갈등하는 힘들 중에
서 어느 것에게 진실해야 하는 것일까?

우리는 또다시 매사가 겉보기만큼 단순하지는 않다는 사실을 깨닫
는다. 용기를 내서 '자아'라는 말의 껍질을 들추고 그 속을 들여다보다
보면, 많은 사람들이 그냥 지나쳐 버리는 의문이 일어난다. '내 존재의
이 많은 측면들이 모두 동등하게 나의 '자아'인가, 아니면 그중 하나만
이 나인가? 만일 그렇다면 그중 어느 것이 언제 어디서부터 어떻게,
왜 그런가?

이 책에서 우리는 '자아'를 탐사하는 여행을 떠날 것이다. 하지만 구
태의연한 방법으로는 하지 않을 것이다. 심리학자나 위대한 철학가에
게 자문을 구하지도 않을 것이고 오랜 종교의 지혜로운 답을 놓고 갑
론을박하거나 여론을 조사한 통계자료에 기대지도 않을 것이다. 그
대신 우리는 이 주제에 관한 한 엄청난 직접적 지식을 보유하고 있는
유일한 정보원을 찾아갈 것이다. 이 큰 의문을 영원히 가라앉힐 만한
데이터를 수집하는 일에 평생의 날들과 하루의 매 순간을 바치고 있

는 단 한 사람의 전문가를 찾아갈 것이다. 그 전문가는 바로 당신이다.

하지만 흥분하기 전에, 혹은 당신은 그런 일을 할 준비가 안 돼 있다고 생각하기 전에, 우리가 이 주제에 관한 당신의 견해를 들으려는 것은 아님을 분명히 알아야 한다. 우리는 당신이 어떤 책을 읽고 어떤 공부를 했는지, 어떤 코스를 수료했는지 따위에는 관심이 없다. 우리는 단지 당신으로서 존재한다는 것이 어떤 것인지에 관한 당신의 직관적 경험에만 관심이 있다. 우리는 당신의 지식이 아니라 직접 체험을 구한다. 당신은 여기에 부응하지 못하려야 못할 수가 없다. 왜냐하면 당신의 '자아'야말로 언제 어디서든지 당신 자신이기 때문이다. 단지 이것은 약간의 정리가 필요할 것이다. 그 안은 상당히 복잡하고 어지러울 수 있기 때문이다.

이 책의 각 장들은 당신의 '자아'를 여러 각도에서 비춰 보게 하는 하나의 거울일 뿐이다. 우리가 떠나려는 여행은 내면의 여행이지만 우리는 당신 삶의 모든 측면을 기웃거릴 것이다. 당신에게 필요한 유일한 것은 아주 편안하고 정직하게, 자신을 직관적으로 들여다보고자 하는 의욕이다. 명심하라, 우리가 '자아'의 근원을 탐사해 갈 때, 실제로 찾아가게 되는 것은 바로 당신 자신임을.

이 글을 읽어가는 동안 당신은 일부 심오한 주제에 관해 자신이 생각보다 훨씬 더 많은 것을 알고 있음을 깨닫게 될 것이다. 사실, 당신은 이미 자신을 발견하는 법을 알고 있다. 단지 방향을 잃고 헤매고 있을 뿐이다. 초점을 되찾으면 당신은 자신을 찾을 능력뿐만 아니라 자신을 해방시킬 힘도 지니고 있음을 깨달을 것이다. 그것을 하느냐 마느냐는 전적으로 당신에게 달려 있다. 하지만 이 책을 통해 여행을 마칠 때쯤이면 당신은 더 이상 혼란도 없고 더 이상 무기력하지도 않으며 더 이상 남을 탓하지도 않게 될 것이다. 당신은 무엇을 해야 할지를 정확히 알게 될 것이다. 곧 시작될 깨달음의 여행에 자신을 바친다면 당신은 자신의 진정한 본성에 대해 크나큰 존경을 갖게 될 것이다. 오로지 그 때에만 당신은 '무엇보다도 너 자신에게 진실하라.'는 이 충고의 깊은 의미를 제대로 음미할 수 있게 될 것이다.

PART 1

잠든 의식을 일깨우기

제1장

마음의 소리

'이름이 기억나지 않네. 뭐였더라? 이런, 벌써 그녀가 저기 오고 있
는데. 뭐더라…… 샐리, 수우? 바로 어제 들었는데 내가 왜 이러
지? 이거 참 난감하군.'

알고 있겠지만 당신의 머릿속에서는 한시도 끊임없이 마음의 독백
이 이어지고 있다. 그것은 꼬리에 꼬리를 물고 끝없이 이어진다. 그것
이 왜 거기서 그렇게 주절대는지 궁금해 한 적이 있는가? 그것은 언제
무슨 말을 할지를 어떻게 결정할까? 그 말이 어디까지 맞을까? 그것
이 얼마나 의미가 있기나 한 것일까? '무슨 말이야? 머릿속에서 무슨
말이 들린다는 말이야?' 바로 지금, 속에서 이런 말이 들린다면, 우린
바로 그것을 이야기하고 있는 것이다.

현명한 사람이라면 잠시 한걸음 물러서서 이 목소리를 살펴보고 그
것을 이해해 보려고 할 것이다. 문제는, 그것을 객관적으로 바라보기
에는 아직도 거리가 너무 가깝다는 것이다. 저만큼 멀찍이 물러나서
그 지껄이는 모습을 바라봐야만 한다. 운전을 하고 있을 때도, 속에서
끝없이 이어지는 소리가 들린다.

'참, 프레드에게 전화를 하기로 했잖아? 맞아. 이런, 내가 왜 그걸
까먹어 버렸지? 난리 났겠는데. 이젠 나하고 말도 안 하려고 하겠는
걸. 당장 차를 세워서 전화를 할까? 아냐, 지금은 차를 세울 수가 없
어……'

목소리는 양쪽의 대사를 다 읊는다는 사실에 주목하라. 그것은 계속
지껄일 수만 있다면 어느 쪽의 대사를 읊든 상관하지 않는다. 피곤해
서 잠을 청하려고 해도 목소리는 계속 지껄인다.

'내가 뭘 하고 있지? 아직 자면 안 돼. 프레드에게 전화한다는 걸 잊
어 버렸어. 차에서 기억이 났었는데 전화를 안 했어. 지금 걸지 않으
면…… 아냐, 시간이 너무 늦었어. 지금은 안 돼. 전화 걸 생각은 왜
하고 있는 거야? 난 잠을 자야 돼. 이거 참, 이젠 잠이 안 와. 피곤하
던 것도 지나가 버렸어. 하지만 내일 중요한 일이 있는데…… 그리

고 아침 일찍 일어나야 해.'

잠이 안 오는 것이 이상할 것도 없다! 아니, 당신은 왜 그 목소리가 쉴 틈 없이 지껄이도록 내버려 두고 있는가? 그게 설사 위안을 주는 좋은 말이라고 하더라도 그것은 당신이 하는 일을 사사건건 어수선하게 어지럽혀 놓는다.

이 마음의 소리를 잠시 관찰해 보면 가장 먼저 깨닫게 되는 것은, 그것이 한시도 입을 다물지 않는다는 사실이다. 내버려 두면 그것은 그저 밑도 끝도 없이 지껄여댄다. 어떤 사람이 혼잣말을 계속 주절거리면서 어슬렁거리는 모습을 상상해 보라. 당신은 그가 이상한 사람이라고 생각할 것이다. '혼자서 말하고 자기가 듣는다면 무슨 말을 할지를 말하기도 전에 뻔히 알 텐데, 도대체 왜 저러는 거야?' 당신은 이렇게 생각할 것이다. 우리의 머릿속에서 들리는 목소리도 역시 마찬가지다. 왜 지껄이는 걸까? 지껄이는 것도 당신이고 듣는 것도 당신이다. 그리고 그 목소리가 혼자서 입씨름을 하고 있다면 상대는 대체 누구일까? 승부가 나기나 할까? 정말 복잡한 일이다. 어디 들어 보자.

'아무래도 결혼을 해야겠어. 아냐! 아직 준비가 안 된 걸 알면서 그래. 후회할 텐데. 하지만 난 그를 사랑해. 웃기지 마, 넌 톰한테도 그랬어. 그와 결혼했으면 어쩔 뻔했어?'

유심히 살펴보면 그것은 단지 좀 쉴 만한 편안한 지점을 찾고 있다는 것을 알게 된다. 도움이 된다 싶으면 그것은 서슴없이 편을 바꾼다. 그리고 자신이 틀렸다는 것을 깨달아도 목청을 낮추는 법이 없다. 그저 관점만 얼른 바꾸고는 계속 떠들어댄다. 잘 살펴보면 이 마음의 꿍꿍이수는 빤히 드러난다. 하지만 사실 끊임없이 지껄여대는 자신의 마음을 처음으로 발견할 때는 충격을 느낀다. 그것의 입을 다물게 하려고 헛되이 소리를 질러 보기까지 할 것이다. 하지만 당신은 곧 그것도 또 하나의 목소리가 다른 목소리에게 지르는 소리일 뿐임을 깨닫는다.

'입 다물어! 잠 좀 자자. 넌 왜 말을 안 하면 안 되니?'

이런 식으로는 그것의 입을 막을 수 없는 것이 분명하다. 이 끊임없는 지껄임에서 자신을 해방시키는 최선의 길은 거기서 물러나서 그것을 객관적으로 바라보는 것이다. 그 목소리를 그저 그 속에 누군가가 있어서 당신에게 말하는 것처럼 느껴지게 만드는 '소리 기계'라고 생각하라. 그것에 대해서 생각하지 말고 그저 지켜만 보라. 그것이 무슨 말을 하든지 간에 그것은 모두가 똑같은 '말'이다. 상냥한 말을 하든 정나미 떨어지는 말을 하든, 저속한 말을 하든 고상한 말을 하든, 하나도 다를 게 없다. 그래 봤자 모두가 마찬가지로 머릿속에서 지껄이는 하나의 목소리일 뿐이다. 사실 이 목소리로부터 떨어져 있는 유일한 방법은 그 말의 내용에 신경을 쓰지 않는 것이다. 그것이 말하는 어떤 것은 나이고 어떤 것은 내가 아니라고 느끼지 말라. 말하는 그것은 결코 당신이 아니다. 당신은 목소리를 듣고 있는 그다. 당신은 그것이 지껄이는 것을 알아차리는 자이다.

그것이 지껄일 때 당신은 그 소리를 듣는다. 그렇지 않은가? 그것에게 지금 '안녕' 하고 말하게 하라. 그것을 몇 번 되풀이해 보라. 속으로 크게 소리쳐 보라! 자신이 속에서 '안녕' 하고 말하는 게 들리는가? 물론 들린다. 지껄이는 목소리가 있고, 그 목소리가 지껄이는 것을 알아차리는 당신이 있다. 문제는, 목소리가 '안녕' 하고 말하는 것을 알아차리기는 쉽지만 그 목소리가 무슨 말을 하든 상관없이 말하는 것은 목소리이고 듣는 것이 당신임을 알아차리는 것이 어렵다는 점이다. 목소리가 말하는 것은 그 어느 것도 당신이 아니다. 우리가 어떤 세 가지 대상을 바라보고 있다고 가정해 보자. 예컨대 화분과 사진과 책이 있다. 누가 이렇게 묻는다. '이 중에 어느 게 당신이오?' 그러면 당신은 이렇게 대답한다. '어느 것도 아니오! 나는 내 앞에 놓인 저것들을 바라보는 자요. 당신이 내 앞에 무엇을 갖다 놓든 상관없소. 난 언제나 그것을 바라보는 자일 테니까.' 알겠는가, 이것은 이런저런 대상을 인식하는 주체에 관한 이야기다. 내면의 목소리를 듣는 것도 마찬가지다. 그것이 무슨 말을 하든지 그 내용은 아무런 상관이 없다. 당신은 그것을 인식하는 자이다. 그것이 말하는 것 중 어떤 것은 자신이고 어떤 것은 자신이 아니라고 생각하는 순간 당신은 객관성을 놓쳐 버린다. 당신은 목소리가 좋게 말하는 쪽이 자기라고 생각하고 싶을 테지만 그것도 매한가지로 지껄이는 목소리일 뿐이다. 그것이 하는 말이 아무리 마음에 쏙 든다고 해도 그것은 당신이 아니다.

진정한 성장을 위해서는 당신이 마음의 소리가 아님을, 당신은 그것을 듣는 자임을 깨닫는 것보다 더 중요한 것은 없다. 이것을 이해하지 못하면 당신은 목소리가 말하는 온갖 것들 중에 어느 것이 진짜 자신인지를 알아내려고 끙끙댈 것이다. 사람들은 '자신을 찾기 위한 노력'이라는 이름하에 온갖 변화를 경험한다. 그들은 이 목소리들 중에서, 자신의 인격 중에서, 어느 측면이 진정한 자신인지를 밝혀내려고 애를 쓴다. 그 대답은 간단하다. 어느 것도 아니다.

객관적으로 관찰해 보면 당신은 목소리가 하는 대부분의 말들이 아무런 의미도 없다는 것을 알게 될 것이다. 대부분은 그저 시간과 에너지의 낭비일 뿐이다. 사실을 말하자면, 삶의 대부분은 당신의 마음이 삶에 대해 지껄이는 말과는 전혀 상관없이 당신의 통제력을 훨씬 넘어선 힘의 흐름에 따라 전개될 것이다. 그것은 잠자리에 누워서 내일 아침에 해가 뜨게 할 건지 말 건지를 결심해야 한답시고 고민하는 것과도 같다. 변하지 않는 것은, 태양은 떴다가 진다는 것이다. 이 세상에는 무수한 일이 일어나고 있다. 그것에 대해서 당신이 원하는 바를 얼마든지 생각해 볼 수는 있겠지만 삶은 변함없이 펼쳐질 것이다.

사실 당신의 생각이 이 세상에 미치는 힘은 당신이 희망하는 것보다 훨씬 미미하다. 객관적인 눈으로 자신의 모든 생각을 잘 들여다보면 그 대부분의 생각이 정말 아무런 의미도 없음을 깨달을 것이다. 그것은 당신을 제외하고는 그 어떤 사물이나 사람에게도 아무런 영향을 미치지 못한다. 그것은 그저 지금 일어나고 있는 일에 대해서, 과거에 일어났던 일에 대해서, 아니면 앞으로 일어날지도 모를 일에 대해서 당신의 기분이 좋아지거나, 아니면 나빠지게 만들고 있을 뿐이다. 내일은 비가 오지 않기를 바라면서 시간을 보낸다면 헛일을 하는 것이다. 당신의 생각은 비를 그치게 하지 못한다. 언젠가는 당신도 마음속의 끊임없는 지껄임이 아무짝에도 쓸모없는 것임을, 그리고 끊임없이 모든 것에 간섭하고 알려고 하는 그것이 다 부질없는 짓임을 알게 될 것이다. 그리고 마침내 문제의 진정한 원인은 삶 자체가 아니라는 것을 깨달을 것이다. 문제의 진정한 원인은 삶을 놓고 벌이는 마음의 온갖 소동이다.

여기서 중요한 의문이 올라온다. 즉, 내면의 목소리가 하는 말이 그토록 부질없고 의미 없는 것이라면 그것은 애당초 왜 거기 있는 것일까? 이 질문에 대한 답의 열쇠는 그것이 말할 때 무엇을 어떤 이유로 하는지를 이해하는 데에 있다. 예컨대 어떤 경우, 마음의 소리는 물이 끓을 때 주전자가 소리를 내는 것과 같은 이유로 말을 한다. 그러니까, 풀어내야 할 에너지가 속에 많이 쌓여 있는 것이다. 객관적으로 잘 관찰해 보면, 마음속에 불안하고 두려워하는 에너지나 욕망의 에너지가 쌓여 있을 때는 이 목소리가 극도로 활발해진다. 당신이 누군가에게 화가 나서 야단을 쳐주고 싶을 때, 이것을 쉽게 관찰할 수 있다. 그를 실제로 만나기도 전에 벌써 내면의 목소리가 얼마나 여러 차례 야단을 쳐대고 있는지를 살펴보라. 마음속에 에너지가 쌓이면 그것으로 뭔가를 하고 싶어진다. 목소리가 지껄이는 것은 마음이 편하지 않기 때문이고, 지껄임은 그 불편한 에너지를 풀어 준다.

하지만 특별히 거슬리는 것이 없을 때조차 목소리는 여전히 지껄이고 있는 것을 발견할 것이다. 길을 걸어가다가도 그것은 이렇게 지껄인다.

'저 개 좀 봐! 래브라도 종이야! 야, 저 차 안에는 또 다른 개가 있네. 저놈은 옛날의 우리 개 얼룩이를 닮았어. 우와 올즈모빌도 있네. 알래스카 번호판을 달고 있어. 저건 이 근방에는 흔치 않은 건데!'

그것은 사실 당신에게 세상을 중계방송해 주고 있다. 하지만 그게 다 무슨 소용인가? 밖에서 일어나는 일들을 당신은 이미 눈으로 훤히 보고 있는데 마음의 소리가 그것을 새삼스럽게 되뇌어 주는 게 무슨 도움이 된단 말인가? 이것을 아주 잘 따져 봐야 한다. 당신은 한번 흘끗 보는 것만으로도 사물의 세세한 내용을 그대로 파악한다. 나무를 본다면 당신은 힘들이지 않고 가지와 잎사귀, 꽃봉오리들을 다 본다. 그렇다면 이미 본 것을 왜 말로 표현해야 하는가 말이다.

'저 말채나무를 좀 봐. 푸른 잎사귀 위에 핀 흰 꽃이 너무 아름다워. 꽃이 참 많이 피었어. 정말 만발했네!'

이것을 잘 관찰해 보면 당신은 마음이 이렇게 해설해 주는 덕분에 주변 세상에 대해 더 편한 느낌을 갖게 된다는 사실을 깨닫게 될 것이다. 그것은 마치 자동차 뒷좌석에 느긋하게 기대앉아서 드라이빙을 나가는 것처럼 당신이 상황을 제대로 통제하고 있다는 느낌을 갖게 한다. 나무는 더 이상 당신과 아무런 상관없는 세계의 어떤 나무가 아니다. 그것은 당신이 보고 판단하고 이름 붙인 나무이다. 마음속에서 말로 표현함으로써 당신은 세상에 대한 처음의 직접경험을 당신의 생각의 세계 속으로 가져온 것이다. 거기서 그것은 당신의 가치 체계나 과거 경험을 이루고 있는 다른 생각들과 어우러진다.

외부세계에 대한 당신의 경험과 마음속 세계에 대한 당신의 상호작용 사이에는 어떤 차이점이 있는지를 잠시 살펴보자. 당신이 그저 생각을 하고 있을 때는 어떤 생각이든 마음속에서 마음대로 만들어낼 수 있다. 그리고 이 생각들은 목소리로 표현된다. 당신은 마음의 놀이터에 죽치고 앉아서 생각을 만들어내고 주물럭거리는 일에 매우 익숙하다. 이 내면의 세계는 당신이 지배할 수 있는 하나의 대체 환경이다. 하지만 외부세계는 자체의 법칙에 발맞추어 행진한다. 목소리가 외부 세계를 당신에게 해설해 줄 때, 그 생각들은 이제 당신의 다른 모든 생각들과 뒤섞여서 주변 세계에 대한 당신의 경험을 물들인다. 결국 당신이 경험하는 것은 여과되지 않은, 있는 그대로의 진짜 세계가 아니라 당신의 해석에 따른 당신만의 세계인 것이다. 외부세계 경험에 대한 이 마음의 조작은 있는 그대로의 현실에 대한 완충작용을 한다. 예컨대, 한순간에 당신이 보는 것은 무수히 많지만 목소리는 그중 단 몇 가지만을 중계한다. 마음속에서 거론되는 것들은 당신에게 중요한 것들이다. 이 미묘한 사전 처리 과정을 통해서 당신은 당신의 현실 경험이 마음에 잘 맞아떨어지게끔 조작할 수 있게 된다. 사실 당신의 의식은 현실 그 자체가 아니라 마음이 만들어낸 현실의 모조품을 경험하는 것이다.

이것을 매우 유심히 관찰해야 한다. 왜냐하면 바로 이것이 당신이 끊임없이 벌이고 있는 일이기 때문이다. 겨울에 외출했다가 추위에 몸이 떨리면 목소리가 말한다. '어이, 추워!' 이 말이 무슨 도움이 되는가? 춥다는 사실은 이미 알고 있었다. 추위를 경험하고 있는 것은 바로 당신이다. 목소리는 왜 그것을 당신에게 말하고 있는가? 그것은 마음속에다 세상을 재창조하기 위한 것이다. 당신이 세상을 통제하지는 못해도 마음은 통제할 수 있기 때문이다. 그 때문에 마음속으로 지껄이는 것이다. 세상을 원하는 대로 바꾸지는 못해도 그것을 마음속으로 말하고 판단하고 불평하고 그것에 대해 어떻게 할 것인지를 결정할 수는 있다. 이것은 당신에게 아직 힘이 있다는 느낌을 들게 한다. 몸이 추위를 느낄 때 기온을 바꿔 놓기 위해서 당신이 할 수 있는 일은 없다. 하지만 마음이 '추워!'라고 말하면 '집에 거의 다 왔어. 조금만 더 가면 돼.' 하고 다독거릴 수는 있다. 그러면 기분이 한결 나아진다. 생각의 세계에는 경험을 조절하기 위해 할 수 있는 일이 많이 있다.

그러니까 당신은 외부세계를 내부에다 재창조한다. 그리고 마음속에서 살아간다. 그런데 이것을 그만두기로 한다면 어떻게 될까? 세상에 대한 해설을 중단하고 그냥 의식적으로 그것을 관찰하기만 한다면 당신은 문이 더 활짝 열리고 무방비로 노출되어 있는 느낌을 받게 될 것이다. 그것은, 다음에 어떤 일이 일어날지를 전혀 예상할 수 없는 데다, 마음이 지금까지 당신을 돕는 일에 너무 익숙해져 있었기 때문이다. 마음은 현재의 경험을 처리하여 그것이 당신의 과거에 대한 견해와 미래에 대한 전망에 맞아떨어지도록 조작해 준다. 이 모든 것이 최소한 겉보기에는 만사가 통제되고 있는 것 같은 느낌이 들도록 만들어 주는 것이다. 마음이 이렇게 하지 않으면 당신은 당장 불안에 빠진다. 대부분의 사람들에게 현실은 불편할 정도로 '현실적'이어서, 마음으로써 그 현실을 순하게 길들여야만 한다.

당신이 그 일을 맡겼기 때문에 마음이 그토록 끝없이 지껄였다는 것을 이제 당신도 깨닫게 될 것이다. 당신은 그것을 하나의 보호 장치, 일종의 방어 수단으로 사용한다. 그래서 그것은 당신을 더 안전하게 느끼게 한다. 그것이 당신이 원하는 바인 한은, 당신은 삶을 그저 사는 대신 마음을 시켜서 삶의 충격으로부터 당신을 늘 경호하게 할 것이다. 세상은 당신이나 당신의 생각과는 무관하게 그 변화무쌍한 모습을 펼쳐내고 있다. 그것은 당신이 오기 전부터 있었고 당신이 떠난 뒤에도 오래도록 남아 있을 것이다. 사실 당신은 세상을 지킨다는 핑계 아래 자신을 지키려고 발버둥 치고 있는 것이다.

개인의 진정한 성장이란, 불안해하면서 보호를 요청하는 자기 안의 어떤 부분을 극복해내는 것에 관한 문제이다. 그것은 속에서 지껄이는 목소리가 아니라 그 목소리를 알아차리는 것이 바로 당신임을 끊임없이 스스로 상기시키는 작업을 통해서 해낼 수 있다. 이것이 탈출로이다. 당신이 늘 자신에게, 자신에 대해 말을 하고 있다는 사실을 아는 내면의 그는, 언제나 말이 없다. 그것은 당신 존재의 심층으로 들어가는 문이다. 지껄이는 목소리를 지켜보고 있는 자신을 인식하는 것은 환상적인 내면의 여행을 향한 문턱을 넘는 첫걸음이다. 잘 이용하기만 한다면, 근심과 혼란과 온갖 신경증의 근원이었던 그 마음의 소리를 진정한 영적 각성의 발판으로 바꾸어 놓을 수 있다. 목소리를 지켜보는 그를 알면 당신은 창조의 가장 깊은 비밀을 알게 될 것이다.

제2장

마음속 룸메이트와 결별하기

내면의 성장은, 자신에 대해 생각하기를 그치는 것이 평화와 만족을 찾는 유일한 길임을 깨닫느냐 마느냐에 전적으로 달려 있다. 마음속에서 늘 지껄이고 있는 '나'는 결코 만족을 찾지 못한다는 것을 마침내 깨달을 때, 당신은 성장을 시작할 준비가 된 것이다. '나'는 늘 뭔가로 골치를 썩인다. 정직하게 말해 보라, 최근 들어 정말 아무런 문제도 없었던 때가 언제인가? 현재의 문제로 골치를 썩이기 전에는 다른 문제가 있었다. 그리고 현명한 사람이라면 이 문제가 지나가면 또 다른 문제가 생기리라는 것도 알 것이다.

결국, 문제에 에워싸여 있는 마음속의 그 부분으로부터 해방되기 전에는 결코 문제로부터 자유로워질 수가 없을 것이다. 문제 때문에 혼란스러울 때, '이걸 어떻게 해야 하지?' 하고 묻지 말고 '이것 때문에 혼란스러워하고 있는 것은 나의 어떤 부분일까? 하고 물어보라. '이걸 어떻게 해야 되지?'라고 묻는다면 당신은 벌써 문제가 외부에, 실제로 존재한다고 믿는 함정에 빠진 것이다. 문제를 눈앞에 두고도 마음이 평온한 경지를 누리고 싶다면 당신이 특정 상황을 문제로 인식하게 되는 원인을 제대로 이해해야만 한다. 어떤 것에 대해 시기심을 느낀다면, 어떻게 자신을 방어하고 보호할까를 궁리하지 말고 이렇게 물어보라. '나의 어떤 부분이 시기심을 느끼는가?' 이것이 시기심 때문에 문제를 느끼는 당신의 그 부분을 들여다보게 할 것이다.

　문제를 느끼는 부분이 분명히 보이면 이렇게 물어보라. '이것을 보는 것은 누구일까? 이 마음의 혼란을 누가 인식하고 있는 걸까?' 이렇게 묻는 것이 모든 문제의 해결책이다. 혼란을 인식한다는 사실 자체가 당신은 그것이 아님을 뜻한다. 인식이란 주체와 대상이라는 관계가 있어야만 일어날 수 있는 과정이다. 주체는 '목격자'라 불리는데, 왜냐하면 그것은 일어나는 일을 지켜보는 자이기 때문이다. 대상은 당신이 보는 그것으로, 이 경우에는 내면의 혼란이다. 내부의 문제를 객관적으로 지켜보는 태도를 유지하는 것이 외부의 상황에 넋을 뺏기는 것보다 언제나 낫다. 이것이 영적인 사람, 곧 내면을 탐구하는 사람과 세속적인 보통 사람의 가장 중요한 차이이다. 세속적이라는 것은 돈이 많다거나 신분이 높은 것을 뜻하는 게 아니라 내부 문제의 해결책이 외부에 있다고 생각하는 것을 말한다. 당신은 외부의 조건을 바꾸면 문제가 없어지리라고 생각한다. 하지만 지금까지 어느 누구도 외부 조건을 바꾸어 문제를 진정으로 해결한 적이 없다. 언제나 그 다음 문제가 일어난다. 진정하고 유일한 해결책은 '지켜보는 의식'이 됨으로써 관점을 완전히 바꾸는 것이다.

　내면의 자유를 성취하기 위해서는 문제에 넋을 빼앗기지 않고 그것을 객관적으로 지켜볼 수 있어야만 한다. 문제 속에 빠져들어 있는 동안에는 어떤 해결책도 존재할 수 없다. 문제에 대해 초조해하거나 두려워하고 화를 내서는 그 상황에 제대로 대처할 수 없다는 것은 삼척동자도 다 아는 사실이다. 그러니 맨 먼저 다루어야 할 문제는 자신의 반응이다. 상황이 내 마음에 미치는 영향을 다루기 전에는 외부의 어떤 문제도 해결할 수가 없을 것이다. 대부분의 문제는 겉으로 보이는 것과 같지 않다. 사태를 충분히 들여다보면 진정한 문제는, 모든 일과 사사건건 말썽을 일으킬 소지가 바로 당신의 내부에 들어 있다는 사실임을 깨달을 것이다. 먼저 해야 할 일은 당신의 그 부분을 처리하는 것이다. 그러려면 '외부의 해결책'을 찾는 태도로부터 '내부의 해결책'을 찾는 태도로 마음을 바꾸어야 한다. 문제에 대한 해결책은 외부의 조건을 바꾸는 것이라고 생각하는 버릇에서 빠져나와야만 한다. 당신의 문제에 대한 영구적이고 유일한 해결책은 내면으로 들어가서 현실과 온갖 말썽을 일으키고 있는 당신의 그 부분을 해방시키는 것이다. 그러고 나면 그 나머지 것은 어떻게 처리해야 할지를 확연히 알게 된다.

모든 것을 문제로 삼는 당신의 그 부분을 풀어 놓는 방법이 실제로 있다. 그것은 불가능한 것처럼 보이지만 그렇지 않다. 삶의 통속극으로부터 빼내올 수 있는 당신 존재의 어떤 부분이 실제로 있다. 당신은 시기를 느끼거나 화를 내는 자신을 지켜볼 수 있다. 그것에 대해 생각하거나 분석할 필요가 없다. 이 모든 것을 보는 것은 누구인가? 마음속의 이 변화를 누가 인식하는가? '그 사람하고 말할 때마다 신경질이 나.'라고 말할 때, 신경질이 나는 것을 당신은 어떻게 아는가? 당신은 거기에 있고 거기서 일어나는 일을 보기 때문에 신경질이 나는 것을 아는 것이다. 그 감정과 당신 사이에는 분리가 있다. 당신은, 그런 것을 알아차리는 '그'다. 일단 그러한 의식의 자리를 찾아내기만 하면 마음의 혼란을 쓸어낼 수 있다. 지켜보는 것으로써 그 작업을 시작해 보자. 당신이 거기서 일어나는 일을 인식하고 있음을 그저 알아차리면 된다. 그것은 쉽다. 그러면 당신은 자신이 온갖 강점과 약점을 다 지닌 한 인간의 인격을 목격하고 있음을 깨달을 것이다. 그것은 마치 어떤 사람과 함께 있는 것과도 같이 느껴질 것이다. 실제로 당신은 '룸메이트'와 함께 살고 있다고 말할 수도 있다.

　당신의 룸메이트를 만나고 싶다면 잠시 완전한 침묵 속에서 홀로 자신 속에 앉아 있어 보라. 당신은 그럴 권리가 있다. 그것은 당신의 내면세계니까. 하지만 거기에는 침묵은 없고 끊임없는 지껄임만 들릴 것이다.

'내가 왜 이런 짓을 하고 있지? 해야 될 더 중요한 일이 있는데 말이야. 이건 시간 낭비야. 이 안에는 나밖엔 아무도 없어. 이게 다 뭔 짓이란 말이야?'

당신의 룸메이트가 바로 나타난다. 당신은 마음을 침묵시키겠다는 분명한 의지를 품었을지 몰라도 룸메이트는 협조해 주려 들지 않는다. 그건 당신이 침묵하려고 할 때만이 아니다. 룸메이트는 보는 것마다 입을 뗀다. '난 그걸 좋아해, 저건 싫어. 이건 좋은 거고 저건 나쁜 거야.' 그는 끊임없이 지껄인다. 대개는 이것을 알아차리지도 못한다. 왜냐하면 거기서 한 걸음 뒤로 물러서 본 일이 없기 때문이다. 그것과 너무나 밀착되어 있어서 자기가 마치 홀린 듯이 그 소리를 듣고 있다는 사실조차 깨닫지 못한다.

하지만 분명한 것은, 당신은 혼자가 아니라는 것이다. 당신의 내적 존재에는 서로 뚜렷이 구별되는 두 측면이 있다. 첫째는 의식이며 지켜보는 자이며 의지의 중심인 당신이고, 둘째는 당신이 지켜보는 그것이다. 문제는, 당신이 지켜보는 그 부분은 결코 입을 다물 줄 모른다는 것이다. 그 부분을 어떻게 잠시 동안만이라도 없애 버릴 수만 있다면 그 고요와 평화는 당신이 가져 본 적이 없는 가장 황홀한 안식이 될 것이다.

그 부분을 가는 데마다 데리고 다니지 않아도 된다면 어떨지를 상상해 보라. 진정한 영적 성장이란 바로 이 문제로부터 벗어나는 것이다. 하지만 먼저 당신은 자신이 한 미치광이와 한 방에 갇혀 있음을 깨달아야 한다. 어떤 상황에서든 당신의 룸메이트는 갑자기 이렇게 마음먹을 수 있다. '난 여기 있고 싶지 않아. 이건 하고 싶지 않아. 이 사람과 얘기하고 싶지 않아.' 그러면 당신은 당장 긴장과 불편을 느낄 것이다. 룸메이트는 아무런 예고도 없이 모든 일을 훼방 놓을 수 있다. 그는 결혼식을 망쳐 놓을 수도 있고 첫날밤을 망쳐 놓을 수도 있다! 당신의 그 부분은 어떤 일이든지 망쳐 놓을 수 있고, 그게 전공이다.

당신은 멋진 새 차를 산다. 하지만 운전을 할 때마다 마음속의 룸메이트는 뭔가 흠을 집어낸다. 마음의 목소리는 작은 소음 하나, 진동 하나까지 다 꼬투리를 잡아서, 마침내는 당신도 그 차를 전혀 좋아하지 않게 만든다. 이것이 인생에 어떤 영향을 미칠 수 있는지를 깨닫는다면 당신은 영적 성장을 시작할 준비가 된 것이다. '이것 좀 보게, 바로 이게 내 인생을 망치고 있었군. 난 평화롭게, 의미 있게 살려고 애쓰는데 이건 마치 화산 꼭대기에 올라앉아 있는 기분이잖아. 이 녀석은 언제든지 변덕을 부리고 훼방 놓고 사사건건 시비를 걸 준비가 돼 있군. 이 녀석이 가는 데마다 난리를 벌이는 통에 내 인생이 완전히 엉망진창이야.' 이것만 자각하고, 룸메이트와 자신을 동일시하지 않기를 배우면 당신은 스스로를 해방시킬 준비가 된 것이다.

아직도 이런 자각에 도달하지 못했다면 그저 지켜보기만을 시작하

라. 하루 동안 당신의 룸메이트가 하는 짓을 낱낱이 지켜보라. 아침부터 시작해서, 그것이 어떤 상황에서 무슨 말을 하는지를 모두 알아차릴 수 있는지를 살펴보라. 누군가를 만날 때마다, 전화벨이 울릴 때마다 그저 지켜보도록 노력하라. 그것의 지껄임을 지켜보기 좋은 때는 샤워를 할 때이다. 그 목소리가 뭐라고 하는지를 그저 지켜보라. 당신이 평화롭게 샤워만 할 수 있도록 그것이 결코 내버려 두지 않는다는 것을 깨닫게 될 것이다. 샤워는 몸을 씻으려는 것이지 마음이 끊임없이 지껄이는 꼴을 구경하려고 하는 것이 아니다. 샤워를 다 마칠 때까지 자신이 깨어 있는 의식으로서 실제로 일어나는 일들을 다 알아차릴 수 있는지를 보라. 당신은 목격한 사실에 충격을 받을 것이다. 그것은 이 생각에서 저 생각으로 마치 널뛰듯이 뛰어다닌다. 그 끊임없는 지껄임은 너무나 미친 듯해서 그게 항상 그 짓을 벌이고 있다는 것 자체를 믿을 수가 없을 것이다. 하지만 실제로 그렇다.

거기서 해방되고 싶다면 그것을 지켜봐야만 한다. 그것에 대해서 아무것도 할 필요는 없다. 다만 당신이 처한 곤경을 지혜롭게 바라봐야 한다. 자신이 마음속의 룸메이트와 화목하게 지내지 못하고 있음을 깨달아야 한다. 그것이 얌전하게 지내 주기를 바란다면 이 상황을 바로잡아야 할 것이다.

룸메이트가 정말 어떤 존재인지를 알아내는 방법은 그것을 외부적으로 인격화하는 것이다. 당신의 룸메이트가 몸을 가지고 있다고 상상하라. 내부에서 지껄이는 이 인격체를 외부로부터 말을 걸어오는 한 사람으로 상상하라. 이제 그 사람이 내면의 목소리가 하는 모든 말을 하고 있다고 상상하라. 그리고 그 사람과 하루를 지내라.

당신은 좋아하는 TV 쇼를 보려고 막 소파에 앉았다. 그러면 이 사람도 바로 곁에 같이 앉는다. 이제 속에서 늘 들려오던 똑같은 독백을 듣게 될 것이다. 다만 이제 그것은 당신 곁에 앉아서 독백을 늘어놓는다.

'아래층 불 껐어? 가서 확인해 보는 게 좋겠다. 지금은 안 돼, 좀 있다가. 저걸 마저 봐야 돼. 아냐, 지금 해. 그러니까 전기세가 그렇게 많이 나오지.'

당신은 이 모든 것을 지켜보며 앉아서 말없는 놀라움에 빠진다. 옆에 앉은 사람은 조금 있다가 또 말씨름을 벌인다.

'야, 먹을 거 없니? 피자 좀 먹었으면 좋겠는데. 피자는 지금 먹을 수가 없어. 사러 가려면 너무 멀어. 하지만 난 배고픈 걸. 언제 뭘 좀 먹지?'

놀랍게도 이 불안증 환자 같은 말씨름은 하염없이 꼬리를 물고 이어진다. 그리고 그것만으로는 부족하다는 듯이 이 사람은 가만히 앉아서 TV를 보는 것이 아니라 화면의 모든 장면에 말로써 반응하기 시작한다. 쇼에 붉은 머리의 인물이 등장하자 그는 갑자기 고통스러웠던 이혼 소동의 기억을 떠올리고 전남편에 대한 험담을 늘어놓기 시작한다. 그리고는 마치 그가 방안에 있는 것처럼 소리를 지르기 시작한다. 그러다가는 시작할 때 그랬던 것처럼이나 갑자기 뚝 그친다. 당신은 이 정신 사나운 사람에게서 최대한 멀리 떨어지려고 소파 저쪽 끝을 부둥켜안고 있는 자신을 발견한다.

당신도 이런 실험을 한번 해보겠는가? 그 사람이 말을 그치게 만들려고 애쓰지 말라. 그저 그 목소리를 외부화함으로써 당신이 마음속에서 무엇과 함께 살고 있는지를 알아차리기만 하면 된다. 그것에게 몸을 주어 다른 사람들처럼 세상 속에다 내놓아 보라. 속에서 마음의 소리가 하는 것과 똑같은 말을 밖에서 하는 사람을 상상하라. 이제 그를 당신의 가장 가까운 친구로 삼아 보라. 사실, 모든 시간을 함께 지내면서 그가 하는 모든 말에 완전히 귀를 기울이는, 그런 친구가 몇이나 있겠는가?

외부의 어떤 사람이 정말로 당신의 마음의 소리와 똑같은 말을 걸어오기 시작한다면 당신은 어떤 기분이겠는가? 마음의 소리가 하는 말을 똑같이 그대로 하는 사람을 만나면 어떻게 하겠는가? 얼마 지나지 않아서 당신은 그에게 당장 꺼지고 다시는 나타나지 말라고 소리를 지를 것이다. 하지만 마음속의 친구가 끊임없이 말을 해대면 떠나라는 말조차 못한다. 그가 어떤 말썽을 부려도 당신은 듣고 있어야만 한다. 당신이 온전히 주의를 기울이지 않아도 되는 말은 거의 없다. 그 것은 당신이 지금 무슨 일을 하고 있는지, 그것이 얼마나 즐거운 일인 지 따위는 아랑곳 않고 당신을 거기서 곧장 끌어내어 자신의 말 에 귀를 기울이게 만든다. 당신이 연애에 깊이 빠져서 곧 결혼을 할 참 이라고 해보자. 당신은 청혼을 하려고 하는데 목소리가 말한다.

'어쩜 이 사람은 아닐지도 몰라. 정말 이 문제는 불안해. 어떻게 해
야 되지?'

외부의 누군가가 이렇게 말했다면 당신은 그것을 무시했을 것이다. 하지만 왠지 이 목소리에는 대답을 해줘야만 할 것 같다. 불안해하는 마음에게 이 사람이야말로 진정한 짝이라는 확신을 심어 줘야 한다. 그러지 않으면 그것은 결혼식을 올리도록 놔두지 않을 것이다. 당신 이 이 마음속의 불안증 환자를 얼마나 애지중지 모시고 있는지를 알 겠는가? 그의 말을 듣지 않았다간 그것이 당신을 평생 동안 괴롭힐 것 임을 당신은 안다.

'결혼하지 말라고 했잖아. 자신이 없다고 했잖아!'

이 한 가지는 확실하다. 어떻게든 그 목소리가 외부의 몸으로 나타날 수 있다면, 그리고 그를 가는 데마다 데리고 다녀야만 한다면 당신은 단 하루도 못 견딜 것이다. 누가 당신에게 그가 누구냐고 묻는다면 당신은 이렇게 말할 것이다. '이 사람은 정말 심각한 환자예요. 사전에서 노이로제란 말을 찾아보면 무슨 뜻인지 정확하게 알 수 있을 거예요.'

그렇다면 그와 함께 그렇게 하루를 보내고 난 당신이 그에게 더 이상 무엇을 기대하겠는가? 그가 얼마나 자주 변덕을 부리고 사사건건 얼마나 많은 갈등을 일으키고 얼마나 감정적인지를 다 알고 나서도 재정적인 충고를 부탁하거나 사귀자고 접근하겠는가? 놀랄지 모르겠지만, 실제로 당신은 평생을 내내 지치지도 않고 그렇게 한다. 당신 마음속의 자기 자리로 돌아온 그것은 여전히 당신 인생에 감 놔라 배 놔라 참견하는 똑같은 그 '사람'이다. 그가 과연 그럴 자격이 있는지를 따져볼 생각을 품어본 적이나 있는가? 그 목소리가 완전히 헛다리를 짚었던 적이 얼마나 많은가?

'그녀는 이제 더 이상 널 생각하지 않아. 그러니까 전화를 안 하지. 오늘 밤엔 헤어지자는 말을 꺼낼 거야. 난 예감이 있어. 그냥 알아. 전화가 오면 받지도 말아야 돼.'

30분 후에 애인에게서 전화가 온다. 만난 지 일주년이 된 오늘을 기념해서 깜짝 만찬을 준비하느라고 늦었다는 것이다. 일주년을 완전히 잊고 있었던 당신에게 그것은 완전히 뜻밖의 일이다. 그녀는 당신을 데리러 오고 있는 중이라고 했다. 좋은 일이다. 당신은 무척 흥분해 있고 마음의 소리는 그녀가 얼마나 멋지냐는 둥 찬사를 늘어놓는다. 하지만 뭐 잊어버린 건 없는가? 조금 전 30분 동안 당신을 괴롭혔던 그 목소리의 엉터리 충고는 잊어버렸는가?

만일 당신이 고용한 연애상담사가 그런 끔찍한 충고를 했다면 어쨌겠는가? 그는 상황을 완전히 오판한 것이다. 그 충고를 귀담아들었다면 수화기를 들지도 않았을 것이다. 그를 당장 해고해야 되지 않겠는가? 그토록 형편없는 오판의 현장을 보고도 어떻게 두 번 다시 그의 충고를 믿을 수가 있겠는가? 자, 당신은 마음속의 룸메이트를 해고할 건가? 그가 상황을 분석하고 충고한 내용은 완전히 빗나갔다. 하지만 아니다. 당신은 그가 일으킨 문제에 결코 책임을 묻지 않는다. 기실, 다음에 그가 또 충고를 하면 당신은 또다시 거기에 온통 주의를 빼앗긴다. 이게 말이 되는가? 목소리가 얼마나 여러 번 틀렸는가? 당신이 어떤 자에게 충고를 들으러 가는지를 정말 잘 따져 봐야 할 것이다.

이처럼 깨어서 자신을 관찰하는 훈련을 진지하게 했다면 당신은 자신이 얼마나 큰 문제에 빠져 있는지를 깨달을 것이다. 당신은 일생에 중요한 문제란 단 하나밖에 없고, 지금 자신이 바로 그것을 들여다보고 있는 중임을 깨달을 것이다. 그것이야말로 당신이 겪어온 모든 문제의 근원이다. 이제 의문은, 이 내부의 말썽꾼을 어떻게 제거할 것인가 하는 것으로 바뀐다. 맨 먼저 깨닫는 것은, 당신이 진정으로 원하기 전에는 그것을 제거할 가망이 없다는 것이다. 당신의 룸메이트를 충분히 오랫동안 관찰하고 자신이 빠져 있는 곤경을 진정으로 이해하기 전에는 결코 마음을 다룰 수 있게 해줄 본격적인 연습의 토대를 가지지 못한다. 일단 마음의 통속극으로부터 자신을 해방시키기로 각오를 다졌다면 당신은 마음에 대한 가르침과 기술을 배울 준비가 된 것이다. 이제 당신은 그것을 진정으로 활용할 수 있게 된다.

당신이 이 문제를 최초로 겪는 사람이 아니라는 것을 알면 마음이 놓일 것이다. 똑같은 상황에 놓여 있는 자신을 발견한 선배들이 있었다. 그들은 이 분야의 노하우를 통달한 사람들에게서 가르침을 구했다. 그들은 이런 과정을 돕기 위해 고안된 가르침과 기법들을 배웠다. 명상이나 요가는 신체의 건강을 돕기도 하지만 단지 그것만을 위한 것은 아니다. 이것은 당신을 곤경에서 구해줄 비결, 당신을 해방시켜줄 비결에 관한 것이다. 영혼의 자유를 당신 삶의 목적으로 삼는다면, 그것을 도와줄 영적 수련의 전통들이 있다. 이것은 당신을 자신으로부터 구해내기 위해 스스로 시간을 내서 하는 수행법이다. 당신은 결국 마음으로부터 자신을 멀찍이 떼놓아야만 한다는 것을 깨달을 것이다. 정신이 맑을 때 삶의 목표를 정하고, 마음이 변덕으로 그것을 훼방

하지 못하게 함으로써 그렇게 할 수 있다. 마음의 소리에 귀를 빼앗기는 습관보다 당신의 의지가 더 강하다. 당신이 할 수 없는 일은 없다. 의지는 이 모든 것을 장악하고 다스린다.

자신을 해방시키고자 한다면 먼저 자신의 곤경을 이해할 수 있을 만큼 의식을 일깨워야 한다. 그 다음엔 해방을 위한 내적 작업에 투신해야만 한다. 마치 당신의 삶이 오로지 여기에 달려 있는 것처럼 하라. 왜냐하면 실제로 그러니까. 지금도 그런 것처럼 당신의 삶은 당신의 것이 아니다. 그것은 당신 마음속 룸메이트의 것이다. 당신은 그것을 되찾아 와야 한다. 지켜보는 자의 자리에 확고히 자리 잡고, 당신을 사로잡고 있는 습관적인 마음의 손아귀를 풀어 놓아야 한다. 이것은 다른 누구도 아닌 당신의 삶이다. 그 권리를 되찾아라.

제3장

당신은 누구인가

위대한 침묵의 성자 라마나 마하리쉬1879-1950는 내면의 자유를 얻기 위해서는 진지하게, 끊임없이 자신에게 '나는 누구인가?' 하고 물어보아야만 한다고 했다. 그는 이것이야말로 경전을 읽는 것보다, 주문을 외우는 것보다, 성지를 순례하는 것보다도 더 중요하다고 가르쳤다. 그저, '나는 누구인가? 눈에 보이는 이것을 누가 보는가? 귀에 들리는 이것을 누가 듣는가? 인식한다는 것을 누가 인식하는가? 나는 누구인가?' 하고 물어보라.

한 가지 생각게임을 통해서 이것을 좀 더 살펴보자. 당신과 내가 대화를 하고 있다고 상상해 보자. 서양에서는 누군가가 '당신은 누구신가요?' 하고 물어도, 그런 심오한 질문은 곤란하다고 하지는 않고 그저 이름으로 대답한다. 예컨대, 샐리 스미스라고. 하지만 나는 종이를 꺼내서 샐리 스미스라고 적고는 그것을 당신에게 보여 준다. 그리고 이렇게 따진다. '이 글자가 당신이란 말입니까? 그 글자가 그것을 보고 있는 그인가? 물론 그렇지 않다. 그래서 당신은 이렇게 말한다.

'미안해요, 당신 말이 맞네요. 난 샐리 스미스가 아니에요. 그건 사람들이 날 부르는 이름일 뿐이죠. 그건 꼬리표예요. 사실 나는 프랭크 스미스의 아내예요.'

천만에, 그건 정치적으로도 맞는 말이 아니다. 당신이 어떻게 프랭크 스미스의 아내가 될 수가 있는가? 프랭크를 만나기 전에는 당신이 존재하지도 않았다는 건가? 그리고 그가 죽으면, 혹은 재혼을 하면 당신은 존재하기를 멈추기라도 한다는 건가? 프랭크 스미스의 아내는 당신일 수가 없다. 이 또한 하나의 꼬리표로서 당신이 연루된 어떤 사건이나 상황의 소산일 뿐이다. 그렇다면 당신은 누구인가? 이번에 당신은 이렇게 대답한다.

'좋아요, 이제 제대로 말해 볼게요. 내 이름은 샐리 스미스이고 1965년 뉴욕에서 태어났어요. 부모님인 해리와 매리 존스와 함께 다섯 살 때까지 퀸즈에서 함께 살았고 그 후에 뉴저지로 이사 가서 뉴어크 초등학교에 다녔어요. 학교 성적은 최고였고 5학년 때는 오즈의 마법사 연극에서 도로시 역을 맡았어요. 9학년 때 연애를 시작했는데 첫 번째 남자친구는 조였어요. 루트거즈 대학에 다니면서 프랭크 스미스를 만나서 결혼했죠. 그게 저예요.'

잠깐, 이건 흥미로운 사연이긴 하지만 나는 당신이 태어난 이후로 일어난 일들에 대해서 물어본 게 아니다. 나는 '당신은 누구신가요?'하고 물었다. 당신은 이 모든 경험들을 묘사했지만, 그것을 누가 경험했는가? 다른 대학교에 입학했다고 하더라도 당신은 마찬가지로 자신의 존재를 의식하면서 거기에 있지 않았겠는가?

그래서 당신은 곰곰이 생각해 보다가 이제까지 한 번도 스스로 이런 질문을 정말 진지하게 해본 적이 없었다는 사실을 깨닫는다. 나는 누구인가? 이것이 라마나 마하리쉬가 던진 질문이다. 그래서 당신은 좀 더 진지하게 생각해 보고 나서 이렇게 대답한다.

'좋아요, 나는 이 공간을 점유하고 있는 몸이에요. 키는 165센티이고 몸무게는 50킬로그램이지요. 이게 나예요.'

5학년 때 도로시 역할을 했을 때 당신은 165센티가 아니라 120센티였다. 당신은 165센티인 사람인가, 아니면 120센티인 사람인가? 도로시였을 때 당신은 그 속에 없었는가? 당신은 있었다고 했다. 당신은 5

학년 때 도로시 역을 경험한 그였고 지금은 내 질문에 대답하려고 애쓰고 있는 그가 아닌가? 이 둘은 다 똑같은 당신이 아닌가?

핵심적인 질문으로 돌아가기 전에 잠시 한 발짝 물러나서, 몇 가지 질문을 통해 탐사를 해볼 필요가 있을 것 같다. 당신은 열 살이었을 때 거울 속에서 열 살짜리 소녀를 보지 않았는가? 지금 성인이 된 몸을 보고 있는 그는 옛날의 그와 동일한 당신이 아닌가? 그 존재는 지속되고 있지 않은가? 그 세월 동안 거울 속을 들여다본 것은 동일한 존재가 아닌가? 이것을 매우 깊이 생각해볼 필요가 있다. 여기 또 다른 질문이 있다. 당신은 밤마다 잠 속에서 꿈을 꾼다. 누가 꿈을 꾸는가? 꿈을 꾼다는 것은 무엇을 의미하는가? 당신은 이렇게 대답한다. '글쎄, 그건 마음속에서 영화가 상영되는데 내가 그걸 보고 있는 것과 같지요.' 누가 본다고? '내가 보지요!' 거울을 들여다보던 그 당신 말인가? 이 글을 읽고 있는 당신이 거울을 들여다보고, 꿈을 꾼다는 말인가? 잠에서 깨면 당신은 자신이 꿈을 꿨다는 것을 안다. 거기에는 지속적으로 이어지는 존재의 인식이 있다. 라마나 마하리쉬는 아주 단순한 질문을 던지고 있다. 눈에 보이는 그것을 누가 보는가? 귀에 들리는 그것을 누가 듣는가? 꿈을 누가 꾸는가? 거울 속을 누가 들여다보는가? 이 모든 경험을 누가 하고 있는가? 여기에 그저 정직하게, 직관적으로 대답해 보려고 애쓴다면 당신은 그저 이렇게 대답하게 될 것이다. '나요. 그건 나예요. 내가 이 안에서 이 모든 것을 경험하고 있어요.' 이것이 당신이 발견할 최선의 대답이다.

눈앞의 대상이 당신이 아니라는 것은 사실 간단히 알 수 있다. 그것은 전형적인 주체-대상의 문제다. 대상을 바라보고 있는 것은 주체인 당신이다. 그러므로 우주의 모든 대상을 일일이 다 따져서 그것들이 모두 당신이 아니라고 할 필요도 없다. 그저 간단히 일반화해서 당신이 어떤 것을 바라보는 자라면 그 어떤 것은 당신이 아니라고 말할 수 있다. 그러니 무엇이 당신이 아닌지는 단숨에 알 수 있다. 당신은 외부 세계가 아니다. 당신은 안에서 세상을 내다보고 있는 그다.

여기까지는 쉽다. 이제 우리는 최소한 외부의 무수한 사물들을 제거했다. 하지만 그렇다면 당신은 누구란 말인가? 가만히 살펴보면 외부의 사물이 모두 사라져도 당신은 여전히 안에서 온갖 느낌을 경험하고 있다는 것을 깨닫게 된다. 당신이 얼마나 많은 두려움을 느끼는지를 생각해 보라. 불만과, 때로는 분노도 느낄 것이다. 그런데 이런 느낌들을 누가 느낄까? 당신은 이번에도 이렇게 대답한다. '나요!' 잘 대답했다. 똑같은 '나'가 외부세계와 내면의 감정을 경험한다.

이것을 확실히 따져 보기 위해서, 당신이 마당에서 놀고 있는 개를 지켜보고 있다고 해보자. 그때 갑자기 등 뒤에서 무슨 소리가 들린다. 방울뱀이 쉭쉭거리는 소리 같다! 그러면 당신은 이전과 똑같은 강도의 주의로 개가 노는 모습을 지켜볼 수 있게 될까? 속에서 엄청난 두려움이 올라오는 것을 느낄 것이다. 눈앞에는 여전히 개가 놀고 있지만 당신의 마음은 그 두려운 느낌에 완전히 사로잡힐 것이다. 모든 주의가 순식간에 그 감정 속으로 빨려 들어갈 것이다. 그런데, 그 두려움을 누가 느끼는가? 그것은 개를 지켜보던 것과 동일한 당신이 아닌가? 사랑을 할 때, 누가 그 사랑을 느끼는가? 눈을 뜨고 무엇을 바라보고 있기가 힘들 만큼 너무나 깊은 사랑을 당신은 느껴본 적이 없는가? 이처럼 외부의 대상에 집중하기가 힘들 정도로 마음속의 너무나 아름다운 느낌에, 혹은 두려운 느낌에 완전히 빠져들 수 있다. 실제로, 내부의 대상과 외부의 대상들이 서로 앞다퉈 당신의 주의를 빼앗는다. 거기서 당신은 외부의 경험과 내부의 경험을 하고 있다. 그런데 그 당신은 누구인가?

이것을 좀 더 깊이 들여다보기 위해서, 또 한 가지 질문에 대답해 보자. 당신은 아무런 감정도 경험하지 않고 그저 마음속의 고요함만을 느껴본 적이 없는가? 그때, 거기에도 당신은 있지만 이번에는 그저 그 평화로운 고요함만을 인식한다. 결국 당신은 외부세계의 대상들과 마음속 감정들은 그 위를 물처럼 지나가는 것임을 깨닫기 시작할 것이다. 하지만 이런 것들을 경험하는 당신은 자기 앞을 지나가는 그 모든 것을 그대로 의식하면서 있다.

하지만 어디에 있다는 말인가? 생각 속에 있을까? 철학자 르네 데카르트는 말했다. '나는 생각한다, 고로 나는 존재한다.' 하지만 그게 사실일까? 사전에는 '생각하다'라는 말이 '생각을 형성하고 마음을 사용하여 개념을 숙고하고 판단을 내림'이라고 정의되어 있다. 문제는, 누가 마음을 사용해서 생각을 형성하고 그것을 개념화하고 판단하는 가, 하는 것이다. 생각을 경험하는 그것은 생각이 없을 때도 존재할까? 다행히도 그것에 대해서는 생각을 안 해도 된다. 당신은 자신의 존재를, 자기 존재의 느낌을 생각의 도움 없이도 잘 인식한다. 예컨대 깊은 명상에 들어가면 생각이 멎는다. 당신은 생각이 멎은 것을 안다. 그것을 '생각하는' 것이 아니라 그저 '생각이 없는 상태'를 인식한다. 명상에서 빠져나와서 당신은 이렇게 말한다. '우와, 명상에 깊이 들어 갔더니 처음으로 생각이 완전히 멎어 버렸어. 난 완전히 평화롭고 조화롭고 고요한 그런 자리에 있었어.' 당신이 그 안에서 생각이 멎을 때 일어나는 평화를 경험하고 있었다면 당신의 존재는 생각이라는 행위에 의존하지 않는 것이 분명하다.

생각은 멎을 수 있다. 생각은 또 엄청나게 시끄러울 수도 있고 어떤 때는 다른 때보다 훨씬 많은 생각이 일어날 수도 있다. 당신은 이렇게 말할지도 모른다. '내 마음이 날 미치게 해. 그가 나한테 그런 말을 한 이후로는 잠도 못 자겠어. 마음이 입을 닫질 않는걸.' 누구의 마음 말인가? 그 생각들을 누가 알아차리는가? 당신이 아닌가? 당신이 마음속의 생각들을 듣고 있지 않은가? 그것들의 존재를 당신이 인식하지 않는가? 당신은 그것을 제거할 수가 없는가? 좋아하지 않는 생각이 자꾸 떠오르기 시작하면 그것이 사라지게 할 수 없는가? 사람들은 늘 생각과 씨름을 한다. 생각을 알아차리는 것은 누구이며 그것과 싸우는 것은 누구인가? 여기서도 역시 당신은 생각과 주체-대상의 관계를 이루고 있다. 당신은 주체이고 생각들은 그저 당신이 인식할 수 있는 또 다른 대상일 뿐이다. 당신은 생각이 아니다. 당신은 단지 생각들을 인식한다. 마침내 당신은 이렇게 말한다.

'그래, 나는 외부세계의 어떤 것도 아니고 감정도 아니야. 외부와 내부의 이 대상들은 왔다가 지나가고 나는 그것들을 경험하는 거야. 나는 생각도 아니야. 그것은 잠잠할 수도, 시끄러울 수도 있고 행복할 수도, 슬플 수도 있어. 생각은 내가 인식하는 또 다른 대상일 뿐이야. 하지만 그럼 난 무엇이란 말이야?'

그것은 심각한 의문이 된다. '나는 무엇일까? 이 모든 육체적, 감정적, 정신적 경험을 하고 있는 그것은 무엇일까?' 그래서 당신은 이 의문을 조금 더 깊이 살펴본다. 그러면 경험들을 지나 보낸 뒤에 남아 있는 자를 알아차리기 시작할 것이다. 경험을 경험하는 그를 인식하기 시작할 것이다. 당신은 마침내 경험자인 그 당신이 어떤 특별한 속성을 지니고 있음을 깨닫는, 내면의 어떤 지점에 도달할 것이다. 그 속성이란 순수한 인식, 의식함, 존재한다는 어떤 직관적 느낌이다. 당신은 자신이 거기에 있음을 알게 된다. 그것을 생각할 필요가 없다. 그저 안다. 원한다면 그것에 대해 생각할 수도 있다. 하지만 그러면 자신이 그것을 생각하고 있다는 사실을 알아차릴 것이다. 당신은 생각을 하든지, 말든지 상관없이 존재한다.

이것을 조금 더 경험적으로 알기 위해 의식적인 실험을 한번 해보자. 방안이나 창문 밖을 한번 흘긋 바라봄으로써 눈앞의 모든 것을 한 순간에 자세히 볼 수 있는지 보라. 가깝든 멀든 당신은 시야에 들어오는 것들을 애쓰지 않고 인식할 수 있다. 당신은 머리나 눈을 돌리지 않고도 보이는 것들을 즉석에서 자세히 인식한다. 모든 색깔들과 다채로운 빛과 목가구의 결과 건물의 생김새와 나무껍질과 잎을 바라보라. 이 모든 것을 생각할 필요 없이 단숨에 인식한다는 것을 알아차리라. 생각할 필요도 없이 그저 본다. 이제 당신이 보는 것을 생각으로써 낱낱이 떼어내어 이름 붙이고 자세히 묘사해 보라. 그냥 바라보는 의식의 순간 포착에 비하면 마음의 소리가 그 모든 사항을 당신에게 묘사하는 데는 얼마나 긴 시간이 걸리는가? 생각을 만들어내지 않고 그저 보기만 하면 당신의 의식은 애쓰지 않고도 보이는 모든 것을 알아차리고 온전히 인식한다.

의식Consciousness이란 당신이 말할 수 있는 가장 높은 수준의 단어이다. 의식보다 더 높거나 깊은 것은 없다. 의식은 순수한 인식이다. 하지만 인식한다는 건 또 뭔가? 또 다른 실험을 해보자. 당신이 여러 명의 사람들과 피아노가 있는 방에 있다고 하자. 이제 당신의 세계에는 피아노가 존재하지 않는다고 상상하라. 그것 때문에 큰 문제가 있을까? 당신은 이렇게 대답한다. '아뇨, 그렇지 않아요. 난 피아노에 관심 없어요.' 좋다, 그러면 방안의 사람들이 존재하지 않는다고 상상해 보자. 그래도 괜찮은가? 견딜 수 있는가? 당신은 대답한다. '물론이죠. 난 혼자 있는 게 더 좋아요.' 이제 당신의 의식이 존재하지 않는다고 상상해 보자. 그저 그것의 스위치를 꺼버려라. 이젠 어떤가?

당신의 의식이 존재하지 않게 되면 어떨까? 사실 그건 아주 간단하다. 당신은 거기에 없을 것이다. '나'라는 느낌이 없을 것이다. '어, 내가 여기 있었는데 이젠 없어.'라고 말할 자도 없을 것이다. 더 이상 존재의 인식이 없다. 존재의 인식, 곧 의식이 없으면 아무것도 없다. 대상은 있을까? 누가 알겠는가? 대상을 인식할 자가 없다면 그것이 존재하는지 않는지를 따진다는 것은 완전히 무의미한 일이 된다. 당신 앞에 아무리 많은 것들이 있어도 의식의 스위치를 끄면 아무것도 없게 된다. 하지만 의식이 있으면 눈앞에 아무것도 없더라도 당신은 아무것도 없음을 온전히 인식한다. 사실이지, 이것은 복잡하고 어려운 일이 아니라 매우 큰 깨달음을 주는 것이다.

그래서 이제 내가 당신에게, '당신은 누구신가요?' 하고 물으면 당신은 이렇게 대답한다.

'나는 보는 자입니다. 나는 이 안의 어딘가에서, 내 앞을 지나가는

사건과 생각과 감정들을 내다보고 인식합니다.'

  아주 깊숙이 들어가면, 거기가 당신이 사는 곳이다. 당신은 의식의 자리에서 살고 있다. 거기에 진정한 영적 존재가 아무런 노력도 없이, 아무런 의도도 없이 살고 있다. 우리의 눈이 아무런 애도 쓰지 않고 보이는 모든 것을 내다볼 수 있는 것과 마찬가지로, 언젠가는 당신도 내면의 깊은 자리에 그윽이 앉아서 아무런 애도 쓰지 않고 모든 생각과 감정과 외부의 형상들을 내다보고 있게 될 것이다. 이 모든 대상들이 당신 앞에 있다. 생각은 가장 가까이 안쪽에 있고 감정은 그보다 약간 떨어져 있고 형상들은 저 밖에 멀리 있다. 그 모든 것들의 배후에, 당신이 있다. 깊이깊이 들어가다가, 바로 거기가 자기가 늘 있었던 그곳임을 깨닫는다. 당신은 삶의 각 단계마다 다른 생각과 감정과 대상들이 앞을 지나가는 것을 보아 왔다. 하지만 당신은 언제나 있는 모든 것을 그대로 받아들이는 의식이었다.

  이제 당신은 의식의 중심에 있다. 당신은 만물의 배후에서 그저 지켜보고 있다. 거기가 당신의 진정한 본향이다. 그 밖의 모든 것을 없애 버려도 모든 것이 없어진 것을 인식하면서 당신은 여전히 거기에 있다. 그 중심 자리가 참나^{참 자아, Self}의 자리이다. 당신은 그 자리로부터 감각을 통해 생각과 감정과 온 세상이 들어오는 것을 인식한다. 하지만 이제 당신은 자신이 그것을 인식하고 있음을 안다. 그것이 불교의 불성*, 힌두교의 아트만**, 유대교와 기독교의 영혼의 자리이다. 그 깊은 내면의 자리를 차지하는 순간, 위대한 신비가 시작된다.

---

* 불성 Buddhist Self : 『대열반경』에서의 부처의 설법에 따름(야마모토 코쇼 역 1973).
** 아트만 Atman : 개별 인간 존재의 영원한 핵(미리엄 – 웹스터 사전 2003).

제4장

깨어 있는 자아

자각몽이라 불리는 종류의 꿈이 있다. 자각몽lucid dreaming, 自覺夢 속에서는 자신이 꿈을 꾸고 있다는 것을 인식한다. 꿈속에서 날고 있다면 당신은 이렇게 생각한다. '야, 이것 봐! 내가 나는 꿈을 꾸고 있어, 저쪽으로 한번 날아가 볼까.' 실제로 당신은 자신이 꿈속에서 날고 있고 그 꿈을 꾸고 있다는 것을 알아차릴 정도로 의식이 맑다. 이것은 꿈속에 완전히 빠져들어 버리는 보통의 꿈과는 사뭇 다르다. 이 차이는 일상생활 속에서 자신이 경험을 인식하고 있음을 아는 것과 모르는 것의 차이와도 같다. 인식하는 자로서 있을 때는 주변의 사건 속에 완전히 빠져들지 않는다. 대신 당신은 자신이 그 사건과 생각과 감정을 경험하고 있는 자임을 늘 인식하고 있다. 이 같은 의식 상태에서 하나의 생각이 일어나면 당신은 그 생각에 넋을 뺏기지 않고 자신이 그 생각을 하는 자임을 안다. 당신은 깨어 있다.

이것은 매우 흥미로운 의문을 제기한다. 만일 당신이 이 모든 것을 경험하는 내면의 존재라면 이처럼 다양한 인식의 수준들이 존재하는 이유는 뭘까? 참나의 인식 속에 자리 잡고 있을 때, 당신은 깨어 있다. 그렇다면 참나의 자리에 깊이 자리 잡고 경험하는 모든 것을 의식적으로 경험하고 있지 않을 때는, 당신은 어디에 있을까?

우선, 의식은 '집중'이라는 능력을 가지고 있다. 그것은 의식의 성질 중 하나다. 의식의 핵심은 인식인데, 인식은 어떤 것을 다른 것보다 더 선명하게 인지할 수 있는 능력을 지니고 있다. 달리 말해서, 그것은 어떤 대상에 자신을 집중시키는 능력을 갖고 있다. 선생님들은 '내 말에 집중해.'라고 말한다. 이것은 무슨 뜻인가? 그것은 의식을 거기에 모으라는 말이다. 선생님들은 학생들이 그렇게 하는 방법을 안다고 생각한다. 누가 그것을 가르쳤는가? 의식을 움직여서 어떤 것에다 모으는 방법을 어느 학년 어느 과목에서 가르쳐 주었던가? 아무도 가르치지 않았다. 그것은 그저 자연스럽고 천부적인 기능이다. 당신은 그 방법을 처음부터 알고 있었다.

우리는 의식이 존재한다는 것을 안다. 단지 그것을 평소에 화제의 대상으로 삼지 않을 뿐이다. 아마 당신이 초등학교, 중고등학교, 대학교를 졸업할 때까지 의식의 성질에 대해서는 아무도, 단 한마디 이야기도 하지 않았을 것이다. 다행히도 요가와 같은 심오한 공부가 의식의 본질을 매우 깊이 파고든다. 실제로 고대 요가의 가르침은 온통 의식에 관한 것뿐이다.

의식에 대해 배우는 최선의 방법은 직접 경험하는 것이다. 예컨대 당신은 의식이 광범위한 대상을 인식할 수도 있고 어떤 한 대상에 집중해서 다른 것은 인식하지 못할 수도 있음을 너무나 잘 알고 있다. 이것이 생각에 빠질 때 일어나는 일이다. 책을 읽다가 문득 자신이 책을 전혀 읽지 않고 있음을 깨닫는다. 이것은 늘 일어나는 일이다. 뭔가 다른 생각을 하고 있는 것이다. 외부의 대상이나 어떤 생각이 언제든지 주의를 앗아갈 수 있다. 하지만 외부의 대상에 뺏기든 생각에 뺏기든 빼앗기는 그것은 동일한 의식이다.

중요한 것은, 의식이 대상에 집중하는 능력을 지니고 있다는 것이다. 주체인 의식은 특정한 대상에 선택적으로 의식을 모을 수 있다. 한 걸음 뒤로 물러나서 보면 정신적, 감정적, 육체적 차원의 대상들이 당신 앞을 끊임없이 지나가고 있음을 똑똑히 볼 수 있다. 중심을 잡고 있지 않으면 당신의 의식은 여지없이 그중 어떤 대상에 이끌려서 거기에 집중된다. 의식이 거기에 너무 몰입 되면 대상 속에서 인식의 느낌이 실종되어 버린다. 당신은 대상을 인식하고 있음을 인지하지 못한다. TV를 보는 데 열중한 나머지 자신이 어디에 앉아 있는지, 방안에서 무슨 일이 일어나고 있는지를 까맣게 몰랐던 때가 없었는가?

우리 의식의 중심이 참나의 인식으로부터 떨어져 나와 집중한 대상

속에서 미아가 되어 버리는 과정을 살펴보는 데는 TV의 비유가 안성맞춤이다. 다만 다른 점은 당신이 TV에 정신이 뺏긴 채 거실에 앉아 있는 대신, 생각과 감정과 외부세계의 형상들이 등장하는 화면에 주의를 뺏긴 채 의식의 중심에 앉아 있다는 것뿐이다. 육체적 감각의 세계에 의식이 집중되면 그것은 당신을 그 안으로 불러들인다. 그러면 감정적, 정신적 반응이 당신을 더욱 안으로 끌어들인다. 그렇게 되면 당신은 더 이상 참나의 자리에 중심을 잡고 앉아 있지 않다. 당신은 마음의 TV 쇼 속으로 빨려 들어가 있는 것이다.

이 마음의 TV 쇼를 한번 들여다보자. 거기에는 늘 상영되고 있는 배경의 습관적 생각이 있다. 이 습관적 생각은 거의 변하지 않는다. 자기 집 거실 공간이 그런 것처럼, 평소의 습관적인 생각은 당신에게 익숙하고 편안하다. 당신은 또 약간의 두려움과 약간의 사랑과 약간의 불안감 같은, 바탕에 깔려 있는 감정도 가지고 있다. 당신은 어떤 일이 일어나면 이 중의 어떤 감정이 부풀어 올라서 당신의 인식을 지배할지를 이미 알고 있다. 하지만 그것도 결국은 평소의 상태로 되돌아온다. 당신은 이것을 너무나 잘 알고 있기 때문에 이런 소란을 일으킬 일이 생기지 않게 하느라고 마음이 매우 분주하다. 사실 당신은 생각과 감정과 신체감각의 세계를 통제하느라고 너무나 바쁜 나머지 자신이 그 안에 있다는 사실조차 모른다. 이것이 대부분의 사람들의 평소 상태이다.

이처럼 헤매고 있을 때 당신은 생각과 감정과 감각이라는 대상 속에 완전히 빠져 있어서 자기라는 주체를 인식하지 못하는 것이다. 자, 지금 당신은 마음의 TV 쇼를 보면서 의식의 중심 자리에 앉아 있다. 하지만 의식을 미혹하는 재미있는 대상들이 너무나 많아서 당신은 그 속으로 빠져들고 만다. 그것은 압도적이고 입체적이며, 당신을 온통 둘러싸고 있다. 생각과 감정뿐만 아니라 시각, 청각, 미각, 후각, 촉각 등 모든 감각이 당신을 에워싼다. 하지만 당신은 이 모든 대상들을 내다보면서 정말 고요하게 앉아 있다. 태양이 대상들에 빛을 비춰 주기 위해 하늘의 자기 자리를 떠날 필요가 없듯이 의식도 형상과 생각과 감정이라는 대상들에 인식을 비추기 위해서 자신의 자리를 떠날 필요가 없다. 다시 중심을 잡고 싶다면 일단 속으로 '안녕' 하고 그저 반복해서 말을 건네라. 그러면서 당신이 그 생각을 인식하고 있음을 '알아차려라'. 인식하고 있다고 '생각하지' 말라. 그것은 또 하나의 생각일 뿐이다. 그저 편안하게 '안녕' 하는 말이 마음속에서 메아리쳐 들려오는 것을 알아차리기만 하면 된다. 거기가 의식의 중심 자리이다.

자, 이제 작은 화면에서 더 큰 화면으로 가보자. 영화의 예를 사용해서 의식을 살펴보자. 영화를 보러 가면 우리는 자신이 그 속으로 빠져들게 한다. 그것이 영화를 본다는 경험 중 일부다. 영화를 볼 때는 두 가지 감각, 즉 시각과 청각을 사용한다. 그리고 이 두 가지 감각이 동시에 장단 맞춰 일어나는 것이 매우 중요하다. 그것이 서로 일치하지 않으면 영화 속으로 잘 빠져들지 않을 것이다. 007 영화를 보는데 사운드트랙이 장면과 일치하지 않는다고 생각해 보라. 당신은 영화의 마술 속으로 빠져들지 않고 자신이 극장에 앉아 있고, 뭔가가 잘못되고 있음을 의식하게 될 것이다. 하지만 보통은 화면과 대사가 완벽하게 일치하기 때문에 영화가 마음을 사로잡아서, 당신은 극장에 앉아 있다는 사실조차 잊어버린다. 당신은 자신의 생각과 감정을 잊어버리고 영화 속으로 마음이 끌려들어 간다. 사실 어둡고 썰렁한 극장에서 낯선 사람들 사이에 앉아 있는 경험과 영화에 온통 열중해서 주변을 까맣게 잊어버리는 경험의 차이를 생각해 보면 그것은 꽤나 놀랍다. 사실 정말 재미있는 영화는 두 시간 동안 자신에 대한 인식을 까맣게 잊어버리게 만들 수도 있다. 그러니까 영화에 빠지게끔 만들기 위해서는 장면과 소리의 일치가 매우 중요하다. 그런데 이것은 단지 두 가지 감각에 지나지 않는다.

냄새와 맛까지 느낄 수 있는 영화를 경험한다면 어떤 일이 일어날까? 누가 음식을 먹고 있는데 당신도 그 맛과 냄새를 느낄 수 있는 영화를 보고 있다고 상상해 보자. 틀림없이 그 속으로 홀딱 빠져들 것이다. 감각의 입력이 두 배로 늘어났으므로 당신의 의식을 끌어당기는 대상도 두 배로 늘어난다. 소리, 광경, 맛, 냄새, 그리고 아직 큰 것 하나는 말하지도 않았다. 촉감도 느낄 수 있는 영화를 보러 가본다면 어떨까? 다섯 가지 감각이 총동원되면 당신은 꼼짝없다. 그것이 모두 감쪽같이 서로 장단을 맞추면 당신은 그 경험 속에 완전히 매몰되어 버릴 것이다. 그러나 반드시 그렇지만은 않다. 당신은 극장에 앉아서 이처럼 압도적인 감각의 경험을 하고 있으면서도 영화가 지겨워질 수 있다. 그게 별로 재미가 없다. 그래서 생각이 이리저리 꼼틀대기 시작한다. 집에 가서 할 일을 생각하기 시작하고 과거에 일어났던 일을 생각하기도 한다. 잠시 후면 당신은 자신의 생각에 완전히 빠져서 자신이 영화를 보고 있다는 사실조차 인식하지 못한다. 이것은 당신의 오감이 이 영화의 모든 메시지를 전하고 있는 와중에도 일어난다. 이것은 당신의 생각이 영화와는 상관없이 일어날 수 있기 때문에 생길 수 있는 현상이다. 의식이 집중될 다른 장소를 생각이 제공해 주는 것이다.

이번에는 영화가 다섯 가지 감각만 제공하는 것이 아니라 당신의 생각과 감정까지도 장면과 일치되게 만든다고 상상해 보라. 이 영화 속에서 당신은 듣고 보고 맛보다가 문득 등장인물의 감정을 느끼고 그가 생각하는 것을 생각하기 시작한다. 주인공이, '이것 참 미치겠네. 그녀에게 청혼을 할까 말까?'라고 말하면 당신 속에서 갑자기 초조한 느낌이 밀려 올라온다. 이제 우리는 오감에다 생각과 감정까지 덧보탠 총체적인 경험을 하고 있다. 극장에 가서 이런 영화를 본다고 상상해 보라. 조심하라. 그것이 자신을 인식하는 마지막 순간이 될지도 모르니까. 경험과 일치되지 않는 의식의 대상은 더 이상 없다. 당신의 의식이 미치는 모든 곳이 영화 속의 일부다. 영화만이 생각을 통제한다,

끝. '이 영화는 재미없어. 나가야겠어.'라고 말하는 '당신'은 없다. 그러려면 독립적인 생각을 해야 하는데, 당신의 생각은 영화가 장악하고 있다. 이제 당신은 완전히 미아가 됐다. 거기서 어떻게 빠져나올 수 있겠는가?

끔찍하게 들리겠지만, 이것이 바로 당신이 삶에서 당면해 있는 문제이다. 당신이 인식하는 모든 대상들 또한 서로 완벽하게 장단을 맞추고 있고, 당신은 거기에 빨려 들어가서 자신이 대상과 별개의 존재임을 알아차리지 못하고 있기 때문이다. 생각과 감정은 광경과 소리에 장단 맞춰 움직인다. 모든 감각이 밀려들어 오고 당신의 의식은 그 속에 완전히 빠져든다. 지켜보는 자의 의식에 온전히 자리 잡고 있지 않은 한 당신은 자신이 이 모든 것을 지켜보는 자임을 인식하면서 느긋하게 앉아 있을 수가 없다. 미아가 된다는 것은 이런 뜻이다.

미아가 된 영혼이란 한 인간의 생각과 감정과 시각, 청각, 미각, 후각, 촉각이 모두 감쪽같이 일치하는 곳에 빠져든 의식이다. 그 모든 메시지가 한 점에서 일치한다. 그러면 어떤 것이든 인식할 수 있는 의식이 어쩌다가 그 한 점에 너무 가까이 다가가게 된다. 그렇게 해서 의식이 빨려 들어가면, 그것은 자신을 더 이상 자신으로 인식하지 못한다. 그것은 자기가 경험하고 있는 대상이 바로 자기인 줄 안다. 달리 말해서 당신은 자신을 그것대상으로 오인한다. 당신은 자신이 겪어온 모든 경험의 총합을 당신이라고 생각한다.

이것이 당신이 이 하이테크 영화관에 갔을 때 일어날 일이다. 그런 영화를 볼 때는 시작하기 전에 되고자 하는 인물을 고르게 할 것이다. '난 제임스 본드가 될 거야.' 하고 결정했다고 치자. 좋다. 하지만 일단 스위치를 누르면 그걸로 끝이다. 스위치에 타이머를 달아 놓는 게 좋을 거다! 당신이 지금 자신이라고 알고 있는 그는 더 이상 거기에 없다. 당신의 모든 생각은 이제 제임스 본드의 생각이므로 이전의 자아 관념은 통째로 사라진다. 당신의 자아 관념이란 당신 자신에 관한 생각들의 집합에 지나지 않는다는 점을 명심하라. 감정도 마찬가지로 제임스 본드의 것이고, 당신은 그의 눈과 귀를 통해 영화를 본다. 동일하게 남아 있는 당신 존재의 유일한 측면은, 이 대상들을 인식하는 의식이다. 그것은 당신의 이전의 생각, 감정, 감각 입력물 등을 인식했던 그것과 동일한 인식의 중심이다. 이제 누군가가 영화를 멈춘다. 그러면 즉시 제임스 본드의 생각과 감정은 당신의 이전의 생각과 감정으로 대치된다. 당신은 다시 자신이 마흔 살의 여자라고 생각한다. 모든 생각이 맞아떨어진다. 모든 감정도 맞아떨어진다. 모든 것이 이전처럼 보이고 맡고 느껴진다. 하지만 그것은 그 모두가 의식이 경험하는 무엇일 뿐이라는 사실을 바꿔 놓지 못한다. 그것은 모두가 의식의 대상이고, 당신은 의식이다.

의식적이고 중심 잡힌 사람과 의식이 깨어 있지 못한 사람의 차이는 간단히 의식의 초점의 차이이다. 의식 자체의 차이가 아니다. 태양에서 나오는 모든 빛이 같듯이 모든 의식은 같다. 의식은 순수하지도 불순하지도 않다. 의식은 성질이 없다. 그것은 그저 자신이 인식함을 인식하면서 있을 뿐이다. 차이는, 의식이 안에서 중심을 잡고 있지 않으면 그것은 대상에 완전히 함몰된다. 그러나 당신이 중심 잡힌 존재라면 의식은 언제나 자신이 인식함을 알고 있다. 자신의 존재를 인식한다는 것은 당신이 인식하고 있는 내외부의 대상들과는 무관한 일이다.

이 차이를 정말 이해하고 싶다면 의식은 어떤 것에나 집중할 수 있음을 깨닫는 데서부터 출발해야 한다. 그렇다면, 만일 의식이 자기 자신에 집중한다면 어떻게 될까? 그런 일이 일어날 때, 당신은 생각을 인식하는 대신 자신이 생각을 인식하고 있음을 인식하게 된다. 의식의 빛을 의식 자체에다 되비춘 것이다. 당신은 언제나 뭔가를 의식하지만, 이번에는 의식을 의식하는 것이다. 이것이 진정한 명상이다. 진정한 명상은 단순한 일념집중 이상의 것이다. 가장 깊은 명상에 들려면 의식을 하나의 대상에다 모으는 집중력이 있어야 할 뿐만 아니라 인식 그 자체를 대상으로 만들 수 있어야만 한다. 가장 높은 경지에서는 의식의 초점이 자신(참나)에게로 돌려진다.

참나의 본성을 들여다볼 때, 당신은 명상을 하고 있는 것이다. 그것이 가장 높은 경지이다. 그것은 당신 존재의 뿌리, 곧 '인식하고 있음에 대한 인식'으로 돌아가는 것이다. 일단 의식 그 자체를 의식하게 되면 당신은 전혀 다른 상태를 경험한다. 이제 당신은 자신을 아는 것이다. 깨어난 존재가 된 것이다. 그것은 정말 세상에서 가장 자연스러운 일이다. 나는 여기 있다. 여기에 늘 있었다. 그것은 마치 당신이 소파에 앉아서 TV를 보고 있었는데 쇼에 너무나 넋이 빠져 버린 나머지 자기가 어디에 있는지를 잊어버렸던 것과도 같다. 그런데 누군가가 당신을 흔들었다. 그래서 이제 당신은 자신이 소파에 앉아서 TV를 보고 있다는 것을 다시 알아차리게 된 것이다. 그 밖에는 아무것도 달라진 게 없다. 자기의 존재감을 의식의 특정한 대상에다 투사하기를 멈춘 것일 뿐이다. 당신은 깨어났다. 이것이 영성이다. 이것이 참나의 본성이다. 이것이 당신이다.

의식 속으로 물러나서 제자리로 돌아오면 이 세상은 더 이상 골칫거리가 아니다. 그것은 당신이 지켜보고 있는 무엇일 뿐이다. 세상은 끊임없이 변한다. 하지만 그것이 문제라는 느낌은 없다. 세상을 그저 당신이 인식하는 그대로의 모습으로 놔두기만 하면 세상도 당신을 있는 그대로 있게끔 놔둘 것이다. 있는 그대로의 당신은 의식이고 참 자아이고 아트만이며 영혼이다.

당신은 스스로 자기라고 생각했던 그가 아님을, 깨닫는다. 당신은 인간도 아니다. 어쩌다가 한 인간을 지켜보게 되었을 뿐이다. 당신은 의식의 중심에서 깊은 체험을 하기 시작할 것이다. 그것은 참나의 진정한 본성에 대한 깊은 직관적 체험이 될 것이다. 당신은 자신이 엄청나게 광대무변함을 깨달을 것이다. 형상들 대신 의식을 탐사하기 시작하면 당신은 오직 작고 한정된 대상에 집중할 때만 의식이 작고 한정된 것으로 느껴진다는 사실을 깨닫게 될 것이다. TV에 온통 마음이 빼앗겨 있을 때 일어나는 일이 바로 그것이다. 당신의 우주는 온통 그것밖에 없다. 하지만 거기서 물러서면 TV가 놓여 있는 방 전체가 보인다. 마찬가지로 인간의 생각과 감정과 감각의 세계에 온통 집중해 있는 대신 물러나서 모든 것을 바라볼 수 있다. 유한으로부터 무한으로 옮겨갈 수 있다. 그리스도, 붓다, 모든 시대와 모든 종교의 위대한 성자와 현자들이 우리에게 들려주려고 애썼던 것이 바로 이것 아니겠는가?

그 위대한 성자들 중 한 사람인 라마나 마하리쉬는 이렇게 묻곤 했다. '나는 누구인가?' 이제 우리는 이것이 매우 심오한 질문임을 안다. 이것을 끊임없이 물어보라. 그렇게 묻다 보면 당신은 자신이 바로 그 답임을 깨달을 것이다. 그 어떤 지적인 대답도 있을 수 없다. 당신이 그 답이다. 그 답이 되라. 그러면 모든 것이 달라질 것이다.

PART 2

에너지를 경험하기

제5장

열려 있기

의식이 삶의 큰 미스터리 중 하나라면 내면의 에너지는 또 다른 미스터리다. 내면의 에너지 법칙에 대한 서양의 관심이 너무나 얕은 것은 사실 부끄러운 일이다. 우리는 외부의 에너지를 연구하고 에너지 자원을 매우 중요시하면서 내부의 에너지는 거들떠보지도 않는다. 사람들은 한평생 생각하고 느끼고 행동하지만 무엇이 그런 활동이 일어나게 하는지는 모르고 있다. 사실은, 몸의 모든 움직임, 일어나는 모든 감정, 마음을 스치는 모든 생각들이 에너지를 소비한다. 외부의 물질 세계에서 일어나는 모든 현상이 에너지를 필요로 하듯이, 우리 내면에서 일어나는 모든 일들도 에너지를 필요로 한다.

예컨대, 어떤 생각에 집중하려고 하는데 거기에 다른 생각이 끼어든다면, 당신은 그 끼어드는 생각을 밀어내기 위해서 반대의 힘을 써야만 한다. 그것은 에너지를 필요로 하고, 그것이 당신을 녹초로 만들어놓을 수도 있다. 마찬가지로 마음속에 꼭 명심하려고 애쓰는 생각이 있는데 그것이 자꾸만 잊혀져 버린다면 당신은 그것을 다시 불러오기 위해서 의도적으로 마음을 집중해야만 한다. 이럴 때는 실제로 그 생각을 제자리에 붙들어 두기 위해서 더 많은 에너지를 보내고 있는 것이다. 감정을 다루는 데도 에너지를 쓴다. 좋아하지 않는 감정이 일어나서 하고 있는 일을 방해할 때, 당신은 그것을 한쪽으로 밀어낸다. 그것은 거의 본능적인 반응으로서, 그 달갑지 않은 감정이 일에 훼방을 놓지 못하게 한다.

생각을 만들어내고, 어떤 생각에 집중하고, 무엇을 기억해내고, 감정을 만들어내고, 감정을 억제하고, 강한 충동을 길들이는 등의 이 모든 일들이 엄청난 에너지 소비를 요구한다. 이 모든 에너지가 대체 어디서 나오는 것일까? 왜 어떤 때는 기운이 넘치고 어떤 때는 완전히 녹초가 된 느낌이 들까? 정신과 감정의 에너지가 고갈됐을 때는 음식도 별 도움이 되지 않는다는 것을 깨달은 적이 있는가? 거꾸로, 사랑에 빠졌을 때나, 어떤 일에 흥분하고 고무되었을 때 기운이 너무나 충천한 나머지 밥 먹는 것도 잊어버린 적은 없었는가? 우리가 이야기하는 이 에너지는 몸이 음식을 태워서 내는 칼로리에서 나오는 것이 아니다. 내부로부터 끌어낼 수 있는 에너지의 원천이 있다. 그것은 외부의 에너지원과는 다르다.

이 에너지원을 논하려면 예시를 들어 보는 것이 가장 빠르다. 당신이 이십대인데 애인과 헤어지게 됐다고 가정하자. 당신은 실의에 빠져서 혼자 집안에 처박혀 지낸다. 청소할 기운도 없어서 집안은 이내 엉망진창이 된다. 잠자리에서 일어나지도 못하고 늘 잠만 잔다. 피자 박스가 사방에 널려 있는 걸 보니 먹긴 하는 것 같다. 하지만 아무것도 사태를 도와주지는 못하는 것 같다. 사태에서 빠져나올 기운이 하나도 없다. 친구들이 나오라고 부르지만 당신은 거절한다. 기운이 나지 않아서 아무것도 하기가 싫다.

대부분의 사람들이 살다가 이런 때를 겪는다. 헤어날 길도 없이 영원히 그렇게 살 것만 같다. 그런데 어느 날 갑자기 전화가 걸려 온다. 애인이다. 그래, 석 달 전에 당신을 차버렸던 바로 그 애인이다. 그녀가 울면서 이렇게 말한다. '하나님 맙소사! 날 기억해? 전화는 받아 줄 수 있겠지? 난 지금 너무 끔찍한 기분이야. 널 떠난 건 내 일생에 가장 끔찍한 실수였어. 네가 나에게 얼마나 소중한 존재인지를 이제야 깨달았어. 너 없인 못 살겠다고. 내 삶에 정말 사랑을 느꼈던 때는 오직 너와 함께했던 날들뿐이었어. 날 용서해 줄 수 있어? 용서해 줘, 제발…… 지금 그리로 가도 돼?'

이제 당신의 기분은 어떤가? 정말이지, 이불을 박차고 일어나서 집안을 청소하고 샤워를 하고 얼굴에 화색을 되찾는 데 시간이 얼마나 걸렸는가? 그건 순식간이었다. 전화기를 내려놓는 순간 당신은 기운이 충만해진다. 어떻게 이런 일이 벌어졌는가? 당신은 완전히 기진맥진해 있지 않았는가? 몇 달 동안이나 기운이 하나도 없었다. 그런데 순식간에 당신을 벌떡 일으켜 놓은 에너지가 난데없이 솟아난 것이다.

이처럼 엄청난 에너지의 전환은 쉽게 무시해 버릴 수 없는 일이다. 그 모든 에너지가 대체 어디서 솟아난 것일까? 식사나 잠자는 습관이 갑자기 바뀌었던 것도 아니다. 그런데도 애인이 왔을 때는 밤새도록 이야기를 나누다가 새벽에는 일출을 보러 나가기까지 한다. 당신은 전혀 피곤하지 않다. 둘은 다시 합쳐졌고 손에 손을 잡은 채 넘치는 기쁨에 어쩔 줄 모른다. 사람들은 당신들을 보고 광채가 넘친다고 말한다. 대체 이 모든 에너지가 어디서 솟아난 것일까?

잘 살펴본다면 발견하게 될 것은, 바로 당신의 내부에 엄청난 에너지가 숨어 있다는 것이다. 그것은 음식에서 나오는 것도, 숙면으로부터 나오는 것도 아니다. 이 에너지는 언제나 마음대로 쓸 수 있다. 어떤 순간이든지 그 에너지를 끌어낼 수 있다. 그것은 그저 속으로부터 솟아나서 당신을 가득 채운다. 에너지가 충만할 때는 마치 세상이 다 내 것인 것 같다. 기운이 강하게 흐를 때는 실제로 그것이 물결처럼 지나가는 것을 느낄 수 있다. 그것은 깊은 속으로부터 절로 솟아나서 당신을 채우고 신선하게 재충전시킨다.

이런 에너지를 항상 느끼지 못하는 유일한 이유는, 당신이 그것을 막고 있기 때문이다. 당신은 가슴을 닫음으로써, 마음을 닫음으로써,

그리고 내면의 비좁은 공간 속으로 자신을 끌어들임으로써 그것을 막아 버린다. 이것이 당신을 모든 에너지로부터 차단한다. 가슴을, 마음을 닫을 때, 당신은 내면의 어둠 속으로 숨어든다. 거기엔 빛이 없다. 에너지도 없다. 흐르는 것이 아무것도 없다. 에너지는 여전히 있지만 그 안으로 들어가지 못한다.

이것이 '막힌다'는 말의 뜻이다. 우리가 좌절했을 때 기운이 없는 이유가 바로 이것이다. 에너지가 흐르는 통로가 되어 주는 중추들이 있다. 그것을 닫으면 에너지가 없어진다. 그것을 열면 에너지가 생긴다. 우리 안에는 다양한 에너지 중추들이 있지만 그 닫힘과 열림을 우리가 직관적으로 가장 잘 느끼는 것은 가슴의 중추이다. 당신이 누군가를 사랑한다고 하자. 그 앞에서는 자신이 활짝 열려 있는 것을 느낀다. 그를 신뢰하기 때문에 당신의 벽이 사라지고, 그것이 큰 에너지를 느끼게 한다. 하지만 그가 당신이 싫어하는 짓을 했다면 다음에 만났을 때 당신은 기분이 그리 고양되지 않을 것이다. 이것은 당신이 가슴을 닫아 버렸기 때문이다. 가슴은 에너지의 중추로서, 열리기도 하고 닫히기도 한다. 요가 수행자들은 이 에너지 중추를 차크라(Chakra: '바퀴'라는 뜻의 산스크리트어로 에너지의 샘이자 관문 같은 곳 - 편집자 주)라고 부른다. 가슴의 중추를 닫아 버리면 에너지가 들어오지 못한다. 에너지가 못 들어오면 어둠이 생긴다. 얼마나 단단히 닫혔는가에 따라서, 당신은 엄청난 혼란을 겪기도 하고 무기력에 빠지기도 한다. 사람들은 종종 이 두 상태 사이를 오간다. 그러다가 애인에게 아무런 잘못이 없다는 사실을 깨닫게 되거나, 만족스러운 사과를 받는다면 가슴이 다시 열린다. 그러면 당신은 다시 에너지로 넘치고 사랑이 다시 흐르기 시작한다.

당신은 삶에서 이 같은 에너지의 작용을 몇 번이나 겪어 봤는가? 당신은 내부에 아름다운 에너지의 원천을 가지고 있다. 열려 있을 때, 당신은 그것을 느낀다. 닫혀 있을 때는 그것을 못 느낀다. 이 에너지의 흐름은 당신 존재의 깊숙한 곳에서부터 나온다. 그것은 여러 가지 이름으로 불린다. 고대 중국의 의학에서는 그것을 기氣라고 했고 인도철학에서는 샥티Shakti라고 불렀다. 서양에서는 그것을 영Spirit이라고 한다. 이름이야 내키는 대로 불러도 좋다. 모든 위대한 영적 전통들은 영적 에너지를 논한다. 이름만 다를 뿐이다. 영적 에너지란 당신의 가슴속으로 순수한 사랑이 밀려올 때 경험하는 그것이다. 그것은 당신이 어떤 일에 고양됐을 때 경험하는 것이다. 이 모든 높은 에너지가 내부로부터 생겨난다.

이것은 당신의 것이기 때문에 당신도 이것에 대해 알아야만 한다. 그것은 당신의 타고난 권리이고, 한정이 없다. 원하는 때 언제든지 그것을 불러낼 수 있다. 그것은 나이와도 상관없다. 여든 살 노인도 아이와 같은 활기와 의욕을 가질 수 있다. 그들은 일주일 내내 장시간 일할 수도 있다. 그것이 모두 에너지이다. 에너지는 늙지 않는다. 지치지도 않는다. 음식을 필요로 하지도 않는다. 필요로 하는 것은 단지 열림과 받아들임이다. 이 에너지는 모든 사람에게 동등하게 주어진다. 태양은 사람을 차별하여 빛을 비추지 않는다. 당신이 착한 짓을 해도 비춰 주고 나쁜 짓을 해도 비춰 준다. 내부의 에너지도 마찬가지다. 단 한 가지 다른 것은, 내부의 에너지는 당신이 안에서 스스로 열고 닫을 수 있다는 것이다. 닫으면 에너지가 흐름을 멈춘다. 열면 안으로부터 모든 에너지가 솟아난다. 진정한 영적 가르침이란 이 에너지와, 그것이 열리게 하는 방법에 관한 것이다.

당신이 알아야 할 단 한 가지는, 열면 에너지를 받고 닫으면 에너지를 막는다는 사실이다. 이제 당신은 자신이 이 에너지를 원하는지 않는지를 결정해야 한다. 얼마나 고양된 기분을 누리고 싶은가? 얼마나 많은 사랑을 느끼고 싶은가? 자신의 일에 얼마나 큰 의욕과 열의를 가지고 싶은가? 충만한 삶을 누린다는 것이 당신에게 늘 에너지가 충만하고 사랑과 의욕에 차 있는 것을 뜻한다면, 영원히 닫지 않기를 바란다.

당신을 열려 있게 하는 아주 간단한 방법이 있다. 닫지 않기만 하면 된다. 그것은 이렇게 간단하다. 당신이 해야 할 일은 단지 자신이 열려 있기를 기꺼이 원하는지, 아니면 닫을 필요가 있는 것인지를 결정하는 것이다. 사실, 닫는 법을 잊어버리도록 자신을 훈련시킬 수도 있다. 마음을 닫는 것은 하나의 습관이다. 그리고 그것은 다른 모든 습관들과 마찬가지로 깰 수 있다. 예컨대 당신은 사람들을 무서워하는 무의식적 습관으로 사람들을 만나면 문을 닫아거는 습성을 가질 수 있다. 누군가가 당신을 향해 곧장 다가오면 당신은 실제로 긴장하고 마음의 문이 닫히는 느낌을 경험할 수도 있다. 그러나 이와 반대로 행동하도록 자신을 훈련시킬 수 있다. 사람을 만날 때마다 마음이 열리도록 자신을 훈련시킬 수 있는 것이다. 그것은 단지 당신이 마음을 열기를 원하는가, 닫기를 원하는가 하는 문제일 뿐이다. 그것은 궁극적으로 당신의 손에 달려 있다.

문제는, 우리가 그 지배권을 행사하지 않는다는 것이다. 보통 때는 열림과 닫힘이 심리적 요인에 좌우된다. 기본적으로, 우리는 과거의 경험에 따라 마음을 열거나 닫도록 프로그램 되어 있다. 과거 경험의 인상은 아직도 우리 안에 남아 있어서, 현재의 여러 가지 경험이 그것을 자극한다. 그것이 부정적인 인상이라면 우리는 마음을 닫는 경향을 보인다. 반대로 긍정적인 인상이라면 마음이 열린다. 어렸을 적 어머니가 저녁 요리를 하던 그 냄새를 연상시키는 냄새가 난다고 하자. 이 냄새에 어떻게 반응하는지는 과거의 경험이 남겨 놓은 인상에 달려 있다. 당신은 가족과 함께 저녁을 먹던 그 경험을 즐겼는가? 음식은 맛있었는가? 그렇다면 그 냄새는 당신의 가슴을 따뜻하게 하고 열리게 한다. 함께 저녁을 먹는 일이 그리 즐겁지 못했다면, 혹은 당신이 좋아하지 않는 음식을 억지로 먹어야 했다면 당신은 긴장하고 마음을 닫는다. 그것은 정말 이토록 예민한 문제다. 하나의 냄새가 당신을 열리게도 하고 닫히게도 한다. 어떤 자동차나 어떤 색깔, 혹은 어떤 사람이 신고 있는 신발을 보는 것도 그렇게 만들 수 있다. 우리는 과거 경험의 인상에 의해 프로그램 되어 있어서, 거기에 사사건건 반응하여 마음이 열리기도 하고 닫히기도 하는 것이다. 주의 깊게 살펴보면 그런 일이 날이면 날마다 판에 박은 듯이 일어나고 있음을 깨달을 것이다.

하지만 이토록 중요한 에너지의 흐름을 결코 그런 우연의 손에다 맡겨 둬서는 안 된다. 그 에너지가 좋다면 결코 자신을 닫지 말라. 열려 있도록 하는 방법을 배울수록 더 많은 에너지가 흘러들게 할 수 있다. 닫지 않음으로써 열려 있게 하는 연습을 할 수 있다. 자신이 마음을 닫기 시작할 때마다 정말 에너지를 차단하기를 원하는지를 스스로 물어보라. 왜냐하면, 원하기만 한다면 세상에 어떤 일이 일어나든 상관없이 열려 있을 수 있는 방법을 배울 수 있기 때문이다. 다만 자신이 무한한 에너지를 받아들일 수 있을지, 그 그릇을 살펴보겠다는 결심을 하라. 그리고 닫지 않겠다고 결심하라. 처음에는 그것이 부자연스럽게 느껴질 것이다. 왜냐하면 자기보호의 수단으로서 가슴을 닫는 것이 당신의 습관이기 때문이다. 하지만 자신을 닫아거는 것은 무엇으로부터도 진정으로 당신을 보호해 주지 못한다. 그것은 오히려 당신을 에너지원으로부터 차단시킬 뿐이다. 결국 그것은 당신을 자기 속에 가둬 놓을 뿐이다.

당신은 자신이 삶에서 진정으로 원하는 유일한 것은 기쁨과 사랑과 의욕을 느끼는 것임을 깨달을 것이다. 그것을 항상 느낄 수만 있다면 밖에서 어떤 일이 벌어지든 그게 무슨 상관이겠는가? 언제나 고양된 기분을 느낄 수 있다면, 순간의 경험에 늘 짜릿한 흥분을 느낄 수 있다면 그 경험이 어떤 것인지는 상관없다. 그게 무엇이든 간에 내면에서 그렇게 느끼는 것은 아름답다. 그래서 당신은 어떤 일이 일어나든지 항상 열려 있는 법을 배운다. 그렇게만 되면 당신은 다른 모든 사람들이 얻으려고 발버둥치는 그것, 즉 기쁨과 사랑과 열의와 에너지를 공짜로 얻는다. 열려 있게 하려면 무엇이 필요한지를 찾아 두리번거리는 것이 사실은 당신을 한정시키고 만다는 사실을 깨달아야 한다. 당신의 가슴이 열리도록 하려면 세상이 어때야 하는지를 적어 내려가고 있다면, 당신은 자신의 열림을 그 조건들에 한정 받게끔 만들고 있는 것이다. 무조건 열려 있는 편이 낫다.

열려 있는 방법의 터득은 당신에게 달려 있다. 궁극의 비결은 닫지 않는 것이다. 닫지 않는다면 열려 있기를 배운 것이다. 삶에서 일어나는 그 어떤 일도 당신이 거기에 가슴을 닫을 만큼 중요한 일이 되도록 버려두지 마라. 가슴이 닫히기 시작할 때, 그저 이렇게 말하라. '아니야. 나는 닫지 않겠어. 힘을 빼겠어. 나는 이 상황이 일어나게 하고, 거기에 함께 있겠어.' 그 상황을 존중하고 받들어라. 그것을 대면하라. 모든 수단을 다해서 그것을 해결하라. 할 수 있는 최선을 다하라. 다만 열린 마음으로 그것을 대하라. 흥분과 열의로써 그 일을 다루라. 그것이 무엇이든 간에 그것이 그날의 즐거움이 되게 하라. 시간이 지나면 당신은 마음을 닫는 법을 잊은 자신을 발견할 것이다. 누가 무슨 짓을 하든, 어떤 상황이 벌어지든 당신은 마음이 닫히려는 기미조차 느끼지 못할 것이다. 당신은 온 가슴과 영혼으로써 삶을 그저 포용할 것이다. 이처럼 높은 경지에 이르면 당신의 에너지 레벨은 엄청나게 높아질 것이다. 그저 이완하고 열라. 엄청난 에너지가 밀려들어 올 것이다. 당신은 열린 채로 있을 수 있는 능력에 의해서만 제한 받을 것이다.

진정으로 열려 있기를 원한다면, 사랑과 열의를 느낄 때 주의 깊게 살펴보라. 이 기분을 왜 언제나 느끼지 못하는지를 자신에게 물어보라. 그것은 왜 다시 사라져야 하는가? 대답은 분명하다. 당신이 가슴을 닫기로 마음먹었기 때문에 사라지는 것이다. 그렇게 닫음으로써, 당신은 사실 열림과 사랑을 느끼지 않기로 마음먹고 있는 것이다. 당신은 늘 사랑을 차버리고 있다. 당신이 싫어하는 말을 하기 전까지만 누군가와 사랑을 느끼고, 그 후에는 그 사랑을 포기해 버린다. 누군가가 비판을 하기 전까지만 자신의 일에 열의를 보이다가 그 후에는 그만둬 버린다. 그것은 당신이 선택한 것이다. 당신은 일어난 일이 마음에 들지 않기 때문에 마음을 닫아걸어 버릴 수도 있고, 아니면 그럼에도 마음을 닫지 않음으로써 사랑과 의욕에 찬 상태를 계속 누릴 수도 있다. 자기가 무엇을 좋아하고 무엇을 좋아하지 않는지를 분별하고 있는 한, 마음은 열리기도 하고 닫히기도 한다. 이것은 사실 자신의 한계선을 제 손으로 긋는 짓이다. 마음이 에너지를 여닫는 스위치를 만들어내는 것을 방관하고 있는 것이다. 그 분별을 놓아 버려라. 변신의 모험을 감행하라. 삶의 모든 것을 즐겨라.

더 많이 열려 있을수록 더 많은 에너지 흐름이 일어난다. 어느 지점에 이르면 너무나 많은 에너지가 들어와서 넘쳐나기 시작한다. 자신에게서 물결이 넘쳐 쏟아져 나가는 것처럼 느껴진다. 그것이 손과 가슴과 다른 에너지 중추들로부터 흘러 나가는 것을 실제로 느낄 수도 있다. 모든 에너지 중추들이 열리고 엄청난 에너지가 당신에게서 흘러 나가기 시작한다. 게다가, 그 에너지는 다른 사람들에게 영향을 미친다. 당신은 이 흐름으로써 그들에게 에너지를 주고, 그들은 당신의 에너지를 얻을 수 있다. 이보다도 더 크게 열리기를 당신이 기꺼이 원한다면, 그것은 멈춤이 없다. 당신은 주변의 모든 이들에게 빛의 근원이 된다.

그저 열려 있고, 닫지 말라. 어떤 일이 일어나는지를 보라. 에너지 흐름으로써 몸의 건강에도 영향을 미칠 수 있다. 어떤 병이 나기 시작하는 것 같은 느낌이 든다면 그저 이완하고 마음을 열라. 마음을 열면 몸에 더 많은 에너지가 흘러들고, 그것이 치유를 일으킨다. 에너지는 치유의 능력이 있다. 사랑이 병을 치유할 수 있는 것도 이 때문이다. 내부의 에너지에 대해 배워가다 보면 눈앞에 새로운 세상이 펼쳐질 것이다.

삶에서 가장 중요한 것은 당신 내면의 에너지이다. 늘 지쳐 있고 의욕이 하나도 없다면 삶은 아무런 재미도 없다. 하지만 언제나 고양되어 있고 기운에 충만해 있다면 나날의 매 순간이 짜릿한 흥분의 경험이 될 것이다. 이것을 배워야 한다. 명상을 통해, 깨어 있는 의식을 통해, 그리고 의지를 통한 노력으로 에너지 중추가 열려 있게 하는 법을 배울 수 있다. 그저 이완하고 풀어놓음으로써 말이다. 마음을 닫아걸 만한 어떤 대상이 존재한다는 생각을 거부함으로써 말이다. 명심하라. 삶을 사랑한다면 마음을 닫아걸어야 할 것은 아무 데도 없다. 당신이 가슴을 닫아야 할 대상은 아무 데도, 아무것도 없다.

제6장

가슴을 정화하기

가슴에 대해 제대로 이해하는 사람은 매우 드물다. 실로 가슴은 창조의 걸작품 중 하나이다. 그것은 엄청난 악기이다. 그것은 피아노나 현악기나 플루트 등의 아름다운 소리를 훨씬 능가하는 진동과 조화를 만들어낼 수 있다. 악기의 소리는 귀로 듣지만 가슴의 소리는 느껴야 한다. 어떤 악기 소리가 '느껴'진다면 그것은 오직 그것이 당신의 가슴을 건드렸기 때문이다. 가슴은 지극히 미묘한 에너지로 만들어진 악기여서 그것을 진정으로 음미할 수 있는 사람은 드물다.

대부분의 인간들이 무심한 가운데 가슴은 홀로 자신의 일을 한다. 가슴의 작용이 우리의 삶을 좌우함에도 불구하고 우리는 그것을 이해하지 못한다. 어느 때 어떻게 해서건 가슴이 열리면 우리는 사랑에 빠진다. 어느 때 무슨 일로든 가슴이 닫히면 사랑도 끝난다. 가슴이 상처를 받으면 우리는 화를 내고 이 모두에 대한 느낌을 끊어 버리면 우리는 공허에 빠진다. 이런 온갖 일들이 가슴이 겪는 변화로 인해서 일어난다. 가슴에서 일어나는 이 에너지 전환과 변화가 당신의 삶을 좌지우지한다. 우리는 자신을 그것과 너무나 동일시하는 나머지 가슴속에서 일어나는 일을 가리킬 때 '나'라는 말을 쓴다. 하지만 사실 당신은 가슴이 아니다. 당신은 가슴을 경험하는 자이다.

가슴은 사실 이해하기가 아주 쉽다. 그것은 하나의 에너지 중추, 곧 차크라이다. 그것은 가장 아름답고 강력한 에너지 중추 중 하나이며 우리 나날의 삶에 힘을 미친다. 말했듯이 에너지 중추란 우리 존재 내부의 한 장소로서 에너지가 집중되고 분배되어 흐르는 곳이다. 우리는 앞서 이 에너지의 흐름을 샥티, 혹은 영, 혹은 기라고 부르고 그것은 삶에서 아주 복잡하고 미묘한 역할을 한다는 것을 배웠다. 우리는 늘 가슴의 에너지를 느끼고 산다. 가슴에서 사랑을 느끼는 것이 어떤 느낌인지를 생각해 보라. 가슴에서 영감과 열의가 솟아나올 때 어떤 느낌인지를 생각해 보라. 가슴에서 에너지가 솟아나서 확신에 차고 강해진 기분이 들 때, 그것이 어떤 느낌인지를 생각해 보라. 이 모두가 가슴이 에너지의 중추이기 때문에 일어나는 현상이다.

가슴은 열리고 닫히고 하면서 에너지의 흐름을 제어한다. 이것은 가슴이 밸브처럼 에너지의 흐름을 통과시키기도 하고 제한하기도 한다는 것을 뜻한다. 자신의 가슴을 잘 느껴 보면 가슴이 열릴 때는 어떤 느낌이고 닫힐 때는 어떤 느낌인지를 잘 알 수 있다. 실제로 가슴의 상태는 꽤 규칙적으로 변화한다. 어떤 사람과 함께 있을 때는 크나큰 사랑을 느낀다. 그러다가 그가 당신이 좋아하지 않는 말을 하면 가슴이 닫히고 더 이상 사랑을 느끼지 않는다. 우리는 누구나 이런 경험을 한다. 그런데 정확히 무엇이 이런 현상을 일으키는 것일까? 우리는 모두 가슴을 경험해야 하기 때문에 거기서 일어나는 일에 대해서도 이해해야만 한다.

한 가지 근본적인 질문으로써 이 분석을 시작해 보자. 가슴 중추의 구조에서 무엇이 그것을 닫히게 할까? 우리는 과거로부터 정리되지 않고 남아 있는 고정된 에너지 패턴이 막기 때문에 가슴이 닫힌다는 것을 발견한다. 일상적인 경험을 살펴보면 이것을 이해할 수 있다. 외부세계에서 사건이 일어나면 그것은 우리의 감각을 통해 들어와서 우리의 내면적 존재에 흔적을 남긴다. 그 사건의 경험은 약간의 두려움이나 불안감, 아니면 약간의 사랑을 일으킬 수도 있다. 세상이 당신을 거쳐 갈 때 당신이 그것을 어떻게 받아들이고 소화하느냐에 따라서 내면에서 일어나는 경험이 달라질 수 있다. 감각을 통해서 세상을 받아들일 때 사실 당신 존재 속으로 들어오는 것은 에너지이다. 사물 자체가 마음속으로 들어오는 것이 아니다. 사물은 밖에 남아 있고 당신의 감각이 그것을 마음과 가슴이 받아들여 경험할 수 있는 에너지 패턴으로 바꿔 준다. 과학은 감각의 이런 작용을 잘 설명해 준다. 눈은 사실 세상을 내다보는 창문이 아니다. 눈은 세상의 전자기적 이미지를 당신 속으로 보내 주는 카메라이다. 다른 모든 감각들도 마찬가지이다. 그것들이 세상을 감지해서 정보로 바꾸어 그 데이터를 신경 전기부호를 통해 보내면 그 인상이 마음에 의해 받아들여진다. 정말이지, 감각은 전자 감지장치이다. 하지만 당신의 마음에 들어오는 어떤 이미지가 말썽을 일으킨다면 당신은 그것을 가로막고, 지나 보내지 않는다. 이럴 때 그 에너지 패턴은 실제로 길이 막힌 채 당신 안에 남아 있다.

이것이 매우 중요하다. 이런 에너지가 당신 안에 남아서 저장되어 있다는 것이 어떤 것인지를 알아보기 위해, 먼저 아무것도 저장되어 있지 않을 때는 어떨지를 살펴보자. 모든 것이 당신을 곧장 통과해 버린다면 어떨까? 예컨대, 고속도로를 운전하면 당신은 수천 그루의 가로수를 지나쳐갈 것이다. 그것은 당신에게 인상을 남기지 않는다. 그것은 보이자마자 기억에서 사라진다. 운전을 할 때 나무와 건물과 자동차들이 보이지만 그 어떤 것도 당신에게 지속적인 인상을 남겨 놓지 않는다. 그것은 그저 일시적인 인상을 남겨서 당신이 그것을 볼 수 있게 한다. 그것은 감각을 통해 들어와서 마음에 인상을 만들어내지만 만들어지자마자 사라진다. 그것에 대해 개인적인 관심이 없으면 인상들은 걸림 없이 지나간다.

이것이 지각체계가 작용하는 전반적인 방식이다. 지각은 사물을 받아들여서 당신이 그것을 경험하고 지나 보내게 함으로써 당신이 다음 순간 속에 온전히 존재할 수 있게 한다. 이런 체계가 제대로 작동하고 있는 동안에는 당신도, 그 체계도 문제가 없다. 당신은 그저 꼬리에 꼬리를 무는 경험들을 해가고 있다. 운전은 하나의 경험이고 지나치는 가로수들도, 자동차들도 하나의 경험이다. 이 경험들은 한 편의 멋진 영화와도 같이 당신에게 주어지는 선물이다. 그것은 당신 안으로 들어와 지나쳐 가면서 당신을 깨우고 자극한다. 그것은 실제로 당신에게 깊은 영향을 미치고 있다. 매순간 경험이 들어오고, 당신은 배우고 성장해 간다. 가슴과 마음은 확장되고 당신은 매우 깊은 차원에서 건드려진다. 경험이 최상의 스승이라면 삶의 경험에 비견할 수 있는 것은 아무것도 없다.

인생을 산다는 것은, 자신을 지나쳐 가는 순간들을 경험하고 그 다음 순간을, 또 그 다음 순간을 경험해 가는 것을 뜻한다. 온갖 다양한 경험들이 들어와서 당신을 지나갈 것이다. 그런 상태로 살 수 있다면 당신은 완전히 깨어 있는 존재가 될 것이다. 이것이 깨어 있는 존재들이 '지금'을 사는 방식이다. 그들은 거기 있고 삶도 거기 있다. 그리고 삶 전체가 그들을 지나간다. 당신이 삶의 낱낱을 경험하는 동안 온전히 존재하여 그것이 당신 존재의 가장 깊은 곳을 건드리는 것을 상상해 보라. 매 순간이 자극적이고 감동적인 경험이 될 것이다. 당신은 완전히 열려 있고 삶은 당신을 관통하여 흘러갈 것이기에.

하지만 이것은 보통 사람들에게 일어나는 일이 아니다. 당신의 자동차는 거리를 지나간다. 가로수가 지나가고 자동차가 지나간다. 아무 말썽도 일으키지 않고 잘 지나간다. 그런데 그중에 그냥 곱게 지나가지 않는 뭔가가 어김없이 나타난다. 애인의 자동차와 비슷한 파란색 포드 무스탕이 나타났다. 그런데 이 차가 지나갈 때 앞자리의 두 사람이 부둥켜안고 있는 모습이 눈에 띄었다. 최소한 그 둘은 어깨를 껴안고 있었고, 그것은 틀림없이 애인의 자동차인 것 같았다. 하지만 그건 그저 다른 모든 자동차들과 마찬가지의 자동차가 아닌가? 아니다. 당신에게는 그것이 그저 다른 차들과 같은 종류의 차가 아니었다.

무엇이 일어났는지를 잘 살펴보자. 물론 눈의 카메라에게는 그 차나 다른 차들 사이에 아무런 차이가 없다. 대상에게서 반사되는 빛이 있고, 그것은 눈동자를 지나서 당신의 마음에 시각적 인상을 만들어낸다. 그러니 물리적 차원에서는 전혀 별다른 일이 일어나지 않았다. 하지만 마음의 차원에서는 그 인상이 그냥 지나가지 않았다. 다음 순간에 당신은 더 이상 다음의 가로수와 다음의 자동차들을 보고 있지 않다. 가슴과 마음은 이미 지나가 버린 그 자동차에 고정되어 있다. 여기서 문제가 생긴 것이다. 걸림이 생겼다. 사건이 지나가지 못하고 막혀 버린 것이다. 그 다음의 경험들이 당신을 지나가려고 하지만 마음 속에서 이 과거의 경험이 정리되지 않고 남아 있게 만드는 어떤 일이 일어났다.

지나가지 못한 경험은 어떻게 될까? 특히, 다른 것들처럼 그저 깊은 기억 속으로 사라져 버리지 않는 애인의 자동차의 모습은 어떻게 될까? 어느 시점, 예컨대 다음 신호등에 이르면 당신은 신호를 인식하기 위해서 거기에다 마음을 묶어 놓기를 멈춰야만 한다. 하지만 당신은 이제 바야흐로 그냥 지나가지 않은 그것 때문에 당신 삶의 경험이 통째로 변질되려고 한다는 사실을 깨닫지 못하고 있다. 이제 삶은 당신의 주의를 얻어내기 위해 이 지나가지 못한 사건과 다투어야만 하게 되었고, 그 사건의 인상은 얌전히 남아 있으려 하지 않는다. 당신은 그것을 끊임없이 떠올려서 생각하려고 하는 자신을 발견할 것이다. 이것은 그것을 마음속에서 지나 보낼 길을 찾아내려는 발버둥이다. 가로수들은 그럴 필요가 없었지만 이것은 어서 처리해야 한다. 당신이 저항했기 때문에 그것은 길이 막혀 버렸다. 그리고 이제 당신은 문제를 안고 있다. 생각이 올라오기 시작한다. '어쩜 그녀가 아닐지도 몰라. 아냐, 정말 그녀는 아니었어. 어떻게 그럴 수가 있겠어?' 속에서 생각이 꼬리를 물고 일어난다. 그것이 당신을 미치게 만든다. 이 모든 마음의 소음이 다만 그 걸려 버린 에너지를 처리해서 지나가게 만들기 위한 발버둥인 것이다.

당신을 지나쳐 가지 못한 오래 묵은 에너지 패턴들은 마음의 전면으로부터 밀려나와서 당신이 그것을 놓아 보낼 준비가 될 때까지 갇혀 있다. 관련된 사건의 시시콜콜한 정보를 다 꿰고 있는 이 에너지 패턴들은 실재한다. 그것은 그냥 사라져 버리지 않는다. 삶의 사건이 당신을 지나가도록 버려두지 못했을 때, 그것들은 안에 남아서 문제가 된다. 이 패턴들은 매우 오랫동안 당신 안에 남아 있을 수 있다.

에너지를 한곳에 오랫동안 지니고 있는 것은 쉬운 일이 아니다. 이런 사건들이 당신의 의식을 지나가게 하려고 의식적으로 애쓸 때, 그 에너지는 먼저 마음을 통해 드러남으로써 풀려나려고 한다. 마음이 늘 그토록 바쁜 것도 이 때문이다. 에너지가 다른 생각이나 관념들에 부딪혀서 마음을 지나가지 못하면, 그것은 가슴을 통해 풀려나려고 한다. 이것이 모든 감정의 움직임을 일으키는 것이다. 이것마저 당신이 저항하면 에너지는 뭉쳐져서 가슴속의 깊은 창고에 쑤셔 넣어진다. 인도철학의 전통에서는 이 정리되지 못한 에너지 패턴을 삼스카라 Samskara 라고 부른다. 이것은 산스크리트어로서 '인상', 혹은 '각인'이란 뜻이다. 요가는 이것이 우리의 삶에 영향을 미치는 가장 큰 힘이라고 가르친다. 삼스카라는 하나의 걸림, 하나의 막힘이다. 과거로부터 생겨난 하나의 각인이다. 그것은 정리되지 못하고 고정된 에너지 패턴으로서 결국은 그것이 우리의 삶을 지배하고 나선다.

이것을 이해하기 위해서, 우선 이 걸려 있는 에너지 패턴에 작용하는 물리적 법칙을 깊이 들여다보자. 에너지의 파동이 그런 것처럼, 당신에게 들어오는 에너지는 계속 움직여야만 한다. 에너지가 속에서 막혀 있을 수 없다는 뜻은 아니다. 에너지는 계속 이동할 수도 있고 한

곳에 머물 수도 있다. 머문다는 것은 제자리를 맴도는 것이다. 이것은 원자와 행성의 궤도에서 찾아볼 수 있다. 모든 것이 에너지이고, 에너지는 담겨 있지 않으면 밖으로 퍼져나간다. 창조계가 존재하기 위해서는 에너지가 역학적으로 제자리를 맴돎으로써 고정된 단위체를 형성해야 한다. 이것이 원자의 모습을 띤 에너지가 온 물질 우주를 이루는 기본적인 벽돌의 역할을 하는 이유이다. 제자리를 맴도는 에너지. 그런데 과학이 발견했다시피 원자에 담겨 있는 에너지가 풀려나면 이세계가 날아가 버릴 수도 있다. 하지만 달리 강제하지 않는 한 에너지는 자체의 평형상태로 인해 재갈이 채워진 채 한 곳에 머문다.

제자리를 맴도는 에너지의 이런 작용이야말로 정확히 삼스카라에서도 일어나고 있는 작용이다. 삼스카라는 저장된 과거 에너지 패턴의 맴돌이로서, 상대적인 평형상태에 있다. 이 에너지가 제자리를 맴돌게 하는 것은 그것을 경험하기 싫어하는 당신의 저항 때문이다. 그것은 달리 갈 데가 없다. 당신이 그것을 놔주지 않기 때문이다. 대부분의 사람들이 문제를 처리하는 방식이 바로 이런 식이다. 이 맴도는 에너지의 덩어리는 가슴의 에너지 중추에 문자 그대로 저장된다. 살면서 당신이 끌어 모은 모든 삼스카라가 거기에 저장된다.

이것이 무엇을 의미하는지를 제대로 이해하기 위해, 당신 애인의 자동차처럼 보였던 파란색 무스탕의 예로 돌아가 보자. 혼란된 에너지 패턴이 뭉쳐서 가슴에 저장되고 나면 그것은 기본적으로 활동을 하지 않는다. 그러므로 당신에게는 그 상황이 정리되어서 그 경험이 더 이상 문제가 안 되는 것처럼 보일 수도 있다. 질투하는 것처럼 보이기 싫어서 애인에게 그 일을 말하지 않았을 수도 있다. 당신은 어찌할 바를 몰라서 그 에너지에 저항했고, 그것은 말썽을 부리지 못하도록 뒷전으로 밀려나서 가슴속에 저장되었다. 그것은 끝난 일처럼, 이제는 없는 것처럼 보일지 모르지만 사실은 그렇지 않다.

당신이 저장해 놓은 낱낱의 삼스카라는 아직도 거기에 있다. 갓난아이 적부터 지금 이 순간에 이르기까지 당신을 지나가지 못한 모든 것들이 아직도 당신 안에 있다. 영적 가슴의 밸브 역할을 하는 것은 바로 이 각인, 이 삼스카라이다. 이 엉긴 덩어리가 갈수록 커지면서 에너지의 흐름을 막고 있는 것이다.

이제 우리는 가슴속의 막힘이 어디서 비롯되는지를 이해했고 어떻게 막히게 되는지를 알았다. 삼스카라가 쌓여서 에너지가 거의 흐르지 못하게 될 수도 있음을 분명히 안다. 삼스카라가 많이 쌓이면 사람은 우울증에 빠진다. 그 상태에서는 모든 것이 암울해진다. 이것은 가슴과 마음에 에너지가 거의 들어오지 못하기 때문이다. 결국 모든 것이 부정적으로 보이기 시작한다. 외부로부터의 감각이 당신의 의식에 도달하기 전에 이 억압된 에너지를 거쳐야 하기 때문이다.

우울증까지는 아니라 하더라도 당신의 가슴은 세월이 갈수록 막힌다. 삼스카라는 계속 쌓여 간다. 하지만 그것이 늘 막혀 있는 것만은 아니다. 삶의 경험에 따라 그것은 꽤 자주 열렸다 막혔다 한다. 이것은 다음의 의문을 제기한다. 가슴의 상태를 자주 바뀌게 하는 원인은 무엇일까? 잘 살펴보면 당신은 그것이 막힘을 일으켰던 과거의 각인과 관계됨을 알게 될 것이다.

저장된 에너지 패턴은 실재한다. 삼스카라는 지나가지 못한 사건의 구체적인 정황들로써 프로그램되어 있다. 애인이 자동차 안에서 누군가와 껴안고 있는 것을 봤다고 생각하기 때문에 질투를 느낀다면 그 사건에 관한 매우 세세한 데이터가 그 삼스카라 속에 저장되어 있다. 거기에는 그 사건의 분위기와 성격, 그리고 당신이 그 사건에 대해 얼마나 예민한지도 다 담겨 있다.

그 후에 일어나는 일을 통해 이것을 살펴보자. 5년이 지나고 당신은 옛 애인과 벌써 헤어졌다. 당신은 다른 여자와 결혼했고 이젠 훨씬 더 성숙했다. 어느 날 당신은 가족과 함께 즐겁게 차를 몰고 있다. 가로수가 지나가고 차들이 지나간다. 그때 파란 무스탕이 지나가고, 그 앞자리의 두 사람이 서로 껴안고 있다. 즉시 당신 가슴속에 어떤 변화가 일어난다. 가슴이 쿵쾅거리고 빠르게 뛰기 시작한다. 기분이 동요되고 예민해진다. 이제 더 이상 즐겁지가 않다. 이 모든 내면의 변화가 단지 당신이 어떤 특정한 자동차를 보고 가슴이 혼란되면서 일어난 것이다. 이 과정을 한 발짝 물러서서 살펴보면 정말 놀랍다. 5년 전에 아주 잠시 어떤 일이 일어났었다. 당신은 그것을 누구한테 말한 적도 없는데 이제 5년이 지난 후에 파란 무스탕이 지나가면서 가슴과 마음의 에너지 흐름을 바꿔 놓은 것이다.

이것은 믿기지 않는 만큼이나 엄연한 사실이다. 게다가 이것은 파란 무스탕의 경우에만 해당하는 일이 아니다. 당신을 그냥 지나가지 못한 모든 일에 대해서도 마찬가지이다. 우리가 이토록 짓눌린 채 살아가고 있는 것도 놀랍지 않고 가슴이 열렸다 닫혔다 하는 것도 놀라운 일이 아니다. 가슴에 저장된 에너지는 실재하고, 그것은 현재의 생각과 사건들의 흐름과 상호작용한다. 이 상호작용의 역학이 삼스카라로서 저장되어 있던 파동을 여러 해가 지난 후에도 일깨워지게 한다. 이것이 그 파란 무스탕으로 인해서 일어난 일이다. 하지만 저장된 에너지를 일깨우는 데는 똑같은 자동차가 있어야만 하는 것도 아니라는 사실을 명심하라. 그것은 까만 무스탕이 될 수도 있고 그냥 둘이 껴안고 지나가는 아무런 차라도 될 수 있다. 비슷한 것이면 무엇이든 삼스카라를 건드려 놓을 수 있다.

요는, 과거로부터 각인된 인상은 아주 해묵은 것조차 자극을 받아 일깨워질 수 있고 그것이 결국 당신의 삶을 좌지우지할 수 있다는 것이다. 현재의 사건으로부터 입력되는 감각은 오랜 세월 동안 당신이 저장해둔 모든 것들을 파헤쳐내고, 그것과 관련된 과거의 패턴을 정확하게 되살려 놓는다. 자극을 받으면 삼스카라는 마치 꽃잎처럼 열리면서 저장된 에너지를 풀어놓기 시작한다. 맨 처음의 사건이 일어낮을 때 경험했던 기억이 갑자기 의식 속으로 밀려들어 온다. 그때의 생각과 느낌과, 때로는 냄새와 그 밖의 감각까지도. 삼스카라는 그 사건을 사진 찍듯 완전히 기록해서 저장할 수 있다. 그것은 인간이 만들어낸 컴퓨터 기억장치보다 월등하다. 그것은 당신이 느꼈던 것, 생각했던 것, 그 사건 주변에서 일어났던 모든 것들을 기록할 수 있다. 이 모든 정보는 작은 에너지의 거품이 되어 가슴속에 저장된다. 여러 해 후에 건드려지더라도 그것은 그 즉시 당신이 과거에 느꼈던 생생한 느낌을 경험하게 만든다. 육십이 되어서도 다섯 살 때 느꼈던 불안감과 두려움을 실제로 느낄 수 있다. 이때 실제로 일어나는 일은, 정리되지 않은 정신적, 감정적 에너지 패턴이 저장되어 있다가 일깨워지는 것이다.

하지만 당신이 받아들이는 경험들의 대부분은 걸리지 않고 통과한다는 사실을 아는 것도 중요하다. 그것들은 당신을 그대로 지나간다. 당신이 하루 종일 얼마나 많은 것들을 보는지 상상해 보라. 그것들이 모두 그처럼 걸리지는 않는다. 그 모든 인상들 중에서 걸리는 것은 단지 당신에게 문제를 일으키거나 매우 즐거운 감각을 제공하는 것들뿐이다. 그렇다. 당신은 긍정적인 인상도 저장한다. 멋진 경험이 일어나면 당신은 거기에 집착하게 되기 때문에 그것은 그냥 지나가 버리지 않는다. 집착이란, '이것이 지나가 버리기를 원치 않아. 그가 날 사랑한다고 말했을 때 정말 깊은 사랑과 보호받는 느낌을 받았어. 그 순간을 늘 떠올리고 싶어. 그 장면을 자꾸자꾸 보여줘……'라는 뜻이다. 집착은 긍정적인 삼스카라를 만들어낸다. 이것은 자극되면 긍정적인 에너지를 풀어낸다. 그러므로 가슴을 막는 두 가지의 경험이 일어날 수 있는 것이다. 당신은 그 에너지가 싫어서 밀쳐내려고 하거나, 아니면 좋아서 붙잡으려고 애쓴다. 어느 경우든 당신은 그것이 지나가도록 놔두지 않는다. 당신은 저항이나 집착으로 흐름을 막음으로써 귀한 에너지를 낭비하고 있는 것이다.

그 대안은, 삶을 밀쳐내거나 붙잡지 않고 그냥 즐기는 것이다. 그렇게 살 수 있다면 매 순간이 당신을 변화시킬 것이다. 삶과 씨름하지 않고 삶이 주는 선물을 기꺼이 경험하면 당신은 존재의 가장 깊은 곳까지 건드려질 것이다. 이런 경지에 이르면 당신은 가슴의 비밀을 깨닫기 시작할 것이다. 가슴은 당신을 부양하는 에너지가 지나가는 자리이다. 이 에너지는 당신을 키우고 고양시켜 준다. 그것은 당신을 싣고 삶을 지나가는 힘이다. 그것은 당신의 온 존재를 관통해 흐르는 아름다운 사랑의 경험이다. 이것이야말로 애초에 당신의 내면에서 늘 일어나게끔 계획되어 있었던 일이다. 당신이 경험했던 가장 고양된 상태는 단지 당신이 마음을 활짝 열었던 결과일 뿐이다. 당신이 닫지만 않으면 언제나 그런 상태로 있을 수 있다. 자신을 과소평가하지 말라. 끝없는 영감, 끝없는 사랑, 끝없는 열림, 이것은 늘 지속될 수 있다. 이것이 건강한 가슴의 본연의 상태이다.

이런 경지를 얻으려면 그저 삶의 다양한 경험이 당신 안으로 흘러와서 지나가도록 허락하라. 이전에 처리하지 못했기 때문에 오래 묵혀 있던 에너지가 다시 나타났다면 지금 그것을 떠나 보내라. 그것은 이렇게 쉽다. 파란 무스탕이 지나가면 두려움이든 질투든 느껴지는 대로 느끼고 그저 미소 지으면 된다. 오랜 세월 깊숙이 저장되어 있던 삼스카라가 드디어 당신을 지나갈 기회를 얻은 것을 기뻐하라. 그저 가슴을 열고 이완하고 용서하고 웃어라. 아니면 뭐든 당신이 하고 싶은 것을 하라. 단지 그것을 다시 밀쳐내지만 마라. 물론 그것이 올라오면 아프다. 그것은 고통과 함께 저장되어 있었다. 그리고 고통과 함께 풀려날 것이다. 그 저장된 고통이 가슴을 틀어막고 삶을 제약하도록 내버려둘 것인지 말 것인지를 당신은 결정해야 한다. 대답은 그것이 건드려질 때 기꺼이 그것을 놓아 보내는 것이다. 그것은 잠시 아릴 뿐, 그러고 나면 끝이다.

그러니 당신은 선택할 수 있다. 세상이 삼스카라를 건드리지 못하도록 세상을 바꿔 놓으려고 애쓸 것인가, 아니면 이 정화의 과정을 기꺼이 겪을 것인가? 건드려진 에너지가 시키는 대로 결정하지 마라. 그것이 올라오는 것을 그저 지켜볼 수 있게끔 중심 잡는 법을 연습하라. 저장된 에너지 패턴과 싸우기를 그칠 수 있을 만큼 내면의 깊은 자리에 자리 잡고 나면 그것들은 꼬리를 물고 올라와서 당신을 곧장 지나갈 것이다. 그것들은 낮에도 올라오고, 심지어는 꿈속에도 올라올 것이다. 당신의 가슴은 풀어내고 정화하는 이 과정에 익숙해질 것이다. 그 모든 일이 그저 일어나도록 놔두어라. 끝장을 보라. 그것을 하나씩 하나씩 처리하려 하지 마라. 그것은 너무 느리다. 그것들의 배후에 중심을 잡고 머물러 있으면서 그저 힘을 빼고 이완하라. 당신의 자연스러운 에너지 흐름이 저장된 에너지 패턴을 몸이 박테리아와 외부의 물질을 제거해내듯이 가슴으로부터 제거해낼 것이다.

그 보상은 영구적으로 열려 있는 가슴이다. 밸브는 이제 없다. 당신은 사랑 속에서 살고, 그것이 당신을 먹이고 힘을 준다. 그것이 열린 가슴이다. 그것이 애초에 가슴이라는 악기에 맡겨진 역할이다. 가슴이 연주할 수 있는 모든 음을 음미하도록 자신을 허용하라. 이완하고 풀어놓는다면 이 가슴의 정화는 정말 멋진 경험이 될 것이다. 당신의 눈을 상상할 수 있는 가장 높은 경지에다 고정시키고, 거기서 눈을 떼지 마라. 넘어지면 그저 다시 일어나라. 아무런 문제도 없다. 에너지 흐름을 해방시키는 이 과정을 가고자 한다는 사실 자체가 당신이 얼마나 훌륭하고 위대한지를 말해 준다. 당신은 거기에 다다를 것이다. 그저 계속 가기만 하라.

제7장

닫는 습관 깨기

개인의 깨어남과 영적 성장의 이론적 근거를 서양과학이 다져 주고 있다. 과학은 배후의 에너지 장이 원자를 만들어내고, 그것이 서로를 붙잡아 분자를 이루고 결국은 온 물질 우주를 지어내는 과정을 밝혀냈다. 우리의 내면에서도 이와 같은 일이 일어난다. 마음속에서 일어나는 모든 일들도 배후의 에너지 장에 그 근거를 두고 있다. 우리의 정신적, 감정적 활동과 내적 충동, 욕망, 본능적 반응 등을 만들어내는 것도 이 장의 활동이다. 이 내적 힘의 장을 기, 샥티, 영, 혹은 무어라 부르든 상관없이, 그것은 우리의 내적 존재를 관통해 흐르는 특정 패턴의 배후 에너지이다.

다른 생물들도 마찬가지지만, 우리 안의 이 패턴을 들여다보면 그 가장 기본적인 에너지 흐름은 생존본능이라는 것을 어렵지 않게 알 수 있다. 진화의 긴 세월을 통틀어 가장 단순한 유기체로부터 가장 복잡한 생물에 이르기까지, 자신의 존재를 지키고자 노심초사하는 끝없는 몸부림이 있었다. 이 생존본능은 고도로 진화된 우리의 협동적 사회구조 속에서도 진화적으로 변천해 왔다. 대부분의 사람들은 더 이상 음식이나 물, 의복, 주거지의 부족을 겪지 않는다. 생명을 위협하는 물리적 위험을 무릅써야 할 필요도 없다. 그 결과, 보호의 에너지는 개인의 신체적 안전보다는 심리적 안전을 지키는 쪽으로 기울여졌다. 이제 우리는 몸보다는 자신의 자아 관념을 수호해야 하는 나날의 요구를 느끼고 있다. 이제 우리의 중요한 싸움은 자신의 내적 두려움, 불안감, 파괴적인 행동습관 등과의 싸움이지, 외부의 힘과의 싸움이 아니다.

그럼에도 불구하고 사슴을 달아나게 하는 것과 동일한 충동이 여전히 우리를 달아나게 만들고 있다. 누군가가 당신에게 언성을 높여서 듣기 싫은 말을 하고 있다고 치자. 이것은 물리적인 위협의 상황이 아닌데도 당신의 심장은 조금씩 빨리 뛰기 시작한다. 이것은 갑작스런 소리가 들릴 때마다 사슴에게서 일어나는 현상과 똑같다. 사슴의 심장은 빨리 뛰기 시작하고, 제자리에 얼어붙든지, 아니면 도망간다. 하지만 당신의 경우에는 대개, 물리적으로 달아나게 하는 그런 종류의 두려움이 아니라 단지 보호를 갈구하는 깊은 심리적 두려움이다.

사슴처럼 숲속으로 달아나서 숨는 것은 사회적으로 용인되는 행동이 아니기 때문에 당신은 안으로 숨어든다. 안으로 물러나서 마음을 닫아걸고 자신의 보호막 뒤에 웅크린다. 이때 실제로 당신이 하는 일은 에너지 중추를 닫는 것이다. 당신은 에너지 중추란 것이 존재하는 지조차 모름에도 불구하고 그것을 닫는 일을 유치원 때부터 줄곧 해 왔다. 당신은 가슴을 닫고 심리적 보호막을 치는 방법을 정확히 알고 있다. 자기 안으로 들어와서 두려움을 일궈 놓는 온갖 에너지를 함부로 받아들이다가 상처입지 않기 위해서, 에너지 중추를 단속하는 방법을 당신은 정확히 알고 있는 것이다.

가슴을 닫고 자신을 보호할 때, 당신은 자신의 취약한 부분을 가린다. 그것은 물리적 위협이 가해지고 있지 않는데도 보호를 갈구하는 것이 느껴지는 부분이다. 당신은 자신의 에고, 당신의 자아 관념을 감싸고 있는 것이다. 에고는 물리적 위협이 존재하지 않는 상황에서도 혼란과 두려움과 불안과 그 밖의 온갖 감정적 문제를 일으킬 수 있다. 그래서 자신을 보호할 필요를 느끼는 것이다.

문제는, 혼란을 느끼는 당신의 그 부분이 균형을 완전히 상실해 버렸다는 것이다. 그것은 너무나 예민해서 아무것도 아닌 일에 과민반응을 한다. 당신은 광막한 우주 공간을 돌고 있는 한 행성 위에서 살면서, 자신의 결점이나 새 차에 난 흠집이나 사람들 앞에서 트림한 일 따위로 고민을 하고 있다. 이것은 건전하지 못하다. 만일 몸이 그토록 예민했다면 당신은 그것을 병으로 간주했을 것이다. 하지만 우리 사회는 이 정도의 심리적 과민은 정상으로 생각한다. 우리들 대부분은 음식과 옷과 집 때문에 걱정할 일이 없어서 바지의 얼룩이나 너무 크게 웃은 일이나 뭔가를 잘못 말한 일로 고민에 빠지는, 그런 사치를 누리고 있다. 이처럼 과민한 마음을 만들어냈기 때문에 우리는 끊임없이 자기 주위에 에너지를 둘러치고 자신을 보호하는 것이다. 하지만 이 것은 문제를 감춰 놓을 뿐, 해결해 주지 않는다. 당신은 병을 자기 안에다 가둬 둔다. 병은 갈수록 깊어진다.

성장 과정에서, 자신을 늘 보호하려고만 들면 결코 자유로워질 수 없다는 사실을 깨닫는 단계가 있다. 그것은 매우 단순한 사실이다. 당신은 두려움으로 집안에 숨어서 문을 닫아걸고 창문 가리개를 모두 내린다. 이제 캄캄해져서 햇빛을 보고 싶지만 당신은 그럴 수가 없다. 그것은 불가능하다. 마음을 닫고 자신을 감싸고 지키면 당신은 그 겁에 질려 불안해하는 사람을 가슴속에 가두는 것이다. 그렇게 해서는 결코 자유로워질 수가 없다.

그리하여 마침내 자신을 완벽하게 보호할 수 있게 된다면 당신은 더이상 성장하지 않을 것이다. 당신의 모든 성격과 습관은 고스란히 남아 있을 것이다. 사람들이 자기 속에 쌓여 있는 문제를 감싸고 지키기만 하면 삶은 매우 따분해질 것이다. 사람들은 '아버지 앞에서는 그런 말을 하지 않는 법이란다.' 하는 식의 말을 한다. 일어나서는 안 될 일들에 대한 온갖 규칙이 있다. 왜냐하면 그것이 마음에 혼란을 일으켜 놓을 수 있기 때문이다. 이런 식의 삶은 자발적 기쁨과 의욕, 삶의 짜릿한 흥분 같은 것을 허용하지 않는다. 대부분의 사람들은 너무 큰 문제만 생기지 않도록 주위를 단속하면서 나날을 살아간다. 하루가 끝나고 누군가가, '오늘은 어땠어?' 하고 물으면 보통 하는 대답은, '나쁘진 않았어.'나, '안 죽고 살았어.'이다. 이것은 그들의 인생관에 대해 무엇을 말해 주는가? 그들은 삶을 위협으로 여긴다. 좋은 날이란 다치지 않고 지나간 날이다. 이런 삶을 오래 살수록 당신은 더욱 더 꽁꽁 닫혀 간다.

진정으로 성장하고자 한다면 이와는 반대로 가야 한다. 진정한 영적 성장은 마음속에 당신이 하나뿐일 때 일어난다. 겁먹은 부분이 있고, 그 겁먹은 부분을 보호하는 부분이 또 있는 것이 아니다. 모든 부분들은 하나다. 당신이 들여다보고 싶어 하지 않는 당신의 부분이 없으므로 마음은 더 이상 의식과 잠재의식으로 나뉘지 않는다. 당신이 마음속에서 보는 것은 모두가 그저 마음속의 것들이다. 그것은 당신이 아니다. 그것은 당신이 보는 것들이다. 생각과 감정의 물결을 일으키는 순수한 에너지가 속에서 솟아나고 있고, 그것을 인식하는 의식이 있을 뿐이다. 마음의 춤을 지켜보는 당신이 있을 뿐인 것이다.

이런 의식 상태에 다다르려면 마음이 전부 표면으로 떠오르게 해야 한다. 분리된 낱낱의 작은 조각들이 당신을 지나가도록 보내야 한다. 지금도 무수한 조각들이 당신 마음 안에 갇혀 있다. 자유로워지고자 한다면 그것이 모두 동등하게 당신의 인식 앞에 노출되고 풀려나도록 해야 한다. 하지만 자신을 닫고 있으면 그것은 결코 노출되지 않을 것이다. 애초에 마음을 닫은 목적이 마음의 예민한 부분이 노출되지 않도록 하기 위한 것이었으니까. 그러므로 그 노출이 아무리 큰 고통을 가져온다고 할지라도 당신은 이제 자유를 위해 그 대가를 기꺼이 지불해야만 함을 이해한다. 자신을 무수한 조각들로 분열시키고 있는 당신의 부분과 더 이상 동일화되어 있기를 거부할 때, 당신은 진정으로 성장해 갈 준비가 된 것이다.

자신을 보호하고 지키려는 성향을 깨닫는 것에서부터 시작하라. 특히 자신의 보드라운 부분 근처에는 마음을 닫아걸려고 하는 매우 깊고 본능적인 성향이 있다. 하지만 결국 당신은 자신을 닫는 것이 엄청난 일거리를 만들어낸다는 사실을 깨달을 것이다. 자신을 닫으면 당신은 자기가 감싸고 지키는 그것이 행여나 건드려지지 않도록 매사를 조심해야 한다. 그리고 그 짓을 평생 해야 한다. 이것 대신 할 수 있는 나은 방법은, 끊임없이 자신을 지키려 하는 당신 존재의 그 부분을 그저 지켜보고 있을 수 있도록 충분히 의식을 일깨우는 것이다. 그러면 당신은 그 짓을 더 이상 하지 않아도 된다는 최상의 선물을 자신에게 줄 수 있다. 그 대신 당신은 그 부분을 제거하기로 마음먹는다.

당신은 삶을 지켜보고 날마다 부딪히게 되는 사람들과 상황들의 끊임없는 흐름을 알아차리는 것으로 이것을 시작한다. 당신은 자신이 연약한 부분을 감싸고 지키기 위해 애쓰는 것을 얼마나 자주 발견하는가? 마치 온 세상이 그곳을 향해 달려드는 것처럼 느껴진다. 가는 데마다 당신을 건드리려고 달려드는 일이나 사람이 있다. 그것을 그냥 가만히 내버려둬 보지 않겠는가? 당신이 그것을 정말 원하지 않는다면 그것을 감싸고돌지 말라.

자신의 마음을 감싸고돌지 않을 때, 돌아오는 대가는 해방이다. 당신은 마음에 걸림 없이 이 세상을 활보할 수 있다. 그저 매 순간 일어나는 일들을 경험하면서 즐긴다. 무서워하는 자신의 부분을 제거했으므로 다치거나 괴로워질 일을 걱정할 필요가 없다. '그들이 나를 어떻게 생각할까?'라든가, '이런 맙소사, 내가 왜 그런 멍청한 말을 했을까?' 하는 혼잣말을 들어야 할 필요가 없다. 당신은 그저 거리낌 없이 자신의 일을 하고, 일어나는 모든 상황 속에 자신의 온 존재를 투신한다. 자신의 과민반응 속에다 온 존재를 쏟아 넣는 대신 말이다.

내부의 그 겁에 질린 사람으로부터 자신을 해방시키겠다는 마음을 먹고 나면 당신은 자신의 성장이 시작되는 결정적인 지점이 있음을 발견할 것이다. 자기 안에서 에너지의 변화가 일어나기 시작하는 것을 감지할 때가 영적 성장에 중요한 시점이다. 예컨대 누가 어떤 말을 했을 때 당신은 속에서 에너지가 약간 이상해지는 것을 느끼기 시작한다. 긴장을 느끼기 시작하는 것이다. 그것은 성장할 때가 왔음을 알리는 신호이다. 그 순간은 자신을 방어해야 할 때가 아니다. 왜냐하면 당신은 방어하려는 당신의 그 부분을 원하지 않기 때문이다. 그렇다면 그것을 놔버려라.

마침내는 당신도 에너지가 이상하게 돌아가는 것을 감지하는 순간 자신을 멈출 수 있을 만큼 의식을 일깨울 수 있다. 그 에너지에 말려들기를 멈추는 것이다. 그것이 말을 하게 만든다면, 말하기를 멈춰라. 말을 하다가도 그 자리에서 그냥 멈춰라. 계속해 봤자 어떻게 될지는 당신이 너무나 잘 알고 있다. 안에서 에너지가 균형을 잃는 것을 알아차리는 순간, 가슴이 긴장하고 방어적인 태세를 갖추는 것을 알아차리는 순간 그저 멈춰라.

'멈추라'는 것은 정확히 무엇을 뜻할까? 그것은 마음속에서 하는 일이다. 그것은 '놓아 보내기'라고 한다. 놓아 보내면 당신은 당신을 끌어들이려는 에너지로부터 떨어져 나온다. 내면의 에너지는 힘을 지니고 있다. 그것은 매우 강력해서 당신의 의식을 그 안으로 빨아들인다. 망치가 발가락 위에 떨어지면 모든 주의가 그곳으로 집중된다. 갑자기 큰소리가 들려도 모든 주의가 거기에 쏠린다. 의식은 혼란스러운 곳에 집중되는 성질이 있다. 내부의 혼란스러운 에너지도 예외가 아니다. 이 혼란스러운 에너지는 당신의 주의를 끌어당긴다. 하지만 이것을 일어나게 둬서는 안 된다. 당신은 실제로 거기서 떨어져 나올 힘을 가지고 있다.

내부의 에너지가 움직이기 시작할 때, 당신은 거기에 따라갈 필요가 없다. 예컨대, 생각이 일어나기 시작해도 당신은 거기에 따라갈 필요가 없다. 산책을 하고 있는데 자동차가 지나간다고 하자. 생각이 일어나서 이렇게 말한다. '야, 저런 차를 가져 봤으면…….' 당신은 그저 예사롭게 가던 길을 계속 걸어갈 수도 있었겠지만 그 대신 심기가 불편해지기 시작한다. 당신도 저런 차를 갖고 싶지만 월급이 너무 적다. 그래서 어떻게 하면 월급을 더 받을 수 있을지, 아니면 다른 직업을 가질 수 있을지를 생각하기 시작한다. 이 모든 생각을 당신은 할 필요가 없었다. 그저 그 차가 다가왔다가 지나가고, 그 생각이 떠올랐다가 지나갔을 수도 있었다. 당신이 따라가지 않으면 그것들은 그저 사라져 버린다. 중심을 잡는다는 것은 바로 이것이다.

중심을 잡지 못하면 의식은 그저 무엇이든 주의를 끄는 것에 딸려간다. 자동차가 지나가는 것을 보면 곧장 그것을 가지고 뭔가 일을 벌인다. 다음날 배를 보면 이번에는 배를 가지고 일을 벌인다. 자동차는 이미 잊어버렸다. 사람들은 이렇게 살아간다. 일도 잘 안 되고 인간관계도 잘 풀리지 않는다. 그들은 마음이 산만하고 에너지도 사방에 흩어져 있다.

당신은 이런 생각들에 끌려다니지 않을 힘을 지니고 있다. 그저 의식의 자리에 자리 잡고 모든 것을 놓아 보낼 수 있다. 어떤 생각이나 감정이 일어나면 당신은 그것을 알아차리고, 그러면 그것은 지나간다. 왜냐하면 당신이 보내 줬으므로. 자신을 해방하는 이 기술은 생각과 감정은 의식의 대상일 뿐이라는 사실을 분명히 이해할 때부터 구사할 수 있게 된다. 가슴이 불안해지기 시작할 때, 당신은 그 느낌을 분명히 인식한다. 그런데 누가 그것을 인식하는가? 그것은 의식, 내면의 존재, 영혼, 참나이다. 그것은 보는 자, 보는 그다. 내부의 에너지 흐름 속에서 감지되는 변화도 단지 이 의식이 인식하는 대상일 뿐이다. 자유로워지기를 원한다면 에너지 흐름에 어떤 변화를 감지할 때마다 힘을 빼고 그 뒤로 물러나라. 그것과 맞싸우지 마라. 그것을 바꿔놓으려고 애쓰지도 말고 그것을 심판하지도 마라. '이런, 내가 아직도 이런 감정을 느끼다니, 믿을 수가 없어. 자동차에 대해서는 더 이상 생각하지 않기로 굳게 결심했는데 말이야.'라고 말하지도 마라. 그러면 당신은 자동차 대신 이번에는 자책하는 생각에 딸려가고 말 것이다. 그 모든 것을 놓아 보내야 한다.

하지만 이것은 단지 생각과 감정을 놓아 보내는 것에 관한 일만이 아니다. 이것은 사실 그 에너지가 당신의 의식에 미치고 있는 인력을 놓아 보내는 것에 관한 일이다. 혼란스러운 에너지는 그 안으로 당신을 끌어들이려고 애쓴다. 의지력을 발휘해서 거기에 딸려 가지 않고 내면의 자리에 남아 있으면 당신은 '의식의 대상'과 '의식'의 차이가 마치 낮과 밤의 차이만큼이나 뚜렷하다는 것을 알아차리게 될 것이다. 그것은 서로 완전히 별개의 것이다. 대상은 왔다가 사라진다. 의식은 그것이 왔다가 가는 것을 지켜본다. 그러면 의식이 지켜보는 눈앞에 다음 대상이 왔다가 간다. 대상들은 왔다가 지나가지만 의식은 아무 데도 가지 않는다. 그것은 그 자리에 그대로 머물러 있으면서 그저 모든 것을 지켜본다. 의식은 생각과 감정이 만들어지는 것을 경험하고, 그것이 어디서 오는지를 깨어서 선명히 알아차린다. 그것은 이 모든 것을 생각하지 않고 본다. 외부세계에서 일어나는 일을 눈을 통해 힘들이지 않고 보듯이, 안에서 일어나는 일도 힘들이지 않고 본다. 그저 지켜본다. 참나는 내부의 에너지가 내외부의 힘에 따라 변하는 것을 지켜본다. 그것이 지켜보는 모든 에너지들은 당신이 의식의 중심을 잃고 말려들지 않는 한 그저 왔다가 사라진다.

당신이 이 에너지에 말려들 때 어떤 일이 생기는지를 느린 화면으로 살펴보자. 먼저 당신은 어떤 생각이나 감정을 떠올리기 시작한다. 이 느낌은 에너지의 흐름이 긴장되고 방어적으로 변하기 시작할 때처럼 미묘한 것이거나, 그보다 훨씬 더 강한 어떤 느낌일 수도 있다. 이런 에너지가 의식을 사로잡으면 모든 주의가 거기에 집중된다. 그러면 그 주의가 그것을 강화시킨다. 의식은 엄청나게 강력한 힘이다. 의식이 생각과 감정에 집중하면 그 에너지와 힘이 거기에 충전된다. 주의를 쏟을수록 생각과 감정이 더 강력해지는 것은 바로 이 때문이다. 당신이 약간의 질투나 두려움을 느끼고 있다고 하자. 그것에 집중하면 그것은 중요성이 더욱 커지고 주의를 더 많이 요구한다. 집중된 주의에 의해 힘이 커진 그것은 더 큰 힘으로 주의를 끌어당기는 것이다.

114 · 상처받지 않는 영혼

그것은 이런 식으로 악순환한다. 처음에는 지나쳐 가는 생각이나 감정으로 시작했던 그것이 결국에는 삶의 중심이 되어 버린다. 놓아 보내지 않으면 그것은 결국 통제를 완전히 벗어나게 된다.

　지혜로운 사람은 에너지가 방어적인 양상으로 기울 때마다 그것을 놓아 보낼 수 있도록 늘 마음의 중심에 머문다. 에너지가 움직이고 의식이 그것에 이끌려가기 시작하는 것을 감지하는 순간 힘을 빼고 놓아 보내라. 놓아 보낸다는 것은 에너지 속으로 딸려 들어가는 대신 뒤로 떨어져 나옴을 말한다. 나는 따라가지 않겠노라고 마음먹는 데는 그저 한순간의 의식적 노력만 있으면 된다. 그저 놓아 보내라. 그것은 에너지를 따라가는 것보다는 놓아 보내는 편이 낫다는 판단이 행여나 잘못된 것일지도 모르는 위험성만 감수하면 되는 문제다. 하지만 손해 볼 일은 없다. 당신을 지배하던 에너지의 손아귀에서 벗어나기만 하면 당신은 내면에 존재하는 희열과 자유의 드넓은 공간을 마음껏 누릴 수 있을 테니까.

　그리하여 당신은 자신을 해방시키는 일에 삶을 바치기로 결심한다. 영혼의 자유를 위해서라면 어떤 대가도 기꺼이 치를 각오가 된다. 하지만 치러야 할 유일한 대가는 놓아 보내는 것뿐임을 곧 알게 될 것이다. 내면의 자유를 앗아 갈 수 있는 것도, 돌려줄 수 있는 것도 오로지 당신뿐이다. 다른 누구도 할 수 없다. 당신이 스스로 상관있다고 믿지 않는 한, 다른 사람들이 무슨 짓을 하든지 거기에는 아무런 상관도 없다. 작은 것에서부터 시작하라. 우리는 일상 속의 하찮고 사소한 일들 때문에 괴로워하곤 한다. 예컨대 신호등 앞에서 누군가가 당신에게 빨리 가라고 경적을 울린다. 이런 작은 일들이 일어날 때도 당신은 속에서 에너지가 움직이는 것을 감지한다. 그 변화를 감지하는 순간, 어깨에 힘을 빼고 가슴 주위를 이완하라. 에너지가 움직이기 시작하는 순간 그저 힘을 빼고 놓아 보내라. 약이 오르는 느낌을 놓아 보내고 뒤로 떨어져 나오는 이 놀이를 즐겨라.

사무실에서 당신이 사용하던 연필을 누가 가져가 버렸다고 하자. 매번 다른 연필을 찾아야 할 때마다 당신은 내부 에너지의 움직임을 느낀다. 아주 작은 움직임이라도 말이다. 자신을 해방하기 위해서, 쓰던 연필에 대한 온갖 생각과 감정을 기꺼이 놓아 버릴 수 있는가? 이것이 해방의 게임을 즐기는 방법이다. 약 오르는 대신 자유로워지기. 연필을 찾아 두리번거리면서 짜증이 올라올 때, 놓아 보내라. 마음은 이렇게 말할지도 모른다. '오늘은 연필이지만 내가 이걸 그냥 넘겨 버리면 저것들은 아예 날 가지고 놀려고 들 거야. 다음엔 내 책상, 우리 집, 어쩌면 내 남편까지 가지고 놀려 들지도 몰라.' 이것이 마음의 소리다. 꽤나 통속적이지 않은가? 하지만 당신은 연필을 대가로 즐겁게 수련하기로 마음을 먹는다. 마음에게 이렇게 타이른다. '자동차로 대가를 치러야 할 때가 오면 그 때 한 마디 하지 뭐. 지금은 연필 하나 값에 자유를 누릴 수 있잖아.' 그저 마음이 뭐라고 하든 당신은 말려들지 않겠다고 다짐하라. 마음과 싸우지 않는다. 마음을 바꾸려고 애쓰지도 않는다. 그저 눈앞의 통속극을 보면서 느긋하게 힘을 빼는 게임을 즐기는 것이다. 그 에너지 속으로 말려드는 습관에서 빠져나오는 기술을 연습하는 것이다. 열쇠는 의식이 이 에너지의 인력을 인식하는 그 자리에 있다.

에너지는 정말 당신을 끌어당기는 힘을 가지고 있다는 것을 당신은 깨달을 것이다. 그런 일이 일어나게 두지 않으리라고 마음을 다진 후에도 그것은 당신에게 엄청난 힘을 미쳐 온다. 그것은 직장에서도 일어나고 집에서도 일어난다. 아이들 앞에서도 일어나고 배우자 앞에서도 일어난다. 그것은 언제나, 모든 것과 모든 사람들과 부딪힌다. 성장의 기회는 끊임없이 찾아온다. 그 때마다 에너지가 당신을 끌어들이도록 놔두지 않겠노라고 다짐하라. 누군가가 당신의 가슴을 당기는 것처럼 그 끌어당기는 힘을 느낄 때, 그저 놓아 보내고 당신은 뒤에 떨어져 남으면 된다. 그냥 힘을 빼고 놓아 버려라. 아무리 자꾸만 잡아당기더라도 다시금, 다시금 힘을 빼고 놓아 버리면 된다. 말려드는 습관은 끈질기므로 놓아 보내고 뒤에 떨어져 남으리라는 의지 또한 꿋꿋해야만 한다.

의식의 중심은 그것을 끌어당기는 에너지보다 언제나 더 힘이 세다. 당신은 다만 깨어서 의지를 발동하기만 하면 된다. 하지만 그것은 싸움도, 몸부림도 아니다. 그것은 속에서 올라오는 에너지를 막으려고 애쓰는 것이 아니다. 두려움, 질투, 혹은 유혹이든 뭐든 에너지를 느끼는 것 자체는 아무런 잘못도 없다. 그런 에너지가 존재한다는 것이 당신의 잘못도 아니다. 모든 생각과 감정과 좋음과 싫음은 차이가 없다. 그것이 당신을 순수하게 만들지도 불순하게 만들지도 않는다. 그것들은 당신이 아니다. 당신은 지켜보는 자이고, 그것은 순수한 의식이다. 이런 식의 기분만 느끼지 않는다면 자유로울 텐데, 하고 생각하지 말라. 그것은 진실이 아니다. 그런 기분을 느낌에도 불구하고 자유로울 수 있다면 그것이야말로 진정 자유로운 것이다. 왜냐하면 이런저런 기분은 언제나 존재하기 때문이다.

사소한 일들을 대면하여 늘 중심에 머물 수 있으면 그보다 더 큰 일에도 중심을 지킬 수 있음을 깨닫게 될 것이다. 시간이 지나면 당신은 정말 중대한 문제 앞에서도 중심을 지킬 수 있다는 것을 발견할 것이다. 과거 같았으면 당신을 파멸로 몰아갔을 종류의 사건도, 당신을 완벽하게 평화로운 중심에 남겨둔 채 왔다가 그냥 지나갈 수 있다. 당신은 심지어 크나큰 상실의 경험 앞에서도 태연할 수 있다. 에너지를 억누르지 않고 놓아 보내는 한, 평화롭게 중심을 지키고 있는 것이 잘못될 일은 전혀 없다. 마침내는 아주 끔찍한 일이 일어나더라도 당신은 아무런 감정적 상처도 입지 않고 살 수 있게 될 것이다. 그런 문제들을 속에 품고 있지만 않으면 심리적 상처 없이 삶 속을 자유롭게 활보할 수 있다. 삶에서 그 어떤 일이 일어나든지, 마음을 닫는 것보다는 놓아 보내는 편이 언제나 더 낫다.

　내면의 깊은 곳에 의식이 에너지를 접하는 자리가 있다. 그곳이 당신의 놓아 보내기 연습이 이루어지는 곳이다. 그 자리로부터 시작하라. 나날의 순간순간, 한 해 또 두 해, 그렇게 놓아 보내고 나면 거기가 당신이 살 곳이 된다. 어떤 것도 당신의 의식의 자리를 빼앗지 못할 것이다. 당신은 마침내 거기에 머무는 법을 터득할 것이다. 이것을 여러 해 동안 실천하여 아무리 깊은 고통에도 놓아 보내기를 터득한다면 당신은 위대한 경지를 이룰 것이다. 당신은 궁극의 습관, 곧 저급한 자아의 끊임없는 끌어당김을 박차고 나올 것이다. 그러면 진정한 존재의 근원이자 본성인 순수의식을 마음껏 탐사할 수 있을 것이다.

PART 3

자기를 놓아 보내기

제8장

지금 놓아 보내지 않으면 떨어진다

참나의 탐사는 각자의 삶의 전개와 불가분하게 서로 얽혀 있다. 삶에서 일어나게 마련인 온갖 굴곡은 개인의 성장을 가져오거나, 아니면 두려움을 일궈 놓는다. 이 중 어느 쪽이 지배적이 될지는 변화를 대하는 우리의 태도에 전적으로 달려 있다. 변화는 기대와 흥분으로 받아들여질 수도 있고 끔찍한 것으로 받아들여질 수도 있다. 하지만 그것을 어떻게 바라보든지 상관없이 우리는 모두 변화야말로 삶의 속성 그 자체라는 사실을 인정해야만 한다. 겁 많은 사람이라면 변화를 좋아하지 않아서 예측하고 통제하고 정의할 수 있는 세계를 자기 주변에다 구축하려고 애쓸 것이다. 자신의 두려움이 자극받지 않는 환경을 만들려 할 것이다. 두려움은 자신을 경험하고 싶어 하지 않는다. 사실 두려움은 자신을 두려워한다. 그래서 당신은 마음을 써서 삶을 조작함으로써 두려움이 느껴지지 않게끔 한다.

사람들은 두려움도 하나의 대상이라는 사실을 이해하지 못한다. 그것은 이 우주에서 당신이 경험할 수 있는 무수한 대상들 중 하나일 뿐이다. 당신은 두려움에 대해 둘 중 한 가지를 택할 수 있다. 즉, 자신이 그것을 가지고 있음을 알아차리고 놓아 보내기, 아니면 그것을 계속 품고 있으면서 그것으로부터 자신을 숨기고 도망 다니기이다. 사람들은 두려움을 객관적으로 대하지 않기 때문에 제대로 이해하지 못한다. 그들은 결국 두려움을 그대로 지닌 채, 그것을 건드릴 일만 생기지 않게 하려고 애쓴다. 그들은 삶이 어떠어떠해야 문제가 없을지를 정의해 놓고, 매사를 통제함으로써 안전을 확보하려고 발버둥 치면서 살아간다. 이렇게 해서 세상은 갈수록 험한 곳이 되어 간다.

당신에게는 이것이 무섭기보다는 안심되는 말로 들릴지도 모른다. 하지만 그렇지 않다. 이렇게 산다면 세상은 정말 무서운 곳이 된다. 삶은 '그것과의 전쟁' 터로 변한다. 내면의 두려움, 불안, 혹은 약한 곳이 건드려지지 않게 하려고 노심초사한다면, 당신의 그런 노력을 위협하는 사건은 살다 보면 다반사로 일어나게 마련이다. 당신은 이런 변화에 저항하므로 마치 인생과 전투를 벌이고 있는 듯한 기분이 된다. 이 사람은 마땅한 방식대로 행동하지 않고, 저 사건은 당신이 원하는 대로 풀리지 않는다. 과거에 일어난 일들은 괴로움만 안겨 주고 저 앞에서 기다리는 일들은 잠재적인 말썽거리로만 여겨진다. 달가운 것과 달갑지 않은 것, 선과 악 등등 모든 것에 대한 당신의 정의는 당신에게 문제가 없게 하기 위해서는 만사가 어떻게 흘러가야만 한다고 당신이 정의했기 때문에 생겨난 것이다.

우리는 모두가 이런 짓을 하고 있음을 알고 있다. 하지만 아무도 거기에 의문을 제기하지 않는다. 우리는 삶이 어떠해야 하는지를 따져 봐야만 하고, 또 그렇게 되도록 만들어야 한다고 생각한다. 이것을 깊이 들여다보고, 우리가 왜 삶이 이렇게 혹은 저렇게 전개되어야만 한다고 생각하는지를 의심해 본 사람만이 이 전제에 의문을 제기할 수 있을 것이다. 우리는 있는 그대로의 삶은 문제가 있다는, 혹은 펼쳐질 그대로의 삶은 문제가 있을 거라는 생각을 어떻게 하게 되었을까? 자연스럽게 흘러가는 그대로의 삶이 옳지 않다고 누가 말했는가?

그 대답은 두려움이다. 두려움이 그렇게 말한다. 자신과 사이가 나쁜 당신의 그 부분은 상황을 마음대로 통제하지 못하기 때문에 펼쳐지는 그대로의 삶을 직면할 수 없는 것이다. 삶이 당신의 내부 문제를 건드리는 방향으로 흐른다면 그것은 정의에 따라 '문제가 있는' 것이다. 그것은 매우 단순하다. 당신을 귀찮게 하지 않는 것은 문제가 없고 귀찮게 하는 것은 문제가 있다. 우리는 외부의 모든 경험을 자기 내부의 문제에 비추어서 재단한다. 하지만 영적으로 성장하기를 원한다면 이것을 바꿔야만 한다. 당신 존재의 가장 엉망인 부분에 비추어서 이 세상을 정의한다면 그 세상이 어떻게 보이리라고 생각하는가? 그것은 끔찍한 난장판으로 보일 것이다.

영적으로 성장해 가는 동안 당신은 자신을 문제로부터 보호하려는 노력이 사실은 더 많은 문제를 만들어낸다는 사실을 깨달을 것이다. 사람들과 환경과 상황이 당신을 괴롭히지 못하도록 통제하려고 애쓴다면 당신은 마치 삶이 당신을 공격해 오는 것처럼 느끼기 시작할 것이다. 삶은 몸부림이고 하루하루가 괴롭다. 모든 것과 싸우고 모든 것을 통제해야만 하기 때문이다. 경쟁과 질시와 두려움이 있다. 누구라도, 언제든지 당신을 괴로움 속으로 밀어 넣을 수 있을 것만 같다. 그들이 한마디 말만 하면 다음 순간 당신의 내면에 혼란이 일어난다. 그것은 삶을 위협으로 만들어 놓는다. 당신이 그토록 걱정이 많은 것도 이 때문이다. 이 때문에 당신의 마음속에 그 모든 지껄임이 끊임없이 이어지고 있는 것이다. 당신은 이런 일을 막으려면 어떻게 해야 할지를 고민 중이거나, 아니면 그런 일이 일어났는데 어떻게 해야 할지를 고민하고 있다. 당신은 세상과 싸우고 있고, 그것이 세상 자체를 당신 삶에 가장 끔찍한 것이 되게 만든다.

대안은, 삶과 싸우지 않기로 결심하는 것이다. 삶이 내 마음대로 되는 것이 아님을 깨닫고 받아들여라. 삶은 끊임없이 변화해 가고, 그것을 통제하려고 해서는 결코 삶을 온전히 살 수 없을 것이다. 당신은 삶을 사는 대신 삶을 두려워하게 될 것이다. 하지만 삶과 싸우지 않기로 한다면 당신을 싸우게끔 부추긴 그 두려움을 직면해야 하게 될 것이다. 다행스럽게도 이 두려움은 반드시 지니고 있어야 할 필요가 없다. 두려움 없이 사는 것이 가능하다. 이 가능성을 탐사해 보려면 먼저 두려움 그 자체를 더 깊이 이해해야 한다.

마음속에 두려움이 있으면 일상의 일들이 불가피하게 그것을 건드린다. 물에다 돌을 던지는 것처럼, 세상은 그 끊임없는 변화로써 당신의 마음에 걸려 있는 것들 속에 파문을 일으킨다. 이것 자체는 아무런 문제가 없다. 삶은 당신을 가장자리로 밀어붙이는 상황들을 일으킨다. 그것은 모두가 당신 속에 걸려 있는 것들을 제거해 주기 위한 것이다. 두려움의 뿌리는, 당신 안에 걸려서 쌓여 있는 그것들이다. 두려움은 에너지 흐름의 막힘에 의해서 생긴다. 에너지가 막히면 에너지가 가슴으로 올라와 양분을 공급하지 못한다. 그래서 가슴이 약해진다. 가슴이 약해지면 그것은 낮은 파동에 민감해지는데, 모든 파동 중에서 가장 낮은 것이 두려움이다. 두려움은 모든 문제의 원인이다. 그것은 선입견 그리고 분노, 시기, 소유욕 등 모든 부정적 감정의 뿌리이다. 두려움만 없다면 이 세상을 사는 것은 너무나 행복할 것이다. 어떤 것도 당신을 괴롭히지 않을 것이다. 당신은 모든 사람과 매사를 기꺼운 마음으로 맞이할 것이다. 왜냐하면 속에서 당신을 혼란시킬 두려움이 없기 때문이다.

영적 진화의 목적은 두려움을 일으키는 이 막힘을 제거하는 것이다. 다른 방법은 반대로, 두려움을 느끼지 않도록 막힌 그것을 감싸고 보호하는 것이다. 그러나 그렇게 하려면 문제를 피하기 위해 만사를 통제해야만 할 것이다. 우리가 어떻게 내부의 문제를 피해 다니는 것이 지성적인 해결책이라고 판단하게 되었는지는 이해하기가 힘들지만, 아무튼 모든 사람들이 이 방법을 택하고 있다. 모두가, '이걸 지키기 위해서라면 무슨 짓이든 다 하겠어. 네가 날 건드리면 나는 자신을 방어하겠어. 고함을 지르고 널 사과하게 만들 거야. 내 속을 건드렸다간 후회하게 만들 거야.'라고 말한다. 달리 말해서, 만약 누가 내 두려움을 건드리는 짓을 하면 당신은 그가 잘못을 저지른 것으로 생각한다. 그러면 당신은 그가 다시는 그러지 못하도록 할 수 있는 모든 조치를 다한다. 우선 자신을 방어하고 그 다음에는 자신을 감싸고 보호한다. 괴로운 느낌을 느끼지 않게, 할 수 있는 모든 일을 다한다.

마침내 당신은 자신이 내부의 그 덩어리를 더 이상 원하지 않는다는 사실을 깨달을 만큼 지혜로워진다. 누가 그것을 건드리는가는 문제의 초점이 아니다. 어떤 상황이 그것을 건드리는지도 문제 되지 않는다. 그것이 말이 되는지, 그것이 정당해 보이는지 않는지도 문제 되지 않는다. 그러나 불행히도 우리들 대부분은 그리 지혜롭지 못하다. 실제로 우리는 그 덩어리로부터 해방되려고 하기는커녕 그것을 계속 품고 있을 핑계를 만들어내려고 애를 쓰고 있다.

진정으로 영적 성장을 원한다면 당신은 그것을 품고 있는 것이 곧 자신을 함정에 가두는 짓임을 깨닫게 될 것이다. 어떤 대가를 치러서라도 거기서 빠져나오고 싶어 하게 될 것이다. 그리고 사실은 삶이 당신을 돕고자 한다는 것을 깨닫게 될 것이다. 삶은 당신의 성장을 자극해 줄 사람들과 상황들로 당신을 둘러싼다. 거기서 누가 옳고 누가 그른지를 당신이 판단할 필요가 없다. 다른 사람들의 문제를 당신이 걱정해야 할 필요가 없다. 당신은 어떤 상황에서나 가슴을 기꺼이 열어젖히기만 하면 된다. 그리고 정화의 과정이 일어나는 것을 수용하기만 하면 된다. 이렇게 할 때 가장 먼저 깨닫게 되는 것은, 당신의 그것을 건드려 줄 상황들이 스스로 펼쳐진다는 것이다. 하지만 사실 그것은 당신의 삶에서 늘 일어나고 있었던 일이다. 다른 점은 이제 당신은 그것을, 놓아 보낼 기회를 주는 좋은 일로 반긴다는 것이다.

당신을 아래로 끌어내리는 것들이 수시로 머리를 쳐들 것이다. 그럴 때마다 놓아 보내라. 그 고통이 가슴으로 올라와서 지나가게 하라. 그러면 그것은 당신을 지나쳐 갈 것이다. 당신이 진정으로 진실을 추구하는 사람이라면 그 때마다 낱낱이 놓아 보낼 수 있을 것이다. 이것이 이 길의 시작이요, 끝이다. 자신을 비우는 과정에 자신을 바치는 것이다. 이것을 열심히 행하다 보면 놓아 보내기라는 과정의 미묘한 법칙을 터득하기 시작할 것이다.

피해갈 수 없는 진실이기에 게임의 초반부터 일찌감치 깨닫게 될 법칙이 있다. 하지만 그것은 금방 배우기는 해도, 명심하려고 애쓰는 동안에 여러 번 실패를 겪을 것이다. 법칙은 매우 단순 명료하다. 덩어리가 건드려지면 그 자리에서 그대로 놓아 보내야만 한다는 것이다. 다음 순간이면 더 힘들어질 것이기 때문이다. 그것의 날카로운 날을 없앨 수 있을까 하여 그것을 들여다보고 만지작거려 봐도 더 쉬워지지 않을 것이다. 그것에 대해 생각하거나 이야기하거나, 한 번에 조금씩 놓으려고 애써 봐도 쉽지 않을 것이다. 존재의 속속들이 자유로워지기를 원한다면 그 자리에서 즉시 단번에 놓아 보내야 한다.

이 법칙에 준해서 살려면 그 원리를 이해해야 한다. 먼저, 풀어놓아야 할 무엇이 당신 안에 있음을 인식해야 한다. 그 다음에는 그것이 올라오는 것을 알아차리는 자인 당신은 경험되는 대상과 별개의 존재라는 사실을 알아야 한다. 당신은 대상을 알아차리고 인식하고 있다. 그러면 당신은 누구인가? 알아차리고 인식하는 자이다. 이 중심 잡힌 인식의 자리가 보는 자의 자리, 참나의 자리이다. 그것이 놓아 보낼 수 있는 유일한 자리이다. 당신의 가슴속에서 뭔가가 건드려진다고 하자. 그것을 놓아 보내고 인식의 중심 자리에 머물러 있으면 당신이 인식하는 그것은 지나갈 것이다. 만일 놓아 보내지 않고, 올라오는 혼란스런 감정과 생각 속에서 정신을 잃어버리면 사건들이 너무나 빨리 꼬리를 물고 일어나서 어느 것이 당신을 건드리는지조차 알아차리지 못할 것이다.

놓아 보내지 않으면 가슴속에서 건드려지는 에너지가 마치 자석처럼 작용하는 것을 깨달을 것이다. 그것은 당신의 의식을 그 안으로 끌어당기는 엄청난 인력이다. 그 다음 순간에 당신은 자신이 거기에 없다는 것을 깨달을 것이다. 당신은 그 혼란을 처음에 감지했을 때의 인식 상태를 더 이상 유지하지 못할 것이다. 가슴이 반응하기 시작하는 것을 지켜보던 그 객관적 인식의 자리를 떠나서 가슴에 일어나는 에너지 속으로 빨려 들어갈 것이다. 시간이 지난 후에 당신은 돌아와서 자신이 거기에 없었음을 깨달을 것이다. 자신의 감정 속에서 완전히 넋이 나가 버렸음을 깨달을 것이다. 그리고는 자기가 후회할 말이나 행동을 안 했기만을 빌 것이다.

시계를 보니 5분이 지났거나, 한 시간, 아니면 일 년이 지났을 수도 있을 것이다. 당신은 어디에 갔었는가? 어떻게 돌아왔는가? 이 의문은 곧 다루겠지만 정말 중요한 것은, 선명하게 지켜보고 있기만 하면 당신은 어디에도 가지 않는다는 것이다. 당신은 중심 잡힌 인식의 자리에 앉아 자신의 그것이 건드려지는 것을 지켜보고 있다. 지켜보고 있는 한 당신은 거기에 빠지지 않는다.

열쇠는, 즉시 놓아 보내지 않으면 일깨워진 에너지의 혼란스러운 힘이 당신의 주의를 빨아들인다는 사실을 철저히 이해하는 것이다. 혼란 통에 당신의 의식이 말려들 때, 당신은 참나의 선명한 자리를 잃어버린다. 그것은 순식간에 일어난다. 어디로 가는 듯한 느낌조차 없다. 책이나 TV 쇼에 빠져서 의식이 방 안을 떠날 때 그런 것과 마찬가지로 말이다. 주변을 객관적으로 인식하던 의식의 고정된 자리를 문득 잃어버리는 것이다. 당신의 의식은 다양한 에너지들을 지켜보던 중심 잡힌 자리를 떠나 그중 하나에 주의가 빨려 들어가 버린다.

참나의 자리를 떠나는 것은 대부분 의도적인 행위가 아니다. 그것을 일으키는 것은 끌어당김의 법칙이다. 의식은 언제나 부딪혀서 아픈 발가락이나, 큰소리, 아니면 아픈 가슴 등 가장 마음을 사로잡는 대상에 이끌려 간다. '갑자기 큰소리가 들리길래 그쪽을 봤지요,' 하는 말이 바로 이 뜻이다. 그것이 당신의 의식을 그쪽으로 끌어당겼다. 막혀져 있는 것이 건드려질 때, 이와 똑같은 끌어당김이 일어난다. 그러면 의식이 불편함의 근원에게로 끌려간다. 그러면 그 자리가 당신의 의식의 자리가 된다. 불편이 사라지면서 당신을 놔주면 그때야 당신은 저절로 더 높은 의식의 자리로 되돌아온다. 이곳이 당신이 혼란에 사로잡히지 않았을 때 앉아 있는 자리이다. 하지만 이 높은 자리가 중요한 만큼이나 혼란에 빠졌을 때 어떤 일이 일어나는지를 아는 것도 중요하다. 당신의 의식의 자리가 혼란이 일어나고 있는 곳으로 떨어지는 것이다. 그러면 온 세상이 달리 보인다.

이 떨어짐의 과정을 단계별로 분석해 보자. 그것은 당신이 혼란스런 에너지 속으로 끌려들 때 시작된다. 당신은 자기 자리가 아닌 곳에 있는 자신을 발견한다. 그 아래쪽 세계는 당신의 의식이 결코 가고 싶어하지 않는 곳이다. 하지만 그곳이 의식을 끌어당기는 곳이다. 이제 그곳에서 그 혼란된 에너지를 통해서 밖을 바라보면 모든 것이 그 혼란의 안개에 의해 왜곡된다. 아름답게 보였던 것들이 이제는 추하게 보인다. 좋아했던 것들이 이제는 암울해 보인다. 하지만 사실은 아무것도 변하지 않았다. 단지 당신이 혼란의 자리에서 삶을 바라보고 있는 것일 뿐이다.

인식의 이런 변화들 하나하나가 당신을 환기시켜서, 놓아 보내게끔 만들어야 한다. 좋아했던 사람들을 싫어한다는 것을 깨닫기 시작하는 순간에, 삶이 완전히 달리 보이기 시작하는 순간에, 모든 것이 부정적으로 보이기 시작하는 순간에 — 놓아 보내라. 그 전에 놓아 보냈어야 했지만 그러지 않았다. 문제는 이제는 그것이 더 어려워졌다는 것이다. 처음 끌어당김이 시작되었을 때는 단숨에 놓아 보낼 수 있었을 것이다. 이제는 한 바퀴 순례 행사를 치르지 않고 이전의 의식의 자리로 돌아가려면 진지한 작업이 필요하다.

그 한 바퀴란 상대적으로 선명한 의식의 자리를 떠나는 순간부터 돌아올 때까지 걸리는 시간이다. 이 시간은 최초의 혼란을 일으켰던 그 에너지가 얼마나 깊숙한 곳에서 막혀 있는가에 따라 달라진다. 일단 건드려지면 막혀 있던 에너지는 자신의 코스를 돌아야 한다. 놓아 보내지 않으면 당신이 그 속으로 말려든다. 당신은 더 이상 자유롭지 않다. 당신은 사로잡혔다. 상대적으로 선명한 자리로부터 떨어지면 당신은 혼란된 에너지의 손아귀에 놀아나게 된다. 그 막힘이 현재 진행 중인 상황에 의해 건드려진 것이라면 당신은 거기서 오랫동안 머물러야 할 것이다. 그것이 그저 지나가는 사건이고, 막혔던 것이 풀어놓은 에너지가 금방 흩어져 버린다면 당신은 이내 제자리에 돌아와 있는 자신을 발견할 것이다. 중요한 점은, 상황이 당신의 통제권 하에 있지 않다는 것이다. 당신은 통제력을 잃어버렸다.

이것이 떨어짐의 해부학이다. 이렇게 혼란 상태에 있을 때 당신이 흔히 하는 짓은 사태를 바로잡아 보려고 애쓰는 것이다. 하지만 이제 당신은 사태를 선명하게 파악할 눈이 없다. 그저 그 혼란을 멈출 수 있기만을 바랄 뿐이다. 그래서 당신은 생존본능 속으로 빠져들기 시작한다. 뭔가 과감한 조치를 취해야 한다고 느낄 수도 있다. 남편이나 아내를 떠나거나 집을 옮기거나 직장을 그만두고 싶어질 수도 있다. 현재의 상황이 싫어진 마음은 온갖 말을 늘어놓기 시작하고 할 수 있는 방법을 다 동원해서 떠나고 싶어 한다.

당신은 여기까지 떨어졌다. 이제 그 경지의 최고봉이 기다리고 있다. 혼란된 에너지에 말려들었을 때 마음이 시키는 일 중 몇 가지를 실제로 감행했다고 상상해 보자. 실제로 직장을 때려치웠다면 어떤 일이 일어날지 상상해 보라. 혹은, '나도 참을 만큼 참았어. 오늘은 본때를 보여줘야 안 되겠어.' 하고 나섰다고 상상해 보라. 그것이 얼마나 깊이 떨어지는 나락인지 당신은 모를 것이다. 마음속에서 혼란이 일어나는 것은 일어나는 것이다. 하지만 그것이 자신을 표현하도록 허락하는 순간, 그 에너지가 당신의 몸을 움직이도록 허용하는 순간 당신은 전혀 다른 차원으로 하강하는 것이다. 이제 그것은 놓아 보내기가 거의 불가능하다. 상대방에게 소리를 지르기 시작하면, 이 선명하지 못한 상태에서 상대방에 대한 당신의 감정을 실제로 토해 놓기 시작하면 당신은 당신의 문제에 다른 사람의 마음과 가슴을 끌어들이고 있는 것이다. 이제부터 양쪽의 에고가 개입되는 것이다. 에너지를 이렇게 외면화하고 나면 당신은 자신의 행동을 방어하고 정당화하고 싶어진다. 하지만 상대방은 그것이 결코 정당하다고 생각해 주지 않을 것이다.

이제 더 많은 힘들이 당신을 끌어내린다. 먼저 당신은 어둠 속으로 떨어지고, 다음에는 당신이 그 어둠의 화신이 된다. 이렇게 되면 당신은 막혀 있던 에너지를 문자 그대로 타고 논다. 자신의 문제를 세상에다 부려 놓는다면 그것은 자신의 문제로 온 세상을 색칠하는 것과도 같다. 당신은 주변으로 그런 종류의 에너지를 더욱 쏟아내고, 그것은 당신에게 되돌아온다. 당신은 이제 당신의 행동에 당장 본때를 보여 줄 사람들로 둘러싸인다. 그것은 또 다른 형태의 '환경오염'이고, 그것이 당신의 삶을 오염시킬 것이다.

이것이 그 악순환의 전모이다. 실제로 당신은 마음 밑바닥에 감춰진 과거의 경험에서 온통 혼란뿐인 그것을 주변 사람들의 가슴속에다 심어 놓을 수 있다. 그러면 그것은 언젠가는 당신에게로 되돌아올 것이다. 밖으로 투사하는 것은 모두 되돌아온다. 당신이 화가 나서 그 혼란스러운 에너지를 풀어내어 상대방에게 몽땅 퍼부었다고 상상해 보라. 이것이 사람들이 인간관계를 망치고 인생을 파멸로 몰아넣는 방식이다.

당신은 어디까지 떨어질 수 있을까? 한번 약해지면 또 다른 막힘이, 그리고 또 다른 막힘이 계속 건드려질 수 있다. 그리하여 삶이 완전히 망가질 때까지 굴러떨어질 수 있다. 통제력을 완전히 상실하고 중심 자리를 까마득히 잊어버리는 지경에 이를 수 있다. 이런 상태에서는 이전의 선명한 자리를 어쩌다 한 번씩 지나칠 수는 있지만 그것을 붙잡을 수는 없게 된다. 이제 당신은 미아가 된 것이다. 가슴의 막힘이 한번 건드려지는 것으로 설마 평생토록 아래로 굴러떨어지기야 할까? 하지만 이것은 잘 알려진 현상이다.

처음부터 놓아 보내는 것만이 이 모든 화를 피하기 위해 당신이 할 수 있는 유일한 일이었다면 어쩌겠는가? 그렇게 했었다면 당신은 떨어지는 대신 올라갔을 것이다. 그것은 그렇게 작용한다. 막힘이 건드려지면, 그것은 좋은 일이다. 내면을 열어 막힌 에너지를 풀어놓을 기회가 온 것이다. 놓아 보냄으로써 내면의 정화 과정이 일어나도록 허용하면 그 막힌 에너지는 풀려날 것이다. 풀려나서 위로 흘러가게 놓아두면 그것은 정화되어 의식의 중심 자리 속으로 흘러든다. 그러면 이 에너지는 당신을 약화시키는 대신 강화해 준다. 당신은 갈수록 높이 더 높이 올라가기 시작하여 상승의 비밀을 터득한다. 상승의 비결은 결코 아래를 내려다보지 않는 것이다. 언제나 위를 바라보는 것이다.

아래에서 어떤 일이 벌어지든 그저 눈을 위로 돌리고 가슴을 이완하여 열어젖혀라. 어둠을 다루기 위해 참나의 자리를 떠날 필요가 없다. 당신이 그냥 놔두기만 하면 그것은 스스로 정화될 것이다. 어둠 속에 끼어드는 것으로는 어둠을 물리치지 못한다. 그것은 오히려 어둠을 더욱 짙어지게 할 뿐이다. 그것을 쳐다보지도 말라. 자기 안에서 혼란된 에너지를 발견하면, 그것은 좋은 일이다. 나에게는 풀어놓아야 할 막힘이 더 이상 남아 있지 않다고 생각하지 마라. 그저 의식의 자리에 앉아서 결코 그 자리를 떠나지만 않으면 된다. 아래에서 어떤 일이 일어나든지 가슴을 열고 놓아 보내기만 하라. 그러면 가슴이 정화되고, 다시는 떨어지지 않을 것이다.

만일 가다가 떨어진다면 그저 일어나서 툭툭 털어 버려라. 그것을 교훈 삼아 각오를 더욱 다져라. 그 자리에서 즉시 놓아 보내라. 그것을 따져 보거나 남의 탓으로 돌리거나 합리화하려 들지 말아야 한다. 아무것도 하지 말고 그저 그 자리에서 놓아 보내라. 그 에너지가 이를 수 있는 가장 높은 의식의 자리로 돌아가게 하라. 부끄러움을 느낀다면 놓아 보내라. 두려움을 느낀다면 놓아 보내라. 이 모두가 바야흐로 정화되고 있는 막힌 에너지의 찌꺼기들이다.

언제든지, 놓아 보내기를 잊어버린 것을 깨닫는 즉시 놓아 보내라. 시간을 낭비하지 마라. 상승을 위해 그 에너지를 이용하라. 당신은 자신

너머로 탐사해 갈 엄청난 기회를 얻은 위대한 존재이다. 이 모든 과정은 매우 흥미진진해서, 좋은 시간도 있을 것이고, 나쁜 시간도 있을 것이다. 온갖 일이 다 일어날 것이다. 그것이 이 여행의 재미있는 점이다.

그러니 떨어지지 마라. 무엇이든 놓아 보내라. 큰 것일수록 놓아 보내는 보상도 크다. 그러지 않으면 떨어짐은 더욱 깊다. 이것은 흑과 백만큼이나 매우 분명하다. 놓아 보내든지, 아니면 추락하는 것이다. 그 중간은 없다. 그러니 당신의 모든 막힘과 혼란이 이 여행의 연료가 되게 하라. 당신을 아래로 끌어당기던 그것이 상승의 강력한 힘으로 바뀔 수 있다. 다만 당신이 스스로 상승하기로 마음먹어야만 한다.

제9장

마음속 가시 빼내기

영적 여행은 끊임없는 변화의 여정이다. 성장하기 위해서는 같은 자리에 남아 있으려는 발버둥을 멈추고 항상 변화를 포용하기를 배워야만 한다. 가장 절실하게 요구되는 변화는 문제해결 방식의 변화이다. 우리는 보통 자신을 보호하는 방식으로 내부의 혼란을 해결하고자 한다. 그러나 자신의 문제를 성장의 촉매로서 품어 안을 때만 진정한 변화가 시작된다. 이 과정이 어떻게 작용하는지를 이해하기 위해 다음 상황을 살펴보자.

신경을 곧바로 건드리는 가시가 팔에 박혀 있다고 상상해 보자. 가시가 건드려지면 극심한 고통이 느껴지기 때문에 이 가시는 정말 심각한 문제다. 잠들면 팔을 움직이게 되니까 잠자기도 힘들다. 사람들이 건드릴 수도 있으므로 그들과 가까이하기도 어렵다. 나뭇가지가 가시를 건드리기 때문에 숲속을 산책할 수도 없다. 이 가시는 끊임없는 고통의 근원이다. 이 문제를 해결하려면 두 가지 방법밖에 없다.

첫 번째 방법은, 가시가 건드려질 때마다 너무나 괴로우니 아무것도 건드리지 못하게 하는 것이다. 두 번째 방법은 그 가시를 빼내는 것이다. 믿든 말든 간에 당신의 선택은 평생을 좌우할 것이다. 이것은 당신의 미래의 토대를 좌우하는 아주 근본적인 차원의 결정이다.

첫 번째 방법이 당신의 삶에 어떤 영향을 미칠지를 먼저 살펴보자. 무엇이 가시를 건드리지 못하게 하기로 마음먹으면 그것은 평생의 중요한 일거리가 된다. 숲속으로 산책을 다니려면 나뭇가지가 팔을 건드리지 못하도록 길가의 가지를 다 쳐내야 할 것이다. 잠을 잘 때는 뒤척이다가 팔을 건드리게 되므로 이에 대해서도 대책을 찾아야 할 것이다. 팔을 보호해 줄 장비를 고안해내야 할 수도 있을 것이다. 정말 많은 노력을 기울여서 찾아낸 해결책이 잘 듣는 것처럼 보이면 당신은 드디어 문제를 해결했다고 생각할 것이다. 당신은 이렇게 자랑할지도 모른다. "난 이제 잠을 잘 잘 수 있어. 게다가 어떤지 알아? 난 TV에 출연해야 해. 가시 때문에 고생하는 사람은 누구든지 내가 고안해낸 보호장비 덕을 볼 수 있거든. 거기다 난 로열티까지 받게 된다고."

자, 이제 당신의 온 생애가 이 가시를 중심으로 펼쳐지고 있다. 그리고 당신은 그것을 자랑스러워한다. 산책길의 잔가지를 쳐내고 밤에는 보호장비를 착용한다. 그런데 새로운 문제가 생겼다. 사랑하는 사람이 생긴 것이다. 그런데 포옹하기조차 괴로우니 이것은 큰 문제다. 가시를 건드릴 수 있으므로 아무도 당신을 만지지 못한다. 그래서 당신은 가시를 건드리지 않고도 사람들을 더 가까이할 수 있는 새로운 종류의 장비를 만들어낸다. 하지만 당신은 더 나아가 가시에 전혀 신경 쓰지 않고 완전히 자유롭게 움직일 수 있게 되기를 바랄 것이다. 그리하여 밤에 벗을 필요가 없고, 포옹이나 그 밖의 활동을 위해 바꿔 입을 필요가 없는 전천후 장비를 만들어낸다. 하지만 그건 무겁다. 그래서 당신은 거기다 바퀴를 달아서 그것을 수압으로 조종하고 충돌감지기를 장착한다. 그것은 사실 매우 훌륭한 장비다.

물론 보호장비가 통과할 수 있도록 현관문은 새로 바꿔야 했다. 그래도 최소한 이제는 당신의 삶을 살 수 있다. 일하러 갈 수 있고 잠잘 수 있고 사람들과 가까이 지낼 수 있다. 그래서 당신은 이렇게 선포한다. "나는 내 문제를 해결했습니다. 나는 자유로운 존재입니다. 나는 가고 싶은 곳에 다 갈 수 있고 원하는 일을 다 할 수 있습니다. 이 가시가 제 삶을 움직여 왔지만 이제는 그것이 나를 움직이지 못합니다."

그러나 사실을 말하자면, 가시는 당신의 삶을 완전히 장악하고 있다. 그것은 어디로 갈 것인지, 누가 편안한지, 누가 나를 편안하게 여기는지를 포함해서 당신의 모든 결정에 영향을 미친다. 그것이 당신이 어디에서 일할 수 있는지, 어떤 집에서 살 수 있는지, 어떤 침대에서 잘 수 있는지를 결정한다. 아무리 피하려고 해도 가시는 당신 삶의 모든 측면들을 지배하고 있다.

문제로부터 자기를 지키려고 애쓰는 삶 자체가 문제를 완벽하게 반영하고 있음이 드러난다. 당신은 아무것도 해결하지 못했다. 문제의 뿌리를 캐내지 못하고 대신 그 문제로부터 자신을 보호하려고 한다면 결국은 그 문제가 당신의 삶을 지배한다. 당신은 심리적으로 그 문제에 너무나 고착된 나머지 나무만 보고 숲은 보지 못한다. 실제로 문제의 고통을 최소화했기 때문에 당신은 그 문제가 풀렸다고 느낀다. 하지만 그것은 해결된 것이 아니다. 당신이 한 일은 단지 문제를 피하는 일에 평생을 바친 것뿐이다. 그 문제는 이제 당신 우주의 중심이 되어 있다. 그것이 있는 것의 전부이다.

가시의 비유를 삶의 전반에 적용하기 위해 외로움을 예로 들어보자. 당신이 마음속에 매우 뿌리 깊은 외로움을 지니고 있다고 하자. 그것은 너무 깊어서 밤에는 잠을 못 이루게 하고 낮에는 마음이 매우 예민해지게 만든다. 그것은 또 가끔씩 가슴에 날카로운 격통을 일으켜서 사람을 매우 괴롭게 한다. 일에 집중하기가 힘들고 일상적인 활동에도 지장이 있다. 거기에다 가끔씩 심한 외로움을 느낄 때는 사람들을 가까이하기가 고통스러울 정도로 힘들어진다. 알겠는가? 외로움은 가시와 별로 다르지 않다. 그것은 당신 삶의 모든 면에서 고통과 혼란을 일으켜 놓는다. 그런데 사람의 가슴에는 가시가 한두 개만 박혀 있는 것이 아니다. 우리는 외로움이나 무시당하는 것, 외모, 능력 따위에 민감하다. 우리는 가슴의 가장 예민한 부위를 곧바로 건드리는 가시를 무수히 안은 채 살고 있다. 언제든지 뭔가가 그것을 건드려서 속에다 고통을 일으킬 수 있다.

팔에 찔린 가시에 대해 그랬던 것과 똑같이, 당신은 양자택일을 할 수 있다. 물론 가시를 빼내는 것이 훨씬 더 나았을 것이 틀림없다. 금방 빼낼 수 있는데도 가시가 건드려지지 않도록 그것을 보호하는 짓에 평생을 바칠 이유가 없다. 가시를 빼내기만 하면 당신은 정말 해방된다. 마음속의 가시도 마찬가지이다. 빼낼 수 있다. 하지만 그것을 그대로 지니고 있으면서 신경을 안 써도 되도록 보호하기로 했다면, 당신은 그것을 건드릴 상황을 피하기 위해 삶을 완전히 바꿔야만 한다. 예컨대 당신이 외롭다면 연인들이 주로 다니는 곳은 피해야 한다. 무시당하는 것이 두렵다면 사람들과 너무 가까이 지내지 말아야 한다. 하지만 이렇게 하는 것은 숲길의 잔가지를 치는 것과 같은 것이다. 당신은 가시를 건드리지 않도록 삶을 거기에 짜 맞추려 하고 있다. 앞의 사례에서는 가시가 밖에 있었지만 이제 그것은 안에 있다.

외로울 때 당신은 어떻게 해야 할지를 몰라서 고민하고 있는 자신을 발견한다. 외롭게 느끼지 않기 위해서 당신은 어떤 말이나 행동을 하는가? 당신은 문제를 제거하는 방법을 찾는 게 아니라 문제로부터 자신을 보호하는 방법을 찾고 있다는 사실에 주목하라. 당신은 이 문제를 상황을 피하거나 사람과 사물과 장소를 방패막이로 이용함으로써 해결한다. 당신은 결국 가시에 찔린 사람과 똑같은 결말에 이를 것이다. 외로움이 당신의 삶을 지배할 것이다. 당신은 당신을 덜 외롭게 해줄 사람과 결혼하고, 그것이 정상적이고 자연스럽다고 생각할 것이다. 하지만 그것은 가시를 빼는 대신 그것이 건드려지지 않도록 피하는 사람과 똑같다. 당신은 외로움의 뿌리를 뽑아내지 않았다. 단지 그것을 느끼지 않도록 자신을 보호하느라 애쓴 것뿐이다. 누군가가 죽거나 떠나 버린다면 외로움은 다시 당신을 괴롭힐 것이다. 외부의 상황이 마음을 보호해 주지 못하는 순간 문제는 돌아와 있을 것이다.

그 가시를 빼내지 않는다면 가시와, 그것을 피하기 위해 주변에 가져다 놓은 모든 것들을 책임져야만 하게 될 것이다. 당신의 외로운 느낌을 줄여 줄 수 있는 사람을 만나는 행운을 얻는다면, 당신은 그 사람과 관계를 유지하려면 어떻게 해야 할지를 고민하기 시작할 것이다. 당신은 문제를 회피함으로써 대충 무마할 수 있었다. 하지만 이것은 가시 때문에 보호장비를 착용하는 것과 똑같다. 거기에다 당신의 삶도 짜 맞추어야만 한다. 핵심적인 문제가 남아 있도록 허용하는 순간 그것은 여러 가지 문제로 확대된다. 그것을 간단히 제거할 수 있다는 생각은 떠오르지도 않을 것이다. 대신 당신이 생각할 수 있는 유일한 해결책은 그 경험을 피하려고 몸부림치는 것이다. 이제 당신에게는 그것에 영향을 미치는 모든 것을 고쳐 놓는 것밖에는 선택의 여지가 없다. 옷을 어떻게 입을 것인지, 말을 어떻게 할 것인지를 고민해야 한다. 사람들이 당신을 어떻게 생각하는지도 고민해야 한다. 그것이 당신의 외로움과 애정의 갈구에 영향을 미칠 것이므로. 어떤 사람이 당신을 좋아하고 그것이 당신의 외로움을 달래 준다면 당신은 이렇게 말하고 싶어 할 것이다. '당신이 즐겁도록 무엇을 할까요? 당신이 원한다면 뭐든지 될게요. 나는 단지 이 외로운 날들만 없으면 돼요.'

이제 당신에게는 애정 관계를 걱정하는 짐이 하나 더 생겼다. 그것은 관계의 배후에 긴장감과 불편한 느낌을 일궈낸다. 그것이 잠을 설치게 할 수도 있다. 하지만 당신이 경험하는 불편함의 뿌리는 외로움이다. 그것은 이런 식의 끝없는 생각들이다. '내가 말을 제대로 했나? 그녀가 정말 날 좋아하는 걸까, 아니면 나 혼자의 착각일까?' 문제의 뿌리는 이제 더 깊은 문제를 회피하려는 얕은 고민들 밑에 묻혀 있다. 일이 매우 복잡해진다. 결국 사람들은 인간관계를 이용해서 자신의 가시를 감춘다. 존중하는 사이라면 상대방의 보드라운 부위를 건드리지 않도록 서로 행동을 조심하는 것이 예절이 되었다.

이것이 사람들이 벌이는 짓이다. 그들은 마음속의 가시에 대한 두려움이 자신의 행동을 지배하도록 내버려 둔다. 그들은 살갗에 가시를 지니고 사는 사람과 똑같이 자기 삶을 스스로 구속하고 만다. 하지만 내부에 혼란을 일궈내는 뭔가가 있다면 언젠가는 결단을 내려야 한다. 그 느낌을 피해 밖으로 나감으로써 혼란을 적당히 무마할 수도 있지만 그것에 평생을 매어 놓는 대신 그냥 그 가시를 빼버릴 수도 있으니까.

내적 혼란의 근본원인을 제거해내는 자신의 능력을 의심하지 말라. 그것을 정말 사라져 버리게 할 수 있다. 자기 존재의 속 알맹이를 깊이 들여다보면서, 삶을 몰아가고 있는 당신의 나약한 부분을 이제는 더 이상 원하지 않는다고 결심할 수 있다. 당신은 그로부터 해방되기를 원한다. 당신은 외로워서가 아니라 순수한 호기심으로 사람들과 이야기를 나누고 싶다. 사람들이 당신을 좋아해 줬으면 해서가 아니라 당신이 그들을 정말 좋아해서 인간관계를 맺게 되기를 원한다. 내면의 문제에서 도망가기 위해서가 아니라 정말 사랑하기 때문에 연애하게 되기를 원한다.

자신을 어떻게 해방시킬 수 있을까? 가장 깊은 의미에서 말하자면, 자신을 발견함으로써 자신을 해방시킨다. 당신은 당신이 느끼는 그 고통이 아니며, 걸핏하면 스트레스에 짓눌리는 그 부분도 아니다. 이런 혼란의 어떤 것도 당신과 아무런 상관이 없다. 당신은 이것들을 인식하는 그다. 당신의 의식은 떨어져서 이것들을 인식하고 있으므로 자신을 해방시킬 수 있는 것이다. 마음속의 가시로부터 자신을 해방시키려면 그것을 만지작거리기를 당장 그만둬야 한다. 그것은 건드릴수록 더 약이 오른다. 당신이 그 경험을 피하기 위해 늘 뭔가를 하고 있기 때문에 그것들은 자신을 제대로 펼쳐낼 기회를 갖지 못했다. 원하기만 한다면 이 혼란이 올라오게 하여 놓아 보낼 수 있다. 마음속의 가시란 과거로부터의 막힌 에너지일 뿐이므로 풀어놓을 수 있다. 문제는, 당신이 그것이 풀려나게 할 상황을 전적으로 회피하고 있든가, 아니면 자신을 보호한다는 미명 하에 그것이 나오지 못하도록 억누르고 있다는 것이다.

당신이 집에서 TV를 보고 있다고 하자. 드라마를 재미있게 보고 있는데 두 주인공이 서로 사랑에 빠진다. 문득 외로움이 엄습하지만 당신에게 마음을 줄 사람은 아무도 없다. 흥미로운 것은, 당신은 몇 분 전만 해도 멀쩡했다는 사실이다. 이것은 가시가 언제나 당신 가슴속에 있었음을 보여준다. 단지 건드려지지 않았을 뿐인 것이다. 당신은 그 반응을 가슴이 공허한 느낌이나 덜컹 내려앉는 느낌으로서 경험한다. 그것은 매우 거북한 느낌이다. 나약한 느낌이 엄습하고 홀로 외로움을 느꼈던 온갖 기억들과 당신에게 상처를 줬던 사람들의 생각이 떠오르기 시작한다. 과거로부터 저장되어 있던 에너지가 가슴에서 풀려나서 생각을 만들어내는 것이다. 이제 당신은 TV를 보는 대신 생각과 감정의 물결에 휩싸인 채 홀로 앉아 있다.

뭔가를 먹거나 누군가를 부르거나 그 밖의 다른 행위들로 가라앉히는 것 말고, 이것을 해결하기 위해서 당신이 할 수 있는 것은 무엇인가? 당신이 그것을 인식하고 있음을 알아차리는 것이다. 당신의 의식이 TV를 보고 있다가 지금은 마음속의 통속극을 보고 있음을 알아차릴 수 있다. 이 사실을 알아차리는 그가 바로 주체인 당신이다. 당신이 보고 있는 것은 하나의 대상이다. 공허한 느낌은 하나의 대상이다. 그것은 당신이 아니라 당신이 느끼는 무엇이다. 누가 그것을 느끼는가? 당신의 탈출구는 누가 그것을 인식하는지를 그저 알아차리는 것이다. 그것은 정말 이토록 간단한 것이다. 베어링과 바퀴와 수압장치가 달린 보호장비보다 훨씬 덜 복잡하다. 당신이 해야 할 일은 단지 누가 그 외로움을 느끼는지를 알아차리는 것이다. 알아차리는 그는 이미 자유롭다. 이런 에너지들로부터 해방되고 싶다면 그것을 속에다 감추지 말고 당신을 지나가게 해야만 한다.

당신은 어릴 적부터 이미 속에서 움직이는 에너지를 가지고 있었다. 깨어나서 당신이 그 안에 있음을, 그리고 예민한 그가 당신과 함께 그 안에 있음을 깨달아라. 당신의 그 예민한 부분이 혼란을 느끼는 것을 그저 지켜보라. 그것이 시기와 갈망과 두려움을 느끼는 것을 바라보라. 이런 느낌들은 인간 본성의 일부일 뿐이다. 잘 보면 그것들은 당신이 아니라는 것을 알게 될 것이다. 그것들은 단지 당신이 느끼고 경험하는 것들일 뿐이다. 당신은 이 모든 것을 인식하는 내면의 존재다. 중심에 머물러 있으면 힘든 경험조차도 음미하고 존중하기를 터득할 수 있다.

예컨대 가장 아름다운 시와 음악의 일부는 고난에 빠져 있던 사람들에게서 나온 것이다. 위대한 예술은 존재의 가장 깊은 곳으로부터 나온다. 당신은 이토록 인간적인 경지를 그 속에 말려들거나 그것에 저항하지 않고 경험할 수 있다. 당신은 자신이 뭔가를 인식하고 있음을 알아차릴 수 있고, 외로움을 경험하는 것이 어떤 변화를 가져오는지를 그저 지켜볼 수 있다. 그것이 당신의 자세에 변화를 가져오는가? 호흡이 느려지거나 빨라지게 하는가? 외로움이 당신을 지나가도록 공간을 주면 어떻게 되는가? 이 모든 것들을 탐사하는 자가 되라. 그것을 지켜보라, 그러면 그것은 지나갈 것이다. 그 안에 빨려 들지 않으면 그 경험은 곧 지나가고 다른 것이 나타날 것이다. 그저 그 모든 것을 즐기면 된다. 이렇게 할 수 있다면 당신은 자유로워질 것이다. 그리고 내면에서 순수한 에너지의 세계가 열릴 것이다.

  찰나 안에 오래 머물러 있으면 이전에 한 번도 경험한 적 없는 어떤 에너지를 느끼기 시작할 것이다. 그것은 당신이 마음과 감정을 경험하는 곳인 앞쪽보다는 뒤쪽으로부터 올라온다. 자신의 통속극에 빠져 있지 않고 인식의 자리에 깊숙이 물러앉아 있을 때 깊은 곳으로부터 올라오는 이 에너지의 흐름을 느끼기 시작할 것이다. 이 흐름은 샥티라고 불려 왔다. 이것은 영靈이라고도 불려 왔다. 이것이 내부의 혼란과 어울리지 않고 찰나와 어울릴 때 경험되기 시작하는 현상이다. 외로움은 없애야 하는 것이 아니다. 거기에 어울려 들기만 멈추면 된다. 그것은 자동차와 풀과 별과 마찬가지로 우주의 온갖 사물 중 하나일 뿐이다. 그것들이 그저 지나가게 하라. 그것이 찰나가 하는 일이다. 의식은 싸우지 않는다. 의식은 놓아 보낸다. 의식은 우주 만물이 그 앞을 행진해 갈 때 그저 그것을 인식할 뿐이다.

참나 안에 머물러 있으면 당신은 가슴이 연약하게 느껴질 때조차 내적 존재의 힘을 경험할 것이다. 이것이 이 길의 본성이다. 이것이 영적 삶의 본성이다. 내면의 혼란을 느끼는 것이 아무렇지도 않은 일임을 터득하고 나면, 그리고 그것이 더 이상 당신의 의식의 자리를 흔들어 놓지 못함을 깨달으면 당신은 자유로워질 것이다. 당신은 배후로부터 나오는 내적 에너지의 흐름으로부터 자양분을 공급받기 시작할 것이다. 이 내적 흐름의 황홀함을 맛보면 당신은 이 세상을 유유히 걸어 다닐 수 있을 것이며, 세상이 당신을 결코 건드리지 못할 것이다. 이것이 자유로운 존재가 되는 길이다. 당신은 세상을 초월한다.

제10장

마음과 새로운 관계 맺기

진정한 자유를 얻기 위해 꼭 필요한 것은 더 이상 고통을 겪지 않겠노라는 결심이다. 두려움과 스트레스와 마음의 고통을 반드시 겪어야만 할 이유가 없으며, 당신은 삶을 즐기고자 한다는 사실을 마음에 분명히 새겨야 한다. 당신은 져야 할 이유가 없는 짐을 날마다 지고 있다. 자신이 완전하지 않아서 실패할지도 모른다는 두려움에 떨고, 불안과 초조와 자의식에 시달린다. 사람들이 나를 비난하고 이용하고 사랑해 주지 않을까봐 두려워한다. 이 모든 것이 당신을 엄청난 무게로 짓누른다. 열려 있고 애정 깊은 관계를 가지려고 애쓰는 동안에도, 자신을 표현하고 성공하려고 애쓰는 동안에도 당신은 늘 무거운 마음의 짐을 지고 있다. 그것은 고통과 슬픔과 번민의 경험에 대한 두려움이다. 당신은 날마다 그것을 느끼고 있거나, 아니면 그것을 느끼지 않게끔 자신을 감싸 지키고 있다. 그것은 워낙 마음 밑바닥에서 일어나는 작용이라서, 당신은 그것이 모든 것을 지배하고 있다는 사실을 알아차리지도 못한다.

붓다가 인생은 고해라고 했을 때, 그것은 바로 이것을 가리킨 말이다. 사람들은 고통스럽지 않은 상태가 어떤 것인지를 한 번도 경험해 보지 않았기 때문에 자신이 얼마나 고통스러운지조차 모른다. 이것을 이해하기 위해서, 당신이나 주변의 어느 누구도 건강해 본 적이 한 번도 없다면 어떨지를 한번 상상해 보자. 모든 사람이 늘 중병을 앓고 있어서 병상을 떠나 본 적이 없다. 이런 세상에서는 병상 곁에서 할 수 있는 일 말고는 어떤 일도 할 수가 없다. 그렇다면 사람들은 그 밖의 일은 전혀 모를 것이다. 그들은 그저 몸을 끌고 다니는 데만 안간힘을 다 써야 하므로 건강과 활력이라는 개념을 도무지 이해할 수가 없을 것이다.

당신의 마음을 이루는 정신과 감정의 에너지에 일어나고 있는 일이 정확히 이와 같다. 당신의 예민한 마음은, 정도의 다소 간에, 순간순간 끊임없이 고통 받는 상황 속으로 당신을 데려다 놓는다. 당신은 주변을 통제함으로써 고통을 피하려고 발버둥 치고 있거나, 아니면 닥쳐올 고통에 대한 근심에 싸여 있다. 이런 일은 도처에서 일어나고 있어서, 마치 물고기가 물을 보지 못하듯이 당신은 그것을 깨닫지 못한다.

당신은 고통이 평상시보다 더 심해졌을 때야 자신이 고통 받고 있었음을 깨닫는다. 상황이 매우 악화되어서 그것이 실제로 나날의 행동에 영향을 미치기 시작할 때에야 자신이 문제에 봉착해 있음을 인정한다. 하지만 사실 당신은 일상생활 중에도 마음에 끊이지 않는 문제를 안고 산다. 이것을 실감하려면 나와 마음과의 관계를 몸과의 관계와 비교해 보라. 정상적이고 건강한 상태일 때는 몸에 대해 생각하는 일이 없다. 거기에 주의도 주지 않고 그냥 걸어 다니고 운전하고 일하고 논다. 어떤 문제가 생겼을 때만 몸에 대해서 생각한다. 그러나 이와는 대조적으로, 우리는 언제나 심리적 평안을 위해 골몰한다. 사람들은 끊임없이 이런 생각을 한다. '난감한 질문을 받으면 어떡하지? 뭐라고 대답해야 할까? 난 갑자기 그런 일을 당하면 정신을 못 차리는데……' 이것이 고통이다. 이 끊일 줄 모르는 불안한 내면의 목소리는 고통의 한 형태이다. '그를 정말 믿을 수 있을까? 나 자신을 다 내놨다가 이용당하면 어떡하지? 그런 일을 다시는 당하고 싶지 않아.' 이것이 늘 자신을 걱정해야만 하는 고통이다.

우리는 왜 늘 자신을 걱정해야만 할까? 왜 '나', '나의 것' 등에 대한 온갖 생각이 허구한 날 끊이지 않는 것일까? 자신이 잘하고 있는지, 자신이 어떤 것을 좋아하는지 싫어하는지, 자신의 즐거움을 위해 세상을 어떻게 재배치해야 할지를 당신이 얼마나 노심초사하고 있는지를 스스로 살펴보라. 당신은 마음이 편안하지 않고, 좀 더 나은 기분이 되려고 노심초사하기 때문에 늘 이런 생각에 빠져 있는 것이다. 이것이 정확히 당신의 마음속에서 일어나고 있는 일이다. 당신이 늘 마음의 평안을 염려하는 유일한 이유는, 마음이 매우 오랫동안 편치 않게 지내왔기 때문이다. 사실 당신의 속마음은 너무나 연약해서 거의 어떤 일이든지 당신의 속을 쉽게 뒤집어 놓을 수 있다.

이 고통을 종식시키려면 자신의 마음이 편안하지 않다는 사실을 먼저 깨달아야 한다. 그런 다음에는 마음이 그런 불편한 상태에 머물러 있어야 할 필요가 없다는 것을 인식해야 한다. 마음은 건강하고 온전해질 수 있다. 마음의 고통을 그저 참고 견디거나 마음을 감싸고 보호해야만 할 필요가 없다는 사실을 깨닫는 것만으로도 그것은 하나의 진정한 선물이 된다. 자신이 한 말이나 상대방이 자신을 어떻게 생각하는지를 끝없이 되새겨 봐야 할 필요가 없다. 그런 일을 늘 걱정거리로 달고 다니면서, 당신은 도대체 어떤 인생을 살려는 것인가? 마음이 예민하다는 것은 당신의 삶이 평안하지 않다는 증거이다. 몸이 평안하지 않을 때 통증이나 그 밖의 증세를 나타내 보이는 것과도 마찬가지이다. 통증은 나쁜 것이 아니다. 그것은 몸이 당신에게 걸어오는 말이다. 과식을 하면 복통이 난다. 팔에 지나친 스트레스를 주는 일을 하면 팔이 아프기 시작한다. 몸은 자신의 만능 언어인 통증을 통해 의사를 전하는 것이다. 마음은 자신의 만능 언어인 두려움을 가지고 의사를 전달한다. 자의식, 시기, 불안, 초조, 이런 것들이 모두 두려움이다.

동물을 학대하면 겁을 먹는다. 당신의 마음에 일어난 일도 바로 이런 것이다. 당신은 마음에 감당할 수 없는 책임을 지움으로써 마음을 학대했다. 잠시 멈춰서 당신이 마음에게 무슨 짓을 했는지를 한번 살펴보라. 당신은 마음에게 이렇게 말했다. '나는 모든 사람이 나를 좋아했으면 좋겠어. 누구도 나에 대해 나쁜 말을 하지 않았으면 좋겠어. 내가 하는 모든 말은 모든 사람이 좋아하고 받아들였으면 해. 아무도 나를 해치지 않았으면 좋겠고, 내가 싫어하는 일이 일어나는 것은 원하지 않아. 내가 정말 좋아하는 일만 일어났으면 좋겠어.' 그리고 당신은 이렇게 덧붙인다. '자, 마음아, 이 모든 것이 실현되게 할 방법을 생각해봐. 밤낮 머리를 싸매고 끙끙대야 하더라도 말이야.' 물론 당신의 마음은 이렇게 대답했다. '하고 있어요. 열심히 연구해 볼게요.'

이런 일을 하려고 애쓰는 사람을 상상해 볼 수 있겠는가? 마음은 당신이 말한 모든 것이 옳고, 올바로 실행되고, 모든 사람에게 올바른 효과를 미치게 하려고 무진 애를 써야 한다. 마음은 당신이 하는 모든 일이 올바로 해석되고 평가되도록, 그리고 누구도 당신을 해칠 일을 하지 못하도록 해야만 한다. 당신이 원하는 모든 것을 얻고, 원하지 않는 일은 결코 일어나지 않도록 해야만 한다. 마음은 만사가 잘 돌아가게 하려면 어떻게 해야 하는지를 당신에게 충고하느라 노심초사한다. 마음이 그토록 쉬지 않고 부산히 움직이는 것도 이 때문이다. 당신이 불가능한 임무를 부여했기 때문인 것이다. 그것은 몸에게 나무를 단숨에 뽑고 산을 한걸음에 건너뛰기를 바라는 것과도 같다. 몸이 해낼 수 없는 일을 계속 시키면 몸은 병이 날 것이다. 마음이 병들게 한 것도 바로 이것이다. 몸이 병든 증세는 통증과 허약이다. 마음이 병든 증세는 끊임없는 신경증적 생각과 그 밑바닥에 깔린 두려움이다.

어느 시점에 이르면 당신은 정신을 차리고 자기 안에 문제가 있음을 인정해야만 한다. 그저 지켜보기만 하면 마음이 당신에게 끊임없이 이래라저래라 하는 모습을 발견할 것이다. 저기는 가지 말고 여기를 가라, 저런 말은 하지 말고 이런 말을 하라, 무엇은 입지 말고 무엇을 입으라는 둥 말이다. 그것은 한시도 그친 적이 없다. 고등학교 때도 그러지 않았는가? 중학교와 초등학교 때도 그러지 않았는가? 항상 그래 오지 않았는가? 자신을 끊임없이 걱정하는 것, 이 자체가 하나의 고통이다. 하지만 이것을 어떻게 고칠 수 있을까? 어떻게 하면 마음의 소리를 그치게 할 수 있을까?

대부분의 사람들은 늘 해오던 식의 동일한 외부 게임을 더 잘하는 것으로써 내부의 문제를 고쳐 보려고 애쓴다. 우리 내부의 문제를 순간 포착해 보면 모든 사람이 저마다 '오늘의 특별 문제'라 할 수 있는 것을 가지고 있다는 것을 알게 될 것이다. 그들을 그 순간에 가장 괴롭게 만들고 있는 문제 말이다. 현재의 문제가 약간 시들해지면 다음 문제가 튀어나온다. 다음 문제가 시들해지면 또 그 다음 문제가 튀어나온다. 이것이 생각이 하고 있는 일이다. 생각은 오늘 당신을 괴롭히고 있는 문제에 주목하는 경향이 있다. 생각은 문제만 생각한다. 그것이 왜 당신을 괴롭히는지, 그것을 어떻게 할 수 있는지 말이다. 그것에 대해서 어떻게든 조치를 취하지 않는다면 생각은 평생 그것을 가지고 고민할 것이다.

마음은 언제나, 내부의 문제를 풀려면 외부의 뭔가를 바꿔야 한다고 충고한다는 것을 깨닫게 될 것이다. 하지만 당신이 지혜롭다면 이런 게임은 하지 않을 것이다. 당신은 마음이 주는 충고가 심리적으로 상처받은 자의 충고임을 알아차릴 것이다. 당신 마음의 생각들은 두려움으로 혼란스러워져 있다. 세상의 모든 충고 중에서도 절대로 귀를 주지 말아야 할 것은 혼란된 마음의 충고다. 마음은 실제로 당신을 그릇된 길로 이끈다. 그것이 이렇게 말한다고 하자. '승진만 된다면 만사 문제가 없을 텐데. 나 자신에 대해서도 뿌듯한 기분이 들 테고, 그러면 나도 내 인생을 제대로 수습할 수 있을 거야.' 당신은 이 말이 옳다고 느꼈는가? 승진만 되면 그것이 모든 불안을 종식시키고 평생 경제적인 만족을 누릴 수 있게 할까? 물론 아니다. 그 다음엔 그 다음 문제가 표면으로 떠오를 뿐이다.

이것만 알면 마음이 심각한 문제를 안고 있다는 사실을 깨달을 것이다. 마음이 하는 일은 일이 좀 더 편해지도록 외부의 상황을 조작하는 것이다. 하지만 그것은 헛된 노력일 뿐이다. 외부의 상황은 내부 문제의 원인이 아니다. 예컨대 가슴속에서 외로움과 부족감을 느낀다면 그것은 당신이 특별한 사람을 만나지 못해서 그런 것이 아니다. 그것이 문제를 일으킨 것이 아니다. 당신은 그 사람을 통해 그 문제를 풀어보려고 애쓰고 있다. 당신이 하고 있는 짓은 단지 어떤 사람이 당신의 내부 문제를 달래줄 수 있을지를 알아보고 있는 것이다. 그리고 그것이 소용이 없으면 당신은 또 다른 것을 시도해 볼 것이다.

그러나 사실 외부의 변화는 당신의 문제를 해결해 주지 않는다. 왜냐하면 그것은 문제의 뿌리를 건드리지 않기 때문이다. 근원적인 문제는, 당신이 자신을 스스로 온전하고 완전하다고 느끼지 않는다는 사실이다. 그 근원을 제대로 파악하지 못하면 당신은 그것을 덮어 줄 누군가를, 혹은 무엇인가를 찾아 나설 것이다. 당신은 돈이나 사람이나 명예나 숭배 뒤로 몸을 숨길 것이다. 당신을 사랑하고 숭배해 줄 완벽한 사람을 찾으려고 애쓴다면, 그리고 어떻게든 거기에 성공했다면 당신은 사실상 실패한 것이다. 당신은 문제를 해결한 것이 아니다. 당신이 한 일은 기껏해야 그 사람을 당신의 문제에 개입시킨 것뿐이다. 사람들이 인간관계에 그토록 많은 문제를 가지고 있는 것도 이 때문이다. 당신은 자신의 내부 문제로부터 출발해서는 다른 사람을 거기에 개입시키는 것으로 그것을 해결하려고 애쓴 것이다. 그 관계는 문제를 겪을 것이다. 왜냐하면 문제가 관계를 만들어냈기 때문이다. 거기서 한 발짝 물러서서 정직하게 들여다보기만 한다면 이 모든 것을 쉽게 알 수 있다.

실패가 어떤 것인지를 알아봤으니 이제 성공은 어떤 것인지를 정의 내려 보기로 하자. 마음과 관련된 성공이란 몸의 건강에 비유할 수 있다. 그 성공이란 당신이 마음에 대해 다시는 염려할 필요가 없게 되는 것을 말한다. 자연스럽고 건강한 상태의 몸이란, 당신이 자신의 일을 하고 있는 동안에도 자신의 일을 스스로 알아서 하는 몸을 말한다. 몸에 대해 염려할 필요가 전혀 없다. 마찬가지로, 당신은 어떻게 하면 기분이 좋을지, 어떻게 하면 무섭지 않을지, 어떻게 하면 사랑을 받을지를 전혀 고민할 필요가 없다. 마음에게 삶을 바칠 필요가 없다.

속에서 돌아가는 신경질적이고 개인적인 생각들만 없으면 삶이 얼마나 흥미진진할지를 상상해 보라. 사람을 필요로 하는 대신, 사람을 진정으로 사귈 수 있고 온갖 일들을 즐길 수 있게 될 것이다. 내부의 잘못을 고치는 데에 삶을 사용하는 대신 그저 삶을 살고 경험할 수 있을 것이다. 당신은 그런 경지를 이룰 능력이 있다. 결코 늦지 않았다.

당신이 마음과 맺고 있는 현재의 관계는 일종의 중독과도 같다. 마음은 끊임없이 당신의 주의를 요구하고, 당신은 이 요구에 삶을 바쳐 왔다. 자유로워지고 싶다면 당신은 이것을 다른 중독증을 대하듯이 대해야만 한다. 예컨대, 마약 중독자라면 마약을 더 이상 복용하지 않도록 끊을 수 있다. 쉽지는 않을 테지만 그렇게 할 수가 있다는 말이다. 마음에 대한 중독도 마찬가지다. 당신은 마음의 끊임없는 문제에 귀를 맡기는 그런 어리석은 짓을 그만둘 능력이 있다. 거기에 종지부를 찍을 수 있다. 아침에 일어나서 하루를 생각하면서 오늘은 또 무슨 일이 일어날지를 근심하지 않을 수 있다. 나날의 삶을 마치 휴가처럼 보낼 수도 있다. 일이 재미있을 수도 있다. 가족생활이 재미있을 수도 있다. 그 모두를 그저 즐길 수도 있다. 그것은 최선을 다하지 않는다는 뜻이 아니다. 최선을 다하면서 그것을 그저 즐긴다는 말이다. 그리고는 밤에 잠들 때는 그 모두를 놓아 보낸다. 긴장 없이 근심 없이 삶을 그저 살아간다. 삶을 두려워하고 삶과 싸우지 않고 그냥 사는 것이다.

마음의 두려움에서 완전히 벗어난 삶을 살 수 있다. 그 방법만 알면 된다. 흡연을 예로 들어 보자. 담배 끊는 방법을 이해하기는 어렵지 않다. 키워드는 '끊는다' 는 것이다. 어떤 방법을 쓰는가는 사실상 중요하지 않다. 다른 것보다도 그저 끊어야 한다. 담배를 끊는 방법은 입에다 담배를 가져가기를 멈추는 것이다. 다른 모든 방법들은 당신이 도움된다고 생각하는 수단들이다. 하지만 가장 기본적인 것은, 그저 입에다 담배를 가져가기를 중단하는 것뿐이다. 이렇게만 하면 담배 끊기는 보장된 일이다.

마음의 골칫덩어리에서 벗어나는 데도 같은 방법을 쓸 수 있다. 마음에게 당신의 개인적 문제를 해결하는 임무를 그만 맡겨라. 이 일이 마음을 온통 혼란에 빠뜨려 엉망으로 만들어 놓았다. 그것이 두려움과 불안과 신경질을 일궈 놓았다. 당신의 마음은 세상에 대해 별 힘을 지니고 있지 않다. 마음은 전지전능하지 않다. 마음은 자연의 힘과 날씨를 바꿔 놓을 수 없다. 당신 주변의 사람들과 장소와 상황을 통제할 힘도 없다. 당신은 마음에게 내부의 문제를 고치기 위해 세상을 바꿔 놓으라는 불가능한 임무를 부여했다. 건강한 존재 상태를 이루고 싶다면 마음에게 그런 일을 하도록 강요하는 짓을 멈춰라. 당신이 원하는 대로, 당신의 기분대로 만사가 돌아가게끔 해야 한다는 터무니없는 임무로부터 당신의 마음을 해방시켜야 한다. 마음은 그런 일을 해낼 능력이 없다. 마음을 그 일에서 해고하고, 대신 당신 내부의 문제를 놓아 보내라.

마음과 새로운 관계를 맺을 수 있다. 당신의 기존 관념에 세상이 맞아떨어지도록 이것은 하고 저것은 하지 말라는 식의 충고를 마음이 떠벌릴 때, 그것을 귀담아듣지 말아야 한다. 그것은 담배를 끊을 때와도 같다. 마음이 무슨 말을 하건 상관없이 그저 담배를 입에 가져가지 않는 것이다. 저녁을 막 먹고 난 후라도 상관없다. 마음이 불안해지면서 욕구가 올라오더라도 상관없다. 이유가 뭐라도 상관없다. 그저 손이 더 이상 담배를 건드리지 않는 것이다. 마찬가지로, 마음이 이래라 저래라 말하기 시작할 때, 그것을 귀담아듣지 말아야 한다. 사실은, 내가 만사에 불만이 없어지는 순간에 만사는 좋아지게 마련이다. 그리고 그것만이 만사에 문제가 없는 유일한 때이다.

당신이 할 일은 오직, 마음이 내부의 문제를 고쳐 주기를 기대하지 않는 것이다. 그것이 그 모든 것의 핵심이고 뿌리이다. 당신의 마음은 악당이 아니다. 사실 마음은 아무런 죄가 없다. 마음은 단지 컴퓨터와 같아서 하나의 도구이다. 그것은 위대한 사상을 만들어내고 과학 문제를 풀어서 인류에 이바지하는 데 쓰일 수 있다. 하지만 당신은 혼란에 빠져서 마음으로 하여금 당신의 다분히 개인적인 문제를 처리하기 위해 외부적인 해결책을 강구하는 데에 시간을 다 보내도록 만들었다. 필연적으로 펼쳐지는 삶으로부터 자신을 보호하려고 분석적인 마음을 동원하여 부려먹는 그가 바로 당신이다.

살펴보면 마음은 매사에 문제가 생기지 않게끔 하려고 늘 노심초사하고 있다는 것을 알 수 있을 것이다. 이것은 당신이 원하는 것이 아님을 의식적으로 상기하고, 거기서 부드럽게 빠져나와라. 그것과 싸우지 마라. 결코 이기지 못할 것이다. 그것이 그 자리에서 당신을 물리치거나, 아니면 지금은 당신이 억눌러 놓더라도 나중에 돌아와 당신을 물리칠 것이다. 마음과 싸우는 대신 그저 거기에 끼어들지만 마라. 마음이 세상과 사람들을 어떻게 고쳐 놓아야 한다고 말하는 것을 발견하면 그저 거기에 귀 기울이지만 않으면 된다.

비결은 입을 다무는 것이다. 당신의 마음이 입을 다무는 것이 아니라 당신이 입을 다무는 것이다. 신경증 환자와 같은 마음을 지켜보는 내면의 그인 당신이 그냥 힘을 빼고 이완하는 것이다. 그러면 당신은 저절로 마음의 뒤에 떨어져 남을 것이다. 왜냐하면 당신은 언제나 거기에 있었기 때문이다. 당신은 생각하는 마음이 아니다. 당신은 생각하는 마음을 인식하고 있다. 마음이 마치 당신의 구원자이자 가호자인 양 당신의 온 가슴과 영혼을 마음속에다 쏟아 넣기를 그치는 순간, 당신은 마음의 뒤로 떨어져 나와 그것을 지켜보고 있는 자신을 발견할 것이다. 그것이 생각을 아는 방법이다. 당신은 거기서 생각을 지켜보고 있다. 마침내는 당신도 그 안에 고요히 앉아서 깨어 있는 의식으로써 마음을 지켜볼 수 있게 될 것이다.

그런 경지에 이르면 마음과의 문제는 종식된다. 마음의 뒤로 물러나면 의식인 당신은 사고의 과정에 개입되지 않는다. 사고란 마음이 하는 것이고, 당신은 그것을 지켜보는 자다. 당신은 그저 거기에 있고, 자신이 그 모든 것을 인식하고 있음을 안다. 당신은 내면에 깃든 존재, 곧 의식이다. 그것은 생각해야 할 대상이 아니다. 당신은 곧 그것이다. 마음이 신경질을 부릴 때 당신은 거기에 말려들지 않고 그저 지켜볼 수 있다. 혼란에 빠진 마음을 잠재우기 위해서 당신이 할 일은 이것뿐이다. 마음은 당신이 주의를 보내어 힘을 주기 때문에 굴러간다. 주의를 주지 않으면 생각하는 마음은 떨어져 나간다.

작은 일부터 시작하라. 예컨대, 누군가가 당신이 좋아하지 않는 말을 하거나, 아니면 더 심하게는 당신을 완전히 무시한다. 길을 가다가 친구를 만났는데 인사를 해도 아는 척도 안 하고 지나쳐 버린다. 그들이 당신을 알아차리지 못했는지, 정말 당신을 무시했는지는 모르는 일이다. 그들이 당신에게 화가 난 것인지, 무슨 일이 있는지 당신은 모른다. 그러면 당신의 마음은 내달리기 시작한다. 점검을 위한 좋은 때다! 지구상에는 수십억의 인구가 산다. 그리고 그중의 한 사람이 당신에게 인사를 하지 않았다. 겨우 그것을 못 참겠다는 것인가? 그것이 이성적인 행위인가?

일상 속에서 일어나는 이런 소소한 일들을 자신을 해방시키는 훈련으로 활용하라. 위의 경우에서, 그저 마음의 짓거리에 끼어들지 않기로 마음먹어라. 이것은 마음이 늘 하던 짓거리를 못하게 하는 것을 뜻하는 게 아니다. 그것은 단지 마음이 작은 통속극을 만들어내는 꼴을 기꺼이 지켜볼 수 있도록 준비를 갖추는 것을 뜻한다. 당신이 얼마나 상처받았으며, 누가 또 그런 짓을 할지 모른다는 둥의 그 모든 지껄임을 그저 지켜보라. 마음이 그것을 어떻게 해야 할지 궁리하는 것을 지켜보기만 하라. 이 모든 것이 단지 누군가가 당신에게 인사를 하지 않았기 때문에 일어났다는 사실을 생각해 보라. 정말 믿기지 않는 일이다. 마음이 지껄이는 것을 그저 지켜보면서 계속 힘을 빼고 놓아 보내라. 그 지껄임의 배후로 떨어져 나오라.

날마다 일어나는 모든 사소한 일들 속에서 그저 계속 이렇게만 하면 된다. 이것은 마음속에서 하는 매우 개인적인 작업이다. 당신은 곧, 마음이 아무것도 아닌 일로 당신을 늘 조바심과 흥분으로 몰아가곤 했다는 것을 발견할 것이다. 그렇게 되고 싶지 않다면 마음에 에너지를 주는 일을 그쳐라. 그것이 해야 될 일의 전부이다. 이 방법을 따른다면 당신이 할 일은 오로지 힘을 빼고 놓아 보내는 것뿐이다. 이런 일이 일어나는 것을 발견하면 어깨에서 힘을 빼고 가슴을 이완하여 그것의 뒤로 떨어져 나오면 된다. 그것을 건드리지도 거기에 끼어들지도 마라. 그것을 멈추려고도 하지 마라. 다만 당신이 그것을 보고 있음을 알아차려라. 그것이 거기서 빠져나오는 방법이다. 그저 지나가도록 내버려 두라.

규칙적으로 이따금씩 마음을 지켜보도록 함으로써 해방으로의 여행을 시작하라. 이것이 마음속에서 길을 잃고 헤매지 않도록 지켜 줄 것이다. 마음의 중독은 심각한 것이므로 상황을 지켜보도록 자신을 일깨워 줄 방법을 정해 놓아야 한다. 몇 초밖에 걸리지 않는 매우 간단한 알아차리기 연습이 있다. 이것은 마음의 배후에서 중심을 잡고 머물러 있을 수 있게 해줄 것이다. 자동차 운전석에 앉을 때마다 잠시 멈추고, 자신이 텅 빈 우주공간 속을 돌고 있는 한 행성 위에 앉아 있다는 사실을 상기하라. 그리고 삶의 통속극 속에 스스로 끼어들지 않겠노라고 다짐하라. 다시 말해서, 일어나고 있는 일을 그 자리에서 놓아보내고, 마음의 게임에 끼어들지 않기로 했음을 자신에게 다짐하라. 자동차에서 내리기 전에도 같은 연습을 하라. 그리고 정말 중심에 머물러 있기만을 절실히 원한다면 이것을 수화기를 들기 전에도, 문을 열기 전에도 할 수 있다. 어떤 것도 바꿔야 할 필요는 없다. 그저 그 자리에 있으면서 자신이 뭔가를 인식하고 있음을 알아차리면 된다. 그것은 재고조사를 하는 것과도 같다. 가슴, 마음, 어깨 등등에서 일어나고 있는 일들을 점검하라. 일상생활 속의 모든 요소들을, 당신의 본성을 상기시켜 주고 내면에서 일어나는 일을 알아차리게 해주는 방아쇠로 삼아라.

이 연습은 의식의 중심이 잡히는 순간들을 만들어낸다. 그리고 마침내 당신은 지속적으로 중심에 머무는 의식을 지니게 될 것이다. 지속적으로 중심에 머무는 의식이 참나의 자리이다. 이 상태에서 당신은 언제나 자신이 의식함을 의식하고 있다. 완전히 깨어서 알고 있지 않은 순간이 없다. 아무런 노력도 없다. 아무런 행위도 없다. 당신은 그저 거기에 있고 당신의 감각 앞에서 세상이 펼쳐지는 동안 생각과 감정이 당신 주변에 일어나는 것을 알아차린다.

마침내는 마음을 성가시게 하는 무엇이건, 가슴속의 어떤 변화이건 간에 에너지 흐름의 모든 변화가 당신은 그 배후에서 그것을 알아차리고 있는 자임을 상기시켜 주는 방아쇠가 될 것이다. 당신을 아래로 끌어내리곤 하던 일들이 이제는 당신을 일깨워 주는 것이 된다. 하지만 그 전에 예민하게 설치는 마음이 누그러지도록 의식을 가라앉혀야만 한다. 그러면 이 방아쇠들이 당신으로 하여금 중심에 머물러 있도록 일깨워 줄 것이다. 그리하여 결국은 의식이 충분히 고요해져서 가슴이 반응을 일으키기 시작하는 것을 그저 지켜보면서 마음이 움직이기 전에 가슴의 반응을 놓아 보낼 수 있게 될 것이다. 가다 보면 어느 시점에서는 모든 것이 마음mind이 아니라 가슴heart이 된다. 당신은 마음이 가슴을 뒤따른다는 사실을 깨달을 것이다. 마음이 말을 시작하기 훨씬 전에 가슴이 먼저 반응한다. 의식이 깨어 있으면 가슴에서 일어나는 에너지의 변화가, 당신은 배후에서 모든 것을 인식하고 있는 자임을 즉시 알아차리게 할 것이다. 가슴에서 놓아 보내므로 마음은 일어날 틈도 얻지 못한다.

　이제 당신은 궤도에 올랐다. 당신을 가두던 바로 그것이 이제는 당신을 끄집어내어 준다. 모든 에너지가 당신에게 유리하게 활용된다. 놓아 보내는 이 방법은 당신의 에너지를 해방시키고 당신 자신을 해방시킬 수 있게 한다. 나날의 삶의 한가운데서 자신을 마음의 속박으로부터 풀어놓음으로써, 실로 당신은 영혼을 위해 자유를 훔쳐낸다. 이 크나큰 자유는 특별한 이름을 가지고 있다. 바로 '해탈'이다.

제11장

고통의 층 너머로 가기

진정한 영적 성장과 개인의 근본적 변화를 위해 꼭 필요한 것 중 하나는 고통 앞에서 평화로워지는 것이다. 변화 없이는 확장이나 진화가 일어날 수 없지만, 변화의 기간이 늘 편안한 것만은 아니다. 변화를 위해서는 익숙한 것에 대해 문제를 제기할 수 있어야 하며 안전과 안락과 통제력에 대한 해묵은 갈망에 의문을 제기할 수 있어야 한다. 이것은 종종 고통스러운 경험으로 다가온다.

이 고통에 익숙해지는 것이 성장 과정의 일부이다. 마음이 혼란된 느낌을 좋아하지 않더라도 그것이 어디서 오는지를 알고자 한다면 내면에 조용히 앉아서 그것을 대면할 수 있어야만 한다. 자신의 혼란을 대면할 수 있게 되면 가슴속 깊은 곳에 자리 잡고 있는 고통의 층이 있음을 깨달을 것이다. 이 고통은 매우 불편하고 도발적이어서 자아의 존재를 위협하기 때문에 당신은 그것을 피하는 데에 삶을 바쳐 왔다. 당신의 온 인격이 이 고통을 피하기 위해 키워온 사고와 신념과 행위와 존재 방식 위에 형성되었다.

고통을 피하다 보면 고통의 층 너머에 있는 자기 존재의 한 부분을 탐사할 수가 없으므로, 진정한 성장은 당신이 마침내 고통을 대면하기로 마음먹을 때 일어난다. 그 고통은 가슴 한가운데에 있어서, 그것이 방사되어 당신이 하는 모든 일에 영향을 미친다. 하지만 이 고통은 몸의 메시지로서 전해지는 육체적 통증이 아니다. 육체적 통증은 생리적으로 이상이 있을 때만 생긴다. 내면의 고통은 우리의 생각과 감정의 층 아래에 묻힌 채 늘 감춰져 있다. 예컨대 세상이 나의 기대를 채워 주지 못해서 가슴이 혼란에 빠질 때, 우리는 그 고통을 가장 깊이 느낀다. 이것이 내면의 심리적 고통이다.

마음은 이 고통 피하기를 중심으로 형성되고, 그 결과 고통에 대한 두려움이 마음의 밑바탕을 이룬다. 고통이 마음이 있게 한 근원인 것이다. 이것을 이해하려면, 예컨대 만일 남에게 무시당하는 것이 당신의 가장 큰 문제라면 자신이 무시당하는 일을 두려워한다는 사실을 알아차려야만 한다. 그 두려움이 당신 마음의 일부가 될 것이다. 실제로 무시당하는 사건은 자주 일어나지 않더라도 당신은 무시당하는 일에 대한 두려움을 늘 안고 살아야 한다. 이것이 우리가 상존하는 두려움을 만들어내는 방식이다. 지금 당신이 고통을 피하기 위해 뭔가를 하고 있다면, 그 고통이 당신의 삶을 지배하고 있는 것이다. 당신의 모든 생각과 감정이 그것에 대한 두려움으로 물들 것이다.

고통의 회피에 목적을 둔 행동 습관은 그 자체가 곧 고통으로 통하는 문이 된다는 것을 당신은 깨닫게 될 것이다. 무시당하는 것이 두려워서 상대방의 인정을 받아내려는 의도로 그 사람에게 접근한다면 당신은 얼음 위를 걷고 있는 것이다. 그가 눈을 한번 흘기거나 수틀린 말을 한마디만 하면 당신은 당장 무시당하는 고통을 느낄 것이다. 사실은, 당신이 무시를 의식하면서 그를 대하기 때문에 그를 대면하는 동안 당신은 늘 무시의 낭떠러지 위에서 춤을 추고 있는 것이다. 그러면 당신이 경험하고 있는 그 느낌이 어떻게든 길을 찾아 가서 당신 행동의 배후 동기로 작용할 것이다. 당신의 모든 행동은 고통의 회피에 연결되어 있고, 당신은 가슴속에서 그 연결을 느낄 것이다.

가슴은 고통이 나오는 곳이다. 하루를 지내는 동안에도 온갖 종류의 혼란이 다 느껴지는 이유가 이것이다. 당신은 가슴속 깊이 이 고통의 핵을 지니고 있다. 당신의 성격과 행동 습관이 모두 이 고통을 피하기 위한 것이다. 당신은 몸매와 옷차림과 말씨와 헤어스타일을 다듬음으로써 그것을 피한다. 당신이 하는 모든 일이 이 고통을 피하기 위한 것이다. 이것을 검증해 보고 싶다면 누군가가 당신의 체중에 대해 무슨 말을 하거나 옷차림을 흠잡을 때 어떤 일이 일어나는지를 보라. 당신은 고통을 느낀다. 고통을 피한다는 명목으로 무엇을 할 때마다 그것이 당신이 피하고 있는 고통이 일어나게 할 방아쇠를 당기는 줄이 된다.

고통의 핵심을 건드리고 싶지 않다면 그것을 피하려는 당신의 작전을 반드시 성공시키는 것이 좋을 것이다. 바쁜 사회생활 속에 자신을 숨기고 있더라도 예컨대 파티에 초대받지 못하는 등, 자존심을 건드리는 모든 일들이 당신에게 고통을 줄 것이다. 친구들에게 영화를 보러 가자고 전화했는데 모두 바쁘다고 한다. 어떤 사람은 그것 때문에 상처를 받는다. 그들에게 전화를 한 것이 고통을 피하기 위해서였다면 당신은 고통을 느낄 것이다. 산책을 나가서 "얼룩아, 이리 와!" 하고 개를 불렀는데 오지 않는다. 얼룩이를 부른 이유가 밥을 주기 위해서였다면 당신은 그냥 밥그릇을 내려놓고 언제든지 와서 먹게 할 것이다. 하지만 하루가 너무나 힘들어서 얼룩이를 부른 것이었는데 오지 않았다면 당신은 고통을 느낄 것이다. '이젠 개조차 날 싫어하는구먼.' 개가 오지 않는다고 해서 가슴이 아플 게 뭐란 말인가? 다른 볼일이 있어서 오늘은 영화를 보러 갈 수 없다고 하는데 당신이 고통스러울 게 뭐란 말인가? 그것이 어떻게 고통을 만들어낼까? 그것은 가슴속 깊은 곳에 당신이 처리하지 못한 고통이 있기 때문이다. 이 고통을 피하려는 당신의 노력이 이 감추어진 고통과 연결된 예민한 두려움의 층들을 켜켜이 만들어 놓은 것이다.

이 층들이 어떻게 쌓이게 되는지를 잠시 들여다보자. 무시당하는 고통을 피하기 위해서 당신은 우정을 지속하려고 무진 애를 쓴다. 당신은 심지어 친구에게서조차 무시당할 수 있다는 것을 겪어서 알기 때문에 그런 일을 피하기 위해 매우 열심히 노력할 것이다. 그것이 성공하려면 당신이 하는 모든 일이 상대방이 받아들일 만한 것이라야 한다. 이것이 당신의 옷차림과 행동거지를 결정한다. 당신은 이제 더 이상 무시당하는 것 자체에는 신경을 쓰지 않는다는 사실에 주목하라. 이제 당신의 관심사는 옷차림과 행동거지와 자동차에 가 있다. 당신은 고통의 알맹이로부터 한 껍질 멀어졌다. 누군가가 당신에게 와서, '흠, 난 당신이 이것보단 나은 차를 타고 다닐 거라고 생각했는데!'라고 말한다면 당신은 혼란된 반응을 느낄 것이다. 그것이 어떻게 고통을 일으킬 수 있을까? 누가 당신의 자동차에 대해서 말한 것이 뭐가 그리 큰 문제라는 말인가? 당신은 가슴속에서 반응한 그것이 무엇인지를 스스로 물어봐야 한다. 그 기분은 대체 무엇인가? 그것이 왜 일어나는가? 사람들은 대개 왜라고 묻지 않는다. 그들은 그저 그것이 일어나지 않게 하려고만 애쓴다.

당신은 더 깊이 들어가서 그 형성된 층들 간의 역학 관계를 살펴보아야 한다. 그 한가운데에 고통이 있다. 그런데 당신은 그 고통을 피하기 위해 친구들과 바삐 어울려 다니고 그들의 받아들임 속에 자신을 숨긴다. 이것은 처음으로 한 층 벗어난 곳이다. 그러면 당신은 자신이 더욱 확실하게 받아들여지게 하기 위해 친구를 얻고 사람들을 움직이기에 유리한 태도를 기른다. 이것은 한 층 더 벗어난 곳이다. 그 각각의 층은 원래의 고통과 맞붙어 있다. 이 때문에 일상적인 일들이 당신에게 큰 영향을 미칠 수 있게 된다. 당신이 날마다 자신의 존재를 입증해 보이는 행위들의 배후 동기가 속 알맹이인 고통이 아니라면 사람들의 말이 당신에게 영향을 미칠 수가 없다. 하지만 자신을 입증해 보이고자 하는 이유가 속 알맹이인 고통이기 때문에 당신은 결국 매사를 고통의 빌미로 만들고 만다. 결국 당신은 너무나 예민해져서 상처받지 않고는 이 세상을 살 수 없게 된다. 가슴에 상처 입는 사건이 없이는 사람을 만나고 일상생활을 영위할 수조차 없게 된다. 주의 깊게 살펴보면 가벼운 만남조차도 종종 다소간의 고통, 불안감, 혹은 마음의 혼란을 일으켜 놓는다는 것을 알게 될 것이다.

여기서 좀 떨어져 나오기 위해서는 먼저 시야를 전환시킬 필요가 있다. 맑은 날 밤에 밖으로 나와 하늘을 한번 쳐다보라. 당신은 정말 망망한 허공 속을 돌고 있는 한 행성 위에 서 있다. 당신의 눈에는 별이 수천 개 정도밖에 보이지 않지만 우리의 은하수에만도 수천억 개의 별이 있다. 사실 나선은하계에는 1조 개 이상의 별이 있는 것으로 추산된다. 그런데 그런 은하계가 우리의 눈에는 하나의 별로 보인다. 다행히 보이기나 한다면 말이다. 당신은 그저 그중 하나의 별 주위를 맴도는 작은 흙덩어리 위에 서 있는 것이다. 이런 지경에도 당신은 정말 사람들이 당신의 옷차림이나 자동차에 대해 하는 말에 신경이 쓰이는가? 누군가의 이름이 생각나지 않으면 정말 당황스러워해야 할 필요를 느끼는가? 어떻게 이런 덧없는 일들이 당신에게 고통을 주도록 놔둘 수가 있는가? 여기서 나오고 싶다면, 제대로 된 삶을 살고 싶다면 심리적 고통을 회피하는 데에 더 이상 평생을 바치지 않는 편이 좋을 것이다. 사람들이 당신을 좋아하는지, 당신의 자동차가 멋져 보이는지를 걱정하느라고 평생을 보내지 않는 게 좋을 것이다. 그게 무슨 놈의 삶이란 말인가? 그것은 고통의 한평생이다. 당신은 자기가 고통을 그리 자주 느끼는 편은 아니라고 생각할지 모르지만 사실은 그렇지 않다. 고통을 피하면서 평생을 보낸다는 것은 고통이 늘 바로 뒤에 붙어 있음을 뜻한다. 어느 순간에 미끄러져서 실수를 저지를지 모른다. 언제, 어떤 일이 일어날지 모른다. 결국 당신은 고통을 피하는 일로 평생을 보내고 만다.

자신을 들여다보고 이 사실을 제대로 알고 나면 자신이 다시 근본적인 양자택일의 기로로 돌아와 있음을 깨달을 것이다. 그 하나는 내부의 고통을 외면한 채 외부세계에서 계속 발버둥 치는 것이다. 다른 하나는 내부의 고통을 피해 다니느라 평생을 허비하지 않으리라고 결심하고, 그것을 제거하는 것이다. 이렇게 과감히 내면의 과정으로 눈을 돌리는 사람은 거의 없다. 대부분의 사람들은 자신이 고통의 함정 주위를 뱅글뱅글 맴돌고 있다는 사실조차 깨닫지 못하고 있다. 당신은 정말 그 고통을 품고 살면서 그것을 피하려고 밤낮 세상과 씨름하기를 원하는가? 고통에 쫓겨 다니지만 않는다면 삶이 어떻게 바뀔 것 같은가? 당신은 유유자적할 것이다. 그저 재미거리나 즐기면서, 어떤 일이 일어나도 눈 하나 깜짝하지 않고 이 세상 속을 유유히 거닐 수 있을 것이다. 실제로 당신은 흥미진진한 경험으로 가득 찬 삶을 살고, 어떤 경험이든 즐길 수 있을 것이다. 말하자면 당신은 죽을 때까지 그저 당신의 삶을 살면서, 망망한 우주 공간 속을 맴도는 한 행성 위에 존재한다는 것이 어떤 경험인지를 맛볼 것이다.

이 정도의 자유를 누리려면 내면의 고통과 혼란을 겁내지 않기를 배워야 한다. 고통을 겁내는 한 당신은 자신을 그것으로부터 보호하려고 발버둥을 칠 것이다. 두려움이 그렇게 시킬 것이다. 자유롭고자 한다면 내면의 고통을 그저 에너지 흐름의 일시적인 변동으로 간주하라. 이 경험을 두려워할 이유가 없다. 무시당하거나 병이 나면 어떨지, 누가 죽으면 어떨지, 혹은 다른 뭔가가 잘못되면 어떻게 해야 할지 두려워할 필요가 없다. 실제로 일어나지 않고 있는 일을 피하느라 평생을 보낼 수는 없다. 그러면 모든 것이 부정적으로 변질될 것이다. 당신은 결국 일이 얼마나 잘못 꼬일 수 있는지를 목격하게 될 것이다. 얼마나 많은 일들이 내면에 고통과 혼란을 일으켜 놓을 수 있는지 아는가? 아마도 하늘의 별보다도 많을 것이다. 삶을 마음껏 탐사하면서 성장해 가고자 한다면 가슴에 상처를 줄지도 모를 무수한 일들을 피해 다니느라 평생을 허비할 필요가 없다.

자신을 들여다보고, 이제부터 고통은 문제가 아님을 똑바로 인식해야 한다. 그것은 그저 이 우주에 있는 만물 중의 하나일 뿐이다. 누군가가 가슴에 불을 지르는 말을 할 수도 있다. 하지만 그것은 지나간다. 그것은 일시적인 경험이다. 대부분의 사람들은 내면의 혼란 속에서 평화를 지킨다는 것이 어떤 것인지를 상상조차 못한다. 하지만 혼란 속에서 편안해지기를 배우지 않으면 결국 당신은 그것을 피하는 데에 온 삶을 바치게 될 것이다. 불안감을 느낀다면 그것은 그저 하나의 느낌이다. 하나의 느낌 정도는 당신도 소화해낼 수 있다. 당황스러움을 느낀다면 그것도 그저 하나의 느낌이다. 그것은 그저 이 세상의 일부분이다. 시기심에 속이 탄다면 그것을 그저 가벼운 상처를 바라보듯이 떨어져서 바라보라. 그것은 당신을 지나가는 세상 만물 중의 하나다. 그것을 웃어넘겨라. 그것을 즐겨라. 두려워하지 마라. 당신이 그것을 건드리지 않는 한 그것은 당신을 건드리지 않는다.

먼저 인간의 습관적 성향을 살펴봄으로써 이것을 탐사해 보자. 고통을 주는 어떤 것이 몸을 건드리면 우리는 본능적으로 몸을 움츠린다. 불쾌한 냄새나 맛에도 이런 반응을 보인다. 사실은, 마음도 같다. 뭔가 혼란스러운 것이 마음을 건드리면 마음은 자신을 보호하기 위해서 뒤로 물러나서 움츠러든다. 마음은 불안감과 시기와 그 밖에 우리가 거론했던 모든 감정에 대해 이렇게 반응한다. 본질적으로, 우리는 단지 자신의 내부 에너지 주위에 보호막을 치려는 의도로서 가슴을 닫는다'. 우리는 가슴속의 움츠러드는 느낌으로써 그 결과를 느낄 수 있다. 누군가가 불쾌한 말을 하면 당신은 가슴속에 혼란을 느낀다. 그러면 마음이 이렇게 지껄이기 시작한다. '내가 이런 말을 듣고 있어야 할 이유가 없어. 난 그냥 자리를 뜨고 이 사람들과 다시는 말하지 않겠어. 너희들 후회하게 될걸.' 당신의 가슴은 느끼고 있는 것으로부터 뒤로 물러나서 자신을 보호하려고 한다. 그 느낌을 다시 경험할 필요가 없도록 말이다. 자신이 느끼고 있는 고통을 받아들일 힘이 없기 때문에 이렇게 하는 것이다. 고통을 소화해낼 힘이 없으면 당신은 자신을 보호하기 위해 가슴을 닫는 반응을 보인다. 그리고 그렇게 가슴을 닫고 나면 마음은 차단된 에너지의 주위에다 온통 심리적 요새를 쌓는다. 마음은 자신이 옳고 다른 사람들이 그른 이유와 당신이 해야 할 일들을 궁리해낼 것이다.

이것을 받아들이면 그것은 당신의 일부가 된다. 고통은 여러 해가 지나도록 내부에 남아서, 당신의 한 평생을 구성하는 벽돌이 될 것이다. 그것이 앞으로의 반응과 생각과 당신의 기호를 결정할 것이다. 상황이 일으키는 고통에 대해 저항으로써 반응한다면 당신은 마음속의 예민한 곳을 아무것도 건드리지 못하게 하기 위해 자신의 행동과 생각을 거기에 짜 맞추어야 할 것이다. 당신은 결국 그 닫힌 것 주위에다 그것을 보호하기 위한 요새를 쌓아 올릴 것이다. 이런 일이 일어나는 것을 알아차리고, 그것이 가져올 장기적인 결과를 내다볼 수 있을 정도로 의식이 깨어 있다면 당신은 이 함정에서 벗어나고 싶을 것이다. 하지만 고통을 피하지 않고 그 자리에서 기꺼이 놓아 보낼 수 있는 경지에 이르지 않는 한 당신은 결코 자유로워질 수가 없을 것이다. 고통을 피하는 습성을 극복해야만 하는 것이다.

지혜로운 존재들은 고통에 대한 두려움의 노예가 되지 않는다. 그들은 세상을 두려워하지 않고, 그저 있는 그대로 놔둔다. 그들은 온 가슴으로 삶 속으로 뛰어들지 도망 다니는 일에 삶을 허비하지 않는다. 삶이 내면에 혼란을 일으킨다면 물러서지 말고 그것이 바람처럼 당신을 지나가게 하라. 마음을 혼란시키는 일들은 날마다 일어난다. 당신은 어느 순간에라도 불만과 분노와 두려움과 시기와 불안과 당혹감에 빠질 수 있다. 잘 지켜보면 가슴이 그것을 모두 밀쳐내려 애쓰고 있는 것을 발견할 것이다. 자유로워지고 싶다면 이런 인간적 감정들과 싸우기를 그치는 법을 터득해야만 한다.

고통을 느낄 때, 그것을 그저 하나의 에너지로 바라보라. 이 내부의 경험들을 가슴을 지나가는, 의식의 눈앞을 스쳐가는 에너지로 바라보라. 그리고는 이완하라. 움츠러들고 닫는 것과 반대의 일을 하라. 힘을 빼고 놓아주라. 아픈 그곳을 정확히 맞대면하게 될 때까지 가슴을 이완하라. 긴장이 있는 바로 그 자리에 있을 수 있도록 마음을 열고 받아들여라. 긴장과 고통이 있는 바로 그 자리에 기꺼이 있을 수 있어야 하고, 거기서 이완하여 더 깊이 들어가야 한다. 이것은 매우 깊은 성장과 변화의 기회이다. 하지만 당신은 이렇게 하기를 원하지 않을 것이다. 이것을 하려면 엄청난 저항을 느낄 것이다. 그 때문에 그것이 그토록 강력한 것이다. 힘을 빼고 저항을 가만히 느끼고 있는 동안에도 가슴은 도망가서 문을 닫고 자신을 보호하고 방어하려고 할 것이다. 계속 이완하라. 어깨와 가슴의 힘을 빼라. 고통을 놓아 보내어 당신을 지나가도록 공간을 내주어라. 그것은 단지 에너지일 뿐이다. 그것을 그저 에너지로 바라보고 놓아 보내라.

고통의 주위를 차단하여 그것이 지나가지 못하도록 막으면 그것은 당신 속에 머물 것이다. 고통에 저항하는 우리의 무의식적인 습관이 역효과를 내는 이유는 이 때문이다. 고통을 원하지 않는다면 그것을 왜 차단하고 못 지나가게 하는가? 그것에 저항하면 그것이 사라져 버리리라고 생각하는가? 그렇지 않다. 에너지를 풀어주어 지나가게 하면 그 때야 사라질 것이다. 가슴속에서 고통이 올라올 때, 마음을 이완하고 그것을 용기 있게 대면하면 그 때야 그것은 지나간다. 그것에 저항하고 가슴을 닫을 때마다 당신은 내부에 고통을 쌓아 가고 있는 것이다. 그것은 댐을 쌓는 것과도 같다. 그러면 당신은 고통과 고통을 경험하는 당신 사이에 거리를 만들어내기 위해서 마음을 이용하지 않을 수 없게 된다. 그것이 마음속의 온갖 지껄임을 만들어낸다. 쌓아 놓은 고통을 피하기 위한 노력으로써 말이다.

자유로워지기를 원한다면 먼저 가슴속에 고통이 있음을 받아들여

라. 당신이 그것을 거기다 쌓아 놓았다. 그리고 그것을 다시는 경험하지 않도록, 거기에 깊이 묻혀 있게 하기 위해서 할 수 있는 온갖 것을 다 했다. 당신 안에는 또한 엄청난 환희와 아름다움과 사랑과 평화가 있다. 하지만 그것은 고통의 건너편에 있다. 고통의 건너편에는 황홀경이 있다. 자유가 있다. 당신의 진정 훌륭한 면들은 고통의 층들 건너편에 숨겨져 있다. 그 건너편으로 지나가기 위해서는 고통을 기꺼이 받아들여야만 한다. 그저 고통이 거기 있음을 인정하고 그것을 느껴보리라고 마음먹으면 된다. 힘을 빼고 이완하기만 하면 그것은 당신의 의식 앞에서 자신의 시간을 가지다가 지나갈 것이다. 그것이 이치다.

때로는 고통이 지나가는 동안 가슴속이 뜨거워지는 것을 느낄 것이다. 사실 고통의 에너지 속으로 이완해 들어가면 가슴속에서 엄청난 열을 느낄 수도 있다. 그것은 고통이 가슴으로부터 정화되고 있는 것이다. 그 뜨거운 느낌을 즐기도록 하라. 그것은 '요가의 불'이라 불린다. 별로 즐김직해 보이지 않을지도 모르지만 그것은 당신을 해방시켜 주므로 결국은 즐기게 될 것이다. 그 대가를 기꺼이 지불할 각오가 다져지는 순간 당신은 더 이상 두려움이 없을 것이다. 고통을 겁내지 않는 순간, 당신은 삶의 모든 상황을 아무런 두려움 없이 대면할 수 있게 될 것이다.

때로 내면에 강렬한 고통을 주는 진한 경험을 겪을 때가 있을 것이다. 그것이 안에 있으면 언젠가는 올라올 것이다. 당신이 지혜로운 사람이라면 그것을 그대로 내버려 두지, 그것을 피하기 위해 삶을 바꾸려 들지는 않을 것이다. 당신은 그저 힘을 빼고 이완하여 그것이 풀려나서 당신을 태우고 지나가도록 공간을 내주지, 그것이 가슴속에 죽치고 머물러 있기를 원하지 않을 것이다. 크나큰 사랑과 자유를 느끼려면, 자기 안에서 신의 임재를 발견하려면, 쌓여 있는 이 모든 고통이 지나가야 한다. 이 내면의 작업 속에서 영성이 현실로 변한다. 자유의 대가를 의식적으로 기꺼이 지불할 각오가 되는 순간 속에 영적 성장이 있다. 당신은 언제 어떤 상황에서든지, 고통을 직면하여 깨어 있는 의식으로써 가슴을 이완하고 엶으로써 기꺼이 내적 작업에 임할 수 있다.

명심하라, 어떤 것의 주위를 차단하여 가두어 놓으면 남은 일생 동안 당신은 그것에 대해 심리적으로 예민하게 반응할 것이다. 내면에 가두어 놓았으니, 그것이 다시 일어날까봐 두려워할 것이다. 그러나 가두어 두지 않고 이완하면 그것은 당신을 지나갈 것이다. 가슴을 열고 있으면 내면에서 차단된 에너지는 절로 풀려나서 다시는 그것을 볼 수 없게 될 것이다.

이것이 영적 수행의 요체이다. 고통이 자신을 지나가는 것에 편안해지면 당신은 자유를 얻는다. 이 세상이 당신을 결코 괴롭히지 못할 것이다. 왜냐하면 세상이 할 수 있는 가장 못된 짓이 당신 속에 쌓여 있는 고통을 건드리는 것이기 때문이다. 거기에 상관하지 않으면, 자신을 더 이상 두려워하지 않으면 당신은 자유롭다. 그러면 당신은 그 어느 때보다도 더 힘차게, 당당하게 세상을 활보할 수 있을 것이다. 내면에서 진정으로 아름다운 경험들이 일어나기 시작할 것이다. 결국 당신은 이 모든 두려움과 고통 뒤에 사랑의 대양이 있음을 알게 될 것이다. 그 힘이 가슴 깊은 곳에 자양분을 주어 당신을 부양할 것이다. 시간이 갈수록 당신은 이 아름다운 내면의 힘과 아주 친밀한 관계를 쌓아갈 것이다. 그것이 당신이 지금 내적 고통과 혼란과 맺고 있는 관계를 대체할 것이다. 이제 평화와 사랑이 당신의 삶을 이끌어갈 것이다. 고통의 층을 통과하면 당신은 마침내 마음의 구속에서 해방될 것이다.

PART 4

그너머로가기

제12장

벽 허물기

성장 과정의 어떤 지점에 이르면 내면이 고요해지기 시작한다. 자기 속에 깊이 물러앉아 있으면 이런 일이 자연스럽게 일어난다. 그러면 당신은 자신이 언제나 거기에 있었음을 깨닫게 될 것이다. 주의를 끌어당기는 감각과 생각과 감정의 끊임없는 홍수에 완전히 압도되어서 그것을 알아차리지 못했을 뿐이다. 이것을 깨달으면 당신은 실제로 이 모든 혼란을 넘어선 세계로 갈 수도 있을지 모른다는 생각을 떠올리기 시작할 것이다. 지켜보는 의식의 자리에 오래 앉아 있을수록 마음이 의식에 미치고 있는 마법과도 같은 지배력에서 풀려나는 길이 틀림없이 있음을 깨닫게 된다.

완전한 자유를 향한 이 내적 돌파는 흔히 오해되고 남용되고 있는 단어인 '깨달음'이라는 말로써 불려 왔다. 문제는, 깨달음에 대한 우리의 생각들이 개인의 체험이나 한정된 관념적 이해에 근거해 있다는 것이다. 대부분의 사람들이 이 영역의 경험을 해본 적이 없으므로 깨달음의 상태는 한갓 비웃음의 대상이 되거나, 아니면 누구도 접근하기 어려운, 순전히 신비적인 경지로 간주되었다. 대부분의 사람들에게 깨달음에 대해 확실히 아는 유일한 것은 자신은 거기에 있지 않다는 사실이라고 말해도 과언은 아닐 것이다.

하지만 생각과 감정과 감각의 대상은 의식 앞을 그저 지나가는 것일 뿐이라는 사실을 알고 나면 의식이 지각하는 것이 이런 경험에만 국한되어야 하는 것일까, 하는 의문이 자연스럽게 떠오른다. 의식이 개인적인 생각과 감정과 감각의 입력물로부터 주의를 빼내면 어떻게 될까? 한 개인의 인격적 자아의 속박으로부터 풀려나서 그 너머를 탐사해 갈 수 있는 자유를 얻게 될까? 그리고, 애초에 의식은 정확히 어떻게 해서 한 자아의 인격에 매이게 되었을까? 이런 의문을 떠올리는 것조차도 어려운 것은, 그것이 마음의 울타리 너머에 존재하는 것에 관한 논의를 요구하기 때문이다. 이것은 우리가 익숙해 있는 마음의 틀 속에서는 논하기가 매우 까다로운 문제인 것이 틀림없다. 그래서 우리는 비유를 통해서 이 해탈의 경지를 탐사해 볼 것이다. 플라톤이 기원전 360년에 '동굴의 비유'를 써서 대화했듯이, 우리는 매우 특별한 어떤 집을 비유로 들어서 이야기해 볼 것이다.

언제나 태양빛이 넘치는 넓은 들판 가운데에 와 있다고 상상해 보

자. 그곳은 광활하고 햇빛이 눈부신 아름다운 곳이다. 그래서 당신은 그 아름다운 곳에 정착해서 살기로 마음먹는다. 당신은 그 넓은 들판 한가운데에 땅을 사고, 직접 설계를 해서 꿈의 집을 짓기 시작한다. 당신은 그 집이 튼튼하고 오래 가기를 원하므로 기초를 아주 단단히 다진다. 집이 썩거나 허물어지지 않도록 콘크리트 블록으로 집을 짓는다. 집안을 시원하게 하기 위해서 창문을 적게 내고 처마를 길게 낸다. 창문을 달고 집이 완공된 후에, 당신은 아직도 열기가 집안으로 많이 들어오는 것을 발견한다. 그래서 당신은 햇빛을 외부로 반사할 뿐만 아니라 안전을 위해 닫아걸 수 있는 고급 셔터를 설치한다. 집은 아주 널찍해서 생활에 필요한 모든 것을 충분히 저장해 놓을 수 있는 공간이 있다. 당신이 홀로 지낼 수 있도록 말없이 집을 청소하고 관리해 주는 관리인이 살 방도 따로 마련한다. 당신은 고독한 낭만을 즐겨서 전화나 라디오, 텔레비전, 인터넷 등을 모두 치워 놓기로 한다.

집이 드디어 완공되고, 당신은 거기서 살게 된 것에 매우 들떠 있다. 당신은 넓은 들판과 밝은 태양빛과 아름다운 자연을 사랑한다. 하지만 그중에서도 집에 홀딱 반한다. 집안 구석구석의 설계에 당신의 가슴과 영혼이 담겨 있다. 집은 당신을 반영하고, 집이 곧 당신이다. 실제로 시간이 지날수록 집에 대한 애착이 커지는 반면에 바깥의 낯선 광경과 소리가 점점 불편해지자 당신은 집 안에서 점점 더 많은 시간을 보내기 시작한다. 그러다가 문과 셔터를 완전히 닫아거니까 그것이 마치 요새에 들어앉은 것 같은 기분이 들게 한다는 것을 알게 된다. 그것은 괜찮은 느낌이다. 당신은 도회지 출신이므로 완전히 외딴 곳에 홀로 떨어져 산다는 것이 사실 매우 겁이 난다. 하지만 당신은 혼자서 살아가기로 결심한 사람이다.

그래서 당신은 안전하게 집안에 머물면서 살아가는 데에 점차 익숙해진다. 오랫동안의 숙원이었던 책 읽기와 글쓰기에 몰두한다. 집안은 바깥 기후에 영향 받지 않고, 현대적인 인공자연광 조명 시설이 갖추어져 있으므로 집안 생활은 매우 쾌적하다. 집안이 너무나 편안하고 쾌적하고 안전해서 바깥세상을 완전히 잊고 살게 만든다. 사실 집안은 친숙하고 당신의 통제 하에 있어서 모든 것이 예측 가능하다. 그러나 바깥은 미지이고 예측할 수 없고 당신의 통제를 완전히 벗어나 있다. 셔터와 블라인드는 감쪽같이 닫혀서 마치 벽에 걸린 그림처럼 아늑한 느낌을 주었으므로 당신은 밖으로 나가서 그것을 열 생각을 아예 하지도 않게끔 되어 버린다. 그것들은 매우 정교하게 설계되어 있어서 잘 닫고 불을 끄면 완전한 암흑 세상이 된다. 하지만 당신은 불을 절대로 끄지 않는 습관이 있어서 전구가 수명이 다 되기 시작할 때까지 그 사실을 모르고 있다가 그제야 자신이 처한 곤경을 알아차린다. 교체할 여분의 전구가 없고, 마지막 남은 전구가 수명을 다하면 당신은 완전한 암흑 속에 놓일 상황인 것이다.

그때부터는 유일한 광원이란 비상용 양초 몇 자루뿐이다. 하지만 양초는 정말 몇 자루 되지 않으므로 당신은 그것을 예비용으로 잘 간수해 놓는다. 빛을 좋아하는 당신에게 이것은 매우 힘든 상황이다. 하지만 아직도 그것이 안전한 집을 떠나는 두려움을 무릅쓰게 할 만큼은 아니다. 그리하여 마침내 어둠 속에서 살아야 하는 스트레스가 당신의 정신적, 육체적 건강을 해칠 지경이 된다. 시간이 감에 따라 아름다운 태양빛이 비치는 들판에 대한 기억조차 마음에서 희미하게 사라져 버리고 다시는 돌아오지 않는다.

당신은 집안에 빛을 비출 궁리에 골몰한다. 당신이 알고 있는 유일한 광원은 귀한 양초로 만들어내는 희미한 빛뿐이다. 집안은 정말 적막하다. 당신은 모든 것으로부터 차단되고, 유일한 위안은 집이 주는 안전감뿐이다. 이제는 자신이 정확히 무엇을 두려워하는지조차 더 이상 알지 못한다. 자신이 늘 불안해하고 두려워한다는 사실만을 알고 있을 뿐이다. 그것만이 자신을 간신히 추스르기 위해 당신이 할 수 있는 것의 전부이다. 빛이 없어서 책 읽기와 글쓰기도 중단했다. 그곳은 어둡고, 당신도 그 어둠 속으로 떨어지고 있다.

그러던 어느 날, 당신의 곤경을 잘 아는 관리인이 당신을 창고로 부른다. 당신은 거기서 본 것에 놀란다. 그저 흔들기만 하면 불이 들어오는 비상전등이 가득 쌓여 있는 것이다. 관리인은 벌써 그중 하나를 흔들어서 창고 안을 환히 밝히고 있다. 이것은 당신의 삶을 완전히 바꿔 놓는다.

당신은 관리인과 함께 집안에 빛과 아름다움과 행복을 일궈내는 일에 착수한다. 방마다 장식을 달고 잠들 때까지 빛이 환하게 비치도록 한다. 책읽기와 글쓰기를 다시 시작했는데, 관리인은 당신이 쓴 글을 좋아한다. 사실 집안을 환하게 하는 것은 인공광원만이 아니다. 사랑의 모닥불이 두 사람의 가슴속에서 빛을 내기 시작한 것이다. 각자 따로가 아니라 함께 만들어낼 수 있는 빛이 얼마나 새로울지를 상상해 보라. 두 사람은 모든 시간을 함께 보내기 시작하고 둘만의 결혼식을 올리기까지 한다. 서로를 돌보고 집안에 사랑과 빛을 가져오기로 맹세하니, 그것은 매우 아름답다. 지금까지 살아왔던 어둠에 비하면 그것은 천국이다.

어느 날 당신은 서재에서 어떤 책을 발견하는데, 거기에는 '바깥세상'에 존재하는 빛에 대한 이야기가 있다. 거기에는 일광욕에 관한 이야기도 있다. 그런데 그것은 누가 만들어내야 하는 것이 아님에도 불구하고 상상할 수 없이 엄청난 빛이라는 것이다. 그것은 당신을 혼란스럽게 한다. 당신이 아는 유일한 빛이란 양초와 비상전등에서 나오는 인공의 빛뿐이다. 그렇게 많은 빛을 어떻게 하염없이 만들어낼 수가 있단 말인가? 당신은 이 책이 무슨 이야기를 하고 있는 건지 이해할 수가 없다. 당신은 집안에 살고 있으니 당연히 어둠 속에서 살고 있다. 당신이 경험할 수 있는 빛은 기껏해야 당신이 집안에서 만들어낼 수 있는 빛이 전부이다. 거기서 하도 오랫동안 살아서 당신의 모든 희망과 꿈과 사상과 믿음은 그 어두운 집 안의 생활에 근거해 있다. 집이라는 울타리 안에서 *스스로* 구축해 놓은 삶을 유지하는 것만이 당신의 온 우주이다.

그 신비로운 책을 계속 읽자니 자연의 빛 속을 걷는 것이 어떤 것인지에 관한 이야기도 있다. 그것은 스스로 빛나는, 없는 곳 없이 동시에 모든 곳을 비추는 빛을 묘사하는 것 같다. 그것은 모든 사람에게 동등하게, 끊임없이 비추는 빛이다. 이것을 이해할 만한 기준이 없기는 해도 그것은 당신의 깊은 속의 무언가를 건드린다. 그 다음에 그 책은 실제로 밖으로 나가는 일에 대해 이야기한다. 자신을 위해 만들어 놓은 세상의 벽 너머로 가는 것 말이다. 사실 그 책은 당신이 어둠을 피해 쌓아 올린 세계에 집착해서 빠져 있는 동안은 집이라는 경계 너머에 있는 풍부한 자연의 빛을 결코 알 수 없으리라고 말한다. 안에다 구축해 놓은 것에 그토록 매달려 있는 한 어떻게 밖으로 나가 볼 생각이나 하겠는가?

이 비유는 우리가 처해 있는 문제에 완벽하게 적용된다. 우리의 의식, 우리 존재의 인식은 우리 내면 깊숙한 곳, 인공으로 완벽히 차단된 곳에 살고 있다. 그곳은 사면이 벽과 바닥과 천정으로 막혀 있다. 그곳은 단단히 막혀 있어서 자연의 빛이 전혀 들어오지 않는다. 유일한 빛은 우리가 스스로 만들어내는 빛이다. 스스로 좋은 상황을 만들어내지 않으면 어둠이 지배한다. 그래서 우리는 그 공간을 장식하느라 날마다 바쁘다. 거기에 뭔가를 가져다 놓으려고 애쓰는 것이다. 스스로 짓고 스스로 빛을 차단한 그 집에서 최소한 작은 불빛이라도 만들어 내려고 말이다.

그 광경은 이렇다. 당신은 자연의 빛으로부터 완전히 차단된 채 집 안에 있다. 그리고 그 집은 환한 빛이 내리쬐는 넓은 들판 한가운데에 있다. 그런데 당신의 집은 무엇으로 지어져 있을까? 벽은 무엇으로 되어 있을까? 그것이 어떻게 모든 빛을 차단하고 당신을 가둘까? 당신의 집은 생각과 감정으로 되어 있다. 벽은 당신의 마음이다. 그것이 집의 정체다. 그것은 당신의 모든 과거 경험이고 모든 생각과 감정이며 당신이 끌어다 모아 놓은 모든 관념과 관점과 견해와 믿음과 희망과 꿈이다. 당신은 그것을 위아래, 사방에 쌓아 놓는다. 당신은 마음속에 특별한 종류의 생각과 감정을 끌어모으고 그것을 한데 엮어서 관념의 세계를 구축하고, 그 속에서 산다. 이 마음의 구조물은 벽 저편 자연의 빛으로부터 당신을 완벽하게 차단한다. 생각의 벽은 너무나 두텁고 완벽하게 에워싸서 그 안에는 오로지 암흑밖에 없다. 당신은 자신의 생각과 감정에 온통 사로잡혀서 그것이 만들어내는 경계 너머로는 가보지를 못한다.

그 벽이 얼마나 당신을 구속하는지를 알고 싶다면 그것을 향해 걸어가 보라. 당신에게 고소공포증이 있다고 하자. 당신은 어릴 때 사다리에서 떨어진 적이 있다. 그래서 그 경험의 인상이 당신에게 각인되어 있다. 그것이 당신의 벽 중의 하나이다. 그것이 과연 벽인지 의심스럽다면 그것을 통과할 수 있는지를 보라. 이 오래 묵은 두려움을 일궈 놓는 어떤 일이 일어났다고 하자. 그리고 당신은 그것을 향해 곧장 걸어가기로 했다. 거기에 가까이 다가갈수록 당신은 뒤에서 당기는 힘을 느낀다. 과거로부터 끌어모아 놓은 것들이 당신이 본능적으로 피하게 만드는 어떤 한계를 만들어 놓는다. 그것은 자연스러운 것이다. 그것이 벽의 역할이다. 우리는 벽으로 달려가 부딪히기를 피한다. 하지만 당신이 그리로 달려가기를 피하기 때문에 벽이 당신을 가두어 놓을 수 있는 것이다. 그것이 당신 의식의 한계이기 때문에 그것이 당신의 감옥이 된다. 거기에 다가가기를 꺼려 하기 때문에 그 너머를 볼 수가 없는 것이다.

생각과 감정이 가로막고 있는 차단지역에 다가가면 마치 심연으로 빠져드는 듯한 느낌이 든다. 그래서 당신은 그 근처에 다가가기를 싫어한다. 하지만 당신은 갈 수 있고, 해방을 원한다면 실제로 갈 것이다. 당신은 정말 거기에 있는 것은 어둠이 아님을 마침내 깨달을 것이다. 정말 거기에 있는 것은 무한한 빛을 차단하고 있는 벽이다. 당신이 빛을 찾고 있다면 이것은 매우 중요한 차이이다. 벽이 있는데 그 벽이 끝없는 어둠으로부터 당신을 보호하고 있다면 당신은 그리로 갈 일이 없을 것이다. 하지만 빛을 차단하고 있는 벽이 있다면 당신은 그것을 제거하기 위해 그리로 가고자 할 것이다. 무한한 빛에 도달하려면 가장 어두운 밤을 지나야만 한다는 말이 있다. 이것은 우리가 어둠이라고 부르는 것이 사실은 빛의 막힘이기 때문이다. 당신은 이 벽을 넘어가야만 한다.

벽을 넘어가는 것은 사실 그렇게 어렵지 않다. 삶의 자연스러운 흐름이 날마다 무수히 부딪혀 와서 우리의 벽을 무너뜨리려 한다. 하지만 당신은 그때마다 그것을 막아낸다. 당신이 자신을 방어하려고 애쓸 때, 그것이 사실은 그 벽을 지키는 일임을 알아야만 한다. 거기에는 그것밖에 지킬 것이 아무것도 없다. 거기에는 당신이 살려고 지어 놓은 작은 집과 당신 존재의 인식밖에 없다. 당신이 지키고 있는 것은 당신이 자신을 보호하려고 지은 집이다. 당신은 그 안에 숨어 있다. 뭔가가 마음의 벽에 부딪쳐 오면 당신은 매우 방어적인 태도가 된다. 당신은 하나의 자아 관념을 구축하고 그 속에 들어와 산다. 그리고 이제 모든 수단을 다 동원해 그 집을 지킨다. 하지만 당신이 하는 생각의 벽이 아니면 그 무엇으로 그 내면의 집을 만들겠는가? 당신이 '나는 여자이고 마흔 다섯 살이고 조와 결혼했고 아무아무 학교를 졸업했다.'고 말할 때, 그것은 생각이다. 당신이 붙들고 있는 생각의 형태 말고 실제 상황은 거기에 존재하지 않는다. '하지만 나는 치어리더였고 상급반 대표였단 말이야.' 그것은 삼십 년 전의 일이다. 그 상황은 더 이상 존재하지 않는다. 하지만 그것이 당신 마음속에 존재하면서 당신이 사는 집의 벽을 이룬다.

누군가가 당신의 자아 관념에 시비를 걸어서 작은 구멍을 내놓으면 어떻게 될까? 당신의 마음의 집이 서 있는 기초를 이루는 근본적인 생각 하나를 누군가가 흔들어 놓는다면 어떻게 될까? 당신이 스무 살이었을 때 누군가가 이렇게 말했다고 하자. '이봐, 저 사람들은 네 부모님이 아니야. 넌 입양된 거야. 그들이 말해 주지 않든?' 당신은 두 눈으로 증거서류를 볼 때까지 그것을 완강히 부인할 것이다. 그것은 당신의 내적 존재를 송두리째 흔들어 놓을 것이다. 단 하나의 생각이 흔들리면 집 전체가 와르르 무너지기 시작한다. 뭔가가 당신이 생각해 왔던 것과 다르다는 단순한 이유로 엄청난 두려움과 혼란이 내면에 일어날 수 있다. 그것은 당신이 살고 있는 생각의 집을 흔들고, 그것이 당신의 존재를 속속들이 혼란에 빠뜨린다. 이것을 수리하기 위해 당신은 합리화를 시작한다. '그들이 정말 좋은 분들이란 걸 나도 알고 있었어. 그들은 정말 내 부모님과도 같았어. 그들이 나 같은 아이를 입양해서 정말 친자식처럼 키워 준 것을 상상해 봐. 정말이지, 그들은 내가 생각했던 것보다 더 특별한 분들이었어.' 당신은 구멍을 아주 잘 때웠다. 이것이 우리가 벽을 관리하는 방법이다. 우리는 벽이 항상 튼튼하도록 보수한다. 그 벽을 흔드는 것은 어떤 것도 용납하지 않는다.

금이 가는 벽을 생각으로써 때운 것을 보라. 당신은 생각으로 만들어진 것을 생각으로써 때웠다. 그것이 우리가 하는 일이다. 햇볕이 내리쬐는 들판 한가운데에 있는 어두운 집 안에 자신을 가둬 놓고는 빛을 만들어내려고 애쓰는 사람들과 마찬가지로, 우리는 마음의 벽 속에다 어둠보다 나은 세계를 구축하려고 무진 애를 쓰고 있다. 우리는 지나간 경험의 기억과 미래의 꿈으로 그 벽을 장식한다. 달리 말해서, 우리는 생각으로써 그 벽을 장식한다. 하지만 그 집에 사는 사람들이 스스로 만든 인조세계로부터 아름다운 자연의 빛 속으로 걸어 나올 수도 있었던 것과 마찬가지로, 당신도 생각의 집으로부터 한계 없는 공간 속으로 걸어 나올 수 있다. 당신의 의식은 당신이 살고 있는 그 작은 공간을 뒤로하고 확장해 나가 무한한 공간을 품어 안을 수 있다. 그러면 자신이 지었던 작은 집을 돌아보면서, 자신이 도대체 왜 그 속에서 살고 있었던가를 의아해 하게 될 것이다.

이것이 해방의 여정이다. 진정한 자유는 지척에 있다. 당신의 벽 바로 너머에 있는 것이다. 깨달음은 매우 특별한 것이다. 하지만 사실 거기에는 신경을 쓸 필요가 없다. 그 대신 빛을 가로막고 있는, 당신이 만들어 놓은 벽에 주목하라. 깨달음을 얻겠다고 발버둥을 치면서 깨달음의 빛을 가리는 벽을 쌓아 올리는 것은 또 무슨 짓이란 말인가? 그저 나날의 삶이 당신이 붙들고 있는 벽을 허물어 주도록 내버려 두면 된다. 당신의 요새를 보수하고 지키는 일에 팔을 걷고 나서지만 마라.

무수한 별빛의 대양 한가운데 서 있는 생각의 집을 상상해 보라. 그 집의 어둠 속에 갇혀 있는 당신의 의식이 한정된 경험의 인조광을 벗어나고자 날마다 몸부림치는 모습을 상상해 보라. 이제 그 벽이 허물어지고, 의식이 스르르 놓여나서 언제나 있어 왔던 그 빛 속으로 퍼져가는 모습을 상상하라. 이제 그 경험에 이름을 붙여라. '깨달음'이라고.

제13장

심리적 한계 넘기

궁극적으로는 '너머'라는 말 속에 영성의 진정한 의미가 담겨 있다. 너머로 간다는 말은 가장 기본적으로는 자신이 있는 곳을 지나서 간다는 뜻이다. 현재의 상태에 머물러 있지 않음을 뜻한다. 끊임없이 자신을 넘어서 가면 더 이상 한계가 없어진다. 더 이상 경계가 없다. 경계와 한계는 넘어가기를 멈추는 자리에만 존재한다. 결코 멈추지 않으면 당신은 경계와 한계를 넘어가고 한정된 자아의 느낌을 넘어간다.

너머는 모든 방향으로 무한히 펼쳐 있다. 레이저 빔을 어느 방향으로든 비추면 그것은 무한히 뻗어갈 것이다. 그것이 통과할 수 없는 인공적인 경계를 만들어 놓지 않는 한 그것은 무한히 뻗어간다. 경계는 무한한 공간 속에다 유한성을 만들어낸다. 사물은 당신의 지각이 정신적 경계에 부딪히기 때문에 유한해 보인다. 사실은 모든 것이 다 무한하다. 영원히 이어지는 그것을 가지고 여기서부터 1마일의 거리를 논하는 것은 당신이다. 여기서부터 1마일이란 무엇인가? 그것은 무한의 한 조각일 뿐이다. 한계는 존재하지 않는다. 무한한 우주가 있을 뿐이다.

저 너머로 가려면 스스로 사물에 갖다 붙이는 한계를 자꾸자꾸 넘어가야만 한다. 이것은 당신 존재의 근본적 변화를 요구한다. 바로 지금도 당신은 분석하는 마음으로써 세상을 생각이라는 대상으로 낱낱이 쪼개고 있다. 그리고는 같은 마음으로써 이 낱낱의 생각들을 어떤 정해진 관계 속에다 집어넣는다. 당신은 뭔가가 통제되는 듯한 느낌을 느껴 보려고 이런 짓을 한다. 이것은 미지를 기지로 바꿔 놓으려는 당신의 끊임없는 노력 속에 가장 분명히 드러난다. '내일은 감히 비가 안 오겠지. 내가 노는 날이니까. 그리고 제니퍼는 나가기를 좋아하니까 분명히 나하고 자전거를 타고 싶어 할 거야. 사실 내가 하루 더 쉬고 싶다고 하면 톰이 내 대신 기꺼이 일을 처리해 줄 거야. 나도 한 번 자기 대신 해줬으니까.' 당신은 마음속에서 만사를 다 정해 놨다. 당신은 심지어 미래에 일이 어떻게 돌아갈지도 다 안다. 당신의 관점, 당신의 견해, 당신의 기호, 당신의 관념, 당신의 목표, 당신의 믿음이 모두 무한한 우주를 유한한 것으로 만들어 당신의 손아귀 속에 들어온 느낌이 들도록 만들기 위한 수단이다. 분석적인 마음은 무한을 다룰 능력이 없으므로 유한한 생각으로써 대체 현실을 만들어 놓고 그것을 마음속에서 주무른다. 온전한 것을 산산조각 내어 놓고는 그중 몇 조각을 골라 마음속에서 특정한 방식으로 끼워 맞추는 것이다. 이 마음속의 틀이 당신의 현실이 되어 있다. 이제 당신은 세상이 이 틀에 맞아떨어지도록 밤낮으로 애써야 하고, 거기에 맞지 않는 것에는 모두 틀린 것, 나쁜 것, 아니면 부적당한 것이라고 딱지를 붙인다.

사물에 대한 당신의 관점을 도발하는 어떤 일이 일어나면 당신은 나서서 싸우고 방어하고 합리화한다. 아주 사소한 일에 화를 내고 불만을 터뜨린다. 이것은 실제로 일어나는 일을 당신의 현실 모델에다 끼워 맞추지 못한 결과이다. 당신의 틀을 넘어가려면 그것을 불신하는 모험을 감수해야 한다. 마음의 틀이 당신을 괴롭힌다면 그것은 그 틀이 현실을 수용하지 않기 때문이다. 당신은 현실에 저항할 것인지, 자신의 틀의 한계를 넘어갈 것인지를 선택해야 한다.

자신의 틀을 진정으로 넘어가려면 먼저 당신이 그것을 애당초 왜 만들었는지를 이해해야만 한다. 가장 쉬운 방법은, 그 틀이 제대로 먹혀들지 않을 때 어떤 일이 일어나는지를 잘 살펴보는 것이다. 당신은 혹시 다른 사람의 행동이나 변하지 않는 관계에 기초를 둔 삶의 모델 위에다 당신의 온 우주를 건설해 놓았는가? 그렇다면 당신의 발밑에서 그 기초가 무너지는 것을 경험해 본 적이 있는가? 누군가가 당신을 떠나거나, 죽거나, 어떤 일이 잘못되거나, 뭔가가 당신의 틀을 뿌리째 흔들어 놓는다. 이런 일이 생기면 주변의 모든 사람과 모든 사물과의 관계를 포함해서, 당신이 누구인지에 대한 당신의 신념이 송두리째 무너지기 시작한다. 당신은 공포에 휩싸여서 그것을 붙들어 둘 수 있는 모든 짓을 다 해본다. 당신의 세계가 무너지는 것을 막기 위해 빌고, 싸우고, 몸부림친다.

대부분의 사람들이 겪듯이 이런 일을 겪고 나면 당신이 만들어 놓은 틀은 아무리 좋게 말해 봤자 보잘것없고 빈약한 것임을 깨닫는다. 한꺼번에 틀 전체가 와르르 무너질 수 있다. 그리고 그것을 이루고 있는 자아상과 세계상이 온통 한꺼번에 무너지기 시작한다. 이런 일이 일어날 때의 경험이야말로 당신 삶의 가르침 중에서도 가장 중요한 경험 중 하나이다. 이때는 당신으로 하여금 그 틀을 만들게끔 했던 것들을 하나하나 대면하게 된다. 당신이 겪는 불편과 혼란은 끔찍한 수준이다. 당신은 정상 비슷한 것이라도 되찾으려고 몸부림친다. 하지만 실제로 당신이 하는 짓은 익숙한 마음의 무대장치 속에서 안정을 찾으려고 그 마음의 틀을 붙들어 다시금 주위에 둘러치려고 애쓰는 것뿐이다.

하지만 자신이 하는 짓을 살펴보기 위해 우리의 온 우주가 무너져야 할 것까지는 없다. 우리는 그 틀을 온전히 유지하려고 부단히 애를 쓴다. 그 짓을 왜 하는지를 정말 알고 싶다면 그 짓을 하지 않을 때 어떤 일이 일어나는지를 보면 된다. 당신이 흡연자라고 하자. 담배를 끊기로 마음먹으면 당장 담배를 피우게 만드는 충동에 직면한다. 이 충동이 담배를 피우는 이유다. 그것은 원인의 가장 바깥층이다. 이 충동이 지나가도록 지켜볼 수 있다면 무엇이 그것을 일으키는지를 발견하게 될 것이다. 발견된 그것과 함께 편안히 있을 수 있으면 그 원인의 다음 층을 직면하고, 다음 층, 그 다음 층을 만날 것이다. 마찬가지로 과식하는 데도 이유가 있다. 옷을 입는 방식에도 이유가 있다. 당신이 하는 모든 일에 이유가 있다. 당신이 옷차림과 머리모양에 왜 그렇게 관심을 쏟는지를 알고 싶다면 하루만 그것을 하지 말아 보라. 아침에 일어나서 머리가 엉망인 채로 아무 데나 가보라. 그러면 내면의 에너지가 어떻게 되는지를 알게 될 것이다. 당신을 편안하게 만들어 주는 일을 하지 않을 때 어떤 일이 일어나는지를 보라. 당신이 왜 그 일을 하는지를 알게 될 것이다.

당신은 '안전지대'에 머물기 위해 부단히 애를 쓴다. 사람과 장소와 사물이 당신의 틀에 맞아떨어지게끔 하려고 무진 애를 쓴다. 그것이 어긋나기 시작하면 당신은 불편해진다. 그러면 마음이 부산을 떨며 나서서 어떻게 하면 일이 당신이 원하는 대로 돌아갈지를 말해 준다. 누군가가 당신의 기대를 벗어나는 짓을 하면 마음이 지껄이기 시작한다. '이걸 어떻게 해야 되지? 저건 그냥 넘겨선 안 되는데. 내가 직접 말하든가, 아니면 다른 사람을 시켜서 이야기하게 해야 돼.' 마음은 그것을 고치라고 한다. 하지만 당신이 결국 무엇을 하는지는 사실 중요하지 않다. 단지 당신의 '안전지대'로 돌아가기만 하면 되는 것이다. 이 구역은 유한하다. 거기에 머물려는 모든 시도들이 당신을 유한하게 만든다. 너머로 간다는 것은, 무엇을 당신의 한정된 울타리 안에다 가두려는 노력을 놓아 보내는 것을 뜻한다.

그러니 사는 데는 두 가지 길이 있다. 안전한 지대에 머물기 위해 삶을 바칠 수도 있고 자유를 위해 노력할 수도 있다. 바꿔 말하면, 평생을 당신의 한정된 틀 속에다 매사를 끼워 맞추는 일에다 바칠 수도 있고 그 틀로부터 자신을 해방시키는 데에 바칠 수도 있다.

이것을 좀 더 들여다보기 위해 동물원 구경을 가보자. 정말 흥미롭게 구경하다가 작은 우리에 갇혀 있는 호랑이 앞에 오게 됐다고 하자. 당신은 저런 비좁은 공간에 갇힌 채 평생을 보낸다는 게 얼마나 비참한 일인지를 저절로 생각해 보게 된다. 그것은 생각만 해도 끔찍하다. 하지만 사실은 당신이 만든 안전지대의 울타리도 바로 호랑이 우리와 같다. 이 마음의 철창은 몸을 구속하지는 않지만 의식의 영역을 한정한다. 안전지대 밖으로 나갈 수가 없으므로 당신은 사실 이 울타리 속에 갇혀 있는 것이다.

이것을 잘 살펴보면 당신은 두렵기 때문에 오히려 이 철창 속에 머물고 싶어 한다는 사실을 깨닫게 될 것이다. 안전지대는 당신에게 너무나 익숙하고 편안하다. 그 너머에는 미지가 있다. 아주 지독한 편집증 환자를 상상해 보라. 그는 겁에 질려 있다. 그는 누군가가 한시도 쉬지 않고 자신을 해코지하려 한다고 생각한다. 그에게 호랑이 우리에 들어가라고 한다면 그는 그것을 기꺼이 받아들일 것이다. 그는 그 상황을 철창에 갇힌다고 생각하지 않는다. 그것은 자신을 다치지 않게 막아 주는 보호장치인 것이다. 당신에게는 감옥처럼 보이는 것이 그에게는 안전장치로 보인다. 안전요원이 당신의 집에 와서 문을 모조리 못질하고 창문마다 창살을 막아 놓는다면 어떻겠는가? 그때 당신이 안에 있었다면 겁에 질려서 밖으로 뛰쳐나갈 텐가, 아니면 안전하게 보호해 줘서 고맙다고 할 텐가?

대부분의 사람들은 마음을 한정하는 문제에서는 두 번째 반응을 보인다. 그들은 그 안에 머물면서 안전함을 느끼고 싶어 한다. 그들은 이렇게 말하지 않는다. '여기서 내보내 줘! 나는 매사가 틀에 박힌 대로만 돌아가는 이 작은 세상에 갇혀 있어. 다른 사람들이 무엇을 하는지, 내가 그들에게 어떻게 보이는지, 내가 무슨 말을 했는지를 걱정하면서 살아야만 하다니 젠장, 난 나갈 거야.' 하고 나가려고 하기는커녕 그들은 철창을 더욱 튼튼하게 만들려고 애쓴다. 뭔가 불편이 느껴지면 그들은 자신을 보호하여 다시 안전한 느낌을 느낄 수 있도록 온갖 짓을 다 한다. 그런 짓을 한 기억이 있다면 당신은 철창을 사랑하는 것이다. 마음의 철창이 느슨해져서 덜거덕거리면 당신은 지내기에 편안하도록 그것을 단단히 조여서 견고하게 만든다.

영적으로 깨어날 때, 당신은 자신이 철창 속에 있었음을 깨닫는다.

당신은 깨어나서 자신이 그 안에서 운신조차 못 하고 있었음을 깨닫는다. 당신은 안전지대의 울타리에 끊임없이 부딪힌다. 자기가 속으로 생각하고 있는 것을 사람들에게 말하기를 두려워하고 있었음을 알아차린다. 자의식 때문에 자신을 자유롭게 표현하지 못하고 있었음을 알아차린다. 안전을 위해서 그 모든 것을 깔고 앉아 있어야 했음을 알아차린다.

왜일까? 이유는 정말 없다. 당신이 스스로 자신에게 이 한계를 들씌웠다. 그 안에 머물러 있지 않으면 겁이 나고 위협을 느끼고 상처를 입는다. 그것이 당신의 철창이다. 호랑이는 쇠창살에 부딪힐 때 철창의 존재를 안다. 당신은 마음이 저항을 시작할 때 당신의 철창의 존재를 안다. 안전지대의 창살에 부딪히는 순간 그것은 그 존재를 확실히 알려 준다.

하나의 보기를 들어 이 경계를 살펴보자. 옛날에는 뒷마당에 개를 기르려면 울타리를 쳐야만 했다. 요즘은 모든 것이 전자식이 되어서 울타리를 칠 필요가 없다. 땅에다 전선을 묻어 놓고 개에게 목걸이를 씌우면 된다. 개는, '야, 난 자유야! 전에는 울타리 안에서 살았는데 이건 참 멋지군!' 한다. 당연히 개는 가서는 안 될 곳을 향해 달려간다. 그러면 지직! 하고, 개는 깜짝 놀라 물러나면서 짖는다. 어떻게 된 것일까? 보이지 않는 울타리가 있었다. 개가 거기에 다가가면 약간의 충격을 준다. 그것은 아프고 매우 불편한 느낌이어서 이제 개는 그 경계에 다가가면 두려움을 느낀다. 알겠는가? 철창은 꼭 철창처럼 생겨야만 하는 게 아니다. 불편에 대한 두려움으로도 철창을 만들 수 있다. 그 경계에 다가가면 불편하고 불안한 느낌을 받기 시작하는 것이다. 그 안에 머무는 한 저 밖에 무엇이 있는지는 알 수가 없다. 이 철창의 경계가 당신의 세계를 유한하고 덧없는 것으로 만들어 놓는다. 당신 철창의 경계 바로 그 너머에는 무한과 영원이 있다.

너머로 간다는 것은 철창의 경계를 넘어가는 것을 뜻한다. 영혼은 무한하다. 영혼은 모든 곳을 자유로이 확장해 갈 수 있다. 영혼은 삶의 모든 것을 자유로이 경험할 수 있다. 하지만 이것은 당신이 정신적 경계 없이 현실을 기꺼이 직면할 때만 일어날 수 있는 일이다. 당신이 장애물을 가지고 있고 날마다 거기에 부딪히면서 그것의 존재를 인식하고 있다면, 그것을 넘어가고자 하는 의지가 있어야만 한다. 그렇지 않다면 철창 안에 머물러야 한다. 명심하라. 아름다운 추억과 희망찬 꿈으로 철창을 장식하는 것은 그 너머로 가는 것과 같지 않다. 철창은 어떤 이름으로 불리든 철창이다. 당신이 그 너머로 갈 뜻을 가져야만 한다.

당신은 날마다 온종일 자신의 철창 창살에 부딪힌다. 창살에 부딪힐 때 당신은 물러서거나, 아니면 편안해지기 위해서 뭔가를 바꿔 놓으려고 애쓴다. 사실 당신은 철창 속에 머물러 있기 위해 영리한 마음을 이용한다. 당신은 안전지대 안에 머물 방법을 밤낮으로 궁리한다.

어떤 때는 철창 속에 머물려면 무엇이 필요한지를 너무 골똘히 궁리하느라 잠도 못 잔다. '어떻게 하면 그녀가 나를 절대로 떠나지 못하게 할 수 있을까? 어떻게 하면 그녀가 다른 사람에게 절대로 관심을 못 가지게 할 수 있을까?' 당신은 창살에 부딪히지 않는 방법을 쉴 새 없이 궁리한다.

개의 예로 돌아가 보자. 그 개는 늘 자유롭게 돌아다니던 개였으므로 마당 밖으로 나가기를 포기한 그 날은 슬픈 날이다. 그 작은 공간 너머로 가기를 포기한 유일한 이유는 그 경계가 두렵기 때문이다. 하지만 그것이 탈출을 각오한 아주 용감한 개라면 어떻겠는가? 개가 아직 포기하지 않았다고 상상해 보라. 그놈은 목에 전류가 흐르기 시작하는 그 자리에 앉아서 물러서지 않고 있다. 그놈은 전류의 힘에 익숙해지기 위해 계속 앞으로 조금씩 나아가고 있다. 그렇게 계속하면 그놈은 결국 밖으로 나갈 것이다. 그러지 못할 이유는 없다. 그것은 가상적인 울타리이므로 불편을 감수하는 법을 터득하기만 한다면 통과할 수 있다. 단지 불편을 기꺼이 참아낼 각오만 있으면 된다. 목걸이는 개를 다치게 하지 않는다. 단지 불편하게 할 뿐이다. 안전지대 너머로 가려고만 한다면 마음대로 갈 수 있다.

당신의 철창도 바로 이와 같다. 그 가장자리로 다가가면 불안과 시기와 두려움과 자의식을 느낀다. 당신은 거기서 물러나고, 보통 사람이라면 더 이상 가지 않는다. 당신이 결코 그것을 포기하지 않기로 마음먹을 때부터 영성이 생겨난다. 영성은 어떤 대가를 치러서라도 그 너머로 가고자 하는 결심이다. 날마다 매 순간마다 넘어가는, 끝없는 여행이다. 진정으로 넘어가고 있다면 당신은 언제나 자신의 한계에 부딪힌다. 안전지대로 결코 돌아오지 않는다. 영적인 존재는 자신이 늘 가장자리에 부딪히고 있음을 느낀다. 그들은 떠밀리듯 끊임없이 가장자리를 향해 간다.

심리적 한계를 넘어가는 것이 실제로 사람을 다치게 하지는 못한다는 사실을 당신은 깨닫게 될 것이다. 의도적으로 그 가장자리에 서서 계속 걸어가기만 하면 그 너머로 가게 될 것이다. 불편이 느껴지면 늘 물러섰지만, 이제는 긴장을 풀고 그 너머로 지나간다. 그 너머로 가기 위해 필요한 것은 그것뿐이다. 지금 일어나고 있는 일을 직면하여 대처함으로써 조금 전에 있던 그곳을 넘어가라.

당신은 넘어가고 싶은가? 경계 없는 느낌을 느끼고 싶은가? 너무나 광활해서 하루 종일 어떤 일이 일어나도 괜찮은 그런 안전지대를 상상해 보라. 나날의 경험이 펼쳐지지만 마음은 아무 말 없다. 당신은 그저 평안하고 영감에 찬 가슴으로 하루를 맞는다. 가장자리에 부딪혀도 마음은 불평하지 않는다. 그저 그 모두를 통과해서 지나간다. 이것이 위대한 존재들이 사는 방식이다. 운동선수처럼 숙달되어 가장자리에 부딪힐 때마다 곧장 힘을 풀고 지나간다면 그것이 게임의 끝이다. 당신은 자신에게 아무런 문제도 일어나지 않을 것임을 안다. 가장

자리 외에는 문제될 것이 없고, 이제 당신은 그것을 어떻게 해야 할지를 안다. 가장자리는 해방으로 가는 당신의 길을 가리켜 주므로 당신은 결국 그것을 사랑하게 된다. 해야 할 일은 단지 끊임없이 힘을 빼고 그 속으로 들어가는 것이다. 그러면 어느 날, 당신은 전혀 예기치 않게 무한 속으로 떨어져 들어갈 것이다. 그것이 너머로 간다는 말의 의미이다.

제14장

가짜 덩어리 놓아 보내기

사람의 마음속은 매우 복잡다단하다. 그곳은 안팎의 자극을 받아 끊임없이 요동치는, 상충하는 힘들로 꽉 차 있다. 이 힘들이 큰 진폭으로 변덕을 부리는 두려움과 욕망과 갈구를 일구어낸다. 이 때문에 마음속에서 일어나는 일들을 분명히 이해하고 있는 사람은 매우 드물다. 온갖 생각과 감정과 에너지 수준들 사이의 인과관계를 추적하기에는 한꺼번에 너무나 많은 일들이 일어난다. 그래서 우리는 그냥 그 모두를 한꺼번에 한자리에 붙들어 놓으려고 기를 쓰는 것이다. 하지만 기분, 욕망, 좋고 싫음, 의욕, 무기력, 이 모든 것은 끊임없이 변한다. 거기서 통제나 질서 비슷한 것을 이뤄낼 규율만 유지하려 해도 온통 거기에 매달리지 않으면 안 된다.

당신이 이 모든 심리적, 에너지적 차원의 변화와 정신없이 씨름하고 있을 때가 바로 고통이다. 그것이 당장 고통으로 느껴지지는 않는다고 하더라도 당신이 희망하는 현실과 비교해 본다면 당신은 분명히 고통 속에 있는 것이다. 모든 것을 한자리에 붙들어 놓고 있어야 한다는 사실 그 자체가 하나의 고통이다. 일이 꼬이기 시작할 때 이것을 가장 잘 알아차릴 수 있다. 당신은 혼란 속으로 빠져드는 마음을 추스르기 위해 발버둥 쳐야 한다. 하지만 정확히 무엇을 붙잡으려고 그토록 애쓰고 있는 건가? 거기에 있는 것은 기껏해야 생각, 감정, 에너지의 움직임 등일 뿐, 견고한 것은 하나도 없다. 그것은 광활한 내면의 공간 속을 오락가락하는 구름과도 같은 것이다. 그런데 당신은 마치 초지일관하기만 하면 안정을 찾을 수 있다는 듯이 그것만 붙잡고 늘어진다. 불교에서는 이것을 '집착'이라 부른다. 사실 마음이란 집착의 덩어리이다.

집착을 이해하려면 먼저 누가 집착하는지를 알아야 한다. 자신 속으로 깊이 들어가다 보면, 언제나 거기 있으며 결코 변하지 않는 당신 존재의 한 면이 있음을 절로 깨닫게 된다. 이것이 인식의 느낌, 당신의 의식이다. 생각을 알아차리고 감정의 물결을 경험하고 몸의 감각을 받아들이는 것은 바로 이 의식이다. 이것이 참나의 뿌리이다. 당신은 생각이 아니다. 당신은 생각을 인식한다. 당신은 감정이 아니다. 당신은 감정을 느낀다. 당신은 몸이 아니다. 당신은 거울을 통해 그것을 바라보고 그것의 눈과 귀를 통해 이 세상을 경험한다. 당신은 내부와 외부의 이 모든 것들을 인식하고 있음을 인식하는 의식적인 존재다. 여기까지가 우리가 살펴본 바이다.

순수한 인식의 느낌인 이 의식을 탐사해 보면 사실 그것은 공간 속의 어떤 지점에 존재하는 것이 아님을 알게 될 것이다. 그보다는, 어떤 특정한 대상에 집중함으로써 한 점으로 초점을 좁혀가는 인식의 장이다. 당신은 손가락 하나만의 느낌을 알아차릴 수도 있고 몸 전체의 느낌을 한꺼번에 알아차릴 수도 있다. 한 생각 속에 완전히 빠져들 수도 있고 생각과 감정과 몸과 주변상황을 동시에 인식할 수도 있다. 의식은 초점을 좁혀 들어올 수도 있고 넓게 확장해 갈 수도 있는 역동적인 인식의 장이다. 의식이 아주 좁게 집중해 들어가면 그것은 자신의 넓은 느낌을 잊어버린다. 그것은 더 이상 자신을 순수한 인식의 장으로서 경험하지 않고 초점을 맞추고 있는 대상에 자신을 더욱 깊숙이 연루시킨다. 앞서 이야기했듯이, 영화 속에 빠져들어서 어둡고 썰렁한 극장 안에 앉아 있는 확대된 느낌을 까맣게 잊어버릴 때 일어나는 일이 바로 이것이다. 이 경우, 당신은 몸과 주변상황에 집중해 있던 상태에서 영화의 세계에 몰입한 상태로 의식을 옮겨간 것이다. 당신은 말 그대로 경험 속에 넋이 빠져 버린 것이다. 당신의 삶의 경험 전체가 이렇다고 할 수 있다. 자아의 느낌은 의식을 어디에 집중하느냐에 따라 결정된다.

그렇다면 의식을 어디에 집중할지를 결정하는 것은 무엇일까? 가장 기본적으로는, 다른 것보다 눈에 더 띄어서 당신의 의식을 사로잡는 그것이 결정한다. 이것을 이해하기 위해 당신의 의식이 텅 빈 광활한 내면의 공간을 바라보고 있다고 상상해 보자. 이제 이 공간 속에 고양이, 말, 어떤 단어, 어떤 색깔, 혹은 하나의 추상적인 생각 등이 제멋대로 지나간다고 상상해 보자. 그것들은 산발적으로 당신의 인식 공간을 지나간다. 그런데 그중 한 대상이 다른 것보다 눈에 띈다. 그것이 당신의 주의를 끌어 의식의 초점을 붙든다. 그 대상에 초점을 맞출수록 그것의 움직임이 느려진다. 그래서 초점을 완전히 맞추면 그것은 그 자리에 멈춘다. 그저 대상에 집중하는 것만으로 의식의 힘이 그것을 붙잡는 것이다. 물고기가 물은 지나가도 응결된 물인 얼음은 못 지나가듯이, 정신적, 감정적 에너지 패턴들도 집중된 의식을 만나면 고정된다. 어떤 특정한 대상에 다른 대상보다 많은 양의 의식을 집중하는 행위 자체가 집착을 만들어낸다. 그리고 집착의 결과로 특정한 생각과 감정이 한 곳에 오래 머물러 있다가, 그것이 마음을 이루는 하나하나의 벽돌이 되는 것이다.

집착은 가장 원초적인 행위 중 하나다. 다른 대상들이 지나갈 때 어떤 대상은 남아 있기 때문에 의식은 그것에 더 연결감을 느낀다. 그러면 당신은 그것을 내면에서 일어나는 끝없는 변화의 소용돌이 속에서 방향성과 관계감과 안전한 느낌을 제공해 주는 하나의 기준점으로 이용하게 된다. 그리고 이 방향성의 요구는 외부세계로까지 확대된다.

당신은 내부의 대상에 집착하지만 그것들을 감각에 감지되는 온갖 물리적 대상들과 자신을 관계 짓고 방향 잡는 데에 이용한다. 그리고 그 모든 대상들을 한데 엮어 주는 생각을 만들어내고는, 그 전체 덩어리를 붙들고 있다. 결국 당신은 내면의 이 덩어리와 너무나 끈끈한 관계를 맺은 나머지 그것을 중심으로 자신의 자아의 느낌을 지어낸다. 당신이 그것에 집착하므로 그것은 고정되어 머문다. 그리고 그것이 한자리에 머물러 있으므로 당신은 다른 무엇보다도 그것과 가장 깊은 관계를 맺는다. 이것이 마음의 탄생이다. 텅 빈 의식의 공간 한가운데를 지나가는 생각을 하나 붙들었다가 결국은 든든해 보이는 섬을 하나 만들어낸 것이다. 늘 머물러 있는 생각을 하나 가지게 되면 당신은 거기에 머리를 기댈 수 있다. 그러다가 더 많은 생각들을 붙들면 결국 의식을 집중시킬 수 있는 내면의 덩어리를 하나 지어내게 되는 것이다. 이 마음의 덩어리에 의식이 많이 집중될수록 그것으로써 자아 관념을 정의하려는 습성이 더욱 강해진다. 집착은 벽돌과 모르타르를 만들어내고, 우리는 그것으로 관념적 자아를 지어낸다. 광활한 내면의 공간에서 연기와도 같은 생각만을 가지고 든든해 보이는 집을 한채 지어 놓고, 거기서 사는 것이다.

  길 잃은 사람처럼 발견되기 위해서 자아 관념을 쌓아 올리려고 애쓰고 있는 당신은 누구인가? 이 질문은 영성의 본질을 보여 준다. 자신을 정의하기 위해 쌓아 놓은 그것에서는 결코 자신을 발견할 수 없을 것이다. 당신은 그것을 쌓아 올리고 있는 그다. 당신은 놀라운 생각과 감정을 짜 맞추어 정말 믿기지 않게 아름답고 흥미롭고 역동적인 구조물을 지어낼 수도 있을 것이다. 하지만 그것은 분명 당신이 아니다. 당신은 그것을 만들어내는 자다. 당신은 참자아에 대한 인식으로부터 의식의 초점을 다른 데로 돌렸다가 혼란에 빠지고 두려움에 싸인 채 실종되었던 그다. 미아가 되어 두려움에 싸인 상태에서 당신은 자기 앞을 지나는 생각과 감정의 덩어리를 붙들고 매달리게 되었다. 당신은 그것들을 가지고 자신을 정의할 수 있게 해줄 자아 관념, 곧 하나의 인격을 만들어냈다. 의식이 인식하게 된 대상에 머물다가, 그것을 집이라고 불렀다. 자신을 정의하는 틀을 가지고 있으니 어떻게 행동해야 할지, 어떻게 결정을 내려야 할지, 외부세계와 어떻게 관계해야 할지를 쉽게 알 수 있다. 이것을 용기 있게 들여다본다면, 당신은 자신 주위에 둘러쌓은 이 틀에 근거해서 평생을 살아 왔음을 깨닫게 될 것이다.

좀 더 구체적으로 이야기해 보자. 당신은, '나는 여자야.' 같은 일관적인 생각과 관념을 마음속에 지니고 있다. 그렇다, '나는 여자다.' 하는 것조차 당신이 마음에 품고 있는 생각이요, 관념이다. 그것을 품고 있는 당신은 남자도, 여자도 아니다. 당신은 거울 속에서 여성의 몸을 보고, 그 생각의 소리를 듣는 의식이다. 하지만 당신은 이 관념을 아주 다부지게 붙들고 있다. 당신은, '나는 여자다. 나는 나이가 몇이고 이런 사상보다는 저런 사상을 믿는다.'고 생각한다. 당신은 문자 그대로, 자신이 믿는 것에 근거해서 이런 식으로 자신을 정의한다. '나는 신을 믿는다. 나는 평화와 비폭력을 믿는다. 나는 자본주의를 믿는다.' 당신은 일련의 생각들을 마음에 품고 그것에 집착한다. 그것으로부터 매우 복잡다단한 관계 구조를 만들어낸다. 그리고 그 덩어리를 자신이라고 내어 보인다. 하지만 그것은 당신이 아니다. 그것은 단지 당신이 자신을 정의하기 위해 주변에 끌어다 모아 놓은 생각일 뿐이다. 이렇게 하는 것은, 당신이 내적으로 집을 잃은 미아가 되어 버렸기 때문이다.

　기본적으로 당신은 마음속에 일관성과 안정감을 일궈내려고 한다. 잘못된 일이지만 이것이 반가운 안도감을 가져다준다. 당신은 주변 사람들도 똑같이 하기를 바란다. 사람들이 일관성 있어서 그들의 행동을 예측할 수 있도록 말이다. 그렇지 않으면 그것이 당신을 불편하게 한다. 왜냐하면 그들의 행동에 대한 예측도 당신이 만들어 놓은 내부 틀의 일부이기 때문이다. 외부세계에 대한 이런 관념과 신념의 보호막은 당신과 당신이 대하는 사람들 사이에서 완충장치로 작용한다. 상대방의 행동에 대한 선입견을 소유함으로써, 당신은 더 안전하고 통제력을 가진 것처럼 느낀다. 그 벽이 송두리째 무너지는 것이 얼마나 무서운 일일지 상상해 보라. 그 누구를 정신적 완충지대를 거치지도 않고 당신의 내적 자아 안으로 곧바로 맞아들이겠는가? 아무도, 당신 자신조차도 허락할 수 없다.

사람들은 외면을 꾸민다. 그리고 그 중 한 면이 다른 면보다 더 진실에 가까움을 인정하기까지 한다. 직장에 가면 당신은 직업적 외면 속에서 자신을 잊어버리지만 일이 끝나면 말한다. '이제 집에 가서 가족과 친구들과 마음 놓고 지낼 거야.' 그러면 직업적 외면이 뒤로 물러나고 편안한 사회적 외면이 전면으로 나선다. 하지만 그런 외면들을 가지고 있는 자인 당신은 어떤가? 아무도 그에게는 가까이 가지 않는다. 그건 겁나는 일이다. 감히 다가가기에 그것은 너무 깊숙이 있다.

그래서 우리는 모두가 어떤 것에 집착하고 뭔가를 쌓아 올린다. 그 중 어떤 사람들은 이것을 다른 사람들보다 더 잘한다. 집착과 쌓아 올리기를 잘하면 대부분의 사회는 상을 두둑이 준다. 그 틀을 완벽하게 만들고 늘 거기에 맞춰 행동한다면 당신은 실제로 한 인물을 '창조해 낸' 것이다. 그리고 당신이 만들어낸 인물이 사람들이 원하고 필요로 하는 인물이라면 당신은 아주 인기를 얻고 성공할 것이다. 당신은 그 사람이다. 그것은 어릴 때부터 몸에 배어 있었고 당신은 거기서 한 치도 벗어나지 않았다. 당신은 인물을 창조하는 이 게임을 정말 잘할 수 있다. 창조해 놓은 인물이 기대만큼 인기도 없고 성공도 못한다면 생각을 고쳐먹을 수도 있다. 이렇게 하는 것이 잘못이라는 것이 아니다. 다들 이렇게 한다. 하지만 그것을 하는 당신은 누구인가? 그리고 왜 그렇게 하는가?

당신이 어떤 생각을 붙들어 어떤 인물을 창조하는가 하는 것이 전적으로 당신에게 달린 문제가 아님을 깨닫는 것이 중요하다. 여기에는 사회가 깊이 개입되어 있다. 거의 대부분의 일에 있어서, 용인되거나 용인되지 않는 사회적 행동이 있다. 앉는 방식, 걷는 방식, 말하는 방식, 옷 입는 방식, 그리고 어떤 일에 대해 느끼는 방식조차도. 사회는 어떻게 우리에게 이런 정신적, 감정적 틀을 심어 놓는 것일까? 사회는 우리가 그것을 잘하면 포용과 입맞춤을 퍼부어 주고, 잘못하면 육체적, 정신적, 정서적으로 벌을 준다.

상대방이 당신의 기대에 맞는 행동을 할 때 당신이 그를 얼마나 잘 대해 주는지를 생각해 보라. 하지만 그렇지 못할 때는 얼마나 멀찍이 물러서서 마음을 닫아거는지를 생각해 보라. 그에게 화를 내거나 폭력을 행사하는 것까지는 제쳐 놓고 말이다. 당신은 무엇을 하고 있는 건가? 그들의 마음속에 인상을 남겨 놓음으로써 그들의 행동을 바꾸려 하고 있는 것이다. 그들이 지닌 믿음과 생각과 감정의 조합을 바꿔 놓음으로써 다음번에는 당신이 기대하는 방식으로 행동하게 하려는 것이다. 사실 우리 모두는 서로에게 날마다 이런 짓을 하고 있다.

우리는 왜 이런 일이 우리에게 일어나도록 용인하는가? 우리는 왜 자신이 내보이는 외면을 다른 사람들이 받아들이는지 어떤지에 그토록 신경을 쓰는가? 이 모두가 우리가 자신의 자아 관념에 집착하는 이유를 이해하는 문제로 귀착된다. 집착을 멈춰 보면 집착의 버릇이 생기게 된 이유가 드러날 것이다. 자신의 가면을 버리고, 그것 대신 새로운 것을 뒤집어쓰려고도 하지 않는다면 당신의 생각과 감정들은 닻을 감아올리고 당신을 통과해 지나가기 시작할 것이다. 그것은 매우 겁나는 경험일 것이다. 속 깊은 곳에서 공포가 느껴질 것이다. 자신의 스타일을 종잡을 수가 없을 것이다. 이것이 외부의 아주 중요한 어떤 것이 마음속의 틀에 들어맞지 않을 때 사람들이 느끼는 것이다. 외면이 작용을 멈추고 무너져 내리기 시작한다. 그것이 더 이상 당신을 보호해 주지 않으면 당신은 엄청난 공포를 느낀다. 하지만 그 공포의 느낌을 기꺼이 직면해 볼 각오가 된다면 그것을 지나가는 길이 있음을 발견할 것이다. 당신은 그것을 경험하고 있는 의식 속으로 더 깊이 들어갈 수 있고, 공포는 사라져 버릴 것이다. 그러면 거기에는 여태껏 한 번도 느껴 보지 못한 크나큰 평화가 있을 것이다.

그것은 사라져 버린다. 이것은 아주 소수의 사람들만이 깨달은 사실이다. 지껄임과 두려움과 혼란, 이 내적 에너지들의 끊임없는 동요, 이모두를 멈추게 할 수 있다. 당신은 자신을 보호해야만 한다고 생각했다. 그래서 근처에 지나가는 것들을 붙들고 그것으로써 자신을 가려서 숨겼다. 손에 닿는 것을 닥치는 대로 잡아서 뭔가 견고하고 든든한 것을 지어내기 위해서 집착을 시작했다. 하지만 당신은 붙잡고 있는 것을 놓아 보내고 이 게임을 그만둘 수 있다. 다만 모두 놓아 보내고 돌아서서, 당신을 여기까지 몰아왔던 두려움을 직면하는 모험을 감행해야만 한다. 그러면 당신은 당신의 그 부분을 지나갈 수 있고, 그러면 모든 것은 끝난다. 그것은 사라질 것이다. 더 이상 발버둥 칠 필요가 없다. 평화만이 있을 뿐이다.

이 여정은 당신이 가지 않으려고 발버둥 쳤던 바로 그곳을 지나가는 여정이다. 그 혼란의 소용돌이를 지나갈 때, 당신의 유일한 안식처는 의식 그 자체이다. 당신은 다만 엄청난 변화가 일어나고 있다는 것만을 인식할 것이다. 견고한 것은 아무것도 없다는 것을 깨달을 것이고, 거기에 익숙해지고 편안해질 것이다. 하루의 순간순간이 절로 펼쳐지고 당신은 그것을 어떻게 할 수도, 붙잡을 수도 없음을 깨달을 것이다. 당신에게는 어떤 관념도, 희망도, 꿈도, 믿음도, 안전도 없다. 일어나고 있는 일에 대해 더 이상 마음속에 틀을 만들어내지 않는다. 그래도 삶은 펼쳐진다. 그저 그것을 인식하고 있기만 해도 그보다 더 편안할 수가 없다. 이 순간이 이렇게 오고 있고, 그 다음엔 그 다음 순간이 온다. 하지만 그것은 사실 늘 일어났던 일이다. 당신의 의식 앞으로 순간순간이 꼬리를 물고 지나가고 있었다. 다른 점은, 이제 당신은 그것이 일어나는 것을 그저 지켜보고 있다는 것이다. 지나가는 이 순간들에 마음과 감정이 반응하고 있지만 당신은 그것을 멈추려 들지 않고, 아무것도 하지 않는 것을 스스로 알아차리고 있다. 당신은 그것을 제어하려 하지 않는다. 그저 자신의 안과 밖에서 삶이 펼쳐지도록 내버려두고 있다.

이 길에 나서면 당신은 펼쳐지는 순간들이 어떻게 두려운 느낌을 가져오는지를 정확히 지켜볼 수 있는 경지에 도달할 것이다. 이렇게 선명한 자리로부터 당신은 자신을 보호하려는 강한 습성을 경험할 수 있을 것이다. 이 습성은, 당신에게는 실로 아무런 통제력이 없기 때문에, 그리고 그것이 편안하게 느껴지지 않아서 생겨난 것이다. 하지만 진정으로 이것을 돌파하고자 한다면 자신을 그로부터 보호하려 하지 말고 그저 그 두려움을 기꺼이 지켜볼 수 있어야만 한다. 자신을 보호하려는 바로 이 충동으로부터 당신의 온 인격이 형성되어 왔음을 두 눈으로 똑똑히 지켜볼 수 있어야만 한다. 그것은 두려운 느낌으로부터 도망가기 위해 쌓아올린 생각과 감정의 덩어리이다. 당신은 이제 마음의 뿌리를 눈앞에 직면하고 있는 것이다.

아주 깊이 들어가면 마음을 지어내고 있는 현장을 목격할 수 있다. 당신은 텅 빈 무한 공간의 한가운데에 있고 이 모든 내면의 대상들이 당신을 향해 흘러오는 것을 볼 것이다. 생각, 느낌, 세속적 경험의 인상들이 모두 당신의 의식 속으로 쏟아져 들어온다. 당신은 그것을 자신의 통제력 하에 둠으로써 이 흐름으로부터 자신을 보호하려는 습성을 분명히 목격할 것이다. 그것이 흘러 지나갈 때, 어떤 특정한 사람, 장소, 사물의 인상에 주의가 기울고, 그것을 붙들려고 하는 저항할 수 없이 강한 습성이 있다. 그 마음의 이미지들에 주의가 기울여지면 그것이 아무것도 없던 곳에다 복잡한 구조물을 이루어내는 것을 보게 될 것이다. 당신이 여태껏 붙들고 있었던 열 살 때의 기억을 발견할 것이다. 모든 기억을 한데다 가지런히 끌어모아 놓고서 그것이 문자 그대로 자기라고 주장하는 당신을 발견할 것이다. 그러나 당신은 그 사건들이 아니라 그 사건들을 경험한 그다. 당신을 어떻게 당신에게 일어난 일들이라고 정의할 수가 있겠는가? 당신은 그것이 일어나기 이전에 이미 자신의 존재를 인식하고 있었다. 당신은 그 안에서 이 모든 것을 하고, 이 모든 것을 보고, 이 모든 것을 경험하고 있는 그다. 자신을 지어낸다는 명분으로 경험을 붙들고 있을 필요가 없다. 그것은 당신이 마음속에서 지어내고 있는 그릇된 자아이다. 그것은 당신을 뒤로 숨겨 주는 자아 관념의 덩어리일 뿐이다.

당신은 그것을 그대로 지탱하려고 애쓰면서 얼마나 오랫동안 그 뒤에 숨어 있었는가? 그 보호의 틀에 언제고 무슨 문제가 생기면 당신은 그것을 방어하고 합리화한다. 문제를 처리하거나 어떻게든 지나가게 할 때까지 마음은 발버둥을 그치지 않는다. 자신의 존재에 위협을 느끼면서 지배권을 되찾을 때까지 싸운다. 이 모두가 아무것도 없는 곳에다 견고한 무엇을 지어내려고 했기 때문이다. 이제 우리는 그것을 유지하기 위해 싸워야 한다. 하지만 문제는, 그렇게 해서는 해답이 없다는 사실이다. 그 몸부림 속에는 승리도 없고 평화도 없다. 모래 위에다 집을 짓지 말라는 말을 누구이 들었을 테지만, 이것은 가장 깊은 모래다. 사실 당신은 텅 빈 허공에다 집을 지은 것이다. 그것에 집착한다면 당신은 평생 끊임없이 자신을 방어해야 할 것이다. 모든 사람과 모든 것들을 정렬시켜서 현실에 대한 당신의 관념적 틀 속에 끼워 맞춰야만 할 것이다. 이것은 끝도 없는 몸부림이다.

영적으로 산다는 것은 이 몸부림에 끼어들지 않는 것을 뜻한다. 이 말은, 이 순간에 일어나는 일은 이 순간에 속한 것임을 뜻한다. 그것은 당신의 것이 아니다. 그것은 당신과 아무런 상관이 없다. 당신은 그것과 연루시켜서 자신을 정의하기를 멈추고 그것이 왔다가 가도록 그냥 내버려 둬야 한다. 사건들이 당신 내면에 각인을 남기게 하지 마라. 나중에 자신이 그것에 대해 생각하고 있는 것을 발견한다면 그저 놓아 보내라. 당신의 관념적 틀에 맞지 않는 사건이 일어나서 그것을 그 틀에다 끼워 맞추려고 애쓰고 합리화하는 자신을 발견한다면 그렇게 하고 있는 자신을 그저 알아차려라. 우주의 한 사건이 당신의 틀에 맞아들지 않았고 그것이 당신에게 불편한 느낌을 주고 있는 것이다. 이것을 그저 알아차리기만 하고 있으면 그것이 사실은 당신의 틀을 깨어 주고 있다는 사실을 깨닫게 될 것이다. 당신은 그 틀을 가지고 있기를 원하지 않으므로 결국 이것을 좋아하게 될 것이다. 당신은 이것을 '좋은 것'으로 정의하게 될 것이다. 왜냐하면 더 이상 외면을 꾸미고 고착시키는 일에 에너지를 쏟고 싶지 않기 때문이다. 그 대신 사건들로 하여금 당신의 틀을 깨어서 당신을 해방시켜 주는 다이너마이트 역할을 하게 할 것이다. 이것이 영적으로 산다는 것의 의미이다.

정말 영적으로 살면 당신은 보통사람들과 완전히 달라진다. 다른 모든 사람들이 원하는 것을 당신은 원하지 않는다. 다른 모든 사람들이 싫어하는 것들을 당신은 온전히 받아들인다. 자신의 틀이 깨지기를 원하고, 자기 안에 혼란을 일으키는 일이 일어날 때 그 경험을 소중히 받아들인다. 타인이 하는 말이나 행동이 왜 당신을 불편하게 하는가? 당신은 망망한 허공 속을 도는 한 행성 위에 있다. 당신은 여기에 단지 몇십 년을 머물다 떠날 것이다. 어떻게 매사에 열을 올리며 살 수가 있는가? 그러지 말라. 매사에 불편을 느낀다면 당신의 틀이 모든 일과 부딪힌다는 것을 의미한다. 그것은 당신이 멋대로 정의해 놓은 현실을 통제하기 위해 당신이 지어낸 그릇된 부분이 모든 일과 마찰을 일으키고 있음을 뜻한다. 만일 그 틀이 현실을 정확히 반영하고 있다면 당신이 경험하는 현실은 왜 거기에 들어맞지 않는가? 마음속에서는 현실이라 부를 수 있는 것을 결코 지어낼 수가 없다.

심리적 혼란 속에서 평화로울 수 있는 법을 배워야 한다. 마음이 분주히 움직이면 그저 그것을 주시하라. 가슴이 뜨거워지기 시작하면 거쳐야 할 것을 거쳐 가게 하라. 마음이 바빠지고 있고 가슴이 뜨거워지고 있음을 알아차릴 수 있는 당신의 부분을 발견하려는 노력을 기울여라. 그 부분이 당신의 탈출구이다. 틀을 만들어내는 것으로는 탈출할 수가 없다. 내적 자유로 가는 유일한 길은 지켜보는 자, 참나를 통한 길뿐이다. 참나는 그저 마음과 감정이 해체되는 것을, 그리고 그것을 아무것도 막으려 들지 않는 것을 알아차리고 있을 뿐이다.

물론 이것은 고통스러울 것이다. 이 모든 마음의 구조물을 지어낸 이유가 고통을 피하기 위한 것이었다. 그것이 무너지게 내버려 두면 그것을 지을 때 회피했던 그 고통을 느끼게 될 것이다. 이 고통을 기꺼이 직면할 수 있어야만 한다. 밖으로 나오는 것이 두려워서 요새 안에다 자신을 가둬 두었다면, 온전한 존재를 경험하고자 한다면 그 두려움을 직면해야 할 것이다. 그 요새는 당신을 보호해 주기보다는 꼼짝달싹 못하게 가둬 놓을 것이다. 자유로워지고자 한다면, 삶을 진정으로 경험하고자 한다면 거기서 나와야만 한다. 붙들고 있는 것을 놓고 당신을 마음으로부터 해방시켜 줄 정화 과정을 겪어야만 한다. 마음을 그저 있는 그대로 지켜보기만 하는 것으로써 그렇게 할 수 있다. 탈출로는 의식을 통해 가는 길이다. 마음의 혼란을 나쁜 경험으로 규정하기를 그치고 그저 그 배후에 느긋이 머물러 있을 수 있는지를 보라. 마음이 혼란스러울 때 '이 일을 어떡하지?' 하고 허둥대며 나서지 말라. 대신 마음의 혼란을 인식하는 그것이 무엇인지를 가만히 느껴 보라.

시간이 가면 당신은 혼란을 지켜보고 있는 그 중심 자리는 결코 혼란되지 않는다는 사실을 깨닫게 될 것이다. 만일 그것이 혼란된 듯이 보인다면 그저 그 혼란을 알아차리고 있는 그것이 무엇인지를 느껴 보라. 그러면 결국 혼란이 멈출 것이다. 그러면 당신은 존재의 깊은 곳으로 느긋이 물러앉아 마음과 가슴이 최후의 혼란을 일으키는 모습을 지켜볼 수 있게 될 것이다. 그런 경지에 이르면 당신은 초월한다는 것이 무엇을 뜻하는지를 이해하게 될 것이다. 의식은 자신이 인식하는 대상을 초월해 있다. 빛이 대상을 무심히 비추듯이, 의식은 대상을 무심히 인식할 뿐, 대상과 아무런 관계가 없다. 당신은 의식이다. 그리고 모든 것의 배후에 느긋이 머물러 있음으로써 자신을 모든 것으로부터 해방시킬 수 있다.

영속적인 평화와 기쁨과 행복을 원한다면 내면의 혼란을 뚫고 건너편으로 가야만 한다. 원하기만 한다면 언제나 사랑이 물결처럼 차오르는 그런 삶을 살 수 있다. 그것이 당신 존재의 본성이다. 그저 마음의 건너편으로 가기만 하면 된다. 집착의 습성을 놓아 버림으로써 그렇게 할 수 있다. 마음으로써 가짜 덩어리를 지어내기를 그침으로써 그렇게 할 수 있다. 그저 끊임없이 놓아 보내는 이 해방의 여정을 떠나기로 굳게 결심하라.

이쯤에 이르면 여행이 매우 빨라진다. 당신은 늘 두려움에 떨고 있는 당신의 어떤 부분을 경험하게 될 것이다. 그리고 당신의 그 부분이 현상유지를 위해서 얼마나 끊임없이 발버둥을 치고 있는지를 목격할 것이다. 그 부분에 먹이를 주지 않으면, 그저 놓아 보내어 집착하지 못하게 하면 마침내 당신은 그 가짜 덩어리에서 떨어져 남게 될 것이다. 이것은 당신이 '하는' 일이 아니라 당신에게 '일어나는' 일이다.

당신의 유일한 탈출구는 그저 지켜보는 것이다. 자신이 인식함을 알아차림으로써 그저 계속 놓아 보내라. 어둡고 우울한 기간이 오면 그저 이렇게 물어 보라. '이 어둠을 누가 인식하는가?' 이것이 내적 성장의 온갖 관문들을 통과하는 방법이다. 그저 계속 놓아 보내라. 그리고 당신은 여전히 거기에 있음을 늘 알아차리라. 어두운 마음을 놓아 보냈을 때, 밝은 마음을 놓아 보냈을 때, 그리하여 더 이상 어떤 것에도 집착하지 않을 때 당신은 모든 것이 당신의 배후로부터 열리는 어떤 상태에 도달할 것이다. 당신은 당신 앞의 사물을 인식하는 데 익숙해 있었다. 이제 당신은 의식의 자리 뒤에 펼쳐진 우주를 인식하게 된다.

당신의 뒤에는 아무것도 없는 것처럼 보였다. 당신은 눈앞을 지나가는 생각과 감정으로써 마음의 틀을 지어내는 일에 골몰해 있었기 때문에 내면의 광활한 공간은 인식하지 못했다. 당신의 배후에 온 우주가 있다. 그쪽을 보지 않고 있었을 뿐이다. 모든 것을 기꺼이 놓아 보내면 당신은 그 뒤에 남아 에너지의 대양 속으로 잠길 것이다. 당신은 빛으로 가득 찰 것이다. 어둠 없는 빛으로, 초월적 평화로 충만할 것이다. 그러면 이 내면의 힘이 당신을 먹이고 부양할 것이며, 당신은 이 깊은 내면으로부터의 흐름의 인도를 받으며 나날의 매 순간을 걸어갈 것이다. 생각과 감정과 자아 관념은 여전히 내면의 공간을 떠돌아다니지만 그것은 당신이 경험하는 아주 작은 부분에 지나지 않을 것이다. 당신은 참나의 느낌 외에 그 어떤 것과도 자신을 동일시하지 않을 것이다.

한번 이 경지에 이르면 다시는 그 무엇에 대해서도 걱정할 필요가 없어질 것이다. 창조의 힘이 당신의 내부와 외부에서 창조의 드라마를 스스로 펼쳐낼 것이다. 당신은 그 모두의 너머에서, 하지만 그 모두를 존중하면서 평화와 사랑과 자비 속에 떠 있을 것이다. 온 우주에 편만한 당신의 참 존재가 평화로우니, 이제 그 가짜 덩어리는 소용이 없어진다.

PART 5

삶을 살기

● 제15장 ●
조건 없이 행복하기

가장 높은 영성의 길은 삶 그 자체이다. 나날의 삶을 어떻게 살아가야 할지만 안다면 모든 것이 해탈의 경험이 될 것이다. 하지만 무엇보다, 혼란 속을 헤매지 않으려면 올바른 방법으로 삶에 접근해야 한다. 먼저, 이 삶에서 선택할 수 있는 것은 단 한 가지밖에 없다는 것을 알아야 한다. 그것은 경력이나 배우자나, 신을 찾을지 말지에 관한 것이 아니다. 사람들은 온갖 잡다한 선택으로써 자신에게 스스로 짐을 지운다. 하지만 결국은 그것을 모두 내려놓고 가장 밑바닥의 근본적이고 유일한 선택을 감행할 수 있다. 그것은 다름 아니라, 당신은 행복하기를 원하는가, 원하지 않는가이다. 간단하다. 하지만 이 결정을 내리고 나면 인생길이 너무나 분명해진다.

대부분의 사람들은 이 결정을 내릴 엄두를 내지 못한다. 왜냐하면 그것은 자신이 선택할 수 있는 문제가 아니라고 생각하기 때문이다. 어떤 사람은 이렇게 말할 것이다. "글쎄, 그야 물론 행복하기를 원하지요, 하지만 마누라가 집을 나가버렸는걸요." 달리 말해서, 마누라가 집을 나가지 않았다면 행복하기를 원했으리라는 뜻이다. 하지만 질문은 그게 아니다. 질문은 아주 단순히, '당신은 행복하기를 원하는가, 원하지 않는가?'이다. 이렇게 단순하게 놓고 생각해 보면 그것은 정말 당신이 선택할 수 있는 문제임을 깨달을 것이다. 마음속 뿌리 깊은 기호가 끼어들지만 않는다면 말이다.

당신이 낯선 곳에서 길을 잃고 헤매느라 며칠 동안 아무것도 못 먹었다고 하자. 그러다 마침내 길을 찾았다. 기진맥진한 상태지만 당신은 간신히 몸을 끌고 어느 집 현관 앞까지 가서 문을 두드린다. 주인이 문을 열고 당신을 발견하고는 말한다. "맙소사! 이런 일이 있나! 배고프지 않아요? 뭘 먹고 싶어요?" 사실 당신은 무엇을 먹든지 상관없다. 그런 건 생각하기조차 귀찮다. 당신은 그저 이렇게 내뱉는다. "음식!" 이 절실한 한마디는 마음속의 모든 기호를 떠나 있다. 행복에 관한 질문도 마찬가지다. 질문은 단순히, '당신은 행복하기를 원하는가?'이니, 그 대답이 진정으로 '그렇다'라면 거기에 조건을 달지 말라. 사실 이 질문이 정말 의미하는 것은, '당신은 지금부터 남은 평생 동안 어떤 일이 생기든 간에 행복하기를 원하는가?'이다.

당신이 그렇다고 했다고 치자. 그런데 아내가 집을 나가거나 남편이 죽거나 주가가 폭락하거나 자동차가 밤중의 고속도로에서 고장 날지도 모른다. 이런 사건은 지금부터 당신의 삶이 끝날 때까지 언제든지 일어날 수 있다. 하지만 영적인 길을 가고자 한다면 이 단순한 질문에 그렇다고 대답할 때, 진심으로 말해야 한다. 거기에는 '만일'이나 '그리고'나 '하지만'은 있을 수 없다. 이것은 행복이란 것이 당신이 선택할 수 있는 문제냐 아니냐 하는 질문이 아니다. 그야 물론 당신의 선택에 달린 문제다. 진짜 문제는, 당신이 행복하기를 원한다고 말할 때, 진심으로 말하지 않는다는 데에 있다. 당신은 거기에 조건을 달고 싶어 한다. 이런 일, 혹은 저런 일만 일어나지 않는다면 행복하기를 원한다고 말하고 싶어 한다. 이 때문에 행복이 당신의 손에 달려 있지 않은 것처럼 보이는 것이다. 그러면 당신이 만들어내는 모든 조건이 당신의 행복을 제약할 것이다. 일을 당신이 원하는 대로 풀려가게 할 힘을 가지지 못할 것이다.

조건 없는 대답을 해야 한다. 지금부터 평생을 행복하게 살기로 마음먹는다면 당신은 행복하기만 할 뿐 아니라 깨달음을 얻을 것이다. 조건 없는 행복은 가장 수준 높은 기술이다. 산스크리트어를 배우거나 경전을 읽을 필요는 없다. 출가수행을 할 필요도 없다. 다만 행복하기를 선택한다고 말할 때, 진정으로 말할 수 있어야 한다. 어떤 일이 일어나도 상관없이 진정으로 그 말을 해야 한다. 이것은 실로 영적인 길이다. 그리고 가장 직접적이고 확실한 깨달음의 길이다.

조건 없이 행복하기를 원하노라고 마음을 먹고 나면 어김없이 당신을 시험하는 일들이 일어날 것이다. 당신의 각오에 대한 이 시험이야말로 영적 성장을 재촉해 준다. 사실 이 길을 가장 높은 길이 되게 하는 것은 당신의 각오에 아무런 조건이 없다는 점이다. 그것은 이처럼 단순하다. 하지만 당신은 그 맹세를 깨어야 할지 말아야 할지를 고민하게 될 것이다. 만사가 잘 풀리고 있을 때는 행복하기가 쉽다. 하지만 어려운 일이 생기는 순간, 그것은 그리 호락호락하지 않아진다. 당신은, '이런 일이 일어날 줄은 몰랐잖아. 비행기를 놓치리라고는 생각도 못했어. 샐리가 나와 똑같은 옷을 입고 파티에 나올 줄은 몰랐어. 새 차를 산 지 한 시간도 안 됐는데 누가 흠집을 내놓을 줄을 어떻게 알았겠어?' 하고 투덜대는 자신을 발견할 것이다. 당신은 그런 일이 일어났다고 해서 정말 행복의 맹세를 깰 작정인가?

당신이 아직 상상하지도 못한 온갖 일들이 일어날 수 있다. 질문은 그런 일들이 일어날 것인가 말 것인가 하는 것이 아니다. 그런 일은 일어나게 되어 있다. 질문은 어떤 일이 일어나든 상관없이 행복하기를 원하는가, 원하지 않는가 하는 것이다. 삶의 목적은 경험을 즐기고 거기서 뭔가를 배우는 것이다. 당신은 고생하려고 지구에 태어난 것이 아니다. 비참해지는 것은 아무에게도 도움이 되지 않는다. 당신의 사상적 신조와는 상관없이, 당신이 태어났고 또 죽을 것임은 엄연한 사실이다. 당신은 그 사이의 경험을 즐길 것인지 말 것인지를 택해야만 한다. 일어나는 사건들은 당신이 행복할 것인지 말 것인지를 결정하지 못한다. 그것은 단지 사건들일 뿐이다. 행복할 것인지 말 것인지는 당신이 결정하는 것이다. 그저 살아 있다는 것만으로 행복할 수도 있다. 이런 모든 일들이 일어나는 것 자체에 행복해 할 수도 있다. 그리고 죽는다는 것에 행복해 할 수도 있다. 이렇게 살 수 있다면 가슴은 활짝 열리고 마음은 너무나 자유로워져서 하늘로 솟아오를 것이다.

이 길은 절대적 초월로 당신을 인도할 것이다. 왜냐하면 행복의 맹세에 조건을 달려고 하는 당신 존재의 모든 부분들을 버려야만 할 것이기 때문이다. 행복하기를 원한다면 통속소설을 쓰고 싶어 하는 당신의 부분들을 놓아 보내야만 한다. 그것은 행복하기 위해서는 이유가 있어야 한다고 생각하는 당신의 부분이다. 당신은 개인적인 것들을 초월해야 하고, 그렇게 할 때 절로 존재의 높은 측면 속으로 깨어날 것이다.

따져보면 삶의 경험을 즐기는 것이야말로 할 수 있는 유일하고 이성적인 일이다. 당신은 광활한 허공 속을 돌고 있는 한 행성 위에 앉아 있다. 현실을 잘 들여다보라. 당신은 영원 속을 명멸하는 우주의 빈 공간 속을 떠다니고 있다. 어차피 이곳에 머물러야만 한다면 최소한 행복하게 그 경험을 즐기는 편이 낫다. 결국은 당신도 죽을 것이다. 어쨌든 일어날 일들은 일어날 것이다. 행복하지 못할 이유가 무엇인가? 인생사로 괴로워해 봤자 득 될 것은 하나도 없다. 그것이 세상을 바꿔 주지 않는다. 고통스럽기만 할 뿐이다. 당신이 허용하기만 하면 당신을 괴롭힐 일들은 언제나 생길 것이다.

삶을 즐기겠다는 이 선택은 당신을 영적 여정으로 안내할 것이다. 사실 그것은 그 자체가 영적 스승이다. 조건 없이 행복하기로 결심하는 것 자체가 자신에 대해서, 타인들에 대해서, 그리고 삶의 본질에 대해서 배워야 할 모든 것을 낱낱이 가르쳐 줄 것이다. 당신은 자신의 마음과 가슴과 의지에 대해 모든 것을 배울 것이다. 하지만 남은 평생을 행복하겠다고 말할 때, 진정으로 말해야만 한다. 당신의 한 부분이 불행해지려 할 때마다 그것을 놓아 보내라. 이 일을 열심히 실천하라. 열려 있도록 도와주는 것이라면 무엇이든지 하라. 각오만 서면 아무것도 당신을 막을 수 없다. 무슨 일이 생기든지 당신은 그 경험을 즐기기로 선택할 수 있다. 누가 당신을 굶기고 독방에 가두더라도 간디처럼 그저 기꺼이 경험하라. 어떤 일이 일어나든지 그저 당신 앞의 삶을 즐겨라.

무척 어려운 일처럼 들릴지는 모르겠지만, 그렇게 하지 않는다고 해서 나아질 것도 없지 않은가? 당신이 아무런 죄도 없는데 감옥에 갇히게 됐다면 즐기는 편이 낫다. 즐기지 않는 것이 무슨 득이 되겠는가? 그래 봤자 바뀌는 것은 없다. 결국 행복하게 남아 있으면 당신이 이긴 것이다. 그것을 당신의 게임으로 삼으라. 어떤 일이 생기든 간에 그저 늘 행복하라.

늘 행복하기 위한 열쇠는 정말 단순한 것이다. 당신 내부의 에너지를 이해하는 것에서부터 출발하라. 내면을 잘 살펴보면, 행복할 때 가슴이 열리고 에너지가 속에서 올라오는 것을 느낀다. 행복하지 않을 때는 가슴이 닫히고 에너지가 올라오지 않는다. 그러니 그저 늘 행복해 하고, 가슴을 닫지 마라. 어떤 일이 일어나든지, 설사 아내가 집을 나가거나 남편이 죽더라도, 결코 가슴을 닫지 마라.

이런 경우에는 가슴을 닫아야 한다는, 그런 법은 없다. 그저 자신에게, 어떤 일이 일어나더라도 가슴을 닫지 않으리라고 말하라. 당신은 정말 그럴 수 있는 선택권을 가지고 있다. 가슴이 닫히기 시작하면 그저 자신에게 행복을 정말 기꺼이 포기할 작정인지를 물어보라. 당신 속에서 닫는 편이 이득이라고 믿는 그것이 무엇인지를 잘 들여다봐야 한다. 당신은 약간만 삐끗해도 덜렁 행복을 포기한다. 정말 좋은 날인데 출근길에 누가 끼어들기를 했다. 당신은 정말 화가 치밀어서 하루 종일 기분이 안 좋았다. 왜일까? 이 질문을 자신에게 들이대라. 그것이 하루를 망치도록 내버려 두는 것이 무슨 득이 되었는가? 아무런 이득도 없었다. 누군가가 끼어든다. 그저 지나 보내고 계속 가슴을 열어 놓으라. 진정으로 원하기만 한다면, 당신은 할 수 있다.

이 조건 없는 행복의 길을 택하면 당신은 요가의 모든 다양한 단계들을 거치게 될 것이다. 당신은 항상 중심에서 일념으로 의식이 깨어 있는 상태를 유지해야 한다. 삶을 전적으로 수용하는 열린 상태로 살고자 하는 일념을 유지해야만 한다. 당신이 이것을 할 수 없다고 하는 사람은 아무도 없다. 가슴을 열고 살라는 것은 위대한 성자들과 스승들이 줄곧 해온 가르침이다. 그들은, 신은 기쁨이고 황홀경이며 사랑이라고 가르쳤다. 가슴을 늘 열고 있으면 존재를 들어 올려 주는 에너지의 물결이 가슴을 가득 채울 것이다. 영적 수행은 그 자체가 목적이 아니다. 항상 열려 있을 정도로 마음이 깊어지면 수행이 열매를 맺는다. 항상 열려 있기를 터득하면 엄청난 일들이 벌어질 것이다. 그저 닫지 않기만을 터득하라.

열쇠는, 마음을 부단히 훈련시켜서 이번만은 닫는 것이 좋겠다는 생각에 속아 넘어가지 않도록 하는 것이다. 만일 넘어진다면 다시 일어나라. 넘어지는 순간, 마음이 지껄임을 시작하는 순간, 가슴이 닫히고 자신을 방어하기 시작하는 순간 다시 일어나라. 그저 자신을 일으키고, 어떤 일이 일어나도 가슴을 닫기를 원하지 않노라고 마음속으로 다짐하라. 당신이 원하는 것은 오로지 평화와 삶의 음미임을 확인하고 다짐하라. 다른 사람들의 행동이 당신의 행복을 좌우하기를 당신은 원치 않는다. 당신의 행복이 당신 자신의 행동에 좌우되는 것도 원치 않는다. 행복을 조건적인 것으로 만들기 시작하면 문제가 따라온다.

온갖 일들이 일어나고 가슴을 닫고 싶어질 것이다. 하지만 당신은 거기에 빠져들 것인지 놓아 보낼 것인지를 스스로 결정할 수 있다. 마음은 이런 일이 일어나는데도 가슴을 열고 있는 것은 해롭다고 말할 것이다. 하지만 인생은 짧고, 정말 해로운 것은 인생을 즐기지 못하는 것이다.

이것을 상기하기가 어려워질 때는 명상을 하라. 명상은 의식의 중심을 확고하게 잡아서 가슴이 닫히지 않도록 늘 깨어서 지키게 해준다. 닫으려고 하는 습성을 버리고 모든 것을 그저 놓아 보냄으로써 늘 가슴을 열고 있으라. 가슴이 긴장되고 위축되기 시작하면 그것을 그저 알아차리고 이완하라. 늘 광채를 발하고 있어야 하는 것은 아니다. 당신은 그저 내면의 기쁨을 느낄 뿐이다. 전개되는 온갖 상황들에 대해 불평하는 대신 그냥 흥미롭게 즐기는 것이다.

조건 없는 행복은 매우 높은 길이요, 기술이다. 그것은 모든 문제를 해결해 준다. 명상과 요가 자세를 배울 수도 있지만 남는 시간은 무엇을 하고 지낼 텐가? 조건 없는 행복의 기술은 당신이 삶의 남은 시간 동안 무엇을 할 것인지를 정해 준다는 점에서 이상적이다. 그 할 일이란, 늘 행복하기 위해 자신을 놓아 보내는 것이다. 영성에 관한 한 당신은 매우 빠르게 성장할 것이다. 이것을 날마다 순간순간마다 실천하는 사람은 가슴이 정화되는 것을 느끼게 될 것이다. 닥쳐오는 사건들에 더 이상 말려들지 않기 때문이다. 마음도 정화되는 것을 느끼게 될 것이다. 마음의 통속극에 더 이상 빠져들지 않기 때문이다. 그 자신은 아무것도 모르고 있더라도 샥티가 각성될 것이다. 인간이 상상할 수 없는 행복을 맛보게 될 것이다. 이 길은 나날의 삶을 해결하고 영적 삶의 문제를 해결해 준다. 사람이 신께 바칠 수 있는 가장 큰 선물은 그가 창조한 것을 기꺼이 즐기는 것이다.

당신은 신이 행복한 사람들 곁에 있는 것을 흐뭇해 하리라고 생각하는가, 아니면 비참한 사람들 곁에 있기를 흐뭇해 하리라고 생각하는가? 그것을 알기는 어렵지 않다. 당신이 신이라고 상상하고, 생각해 보라. 당신은 스스로 경험하고 즐기기 위해 하늘과 땅을 창조했다. 그리고 이제 인간들이 어떻게 지내는지 살펴보려고 내려가고 있다. 맨처음 만난 인간에게 신이 묻는다.

'잘 지내는가?'

그는 이렇게 대꾸한다. '잘 지내느냐니, 무슨 말씀입니까?'

'이곳이 마음에 드냐는 말이네.'

'아니오. 마음에 안 듭니다.'

'왜 그런가? 무엇이 잘못됐는가?'

'저 나무는 다섯 군데나 구부러졌어요. 난 저것이 똑바르면 좋겠습니다. 이 사람은 다른 사람과 바람이 났고 저 아이는 전화를 많이 해서 요금이 백 달러나 나왔습니다. 이 사람은 나보다 좋은 차를 갖고 있고 저 사람은 옷을 이상하게 입어요. 아무튼 모든 게 지긋지긋합니다. 게다가 내 코는 너무 크고 귀는 너무 작아요. 발가락은 또 이

상하게 생겼고. 이런 게 다 마음에 안 듭니다. 난 행복하지 않아요.'

'그럼 동물들은 어떤가?'

'동물들요? 개미와 모기는 사람을 무지 지긋지긋해요. 짐승들 때문에 밤에는 밖엘 나갈 수도 없고요. 그것들이 짖으면서 온 델 돌아다니거든요. 정말 마음에 안 듭니다.'

당신은 신이 이런 말을 듣고 좋아하리라고 생각하는가? 신은 말한다. '그대는 날 소비자 불만처리 상담원으로 아는구먼.' 그리고 그는 자리를 옮겨 다른 사람을 만나서 물어본다.

'잘 지내시는가?'

이 사람은 이렇게 대답한다. '환상적입니다.'

'그래? 무엇이 그렇게 좋은가?'

'아름다워요. 그저 보는 것들마다 제 안에 기쁨의 물결을 일으켜 놓는답니다. 저 굽은 나무를 보세요. 우리에게 절을 하고 있어요. 개미가 와서 저를 물어요. 이렇게 작은 생물이 나 같은 거인을 깨물 용기를 가졌다니 참 놀라워요!'

자, 신이라면 누구와 함께 있고 싶어 하겠는가? 요가 전통에서 고대로부터 내려오는 신의 이름 중 하나는 '사치타난다Satchitananda', 곧 영원한 의식의 지복이다. 신은 황홀이다. 신은 그 이상 더 높을 수가 없다. 신께 가까이 다가가고 싶다면 기뻐하기를 배워라. 어떤 일이 일어나더라도 스스로 행복하고 중심에 남아 있는다면, 당신은 신을 발견할 것이다. 이것이 놀라운 부분이다. 당신은 물론 행복을 발견할 것이다. 하지만 그것은 당신이 정말 발견하게 될 것에 비하면 아무것도 아니다.

불의 시험을 통과하여 그 어떤 일이 일어나도 그냥 놓아 보낼 수 있음을 완전히 확신하게 되면 인간적인 마음과 가슴의 베일이 떨어져 나간다. 당신은 당신을 초월한 것과 맞대면하게 된다. 왜냐하면 당신은 더 이상 당신에게 필요하지 않기 때문이다. 일시적이고 유한한 것을 가지고 실컷 놀고 나면 영원하고 무한한 것에 눈을 뜨게 된다. 그러면 '행복'이라는 말은 당신의 경지를 묘사할 수 없게 된다. 거기서 황홀경, 지복, 해탈, 열반, 대자유 등의 말이 등장한다. 환희가 엄습해와, 당신의 잔이 넘친다.

그것은 아름다운 길이다. 행복하라.

제16장

저항을 다루는 법

스트레스와 문제와 두려움과 통속 드라마 없이 삶을 사는 법을 터득하는 것을 우리의 영적 수행으로 삼아야 할 것이다. 삶 자체를 통해 영적으로 진화해 가는 이 길이야말로 진정 가장 높은 길이다. 사실이지, 무엇이든 긴장하고 문제 삼아야 할 이유는 아무 데도 없다. 스트레스는 삶의 사건들에 저항할 때만 일어난다. 삶을 밀쳐내거나 자기에게 끌어당기려고 애쓰지 않는다면 저항이 일어나지 않는다. 당신은 그저 거기에 있다. 이런 상태에서는 삶의 사건이 일어나는 것을 그저 지켜보고 경험할 뿐이다. 이렇게 살기로 마음먹는다면 삶이란 아주 평화롭게 살 수 있는 것임을 깨달을 것이다.

삶이란 얼마나 경이로운 과정인가? 시공간을 흐르는 이 원자들의 흐름 말이다. 그것은 형체를 띠었다가는 즉시 그 다음 순간 속으로 해체되며 이어지는, 사건들의 영원한 펼쳐짐이다. 이 놀라운 삶의 힘에 저항하면 내면에 긴장이 일어나고, 그것은 몸과 마음과 영적 가슴속으로 침투해 쌓인다.

일상 속에서 스트레스와 저항을 일으키곤 하는 자신의 습성을 관찰하기는 어렵지 않다. 하지만 이 습성을 이해하고자 한다면 먼저 우리가 왜 삶을 그저 삶 자체로서 존재하도록 내버려 두기를 그토록 거리껴 하는지를 살펴봐야 한다. 있는 그대로의 삶에 맞서는 능력을 지닌 우리 내부의 그것은 무엇일까? 자신의 내면을 잘 살펴보면 힘을 지닌 그것은 당신, 참자아, 내면에 깃든 존재임을 알게 될 것이다. 그 힘은 의지력이라 불린다.

의지는 당신의 존재로부터 나오는 실질적인 힘이다. 그것이 팔과 다리를 움직이게 한다. 사지는 제 맘대로 움직이는 것이 아니다. 사지는 당신이 이렇게 저렇게 움직이도록 의지를 행사하기 때문에 그렇게 움직이는 것이다. 어떤 생각에 집중하고자 할 때도 당신은 이와 동일한 의지를 사용한다. 참자아의 능력이 집중되어 물질적, 정신적, 감정적 영역으로 보내지면 어떤 힘이 만들어지고, 우리는 그것을 '의지'라 부른다. 당신이 어떤 일이 일어나게 하거나 일어나지 않게 할 때 사용하는 것이 바로 이 힘이다. 당신은 무력하지 않다. 당신은 일에 영향을 미칠 수 있는 능력을 지니고 있다.

우리가 의지를 가지고 한다는 짓이 어떤 것인지를 알면 놀랄 것이다. 우리는 자신의 의지력을 삶의 흐름을 거스르는 데에 발휘하고 있다. 좋아하지 않는 일이 일어나면 우리는 거기에 저항한다. 하지만 우리가 저항하는 일은 이미 일어났는데, 거기에 저항하는 것이 무슨 소용이 있겠는가? 가장 절친한 친구가 멀리 떠나 버리는 것을 좋아하지 않는 것은 당연하다. 하지만 그 사건에 대해 오래도록 마음속에 저항감을 품고 있어 봤자 친구가 떠나 버린 현실을 바꿔 놓지 못한다. 그것은 상황에 아무런 영향도 미치지 못한다.

사실은 그것이 실제 상황에 대한 저항이라고 주장할 수조차 없다. 예컨대, 누군가가 우리에게 나쁜 말을 한다고 해서 아무리 저항해 봤자 상황을 돌이킬 수는 없는 노릇이다. 사실 우리가 저항하고 있는 대상은 우리를 통과해 지나가는 사건의 경험이다. 그것이 우리 마음에 영향을 미치는 것을 원치 않는 것이다. 우리는 그것이 마음속에 이미 있는 것과 맞지 않는 정신적, 감정적 인상을 만들어 내리라는 것을 알고 있다. 그래서 그것이 마음과 가슴을 지나가는 것을 막으려고 그 사건의 영향력에 대항하는 의지력을 발동한다. 달리 말하자면, 어떤 사건의 경험은 감각이 그 사건의 관찰을 마침과 함께 끝나는 것이 아니다. 사건은 또한 에너지 차원에서 마음을 통과해야만 한다. 이것은 우리가 날마다 경험하는 과정이다. 사건을 맨 먼저 감각이 관찰하고, 그것이 우리의 정신적, 감정적 에너지 저장소를 건드리면 에너지의 움직임이 일어난다. 이 움직임은 마치 물리적 자극이 수면에 물결을 일으키는 것과도 비슷하게 마음을 지나간다. 놀랍게도 우리는 이 에너지의 움직임에 대항하는 능력을 실제로 가지고 있다. 의지력으로써 에너지의 전파를 멈출 수 있고, 이것이 긴장을 일으킨다. 단 하나의 사건, 혹은 단 하나의 생각이나 감정을 경험하지 않으려고 몸부림치다가 결국은 진이 다 빠져 버리는 지경에 이를 수도 있다. 당신도 이것을 너무나 잘 알고 있으리라.

결국 당신은 이 저항이 에너지의 엄청난 낭비임을 깨달을 것이다. 사실 우리는 대개 한두 가지 일에 저항하는 데에 의지를 사용한다. 이미 일어난 일, 그리고 아직 일어나지 않은 일이 그것이다. 당신은 마음속에 들어앉아서 과거의 인상, 아니면 미래에 대한 생각에 저항하고 있는 것이다. 이미 일어난 일에 저항하는 데에 얼마나 많은 에너지가 낭비되고 있는지를 생각해 보라. 그것은 이미 지나가 버린 일이므로 당신은 사건 자체가 아니라 자신과 씨름을 하고 있는 것이다. 그뿐인가, 일어날지도 모를 일에 저항하는 데에도 얼마나 많은 에너지가 낭비되고 있는지를 생각해 보라. 일어날지도 모른다고 생각하는 대부분의 일들이 실제로는 일어나지 않으므로 당신은 자신의 귀한 에너지를 마구 아무렇게나 버리고 있는 것이다.

자신의 에너지 흐름을 어떻게 다루느냐가 인생에 중대한 결과를 가져온다. 이미 일어난 사건의 에너지에 대항하여 의지력을 쓴다는 것은 잔잔한 호수에 떨어진 낙엽이 일으킨 물결을 멈추게 하려고 애쓰는 것과도 같다. 당신이 하는 짓은 무엇이든 더 많은 혼란만 일으켜 놓을 뿐이다. 저항하면 에너지는 갈 데가 없어진다. 그것은 마음속에 갇혀 있으면서 당신에게 심각한 영향을 미친다. 그것은 가슴에서 에너지 흐름을 막아 폐색되고 맥없는 기분을 만들어낸다. 뭔가가 마음을 짓누르고 부담스럽게 만들 때 일어나는 현상이 바로 이것이다.

이것이 인간의 곤경이다. 사건이 일어났고, 우리는 거기에 저항함으로써 그것의 에너지를 마음속에 계속 품고 있다. 당장 오늘의 일들을 대면할 때, 우리는 그것을 받아들일 준비도 되어 있지 않고 소화할 능력도 없다. 아직도 과거의 에너지와 씨름을 하고 있기 때문이다. 시간이 가면 그 에너지가 쌓이고 쌓여서 그 사람은 완전히 기운이 막혀서 쓰러져 버리는 지경에 이를 수도 있다. 이것이 기진맥진이라는 말이 뜻하는 것이다.

하지만 스트레스로 넘어갈 이유도 없고 기진맥진할 이유도 없다. 이 에너지가 속에서 쌓이도록 내버려 두지 않고 나날의 매순간이 당신을 지나가도록 허용하면 당신은 매순간을 완벽한 휴가를 보내는 것처럼 신선한 기분으로 보낼 수 있다. 스트레스와 문제를 일으키는 것은 삶의 사건들이 아니다. 그런 경험을 일으키는 것은 그것에 대한 당신의 저항이다. 삶의 현실이 당신을 지나가지 못하도록 저항하는 데 의지력을 씀으로써 문제가 일어난 것이므로, 해결책은 분명하다. 저항을 멈추는 것이다. 어떤 일에 굳이 저항하겠다면 최소한 그에 대한 합리적인 이유를 댈 수 있어야 한다. 그렇지 않다면, 당신은 몰이성적이게 도 귀한 에너지를 낭비하고 있는 것이다.

저항의 과정을 기꺼이, 자세히 들여다보라. 저항이 일어나려면 뭔가 가 당신이 좋아하지 않는 방식으로 전개되고 있다는 판단이 먼저 일 어나야 한다. 온갖 사건들이 별일 없이 당신을 지나간다. 그런데 이것 만은 왜 저항하기로 했는가? 그냥 지나 보낼 것인지, 의지력을 발동해 서 밀쳐내든가, 아니면 부여잡을 것인지를 결정하기 위해서는 당신의 마음속에 뭔가 근거가 있어야 한다. 당신이 눈길도 주지 않는 일들이 무수히 많다. 날마다 운전을 하고 다니지만 당신은 건물과 가로수에 전혀 주의를 주지 않는다. 그것을 보지만 그것은 그냥 당신을 지나간 다. 하지만 그것이 모든 사람에게 마찬가지라고 생각하지는 마라. 차 선이 삐뚤빼뚤하면 차선 그리는 일이 직업인 사람은 아주 스트레스를 받을 것이다. 실제로 그는 그것이 너무나 거슬려서 그 길로는 두 번 다 시 다니지 않을 수도 있다. 모든 사람이 동일한 일이나 문제에 저항을 보이는 것이 아님은 분명하다. 그것은 일이 어떻게 돌아가야 한다거 나 그것이 얼마나 비중이 큰 문제인지에 대한 관념이 사람마다 다 다 르기 때문이다.

스트레스를 이해하려면 당신이 일은 어떻게 돌아가야만 한다는 자 신만의 고정관념을 가지고 있다는 사실을 깨닫는 것에서부터 시작해 야 한다. 이미 일어난 일에 저항하여 의지를 발동하게 되는 것도 이 고정관념에서 비롯된 것이다. 당신은 이 고정관념을 어디서 주웠는가? 당신이 라일락이 만발한 모습을 보면 스트레스를 받는다고 하자. 물론 대부분의 사람들은 그렇지 않다. 그게 왜 당신만 괴롭히는가? 그건 간단하다. 라일락을 좋아해서 기르는 애인이 있었는데 그녀가 하필 라일락이 만발했을 때 떠나 버렸기 때문이다. 이제 당신은 라일락만 보면 가슴이 닫힌다. 그 근처에 가기도 싫다. 그것만 보면 절로 마음이 혼란해진다.

삶에서 일어나는 이런 개인적인 일들이 우리의 마음과 가슴속에 각인된다. 이 인상들은 저항 아니면 집착하기 위해 의지를 발동시키게 하는 근거가 된다. 그 이상은 없다. 그 사건은 어린 시절에 일어났을 수도 있고 다른 시절에 일어났을 수도 있다. 그것이 언제 일어났는지와는 상관없이 하여간 그것이 당신의 내면에 인상을 남겼다. 이제 당신은 이 과거의 인상에 근거하여 현재 일어나고 있는 사건에 저항한다. 이것이 내적 긴장과 혼란과 몸부림과 고통을 일으킨다. 이것을 깨달아 과거의 사건이 당신의 삶을 몰아가도록 놔두기를 거부하지 않고, 당신은 스스로 나서서 그 속으로 말려든다. 당신은 그것이 실제인 양 착각하여 저항이나 집착에 온 가슴과 영혼을 쏟아붓는다. 하지만 실은 이 모두가 아무런 의미도 없다. 그것은 당신의 삶을 파멸로 몰아갈 뿐이다.

해결책은 이 인상들과 그것이 일으키는 스트레스를 놓아 보내는 데에 삶을 이용하는 것이다. 이렇게 하려면 의식이 매우 깨어 있어야만 한다. 어떤 것에 저항하도록 부추기는 마음의 소리를 깨어서 주시해야만 한다. 그것은 실제로 이렇게 말한다. '그의 말이 마음에 안 들어. 고쳐 줘야 해.' 마음의 소리는 저항으로써 세상을 대하라고 충고한다. 그것을 왜 귀담아 듣고 있는가? 어떤 일이 일어나든, 그것을 다음 순간으로 끌고 가지 말고 기꺼이 당신을 지나가게 하는 것이 당신의 영적 수행의 길이 되게 하라. 그것은 일어나는 일을 외면한다는 뜻이 아니다. 그것을 맞이하여 대처하지만 먼저 그 에너지가 당신을 지나가게 하는 것이다. 그렇게 하지 않는다면 당신은 사실상 현재의 사건에 대처하는 것이 아니다. 당신은 과거로부터 갇혀 있던 에너지를 대면하고 있는 것이다. 당신은 맑은 의식의 자리로부터 일에 대처하는 것이 아니라 내적 저항과 긴장의 자리로부터 대처하는 것이다.

이것을 피하려면 모든 상황을 수용의 자세로 대하는 것부터 시작하라. 수용이란 사건이 저항 없이 당신을 지나가게 하는 것을 뜻한다. 어떤 일이 일어나서 당신의 마음을 아무 일 없이 지나가면 당신은 그 사건의 있는 그대로의 실제 상황과 대면하게 된다. 당신은 그 사건이 자극한 저장된 에너지가 아니라 실제 사건을 대하고 있으므로 과거로부터의 반응적 에너지를 일으키지 않을 것이다. 당신은 자신이 나날의 상황을 훨씬 더 잘 다룰 수 있게 된 것을 발견할 것이다. 앞으로 다시는 같은 식의 문제를 겪지 않게 되는 것이 실제로 가능하다. 그것은,

사건 자체는 문제가 아니기 때문이다. 사건은 그저 사건일 뿐이다. 그것에 대한 당신의 저항이야말로 문제를 일으키는 원인이다. 그러나 다시 말하지만 현실을 그냥 받아들이는 것이 일에 대처하지 않는 것을 뜻한다고는 생각하지 말라. 그것이야말로 진실로 일에 대처하는 것이다. 다만 당신은 그것을 개인적 문제로서가 아니라 지구 행성에 일어난 무수한 사건들 중의 하나로서 대처한다.

대부분의 상황에서 자기 자신의 두려움과 욕망 외에는 대처해야 할 것이 없음을 발견하게 되면 당신도 놀랄 것이다. 두려움과 욕망은 매사를 매우 복잡하게 만들어 놓는다. 어떤 일에 대해 두려움과 욕망이 없으면 문제될 것이 정말 없다. 당신은 그저 삶이 펼쳐지도록 놓아두고 이성적이고 자연스러운 태도로 그에 임한다. 그 다음 일이 일어나면 또 그 순간에 온전히 임하고 그저 삶의 경험을 즐긴다. 문제는 존재하지 않는다. 이 모두가 문제없는 상태, 긴장과 스트레스가 없는 상태, 기진맥진하지 않는 상태에 관한 것이다. 세상의 모든 일들이 당신을 유유히 지나갈 수 있게 된다면 당신은 깊은 영적 경지에 이른 것이다. 그러면 당신은 일어나는 모든 사건들 속에서도 막힌 에너지를 쌓아가지 않고 깨어 있을 수 있다. 그런 경지에 이르면 만사가 투명하고 확실해진다. 이에 반해 사람들은 자신의 반응과 개인적 기호와 씨름하면서 주변 세상을 어떻게 해보려고 애쓴다. 하지만 자신의 두려움과 불안과 욕망을 처리하기에 급급한데 실제로 일어나는 일에 대처할 에너지가 남아 있겠는가?

　잠시 멈춰서 당신이 무엇을 성취할 수 있을지를 한번 생각해 보라. 지금까지 당신의 능력은 끊임없는 마음의 몸부림 때문에 제한되어 왔다. 당신의 의식이 오로지 실제로 일어나고 있는 사건에만 오롯이 집중할 수 있게 된다면 어떤 일이 일어날지를 상상해 보라. 마음속에서 지껄이는 소리는 더 이상 없을 것이다. 이와 같이 살면 어떤 일이든 해낼 수 있다. 당신의 능력은 과거에 경험한 것에 비할 수 없게 될 것이다. 이 정도 수준의 의식과 명료함을 지니고 모든 일에 임한다면 당신의 삶은 바뀔 것이다.

　그러니 삶 속에서 저항을 놓아 보내는 이 수행을 당신의 길로 삼으라. 인간관계는 자신을 닦는 데 훌륭한 도구가 된다. 내부에 갇혀 있는 에너지의 요구를 만족시켜 주기 위해서가 아니라 상대방을 더 잘 알기 위해서 인간관계를 맺는다고 상상해 보라. 당신이 가지고 있는 좋아함과 싫어함에 대한 고정관념에다 사람들을 끼워 맞추려고 애쓰지 않는다면 인간관계가 아주 수월하다는 것을 발견할 것이다. 내면에 가둬 놓은 것들을 근거로 사람들을 심판하고 저항하기에 바쁘지 않다면 사람들을 사귀기가 훨씬 더 쉽다는 것을 깨닫게 될 것이다. 그리고 물론 당신도 다른 사람들에게 사귀기 편한 사람이 될 것이다. 자신을 놓아 보내는 것은 사람들과 가까워지는 가장 쉬운 길이다.

　나날의 일에서도 마찬가지다. 나날의 일이 재미있어진다. 사실 일은 쉽다. 당신의 일이란 당신이 한 행성 위에서, 그것이 텅 빈 우주 공간 속을 돌아가고 있는 동안 낮 시간에 하는 일이다. 자신의 일에 만족하고 즐기고자 한다면 자신을 놓아 보내고 사건들이 당신을 지나 흘러가게 해야 한다. 다른 모든 것이 지나간 다음에 남아 있는 그것이 당신의 진정한 일이다.

개인적인 에너지가 모두 당신을 지나가고 나면 세상은 새로운 곳이 된다. 사람들과 사건들이 당신 앞에 새롭게 나타날 것이다. 자신이 이전에는 상상도 못했던 재능과 능력을 지니고 있음을 깨달을 것이다. 삶에 대한 시각도 완전히 바뀔 것이다. 세상 모든 것들이 변신한 것만 같이 보일 것이다. 이런 일이 일어나는 것은, 한 상황을 놓아 보내고 나면 다른 상황들을 더 명료하게 볼 수 있게 되기 때문이다. 예컨대, 당신이 개를 두려워한다고 하자. 당신은 다른 사람들은 개를 두려워하지 않는다는 것을 깨닫게 된다. 당신은 지금껏 내내 다른 사람이 겪지 않는 고난을 겪어온 것이다. 그래서 당신은 앞으로 개를 보면 긴장을 늦추고 두려움을 다뤄 보기로 마음먹는다. 저항을 다루는 방법은 긴장을 푸는 것이다. 개인적인 저항의 힘을 이완시키는 이 행위는 개와의 관계만 바꿔 놓는 것이 아니라 모든 것과의 관계를 바꿔 준다. 이제 당신의 영혼은 혼란을 일으키는 에너지를 지나가게 하는 방법을 터득했다. 나중에 누군가가 당신에게 욕을 하면 당신은 저절로 그것을 개에 대한 두려움을 다뤘던 것과 같은 방식으로 다루게 될 것이다.

저항의 힘을 이완시키는 이 과정은 당신 삶의 모든 일에 이로움을 준다. 가슴이 닫히려고 할 때 열려 있게 하는 법을 직접 가르쳐 주기 때문이다.

깊은 내면의 것들을 풀어놓는 것은 그 자체가 하나의 영적 수행이다. 그것은 비저항의 길, 받아들임의 길, 내맡김의 길이다. 그것은 에너지가 당신을 지나갈 때 저항하지 않는 길이다. 이것을 하기에 어려움이 있다고 해도 좌절하지 마라. 그저 끊임없이 노력하라. 이처럼 가슴이 열리어 완전하고 온전하게 된다는 것은 일생의 노력을 바쳐도 아깝지 않은 일이다.

비결은 그저 이완하고 풀어놓고 당신 앞에 놓인 것만을 다루는 것이다. 그 밖의 다른 것들은 걱정할 필요가 없다. 이완하고 풀어놓으면 그것이 당신을 놀라운 영적 성장 과정으로 데려다 준다는 것을 알게 될 것이다. 엄청난 양의 에너지가 내면에 일깨워지는 것을 느끼기 시작할 것이며 이전에 느꼈던 것보다 훨씬 더 큰 사랑을 느낄 것이다. 더욱 큰 평화와 만족을 느낄 것이고, 마침내는 아무것도 더 이상 당신을 혼란스럽게 만들지 못하게 될 것이다.

당신은 정말 남은 평생 동안 더 이상 아무런 스트레스도 긴장도 문제도 없는 그런 상태에 이를 수 있다. 당신은 다만 삶이 당신에게 선물을 주고 있으며, 그 선물이란 당신의 탄생으로부터 죽음에 이르는 동안 일어나는 사건들의 흐름임을 깨달아야 한다. 이 사건들은 당신을 흥분시키고 부추겨 엄청난 성장을 가져온다. 이 삶의 흐름을 편안하게 맞이하려면 당신의 가슴과 마음은 현실을 품을 수 있을 정도로 활짝 열리고 넓어져야만 한다. 그렇지 못한 유일한 이유는 당신이 저항하기 때문이다. 저항을 멈추기를 배우라. 그러면 스트레스를 주는 문제처럼 보였던 것이 영적 여행의 징검다리처럼 보이기 시작할 것이다.

제17장

죽음이 주는 의미

삶의 가장 훌륭한 스승이 죽음이라는 사실은 실로 우주적인 역설이다. 어떤 사람이나 상황도 죽음만큼 많은 것을 가르쳐 주지 못한다. 어떤 사람이 당신이 집착하고 있는 것들이 얼마나 하찮은 것인지를 깨우쳐 줄 수 있다고 한다면, 죽음은 그 모든 것을 순식간에 앗아가 버린다. 어떤 사람이 모든 인간은 인종과 빈부를 초월하여 동등하며 차별이 없음을 가르쳐 줄 수 있다고 한다면, 죽음은 단번에 만인을 동등한 위치에 가져다 놓는다.

문제는, 죽음을 스승으로 모시게 될 마지막 순간까지 기다릴 작정이냐는 것이다. 죽음의 가능성, 단지 그것조차도 어느 순간에든 우리를 깨우쳐 줄 힘을 지니고 있는데 말이다. 현명한 사람은 내쉰 숨을 다시 들이킬 수 없는 순간이 언제든지 닥칠 수 있음을 안다. 그것은 언제 어디서라도 일어날 수 있고, 그러면 당신의 마지막 숨은 넘어가 버린다. 우리는 이로부터 뭔가를 깨달아야만 한다. 현명한 사람은 죽음이라는 엄연한 현실이 피할 수 없고 예측할 수 없는 것임을 전적으로, 완전히 받아들인다.

어떤 일로 어려움을 겪고 있다면 언제든지 죽음을 생각해 보라. 당신이 질투심 많은 성격이라고 하자. 당신은 당신의 짝이 다른 사람과 가까이 지내는 것을 견디지 못한다. 당신이 사랑하는 사람이 생각해 주는 사람 하나 없이 외롭게 사는 것이, 그것이 정말 그렇게 로맨틱한 사랑인 걸까? 자신의 이기적인 관심사를 잠시만 접어둘 수 있다면, 당신은 당신이 사랑하는 사람이 충만하고 행복하고 아름다운 삶을 살기를 바란다는 것을 깨달을 것이다. 그것이 당신이 바라는 바라면, 단지 그가 누군가와 말을 나누는 것을 가지고 당신은 왜 그토록 난리인가?

가장 높은 삶을 살도록 당신을 자극하기 위해 죽음이 동원되어야만 하는 것은 아니다. 왜 모든 것을 빼앗길 때에 이르러서야 내면 깊이 들어가서 가장 높은 잠재력에 이르기를 배우겠다는 것인가? 현명한 사람은 이렇게 생각한다. '한 호흡 간에 이 모두가 바뀌어 버릴 수 있는 것이라면 나는 살아 있는 동안에 가장 높은 삶을 살겠다. 나는 더 이상 내 사랑하는 사람들을 괴롭히지 않겠다. 내 존재의 가장 깊은 곳에 자리 잡고서 살아갈 것이다.'

이것이 의미 깊은 인간관계를 위해서 필요한 태도이다. 우리가 사랑하는 사람들에게 얼마나 무심할 수 있는지를 보라. 우리는 그들이 당연히 늘 우리 곁에 있어 주리라고 생각한다. 그들이 죽어 버리면 어쩔 것인가? 또 당신이 죽는다면 어쩔 텐가? 그들을 보는 것도 오늘 저녁이 마지막이라는 사실을 안다면 어떻겠는가? 저승사자가 찾아와서, '짐을 챙겨 놓게. 오늘밤에 잠을 자다가 깨면 나와 같이 가야 하네.'라고 말한다고 상상해 보라. 그러면 그날 만나는 모든 사람들이 그것으로 마지막이 될 것이다. 어떤 기분이겠는가? 그들과 어떤 이야기를 주고받겠는가? 평소 그들에게 품고 있던 자잘한 시기나 불평 따위에는 신경이나 쓰이겠는가? 그것이 그들과 함께 보낼 마지막 시간임을 안다면 당신은 사랑하는 사람들에게 얼마나 많은 사랑을 줄 수 있겠는가? 당신의 삶은 정말 달라 보일 것이다. 이것을 깊이 생각해 보아야 한다. 죽음은 음침한 것이 아니다. 죽음이야말로 삶을 통틀어 가장 위대한 스승이다.

당신이 필요로 하는 것들을 잠시 살펴보라. 당신이 여러 가지 활동에 얼마나 많은 시간과 에너지를 들이고 있는지를 살펴보라. 일주일이나 한 달 후면 당신이 죽을 것임을 알고 있다고 상상해 보라. 그것이 모든 것을 어떻게 바꿔 놓을까? 당신이 중요하게 생각하는 일들의 우선순위는 어떻게 바뀔까? 마지막 주를 어떻게 보낼 것인지를 정직하게 생각해 보라. 이 얼마나 훌륭한 생각거리인가? 그리고 이 질문을 생각해 보라. 그것이 마지막 남은 일주일 동안에 정말 하고 싶은 일이라면 그 나머지 시간에는 무엇을 하고 있는가? 그저 별 의미 없이 허비하고 있는가? 쓰레기통에 버리듯이 버리고 있는가? 별로 귀한 것도 아닌 것처럼 대하고 있는가? 이 삶을 가지고 당신은 무엇을 하고 있는가? 이것이 죽음이 당신에게 묻는 질문이다.

당신이 죽음에 대해 아무런 생각 없이 살고 있다고 해보자. 그런데 저승사자가 찾아와서 말한다. '가야 할 때가 됐으니 이제 가세.' 당신이 대꾸한다. '안 돼요. 마지막 한 주일을 어떻게 보낼지 결정할 수 있도록 예고라도 해줬어야지 않습니까? 난 일주일은 더 있다가 가야 해요.' 그러면 그가 뭐라고 할지 아는가? 그는 이렇게 말할 것이다. '맙소사! 지난해에만도 52주나 줬지 않은가. 게다가 올해에 덤으로 받은 시간은 어떡하고? 그런데 한 주일을 더 달라니, 그동안 뭘 하고 지냈는가?' 이렇게 물어본다면 당신은 뭐라고 대답할 텐가? 이렇게? '난 별로 신경 쓰지 않았어요. 그게 그렇게 중요하다고 생각하지 않았지요.' 이건 당신 삶에서 꽤나 놀라운 사실이다.

죽음은 위대한 스승이다. 하지만 이처럼 깨어 있는 의식을 지니고 사는 사람이 누가 있겠는가? 나이는 문제가 아니다. 어느 순간에도 숨이 넘어갈 수 있다. 그것은 노인들만이 아니라 갓난아이에게도, 십대에게도, 중년에게도 늘 일어나고 있는 일이다. 한 호흡 사이에 그들은 저 너머로 사라진다. 자신이 언제 죽을지는 아무도 모른다. 이것이 죽음이다.

그러니 마음을 대담하게 가지고, 일주일마다 그 마지막 일주일을 어떻게 살 것인지를 숙고해 보지 않을 텐가? 정말 깨어 있는 사람들에게 이 질문을 던져 본다면 그들은 아무런 어려움 없이 대답할 것이다. 그들의 마음은 한 치도 흔들리지 않을 것이다. 죽음이 일 년 후에 찾아오든, 한 달 후에 찾아오든, 한 시간 후에 찾아오든 그들은 지금 살고 있는 것과 똑같이 살아갈 것이다. 그들은 만사 제쳐 놓고 하고 싶은 일을 한 가지도 가슴에 품고 다니지 않는다. 달리 말해서, 그들은 자신의 삶을 온전히 살고, 타협하거나 자신과 씨름하지 않는다.

죽음이 당신을 노려보고 있다면 어떨지, 기꺼이 자신을 들여다봐야만 한다. 그러든 말든 아무런 차이도 없을 만큼 마음이 평화로울 수 있어야 한다. 삶의 매 순간을 머리 위에다 거미줄에 칼을 매달아 놓은 것처럼 느끼며 살았다는 한 위대한 요기의 이야기가 있다. 그는 죽음을 그처럼 가깝게 의식하며 산 것이다. 이처럼 죽음은 우리의 지척에 있다. 자동차를 탈 때마다, 횡단보도를 건널 때마다, 뭔가를 먹을 때마다, 그것이 당신의 마지막 행위가 될 수 있다. 당신이 매 순간 하는 모든 행위가 누군가가 죽는 순간에 했던 마지막 행위임을 당신은 아는가? '그는 저녁을 먹다가 죽었어요… 그는 자동차 사고로 죽었어요… 집에서 2킬로밖에 떨어지지 않은 곳에서 말이에요. 그녀는 뉴욕으로 가던 중에 비행기 추락으로 죽었어요… 그는 잠들었는데 일어나지 않았어요…….' 이것은 누군가에게 언젠가 일어난 일들이다. 당신이 지금 무엇을 하고 있든지, 바로 그것을 하다가 죽은 사람이 틀림없이 있다.

　죽음에 대해 논하기를 겁낼 필요가 없다. 죽음 앞에서 긴장하지 마라. 오히려 죽음에 대해 아는 것이 당신으로 하여금 삶의 매 순간을 충만하게 살도록 돕게 하라. 순간순간이 소중하다. 살날이 한 주일밖에 남지 않았음을 아는 사람에게 일어나는 일이 이것이다. 그들은 삶에서 가장 소중했던 주일은 그 마지막 주일이었다고 말할 것이 틀림없다. 그 마지막 주일에는, 모든 것이 수백만 배나 더 의미 깊을 것이다. 매 주일을 이렇게 살아간다면 어떨까?

　여기서 자신에게, 나는 왜 그렇게 살아가지 않는지를 물어보아야 한다. 당신은 죽을 것이다. 당신은 그것을 알고 있다. 그것이 언제인지를 모를 뿐이다. 죽음은 모든 것을 남김없이 앗아갈 것이다. 당신은 소유물과 사랑하는 사람들과 삶의 모든 희망과 꿈을 남겨두고 떠날 것이다. 있던 곳으로부터 그대로 들려 갈 것이다. 죽음은 한순간에 모든 것을 뒤집어 놓는다. 그것이 죽음의 실상이다. 이 모든 것이 한순간에 바뀌어 버릴 수 있는 것이라면 이 모든 것은 사실 그다지 실제적이지 않은 것인지도 모른다. 자신이 어떤 존재인지를 되살펴보는 것이 좋을지도 모른다. 좀 더 깊숙이 자신을 들여다봐야 할지도 모른다.

　이 깊은 진실을 받아들일 때 멋진 점은, 삶을 온통 바꿔야 할 필요는 없다는 것이다. 단지 삶을 살아가는 태도만 바꾸면 된다. 무엇을 하느냐가 중요한 게 아니라 얼마나 온전히 자신을 바쳐서 그것을 하느냐가 중요하다. 간단한 예를 들어보자. 당신은 무수히 산책을 다녔지만 몇 번이나 그 즐거움을 깊이 음미해 보았는가? 살날이 일주일밖에 남지 않은 환자가 의사의 눈을 애처롭게 쳐다보며 이렇게 물어보는 것을 상상해 보라. '밖에 산책을 나가도 될까요? 한 번만 하늘을 더 쳐다볼 수 있을까요?' 밖에 비가 온다고 해도 그들은 한 번만 더 비를 맞아보고 싶어 할 것이다. 그들에게는 그것이야말로 가장 소중한 일일 것이다. 하지만 당신은 비를 맞기 싫어한다. 달려가거나 우산을 쓴다.

우리로 하여금 삶을 살지 못하게 하는 그것은 무엇인가? 우리로 하여금 그토록 겁에 질린 채 삶을 그냥 즐기지 못하도록 말리는 우리 내면의 그것은 무엇인가? 우리의 이 부분은 다음 일이 반드시 제대로 풀리게끔 하려고 너무나 바쁘게 애쓰느라고, 그냥 지금 여기의 삶을 살지 못한다. 그러는 동안에도 죽음은 호시탐탐 우리의 뒤를 밟고 있다. 죽음이 오기 전에 정말로 살아보고 싶지 않은가? 아마도 예고 따위는 없을 것이다. 자기가 언제 죽을지를 아는 사람은 매우 드물다. 거의 대부분의 사람들이 한 숨을 쉬고는 다음 숨을 쉬지 않았음을 알아차리지 못하게 된다.

그러니 삶을 온전히 살지 못하게 하는 겁에 질린 당신의 그 부분을 놓아 보내는 일에 나날을 사용하기 시작하라. 언젠가는 죽으리라는 사실을 당신은 알고 있으니, 해야 할 말을 서슴없이 하고, 해야 할 일을 주저없이 하라. 다음 순간에 어떤 일이 일어날지를 걱정하지 말고 현재에 오롯이 임하라. 이것이 죽음을 맞이한 사람이 사는 방식이다. 당신 또한 매 순간 죽음을 대면하고 있으니, 당신도 그렇게 할 수 있어야만 한다.

항상 죽음을 대면하고 있는 것처럼 살기를 배우라. 그러면 당신은 더 대담해지고 가슴이 더 열릴 것이다. 삶을 온전하게 살면 마지막 소원 같은 것은 품고 있지 않을 것이다. 매 순간을 충실히 살았으므로. 그래야만 당신은 삶을 온전히 경험한 것이고, 살기를 겁내는 당신의 부분을 놓아 보낸 것이다. 삶에서 얻어야 할 유일한 것은 삶을 경험함으로써 오는 성장임을 당신이 이해했을 때, 두려움은 사라질 것이다. 삶 그 자체가 당신의 경력이며, 삶과의 사귐이야말로 가장 의미 깊은 관계이다. 그 밖의 모든 일은 당신이 약간의 의미로써 삶을 장식해 보고자 주의를 쏟고 있는, 삶의 작은 파편들이다. 삶에 진정한 의미를 부여해 주는 것은, 삶을 기꺼이 살고자 하는 태도이다. 그것은 어떤 특별한 사건이 아니라 삶의 사건들을 기꺼이, 오롯이 경험하고자 하는 태도이다.

다음에 만나는 사람이 당신이 볼 마지막 사람이라는 사실을 알게 된다면 어떻게 하겠는가? 당신은 그 자리에 오롯이 머물러 그 경험을 모두 빨아들일 것이다. 그가 무슨 말을 하는지는 중요하지 않을 것이다. 그것이 세상에서의 마지막 대화가 될 것이므로, 당신은 그저 그 말을 듣는 것 자체를 즐길 것이다. 모든 대화에 그 정도로 깨어 있는 의식을 가지고 임한다면 어떻겠는가? 죽음이 임박했다는 사실을 깨달았을 때 일어나는 일이 이것이다. 당신이 바뀐다. 인생이 바뀌는 것이 아니다. 진정한 구도자는 매 순간을 이렇게 살기로 맹세하고 그 어떤 것도 그것을 방해하도록 놔두지 않는다. 어떻게든 죽을 것인데 무엇이, 왜 당신을 가로막도록 놔둬야 하는가?

그것이 마지막 주일인 것처럼 자신을 삶 속으로 밀어 넣으면 당신의 마음은 억눌려 있던 온갖 욕망을 끄집어내 보일지도 모른다. 마음이 늘 해보고 싶어 했던 온갖 일들을 끄집어내 놓으면 당신은 그것을 당장 해보고 싶은 생각이 들지도 모른다. 하지만 곧 그것은 정답이 아님을 깨달을 것이다. 그것은 삶에서 어떤 특별한 경험을 건져내고 싶어 하는 욕망으로서, 그것은 있는 그대로의 삶의 경험을 놓치게 만든다는 사실을 알아야 한다. 삶이란 얻어내는 무엇이 아니라 경험하는 무엇이다. 삶은 당신과 함께, 또는 당신 없이 있을 수도 있다. 그것은 수십억 년을 이어져 왔다. 당신은 단지 그 작은 조각 한 편을 목격하는 영광을 얻은 것이다. 거기서 뭔가를 얻어내려고 분주히 설친다면 당신이 실제로 경험하고 있는 그 조각은 놓쳐 버릴 것이다. 삶의 경험은 저마다 다르다. 그리고 모든 경험은 가치 있다. 삶은 함부로 허비할 것이 아니다. 그것은 실로 귀하고 소중한 것이다. 그 때문에 죽음이 위대한 스승인 것이다. 삶을 귀하게 만들어 주는 것은 다름 아닌 죽음이므로. 살날이 일주일밖에 안 남았다고 상상할 때 삶이 얼마나 소중하게 여겨질지를 생각해 보라. 죽음이 존재하지 않는다면 삶의 가치는 어떻게 변할까? 삶이 영원토록 있는 것이라고 생각한다면 매순간이 물처럼 낭비될 것이다. 무엇을 소중하게 만들어 주는 것은 희귀성이다. 돌을 귀한 보석으로 만드는 것은 희귀성이다.

이처럼 실로 죽음은 삶에 의미를 가져다준다. 죽음은 당신의 벗이다. 죽음은 당신의 해방자이다. 하늘에 맹세코, 죽음을 겁내지 마라. 죽음이 일러주는 것을 배우도록 애써라. 배움의 가장 높은 길은 삶의 매 순간을 앞에 두고, 그것을 온전히 사는 것만이 가장 중요한 일임을 절실히 인식하는 것이다. 매 순간을 온전히 살면 삶은 충만해지고 죽음을 두려워할 필요가 없어질 것이다.

우리는 삶에 집착하기 때문에 죽음을 겁낸다. 아직 경험하지 못한 어떤 것을 얻어내야 한다고 생각하기 때문에 죽음을 겁낸다. 많은 사람들이 죽음이 자신에게서 뭔가를 앗아가리라고 느낀다. 현명한 사람은 죽음이 끊임없이 뭔가를 주고 있음을 안다. 죽음은 당신의 삶에 의미를 주고 있다. 삶을 아무렇게나 버리고 있는 것은 당신이다. 당신이 삶의 매 순간을 낭비하고 있다. 자동차를 타고 이리저리 바쁘게 다니지만, 아무것에도 눈길을 주지 않는다. 당신은 거기에 존재하지도 않는다. 그저 다음에는 무엇을 해야 할지를 생각하느라 바쁘다. 당신은 한 달, 아니 심지어는 한 해를 앞질러서 가고 있다. 당신은 삶을 살고 있는 게 아니라 마음을 살고 있다. 그러니 삶을 앗아가는 것은 당신이지, 죽음이 아니다. 사실 죽음은 이 순간에 주의를 기울이게 함으로써 삶을 되찾도록 도와준다. 그것은 당신이 이렇게 말하게 만든다. '이크! 잘못하다간 내 아이들을 잃겠군. 그들을 보는 것이 이게 마지막일 수도 있겠군. 이제부터는 아이들에게, 그리고 아내와 친구들과 사랑하는 사람들에게 마음을 좀 더 기울여야겠어. 삶을 좀 더 진하게 살아야겠어!'

모든 경험을 온전히 살아가면 죽음은 당신에게서 아무것도 앗아가지 않는다. 당신은 이미 모든 것을 이뤘으므로 빼앗길 것이 아무것도 없다. 현자가 언제나 죽을 준비가 되어 있는 것은 이 때문이다. 그들의 경험은 이미 온전하고 완전하므로 죽음이 언제 오는가는 아무런 상관이 없다. 당신이 음악을 그 무엇보다 사랑한다고 하자. 당신은 좋아하는 오케스트라가 연주하는 특정한 클래식 곡을 듣기를 좋아했다. 그것이 평생의 꿈이었다. 마침내 그 일이 일어난다. 당신은 현장에서 그 곡을 듣는다. 그것은 당신을 완전히 만족시킨다. 맨 첫 소절 하나만도 당신을 천상으로 데려가기에 충분하다. 이것은 초월적 평화 속으로 젖어드는 데도 한 순간이면 충분하다는 사실을 보여 준다. 죽기 전에 더 많은 시간이 필요한 것이 아니다. 필요한 것은, 주어진 시간 동안 더 깊은 경험을 하는 것이다.

이것이 삶의 매 순간을 살아가는 방법이다. 삶의 경험으로 당신을 완전히 채워라. 삶이 당신 존재의 밑바닥을 건드리게 하라. 그것이 불가능한 순간은 없다. 심지어 당신에게 끔찍한 일이 일어난다고 할지라도 그것을 그저 삶의 또 다른 경험으로서 바라보라. 죽음이 모든 것을 덧없는 것으로 만들어 놓는다는 사실은 깊은 평화를 가져다준다. 모든 것이 그저 시공간 속을 지나쳐 간다.

현명한 사람은 삶이란 결국 죽음에 속한 것임을 안다. 죽음은 때가 차면 당신에게서 삶을 돌려받으러 오는 자다. 죽음은 주인이고 당신은 세입자일 뿐이다. 사람들은 이렇게들 말한다. '그는 빌린 시간을 살고 있어,' 혹은 '그는 삶을 조금 더 연장했어.' 시간을 어디서 빌리고 누구에게서 연장했다는 말인가? 물론 죽음에게서다. 소유권자는 죽음이다. 그것은 언제나 죽음의 것이었다. 우리는 죽음과 좋은 관계를 맺어 놔야 한다. 그리고 그것은 두려워하는 관계여서는 안 된다. 하루를, 또 하나의 경험을 허락한 것에 대해, 그리고 삶이 소중해지도록 희귀성을 창조해 준 것에 대해 죽음에게 감사하라. 이렇게 하면 삶은 마음대로 낭비할 수 있는 것이 아니라 깊이 음미해야 할 것이 된다.

죽음은 삶의 궁극적 현실이다. 요가 수행자와 성자들은 죽음을 온전히 받아들인다. 성 바오로는 이렇게 말했다. '죽음이여, 네 독침이 어디에 있느냐? 무덤이여, 네 승리는 어디에 있느냐?' 고린도전서 15장 55절 위대한 존재들은 죽음에 대해 이야기하기를 꺼리지 않는다. 요가 수행자들은 전통적으로 공동묘지나 화장터에 가서 명상했다. 그들은 거기 앉아서 육신의 나약함과 죽음의 불가피함을 자신에게 상기시켰다. 불교도들은 만물이 무상함을 명상하기를 배운다. 모든 것이 덧없다. 죽음은 당신에게 이것을 일러 준다.

그러니 마음의 지껄임 속에서 넋을 놓고 있지 말고 삶의 덧없음을 명상하지 않겠는가? 뭔가 의미 있는 것을 생각해 보지 않겠는가? 죽음을 겁내지 말라. 죽음이 당신을 해방시키게 하라. 죽음으로부터 삶을 온전히 경험할 용기를 얻어라. 하지만 기억하라. 그것은 당신의 삶이 아니다. 당신은 자신에게 일어나는 삶을 경험하는 것이지, 일어나기를 바라는 삶을 경험하는 것이 아니다. 다른 일이 일어나게 하려고 애쓰느라고 삶의 한 순간도 허비하지 말라. 당신에게 주어진 순간을 감사하고 음미하라. 시시각각 죽음이 다가오고 있는 것을 모르겠는가? 이것이 삶을 사는 방법이다. 죽음의 낭떠러지 끝에 서 있는 것처럼 살라. 왜냐하면 실로 그러하니까.

제18장

중도의 비밀

삶을 하나의 영적인 길로서 살기를 이야기하면서 가장 심오한 가르침인 『도덕경』을 언급하지 않는다면 중요한 것이 빠진 것이다. 도덕경은 논하기가 매우 어려운 것을 논하고 있다. 노자는 그것을 '도道'라고 했다. 문자 그대로 직역하면 그것은 '길'을 뜻한다. 도란 매우 미묘한 것이라서 그것을 직접 건드릴 수는 없고 그 언저리만을 이야기할 수 있다. 도덕경은 모든 삶의 가장 근본적인 이치를 설한다. 그것은 음과 양, 여성과 남성, 빛과 어둠 사이의 균형을 논한다. 도덕경은 단번에 읽고도 한 자도 이해하지 못할 수도 있고, 한 자 한 자 읽을 때마다 눈물이 쏟아질 수도 있다. 문제는 그것이 말하고자 하는 것을 이해할 만한 바탕이 있느냐는 것이다.

유감스럽게도 영적 가르침들은 종종 알쏭달쏭한 말로써 진리의 핵심을 감춰 놓는다. 하지만 이 균형, 이 도는 실제로 매우 단순하다. 삶의 비밀을 진정으로 깨우친 사람은 아무것도 읽지 않고도 이 진리를 알아낸다. 도를 이해하려면 매우 천천히, 그리고 매우 단순하게 배워야 한다. 그러지 않으면 그것이 눈앞에 있어도 놓쳐 버린다.

아주 단순한 질문으로써 다가가는 것이 도에 접근하는 가장 좋은 방법이다. 예컨대, 쉬지 않고 음식을 먹는 것이 좋을까? 좋지 않다. 음식을 전혀 먹지 않고 사는 것이 좋을까? 좋지 않다. 이 중간 어딘가에서 당신은 도를 지나쳤다. 진동추는 굶어 죽는 것과 배불러 죽는 것 사이를 왕래할 수 있다. 그것이 진동추의 양극단이다. 음과 양, 확장과 수축, 행위와 무위, 모든 것에는 양극단이 있다. 만사가 이 흔들리는 진동추의 이행단계 중의 어딘가에 있다. 극단으로 가면 살아남지 못한다. 극단은 그토록 극단적이다. 예컨대 당신은 더운 날씨를 좋아하는가? 그렇다면 화씨 6,000도는 어떤가? 당신은 즉석에서 증발해 버릴 것이다. 추운 날씨가 좋다고? 절대온도 영도는 어떤가? 당신 몸의 분자들은 더 이상 움직이지 않을 것이다.

좀 덜 극단적인 예를 들어보자. 당신은 다른 사람과 가까이 지내기를 좋아하는가? 그렇다면 너무나 가까워서 한시도 떨어지지 않고 지내는 것은 어떤가? 식사도 함께하고 어딜 가도 함께 가고 모든 것을 함께한다. 전화를 할 때도 모든 통화를 함께할 수 있도록 스피커폰을 사용한다. 너무나 가까이 있고 싶어 한 나머지 당신들은 동일한 인격이 된다. 이것이 얼마나 지속될 수 있으리라고 생각하는가?

이것이 인간관계의 한 극단이다. 다른 쪽 극단은 각자 자신만의 공간을 원하는 것이다. 당신들은 각자 자신의 일만 한다. 서로 독립적이다. 따로 있기를 너무 좋아한 나머지 오로지 함께해야 할 일이 생겨야만 만난다. 하지만 여행도 따로 하고 밥도 따로 먹고 집도 따로 가지고 산다. 몇 년 동안이나 서로 만나지도 않는다! 이 양극단 모두가 결국 같은 결말을 가져올 것이다. 너무 가깝거나 너무 멀거나, 어느 쪽이든 얼마 지나지 않아 서로 말조차 하지 않게 될 것이다. 모든 것이 양극단, 음극과 양극을 지니고 있다.

이제 좀 더 미묘한 수준으로 들어가 보자. 6,000도나 절대온도 영도는 심하다. 굶어 죽는 것도, 죽도록 먹는 것도 관심 없다. 하지만 누군가와 매우 가까워서 늘 함께 지내는 것은 괜찮은 생각처럼 느껴진다. 최소한 잠시 생각해 볼 수는 있을 것 같다. 만일 그렇다면 그것은 당신의 진동추가 그 반대쪽에 너무 오랫동안 머물러 있어서 그런 것이다. 당신은 너무 외롭게 지냈다. 너무나 많은 저녁을 홀로 먹었고 너무나 많은 영화를 혼자서 보았고 너무나 많은 여행을 홀로 다녔다. 다시 말해서 당신의 진동추는 중심에서 너무 벗어나 있었던 것이다.

진동추를 오른쪽으로 30도 당겼다가 놓으면 왼쪽으로 30도 만큼의 폭으로 진동한다는 것을 우리는 과학시간에 배웠다. 노자에게 물어볼 필요도 없이, 내면세계의 법칙도 외부세계의 법칙과 동일하다. 동일한 법칙이 세상만사를 지배한다. 진동추를 이쪽으로 이만큼 당기면 그것은 저쪽으로 저만큼 흔들린다. 며칠 동안 굶주렸다면 당신은 음식을 보면 체면을 돌보지 않고 마치 짐승처럼 허겁지겁 입에 쓸어 넣을 것이다. 얼마나 짐승처럼 행동하느냐는 짐승의 본능이 발동할 만큼 얼마나 굶었느냐와 정확히 직결된다.

그러면 도는 어디에 있는가? 도는 그 중간에 있다. 그곳은 어느 쪽으로도 미는 힘이 없는 곳이다. 음식이든, 인간관계든, 섹스든, 돈이든, 행위든, 무위든, 무엇이 됐든 간에 진동추는 그 사이의 균형점에 이를 수 있다. 모든 것은 음양을 품고 있다. 도란 이 두 힘이 고요히 균형을 이루는 곳이다. 그리고 도를 벗어나지 않는 한 그 힘들은 평화로운 조화 속에 머물려고 할 것이다. 도를 알고자 한다면 이 두 극단 사이에 무엇이 있는지를 좀 더 잘 살펴봐야만 한다. 왜냐하면 어느 쪽이든 극단은 오래가지 않기 때문이다. 진동추는 한쪽 끝에서 얼마나 오래 머물 수 있을까? 한 순간뿐이다. 진동추는 얼마나 오랫동안 움직이지 않고 쉴 수 있을까? 영원히 머물 수 있다. 거기에는 균형을 벗어나게 하는 힘이 없기 때문이다. 이것이 도이다. 그것은 중심이다. 하지만 그것은 고정되고 정체되어 있는 것을 의미하지 않는다. 그것은 그보다 훨씬 더 역동적인 것임을 당신은 곧 알게 될 것이다.

우선 당신은 모든 것이 음과 양을 지니고 있고, 또 고유한 균형점을 가지고 있음을 알아야 한다. 이 모든 균형점들이 서로 어우러져서 조화될 때 도를 이룬다. 이 전체적 균형은 시공간 속을 움직이면서 평형 상태를 유지한다. 그것의 힘은 엄청나다. 도의 힘을 상상해 보고 싶다면 이리저리 흔들릴 때 얼마나 많은 에너지가 낭비되는지를 살펴보면 된다. 당신이 A지점에서 B지점으로 가려고 한다고 하자. 그런데 그리로 곧장 걸어가는 것이 아니라 갈지자로 흔들리면서 간다. 그러면 시간도 더 걸리고 많은 에너지를 낭비하게 된다. 달리 말해서, 흔들리면서 길을 가는 것은 효율적이지 않다. 효율을 높이려면 당신의 모든 에너지를 길 위에만 모아야 한다. 이렇게 하면 옆으로 흔들리는 데 허비된 에너지가 중심으로 모아질 것이다. 이 집중된 에너지는 주어진 일을 훨씬 더 효율적으로 해내는 데 쓰일 수 있다. 이것이 도의 힘이다. 양극단 사이를 흔들리기를 멈추면 당신은 자신이 상상보다 훨씬 더 많은 에너지를 지니고 있음을 깨달을 것이다. 다른 사람이 한 시간 걸려서 하는 일을 당신은 몇 분 만에 할 수 있을 것이다. 다른 사람을 녹초로 만드는 일이 당신에게서는 아주 적은 에너지만 가져갈 것이다. 이것이 어떤 일을 해내기 위해 양극단과 씨름하는 것과 중심에 머무는 것의 차이다.

　이 원리는 삶의 모든 측면에 적용된다. 균형을 잡고 있다면 당신은 건강을 위해 적당한 때가 되면 먹는다. 이렇게 하지 않으면 결국은 너무 적게 먹거나 많이 먹거나 잘못된 음식을 먹은 결과를 보상하는 데다 에너지를 낭비하게 될 것이다. 극단적인 행위의 결과로 몸에 짐을 지우는 것보다 균형 잡힌 방식으로 몸을 관리하는 것이 훨씬 더 효율적이다.

일상 속에서 우리는 양극단에다 엄청난 에너지를 허비하고 있다. 극단에 치우칠수록 그것은 모든 노력을 고스란히 바쳐야 하는 일이 된다. 예컨대 언제나 함께 지내기를 고집하는 관계는 하루 종일 매달려야 하는 일과 같다. 다른 쪽 극단으로 가서, 아무런 관계도 가지지 않고 늘 외롭고 우울하다면 큰일을 성취하지 못할 것이다. 그러니 다시 말하지만, 극단으로 가는 것은 당신의 모든 에너지를 뺏기는 짓이다. 행위의 효율은 당신이 중심에서 얼마나 벗어나 있는가에 의해 결정된다. 당신은 진동추의 진동에 에너지를 소모하고 있으므로 그만큼의 에너지를 삶을 사는 데에 쓰지 못하게 된다. 극단은 좋은 스승이다. 양극단을 들여다보면 균형을 잃은 행동 습관의 결과를 쉽게 찾아볼 수 있다.

줄담배를 피우는 사람의 예를 들어보자. 그는 입에 담배를 달고 있으면서 연신 불을 붙여댄다. 그의 삶의 상당 부분이 담배 피우기에 바쳐져 있다. 담배를 사고, 불을 붙이고, 담배를 피운다. 게다가 흡연이 허용된 장소를 찾아다니는 것도 바쁜 일이다. 그는 또 담배를 피우러 밖으로 나가기를 싫어해서 공공장소에서 흡연을 허용하는 법안 제정 운동을 하는 단체에 가입해 있다. 얼마나 많은 에너지가 흡연에 쏟아지고 있는지를 보라. 이제 그가 담배를 끊기로 했다고 상상해 보자. 한 가치도 피우지 않겠다는 것이다. 일 년 후에 그에게, 작년에는 어떻게 지냈느냐고 물어본다면 그는 담배를 끊었다고 할 것이다. 그것이 지난해의 그의 인생이었던 것이다. 그는 처음에 담배 끊는 껌을 씹었지만 별 도움이 안 됐다. 그 다음엔 붙이는 약을 써 봤다. 그것도 안 듣자 그는 최면요법까지 시도했다. 진동추가 담배 피우기의 극단에 가 있었으므로 그것을 멈추려면 반대쪽 극단까지 흔들려야 했던 것이다. 양쪽 극단이 모두 엄청난 시간과 에너지와 노력의 낭비였다. 훨씬 더 생산적인 삶에 쓰일 수 있었는데 말이다.

극단을 지속시키려고 기를 쓰고 있을 때는 그 어떤 일에도 진척이 없다. 바퀴가 구덩이에 빠진 것이다. 극단으로 치우치면 치우칠수록 진척은 줄어든다. 길은 더욱 패이고 바퀴는 더 깊이 빠진다. 당신을 도道로 데려다줄 에너지가 없다. 그것은 모두 극단을 지속시키는 데 바쳐지고 있다.

길은 중간에 있다. 왜냐하면 그곳이 에너지의 균형이 잡히는 곳이기 때문이다. 그렇다면 진동추가 바깥쪽으로 흔들리는 것을 어떻게 멈출 수 있을까? 정말 놀랍게도, 그것은 그냥 내버려 두면 그렇게 된다. 당신이 극단에 에너지를 공급해 주지 않는 이상 진동추는 계속 흔들릴 수가 없다. 극단을 그냥 내버려 둬라. 거기에 끼어들지 마라. 그러면 진동추는 저절로 중심에 멈출 것이다. 그것이 중심에 가까워질수록 당신은 에너지로 충만해질 것이다. 낭비되고 있던 모든 에너지가 이제 당신의 것이 되었기 때문이다.

중심을 잡고 극단 속으로 끼어들지 않기로 하면 당신은 도를 깨우치게 될 것이다. 당신은 그것을 붙잡으려 하지 않는다. 건드리지도 않는다. 극단으로 흔들리는 데에 쓰이지 않을 때, 에너지가 하는 일이 바로 이것이다. 삶 속에서 사건이 일어날 때마다 에너지는 스스로 길을 찾아 그 중심으로 가서, 거기에 고요히 머문다. 도는 비어 있다. 태풍의 눈과 마찬가지로, 비어 있음이야말로 그 힘이다. 주변의 모든 것이 소용돌이치지만 그것은 움직이지 않는다. 삶의 소용돌이는 그 중심으로부터 에너지를 가져오고 중심은 삶의 소용돌이로부터 에너지를 가져온다. 날씨에서나 자연에서나 삶의 모든 측면에서나 모든 법칙은 동일하다.

흔들림 속으로 말려들지 않고 중심을 잡고 있으면 에너지는 스스로 균형을 찾는다. 에너지가 넘치므로 의식은 훨씬 더 맑아진다. 매 순간의 경험 속에 머무는 것이 당신의 자연스러운 상태가 될 것이다. 어떤 일에 붙들리거나 극단적인 생각에 사로잡혀 있지 않을 것이다. 의식이 맑아지면 삶의 사건들은 정말 마치 느린 화면이 전개되는 것처럼 보일 것이다. 이렇게 되면 그 어떤 일도 더 이상 당신을 혼란에 빠뜨리고 압도하지 못할 것이다.

이것은 보통 사람들이 사는 방식과는 사뭇 다르다. 그들이 운전을 하고 가는데 누군가가 끼어들기를 하면 그들은 다음 한 시간, 혹은 그

날 내내 화가 나 있을 것이다. 도에 머무는 사람에게 사건은 그것이 일어나고 있는 동안만 지속된다. 그로써 끝이다. 당신이 운전을 하고 가는데 누가 끼어들면 중심으로부터 벗어나는 에너지를 느낀다. 당신은 실제로 그것을 가슴속에서 느낀다. 그것을 놓아 보내면 당신은 중심으로 다시 돌아온다. 당신은 극단을 좇아가지 않는다. 그러면 에너지도 현재의 순간으로 돌아온다. 다음 사건이 일어나면 당신은 거기에 있다. 당신은 언제나 그 자리에 있고, 그것이 과거의 불균형에 반응하고 있는 사람보다 훨씬 더 큰 능력을 발휘하게 해준다. 사람들은 대부분 자신의 중심을 잃게 만드는 약점을 가지고 있다. 균형을 잃어버리면 아무도 가게를 대신 봐주려고 하지 않는다. 당신이 자리에 없으면 뻗쳐 나오는 에너지를 돌볼 사람이 없다. 명심하라. 목적을 잊지 않고 그 자리에 남아 있는 자가 결국은 이긴다.

도 안에서 움직일 때, 당신은 언제나 그 자리에 있다. 삶은 극도로 단순해진다. 도 안에서는 삶에서 어떤 일이 일어나는지를 쉽게 알 수 있다. 그것은 바로 당신 눈앞에서 펼쳐진다. 그러나 극단 속에 휘말려 들어가 마음속에 온갖 반응이 일어나고 있으면 삶이 혼란스럽고 복잡해 보인다. 그것은 삶이 복잡한 것이 아니라 당신이 혼란에 빠져 있기 때문이다.

혼란에 빠져 있기를 그치면 매사가 단순해진다. 좋고 싫음이 없이 오로지 중심에 머물러 있기만을 원하여 중심을 더듬어 가고 있는 동안에 삶은 저절로 펼쳐진다. 모든 것을 한 줄에 꿰는 보이지 않는 실이 있다. 만사가 그 중심의 균형점을 통해 고요히 움직여 간다. 이것이 도이다. 그것은 진실로 그 자리에 있다. 그것은 당신의 인간관계 속에 있고 식사 행위 속에 있고 사업 활동 속에 있다. 그것은 만물 속에 있다. 그것은 태풍의 눈이다. 그것은 완전한 평화 속에 있다.

그 중심 속에 머무는 것이 어떤 느낌인지를 짐작해 보기 위해 돛배로 항해를 하는 예를 들어 보자. 먼저 바람이 없을 때 바다에 나가는 것에서부터 시작해 보자. 그것은 한 극단이다. 배는 움직이지 않을 것이다. 이제 바람이 심하게 불 때 돛이 없이 나가 보자. 이것은 반대쪽 극단이다. 이번에도 배는 한 발도 못 움직인다. 돛배는 아주 적절한 비유인데, 돛배에는 다양한 힘들이 상호작용하기 때문이다. 바람과 돛과 키와 돛을 맨 밧줄의 탄력이 매우 복잡하게 서로 얽힌다. 바람이 부는데 돛을 너무 느슨하게 달면 어떻게 될까? 아무런 소용이 없다. 너무 팽팽하게 당기면 어떻게 될까? 배가 뒤집어진다. 바람을 제대로 받으려면 아주 적당하게 당겨 줘야 한다. 바람의 힘을 받는 돛의 중심부가 적당히 팽팽해야 한다. 너무 많아도 안 되고 적어도 안 된다. 그곳이 소위 스위트 스포트(sweet spot:골프클럽, 테니스라켓, 야구배트 등에서 공을 맞추기에 가장 좋은 곳–역자 주)이다. 바람은 아주 적당히 돛을 때리고 당신은 밧줄을 아주 적당히 당기고 있는, 그런 느낌을 상상해 보라. 당신은 완벽한 균형의 느낌과 함께 배를 몰아간다. 그때 바람이 바뀌고, 당신은 또 거기에 맞추어 적응한다. 당신과 바람과 돛과 물이 하나다. 모든 힘들은 조화상태에 있다. 그중 하나의 힘이 바뀌면 다른 힘들도 동시에 함께 바뀐다. 이것이 도道 속에서 움직인다는 것의 의미다.

항해의 도에서 균형점은 고정되어 있지 않다. 그것은 역동적 평형이다. 당신은 균형점에서 균형점으로, 중심에서 중심으로 움직인다. 당신은 어떤 개념도, 좋고 싫음도 가질 수 없다. 그저 힘이 당신을 움직이도록 놔둬야 한다. 도 안에는 개인적인 것은 없다. 당신은 힘의 손아귀에 들려 있는 한갓 도구일 뿐으로, 균형의 춤사위에 참여하고 있다. 당신은 일이 어떻게 풀려가야 한다는 개인적인 선호가 아니라 오로지 균형에만 모든 주의가 머물러 있는, 그런 경지에 도달해야 한다. 삶의 모든 것이 이렇게 되어야 한다. 균형 속에서 일할 수 있게 되면 당신은 삶 속을 자유롭게 미끄러져 갈 수 있다. 도에 이르면 애씀 없는 행위가 일어난다. 삶이 일어나고, 당신이 거기에 있다. 당신이 그것을 일어나게 하지 않는다. 아무런 부담도, 스트레스도 없다. 당신이 중심에 앉아 있는 동안 힘이 스스로를 돌본다. 그것이 도이다. 그것은 삶의 모든 것 중에서도 가장 아름다운 자리이다. 그것을 만져볼 수는 없지만 그것과 하나가 될 수는 있다.

아침에 일어나서 무엇을 해야 할지를 챙겨 보고, 그것을 하는, 그런 식으로 사는 것이 도가 아니라는 것을 당신은 결국 깨닫게 될 것이다. 도 안에서 당신은 장님이다. 당신은 장님이 되기를 배워야 한다. 도가 어디로 가는지를 당신은 결코 볼 수 없다. 다만 도와 함께 있을 수 있을 뿐이다. 한 장님이 지팡이를 짚고 도시를 걷는다. 그 지팡이에 이름을 하나 붙여 주자. 그것은 극단을 찾는 자이며 가장자리를 더듬는 자이며 음양을 더듬는 자이다. 지팡이를 짚고 걷는 사람들은 종종 갈지자걸음을 한다. 그들은 걸어야 할 길을 찾는 것이 아니라 디디면 안 될 길을 찾고 있는 것이다. 그들은 극단을 찾고 있다. 길이 보이지 않을 때 할 수 있는 것은 오직 가장자리를 더듬는 것뿐이다. 하지만 가장자리를 발견하고 그리로 가지 않으면 당신은 길에 머물러 남아 있을 것이다. 이것이 도 안에서 사는 방법이다.

　모든 위대한 가르침들은 균형의 길, 중도를 가르친다. 자신이 거기서 살고 있는지, 아니면 극단 속을 헤매고 있는지를 끊임없이 살펴라. 극단은 그 반대극을 만들어낸다. 현명한 사람은 그것을 피한다. 중심에서 균형을 찾으라. 그러면 조화 속에서 살게 될 것이다.

제19장

사랑 가득한 신의 눈으로 보라

신에 대해 누가 무엇을 알 수 있겠는가? 우리는 신에 대한 무수한 관념과 견해와 가르침을 가지고 있다. 하지만 거기에는 모두 사람의 손때가 묻어 있다. 신에 대한 우리의 모든 생각들이 그 모태 문화에 얼마나 깊이 젖어 있는지는 놀라울 정도다.

다행히도 우리의 깊은 내면에는 신성과의 직접적인 연결점이 있다. 개인적 자아를 초월한 우리 존재의 한 부분이 있다. 당신은 마음이나 몸 대신 그 부분과 하나가 되기를 의식적으로 택할 수 있다. 이렇게 하면 자연스러운 변신이 당신 안에서 일어나기 시작한다. 이 변신을 지켜보는 동안 시간이 지나면 신 앞으로 나아간다는 것이 어떤 느낌인지를 알게 될 것이다. 당신은 실제로 영Spirit을 향해 움직이는 것이 어떤 느낌인지를 알기 시작한다. 당신의 내면에서 목격되는 변화는 당신이 다가가고 있는 그 힘의 반영이다. 몸이 젖으니 비인 줄을 알고 몸이 따스하니 불인 줄을 아는 것처럼, 당신은 변화된 자신이라는 거울을 들여다봄으로써 신의 본성을 알 수 있다. 이것은 철학이 아니라 직접적인 경험이다.

다른 것들과 마찬가지로 영적 성장도 경험될 수 있다. 당신은 삶에서 분노와 회한과 부정적인 생각들에 깊이 사로잡혔던 적이 있을 것이다. 그것이 어떤 기분인지를 당신은 안다. 그리고 그런 기분일 때 당신이 타인들에 대해 어떤 느낌을 느끼는지도 안다. 가슴의 느낌이 어떠하며 어떤 생각과 행위가 나오는지를 안다. 그 공간을 당신은 잘 안다. 그것은 철학이 아니라 직접적인 경험이다.

그 부분을 지나서 성장하면 당신은 그 긴장과 불안의 느낌으로부터 떠나온다. 당신이 앉은 내부의 장소로부터 그 낮은 진동수의 구름이 점점 멀어져 갈 것이다. 구름은 아직도 거기 있을지 모르지만 자신을 그것과 동일시하거나 붙잡고 있지 않는 한 그것이 더 이상 당신을 사로잡을 수가 없다. 낮은 수준의 진동을 풀어놓으면 당신은 저절로 그것이 자신이라거나 당신이 그것과 상관이 있다는 생각을 그치게 된다. 그것을 놓아 보내면 당신의 영Spirit이 떠오른다.

당신의 영이 떠오르는 것을 어떻게 알 수 있을까? 자신이 숨을 쉬고 있음을 아는 것과 똑같이, 심장이 뛰고 있음을 아는 것과 똑같이, 당신이 생각을 하고 있음을 아는 것과 똑같이 그것을 알 수 있다. 당신은 그 안에 있고, 그것을 직접 경험한다.

떠오른다는 것은 무슨 뜻일까? 그것은 자신의 내부로 더욱 깊이 가라앉는 경험이다. 당신은 더 이상 낮은 차원의 자아에 붙들려 있지 않으므로 내면이 더욱 넓어지는 것을 느끼기 시작한다. 당신과 내면의 생각이나 감정들 사이에 거리가 더 멀어진 것을 느낀다. 당신은 안으로 들어갔다가 위로 떠오른다.

떠오르는 것은 어떤 느낌일까? 당신은 분노와 두려움과 자의식을 전처럼 많이 느끼지 않는다. 이전처럼 자주 가슴을 닫고 긴장하지 않는다. 당신이 원하지 않는 일이 아직도 일어나지만 그것이 당신을 크게 건드리지 않는다. 그것이 당신이 있는 깊숙한 곳까지 도달하지 않는다. 왜냐하면 당신은 사건에 반응하는 당신의 부분 뒤로 떨어져 나왔기 때문이다. 이것은 어디서 듣는 것이 아니라 당신이 실제로 경험하는 것이다. 당신 존재의 낮은 진동을 놓아 보낼 때 저절로 일어나는 일이다. 당신은 내면으로 깊숙이 들어가서 더 깊은 진동으로 떠오른다.

당신은 어디로 가는 것일까? 자신에게 무슨 일이 일어나고 있는지를 이해할 만한 아무런 바탕이 없어도 여전히 당신은 어딘가로 가고 있는, 부정할 수 없는 경험을 하고 있다. 당신은 자신의 영적 존재 속으로 들어가고 있음을 느끼기 시작한다. 존재의 육체적, 심리적 부분과의 관계를 줄여 가면, 당신은 순수한 에너지의 흐름과 더욱 깊이 동화되기 시작한다.

형상보다 영과 더 깊이 동화되는 것은 어떤 느낌일까? 당신은 불안과 긴장을 느끼며 돌아다니곤 했다. 이제 당신은 사랑을 느끼며 걸어다닌다. 아무런 이유도 없이 그저 사랑을 느낀다. 당신의 배경이 사랑이다. 당신의 배경이 열림과 아름다움과 음미이다. 그렇게 느끼려고 일부러 어떻게 할 필요가 없다. 그것이 영의 느낌이다. 평상시 몸의 느낌이 어떠냐고 묻는다면 당신은 대개 한두 군데 불편한 느낌이라고 할 것이다. 마음은 어떤가? 당신이 정말 솔직하다면 아마도 불만과 두려움으로 꽉 차 있다고 대답할 것이다. 그러면 영은 보통 어떤 느낌일까? 진실을 말하자면, 그것은 언제나 좋은 느낌, 언제나 고양된 느낌이다. 그것은 언제나 열려 있고 가벼운 느낌이다.

이 때문에 당신은 자연히 자신의 영적인 부분에 점점 더 중심을 두기 시작한다. 영을 찾아다니는 것이 아니라 그것이 아닌 것들을 다 놓아 보냄으로써 그렇게 한다. 그 밖에는 정말 다른 길이 없다. 개인적 자아는 영을 만날 수 없다. 개인적 자아는 놓아 보내야 한다. 그것을 놓으면 당신은 내면으로 들어간다. 더 깊이 들어가면 높아진다. 진동수가 높아지고 느끼는 사랑과 가벼움의 정도가 높아진다. 당신은 솟아오르기 시작한다. 당신은 갈수록 빠른 속도로 계속 발전해 간다.

당신 존재의 육체적, 감정적, 정신적 측면들을 기꺼이 놓아 보내고 나면 영이 당신의 상태가 된다. 당신은 자신에게 무슨 일이 일어나고 있는지를 다 알고 있노라고 주장하지 않는다. 그저 내면으로 들어가면 갈수록 경험이 점점 더 아름다워짐을 알 뿐이다. 다양한 전통의 위대한 성자와 현자들이 묘사하는 그 진동을 자연스럽게 경험하기 시작한다. 당신 또한 깊은 영적 체험을 하고 '주의 날에 영 안에'_{요한계시록 1장} _{10절} 거할 수 있음을 깨닫는다.

하지만 과연, 당신이 신에 대해 무엇을, 어떻게, 알 수나 있을까? 당신 너머에 있는 무엇에 대해 당신이 어떻게 알 수가 있는가? 당신은 그 너머로 갔다가 돌아온 사람들이 당신이 경험하고 있는 영이 곧 신에 이르는 문이라고 말한 것을 안다. 자기 존재의 낮은 차원의 측면들을 놓아 보냈을 때 그들은 당신이 경험하고 있는 바로 그것을 경험했다. 그들은 엄청난 사랑과 영과 빛이 내면에서 일깨워지는 것을 느꼈다. 그들은 감각기관을 통해서는 지금 그들의 안에서 일어나고 있는 것보다 더 높은 것이 들어올 수가 없다고 느꼈다. 그들은 더 깊이 안으로 들어가고 더 위로 떠올랐다. 그러다가 어느 날 갑자기, 그들은 사라졌다. '나'라는 느낌이 더 이상 없었다. 사랑과 빛을 경험하고 있는 분리된 나의 느낌이 없어졌다. 그저 사랑과 빛 속으로 녹아들어 끝없이 확장해 가는 참나의 느낌만이 존재했다. 마치 한 방울의 물이 대양 속으로 합쳐지듯이.

자신을 하나의 개인으로 인식하는 의식의 물방울이 충분히 깊숙이 들어가면 그것은 대양 속에 떨어진 물방울처럼 된다. 아트만_{영혼}이 파람아트만Paramstman(지고의 영혼) 속으로 떨어지는 것이다. 개인의 의식이 우주적 일체성 속으로 떨어진다. 그것이 끝이다.

그런 일이 일어날 때 사람들은 이런 흥미로운 말을 한다. '나와 아버지는 하나다' 요한복음 10장 30절, '너희에게 하는 이 말은 내가 하는 것이 아니요 내 안에 거하는 아버지께서 하시는 것이니.' 요한복음 14장 10절

그들은 모두 이런 식으로 말했다. 그들은 신의 우주적 일체성 속에서 하나가 되었고, 그 안에는 차별이 존재하지 않았다고 한다. 개인의 영인 의식의 물방울은 태양으로부터 비쳐오는 한 줄기의 빛살과도 같다. 각각의 빛살은 태양과 실로 다름없다. 의식이 자신을 빛살과 동일시하기를 그치면 자신이 태양임을 깨닫는다. 존재들은 그런 상태 속으로 녹아든다.

요한복음에서 그리스도는 이렇게 말한다. '이들이 모두 하나 되게 하소서. 아버지, 당신은 내 안에 있고 나는 당신 안에 있듯이 이들도 우리 안에서 하나이기를…… 나는 이들 안에 있고 당신은 내 안에 있으니 이들도 온전히 하나 되기를…….' 요한복음 17장 21-23절 힌두교의 베다도 그렇게 가르쳤고 유대교의 카발라도 그렇게 가르쳤고 위대한 수피 신비 시인도 그렇게 썼다. 그리고 모든 시대 모든 위대한 종교 전통들도 그렇게 가르쳤다. 그러한 상태가 존재한다. 우리는 우주적 절대자 속으로 녹아들 수 있다. 신 속으로 녹아들 수 있다.

이것이 신에 대해 아는 방법이다. 당신은 신과 하나가 된다. 궁극적

으로, 신에 대해 아는 유일한 방법은 자신을 그 속으로 녹아들게 하고 무엇이 일어나는지 보는 것이다. 이것은 우주 의식이며, 이처럼 깊은 경지를 성취한 존재들의 특징은 모든 종교에서 유사하다.

신을 향한 이 길을 가는 사람에게는 어떤 일이 일어날까? 가는 동안에 어떤 변화를 겪게 될까? 이것을 이해하려면 모든 창조물과 동식물과 자연의 모든 아름다움에 대해 엄청난 사랑을 느끼기 시작할 때 어떤 일이 일어날지를 상상해 보면 된다. 모든 아이들이 마치 내 자식 같고 만나는 모든 사람들이 저마다의 고유한 색깔과 모양과 소리와 표현법을 지닌 아름다운 꽃처럼 보인다면 어떨지를 상상해 보라. 깊이, 더 깊이 들어가다 보면 놀라운 사실을 발견하게 될 것이다. 당신은 더 이상 분별과 심판을 하지 않는다. 분별과 심판의 작용이 그저 멎어 버리는 것이다. 오로지 음미와 감사와 존중만이 있다. 단정과 비판만 있던 곳에 이제는 존경과 사랑과 소중히 여기는 태도가 있다. 가리고 따지는 것은 분별이요 심판이다. 보고 경험하고 존중하는 것, 이것이 뒷전에서 심판하지 않고 삶 속으로 뛰어드는 것이다.

아름다운 식물원을 거닐면 마음이 열리고 가벼워짐을 느낀다. 사랑을 느낀다. 아름다움을 느낀다. 잎이 왜 이렇게 생기고 저렇게 달렸는지를 따지지 않는다. 잎사귀들은 저마다 크기와 모양이 다르고 달린 모습이 다르다. 그것이 아름다움을 만들어낸다. 사람들에 대해서 이처럼 느낀다면 어떨까? 사람들이 모두 똑같은 옷을 입고 똑같은 생각을 하고 똑같은 행동을 할 필요가 없다면 어떨까? 그들이 꽃과 같아서 어떻게 생겼든 간에 다 아름답게 보인다면 어떨까?

그런 일이 일어날 때 당신은 신을 힐끗 본다. 그것이 신을 아는 최선의 방법이다. 당신이 그에게로 다가가는 동안 어떤 일이 일어나는지를 잘 살펴보라. 그것이야말로 신에 대해 뭐든 알 수 있는 유일한 방법이다. 어떤 책을 통해 신을 알려고 한다면 그와 반대로 써놓은 다른 책을 발견할 것이다. 그뿐인가, 같은 책에 대한 다섯 가지의 다른 해설서를 발견할 것이다. 누가 어떤 것을 쓰면 다른 사람이 그것이 잘못임을 입증하는 논문을 써서 박사학위를 받을 것이다. 신을 향한 당신의 추구를 정신적 차원으로 끌고 내려오면 누군가가 거기에 반박을 가할 것이다. 그것은 모두가 마음의 게임이다.

그런 식으로는 신을 알 수가 없다. 그것은 실질적 체험을 통해서 와야 한다. 명상을 할 때 일어나는 일이 그것이다. 낮은 차원의 자아를 놓아 보낼 때 일어나는 일이 그것이다. 당신은 영Spirit 속으로 밀려들어가고, 그러는 동안 내면에서 변화가 일어난다. 해야 할 일은 단지 그것을 알아차리는 것뿐이다. 당신은 신성한 본성을 향해 이끌리는 자신을 발견할 것이다. 더 깊이 들어갈수록 이 자연스러운 본성이 내면에서 활짝 피어나는 것을 발견하게 될 것이다. 옮기는 걸음마다 그러한 신성의 경지에 머문다는 것이 어떤 것인지를 더욱 뚜렷이 알게 될 것이다.

신성한 힘의 존재를 아는 사람들이 있다. 그들은 신성 의식Divine Consciousness이 실재함을 알 정도로 충분한 내적 체험을 했다. 그들은 전지전능하고 편재하며 모든 것을 동등하게, 늘 인식하고 있는 어떤 힘을 일별했다. 그것은 삼라만상을 의식한다.

신성의 경지에서는 창조계가 어떻게 보일까? 초월세계로 가서 신의 눈으로 우주를 본 이들은 무엇을 보았을까? 그들은 분별과 심판이 없음을 본다. 분별과 심판은 오래 전에 사라졌다. 구경할 아름다운 것들만 많다. 그들은 이렇게 느낀다. '이제 나는 모든 꽃들을 동시에 볼 수 있다. 이제 난 나의 모든 아이들과 나의 다채로운 분신들이 무엇을 하고 있는지를 경험할 수 있다. 이제 나는 내 창조물들의 모든 다양한 표현과 행위에 대해 더 많은 사랑과 연민과 이해와 찬탄을 느낀다.' 이것이 성자들이 느끼는 것이다. 진정한 성자는 신과 함께 머문다.

신은 심판하지 않는다는 것이 정말 사실이라면 어떨까? 신은 사랑이라면? 진정한 사랑은 심판하지 않는다는 것을 우리는 모두 알고 있다. 사랑은 대상 속에서 오로지 아름다움밖에 보지 않는다. 불순한 것은 존재하지 않는다. 불순한 것이 있을 수가 없다. 무엇을 바라보든 모두가 아름답다. 이것이 진정한 사랑이 보는 방식이다. 이것이 사랑의 눈에 비치는 세상이다. 그러니 만약 신이 사랑이라면, 무한한 사랑과 조건 없는 연민으로 충만한 그 눈에는 세상이 어떻게 보여야 할까?

누군가를 진정으로 사랑해 본 적이 있다면 진정한 사랑이 무엇을 뜻하는지를 알 것이다. 그것은 상대방을 나 자신보다 더 사랑하는 것을 뜻한다. 누군가를 진정으로 사랑하면 당신의 사랑은 그의 인간적 면모 너머를 바라본다. 당신의 사랑은 과거의 잘못과 현재의 결점을 포함해서 그의 온 존재를 보듬어 안는다. 그것은 어머니의 무조건적인 사랑과 같다. 어머니는 육체적, 정신적으로 문제가 있는 아이에게 자신의 온 삶을 바친다. 그녀는 아이가 아름답다고 생각한다. 그녀는 아이의 결점에 눈길을 주지 않는다. 사실 그녀는 그것이 결점이라고 생각지도 않는다.

이것이 신이 자신의 창조물을 바라보는 방식이라면 어떤가? 당신이 이와는 다르게 들어왔다면 혼란스러울 것이다. 당신은 신성의 힘에 의해 온전히 보호 받고 사랑 받고 존중 받는 느낌을 느끼도록 고무 받는 대신, 신은 인간을 심판한다고 배워 왔다.

그렇게 배웠으므로 당신은 죄책감과 두려움을 느낀다. 하지만 죄책감과 두려움은 신성에 이르는 통로를 열어 주지 않는다. 그것은 단지 가슴을 닫아거는 역할을 할 뿐이다. 그러나 사실은, 신은 사랑이고, 당신이 직접 그것을 확인할 수 있다. 한순간만이라도 당신이 누군가를 진정한 사랑의 눈으로 바라볼 수 있다면 당신은 그 눈이 자신의 눈이 아님을 깨달을 것이다. 당신의 눈은 결코 그토록 큰 사랑으로서 누군가를 바라볼 수 있었던 적이 없었다. 당신의 눈은 그처럼 무조건적이었던 적이 없었다. 백만 년을 바라본다고 해도 당신의 눈으로는 상대방에게서 오로지 아름다움과 전적인 완벽함만을 보았던 적이 없었다. 그 눈은 당신을 통해 굽어보는 신의 눈이다.

당신을 통해 무엇을 주기 위해 신이 손을 뻗칠 때, 주고 싶지 않은 것은 없다. 당신은 마지막 숨결을 내주고도 그것을 기억조차 하지 않을 것이다. 주저하는 생각 따위는 마음을 스치지도 않을 것이다. 사랑하는 이를 위해 무엇이든, 모든 것을 다 내줄 것이다. 이처럼 깊은 사랑을 느낄 때, 당신은 그것이 당신보다 훨씬 더 큰 무엇으로부터 오는 것임을 느낀다. 그것은 초월적인 사랑이다. 그것은 거룩하고 조건 없고 이기심 없는 사랑이다. 스승들은 그런 사랑을 이야기했다. 저 너머의 세계를 가본 이들은 그것이 우리가 영 속으로 들어가면 이르게 될 경지라고 했다. 그것은 영이 자신의 창조물을 바라보는 방식이다. 이것이 당신이 배웠어야 할 사실이다. 당신은 무엇을 하든, 무엇을 했든, 언제나 신의 사랑을 받을 것이다.

예수는 제자들에게 집을 나가 재산을 탕진하고 돌아온 탕아의 이야기를 들려주었다. 그가 도움을 구해 집으로 돌아왔을 때 아버지는 일을 하며 집에 남아 있었던 아들보다도 더 반갑게 그를 맞이했다. 예수는 이것을, 다른 아들은 언제나 집에 있었지만 탕아는 잃어버렸으므로 아버지가 늘 그리워했기 때문이라고 설명했다. 거기에는 심판이 없었다. 오직 사랑밖에 없었다. 누가복음 15장 11-32절

예수는 또 말했다. '너희들 가운데 죄 없는 자가 먼저 돌을 던져라.'

요한복음 8장 7절 그는 무엇을 가르쳤는가? 무슨 말을 했는가? 그는 이 세상을 어떻게 바라보았는가? 그는 완전히 자기 없는, 연민에 찬 사랑을 가르쳤다. 그는 도둑과 강도와 나란히 십자가에 매달렸다. 도둑이 예수에게 자기를 기억해 달라고 하자 예수는 그가 자신과 함께 낙원에 들어가리라고 말했다.누가복음 23장 39-43절 그가 십자가에 매달렸을 때 처음으로 한 말은 무엇이었는가? '아버지, 저들을 용서하소서. 저들은 자신이 무슨 짓을 하고 있는지를 모르나이다.'누가복음 23장 34절 이것이 어머니의 사랑이다. 이것이 어머니가 자식들에 대해 하는 말이다. 그 사랑과 연민은 너무나 깊어서 아이들은 잘못을 저지를 수가 없다. 어머니가 자기 없는 사랑을 할 수 있을진대 사랑의 창조자인 신이야 말할 필요가 있겠는가?

신이 이 세상을 어떻게 바라보는지 알고 싶은가? 그가 온갖 부류의 사람들에 대해 어떻게 느끼는지를 알고 싶은가? 그렇다면 태양을 보라. 태양이 성자는 다른 사람보다 더 밝게 비춰 주는가? 성자는 숨 쉴 공기를 더 많이 받는가? 비가 이웃집 나무에 더 많이 내리는가?

햇빛을 외면하고 수백 년 동안 어둠 속에서 살 수 있다. 하지만 빛을 향하기만 하면 그것은 여전히 거기에 있다. 그것은 수백 년 동안 그 환한 빛을 즐겼던 사람들과 똑같이 당신을 위해서도 늘 거기에 있었다. 자연의 모든 것은 이와 같다. 나무의 열매는 모든 사람에게 기꺼이 자신을 내준다. 자연의 어떤 힘이 사람을 차별하는가? 인간의 마음 외에

신의 그 어떤 창조가 심판하겠다고 나서는가? 자연은 누구든 받겠다면 그저 주고 또 준다. 받지 않겠다고 해도 그 때문에 벌 받지 않는다. 받지 않기로 함으로써 당신이 스스로 자신을 벌하는 것일 뿐이다. 당신이 빛을 향해, '난 너를 바라보지 않겠어. 난 어둠 속에서 살 거야.'라고 해도 빛은 그저 계속 비춘다. 당신이 신께, '나는 당신을 믿지도 않고, 당신과는 볼일이 없어.'라고 해도 창조계는 여전히 당신을 부양한다.

당신의 신과의 관계는 태양과의 관계와도 같다. 몇 년 동안 태양을 외면했다가 어둠 속에서 나오기로 했더라도 태양은 당신이 떠난 적이 없었다는 듯 여전히 빛나고 있을 것이다. 당신은 사과할 필요도 없다. 그저 머리를 들어 태양을 바라보기만 하면 된다. 당신이 신을 향하기로 마음먹었을 때도 마찬가지다. 그냥 그렇게 하면 된다. 그러지 않고 거기에 죄책감과 부끄러움이 끼어들게 한다면 그것은 단지 신성한 힘을 가로막는 당신의 에고일 뿐이다. 당신은 신성을 막을 수 없다. 신성의 본질은 빛이요, 사랑이요, 연민이요, 가호요, 베풂이기에. 그것은 태양과 같다. 당신은 태양이 당신을 비추지 못하게 막을 수 없다. 오직 그것을 바라보지 않기로 마음먹을 수 있을 뿐이다. 바라보기만 하면 그것이 거기에 있는 것을 볼 것이다.

영 속으로 들어가면 그것이 이 세상을 굽어보는 눈임을 깨닫게 될 것이다. 그것은 만물과 모든 사람을 굽어 비추는 가슴이다. 그 눈을 통해 보면 가장 비참한 피조물도 아름다워 보인다. 이것이 아무도 이해하지 못하는 부분이다. 사람들은 신이 이 지구를 내려다보고 운다고 한다. 성자들은 신이 이 지구를 내려다볼 때면 어떤 조건에서도 언제나 환희에 젖는다고 한다. 황홀경만이 신이 아는 유일한 것이다. 신의 본성은 영원한 의식적 지복이다. 당신이 어떤 짓을 하더라도, 거기에 흠을 입히지 못한다.

멋진 것은, 당신도 이 황홀경을 경험할 수 있다는 것이다. 그리고 당신이 이 환희를 경험하기 시작할 때, 그것이 신의 본성을 이해하게 되는 때이다. 그러면 어느 누구도 당신을 화나게 하거나 실망하게 하지 못한다. 어떤 것도 문제를 일으키지 못한다. 모든 것이 당신 앞에 펼쳐지는 창조계의 아름다운 춤사위로 보일 것이다. 당신의 평상 상태는 점점 더 높이 고양될 것이다. 당신은 부끄러움 대신 사랑을 느낄 것이다. 자신이 한 말이나 행위 때문에 신을 향해 눈을 들기가 두렵기는커녕 당신은 신을 조건 없는 평온한 안식처로 알게 될 것이다.

이것을 깊이 생각하라. 그리고 심판하는 신이라는 관념을 놓아 보내라. 당신은 사랑 깊은 신을 가졌다. 사실은, 사랑 자체가 곧 신이다. 그리고 사랑은 사랑밖에 못 한다. 당신의 신은 환희 속에 있으며, 당신은 그것을 말릴 수 없다. 그리고 신이 환희 속에 있다면 그가 당신을 바라볼 때, 그는 과연 무엇을 볼까?

참 고 문 헌

Freud, Sigmund. 1927. *The Ego and the Id*. Authorized translation by Joan Riviere. London: Leonard & Virginia Woolf at the Hogarth Press, and the Institute of Psycho-Analysis.

Holy Bible: King James Version. Grand Rapids, MI: Zondervan.

Maharshi, Ramana. 1972. *The Spiritual Teachings of Ramana Maharshi*. Copyright 1972 by Sri Ramanasramam. Biographical sketch and glossary copyright 1998 Shambhala Publications, Inc. Boston: Shambhala Publications, Inc.

Merriam-Webster. 2003. *Merriam-Webster's Collegiate Dictionary*. 11th ed. Springfield, MA: Merriam-Webster.

Microsoft Encarta Dictionary by Microsoft. Accessed April 17, 2007. http://encarta. msn.com/encnet/features/dictionary/dictionaryhome.aspx.

Plato. 1998 edition. *Republic*. Translated with an introduction and notes by Robin Waterfield. New York: Oxford University Press, Inc.

Yamamoto, Kosho. 1973 edition. *The Mahaparinirvana Sutra*. Translated from the Chinese of Kumarajiva. *The Karin Buddhological Series No.5*. Yamaguchi-ken, Japan: Karinbunko.

마이클 싱어의 저서 『상처받지 않는 영혼The Untethered Soul』은 대단히 흥미로운 책입니다. 이미 적지 않은 수의 명상 서적이 시중에 나와 있지만, 이 책은 여러 모로 주목할 만합니다. 영어 원제가 간명하게 보여주듯 우리의 영혼을 속박이나 굴레tether, 즉 자신을 규정하는 한계로부터 자유롭게 하는 방법에 대한 논의가 이 책의 요지입니다. 요컨대 명상은 우리의 영혼을 자유롭게 하는 방법이라는 거지요. 그 의미를 조금 더 자세하게 살펴볼까요.

명상이란 도대체 무엇일까요? 명상의 근본 목적은 무엇이고, 우리는 왜 명상을 해야 할까요? 여러 종교의 명상 수행법 중에서 더 효과적인 방법이 과연 있을까요? 인간이 달나라에 간 지 한참이 지난 오늘날에도 여전히 명상은 의미가 있을까요? 이런 의문들은 우리가 명상이라는 단어를 접하게 될 때 자연스럽게 떠올리는 물음들입니다. 하지만 답을 찾는 일이 그리 쉽지 않다는 점을 우리는 쉽사리 짐작할 수 있습니다. 마이클 싱어는 이처럼 꼬리에 꼬리를 무는 당혹스러운 물음에 적절하고 균형 잡힌 해답을 제시합니다.

저자에 따르면 명상은 내가 누구인지를 알게 만듭니다. 그런데 나를 안다는 것은 무슨 의미일까요? 자의식적 존재인 인간이 스스로 '의식'의 신비를 알게 되는 것이 명상의 요체라는 것입니다. 여기에는 인간 의식은 그 전모가 쉽사리 파악되는 단순한 실체가 아니라는 전제가 깔려 있습니다. 덧붙이자면, 의식적 존재인 인간이 자신의 의식을 활용해 그 의식의 신비를 알게 된다는 기묘한 역설이기도 하지요. 주지하다시피 나라는 개체 외부에는 무한한 우주Outer Space가 펼쳐져 있습니다. 동시에 에리히 프롬Erich Fromm이 잘 지적한 것처럼 우리 내면에도 그 끝을 알 수 없는 광활한 공간Inner Space이 엄연히 존재합니다. 일견 작아 보이는 각 개체마다 어떻게 이토록 무한한 의식이 내재할 수 있을까요. 이 점에서 명상은 내면에 태생적으로 갖추어져 있는 무한한 차원을 탐구함으로써 존재의 신비와 경이로움을 인식하고, 그 비범한 통찰과 지혜를 자신의 삶에 적용하는 움직임으로 정의될 수 있습니다. 그런데 이렇게 명료하게 정의될 수 있는 명상은 현대에 이르러 사뭇 다른 상황을 맞이했습니다.

무엇보다 현대는 종교의 자유가 철저하게 구현되는 다종교 사회입니다. 일부 사회를 제외하고 종교는 개인이 자유롭게 선택할 수 있는 대상이 되었습니다. 심지어 우리는 종교의 폐해를 비판하면서, 무종교인이 될 수 있는 자유마저도 누리고 있습니다. 또 그 어느 때보다 높은 수준으로 체계화된 유물론적 세계관은 종교의 무용성無用性을 철학적으로 뒷받침해 주고 있습니다. 이런 여러 사정이 결합되어 우리는 인류사에 유례가 없었던 종교적 자유를 향유하고 있지요.

그런데 현대적 정황은 고대에서부터 발전되어 온 명상에 마치 양날의 칼처럼 작용합니다. 종교가 주장하는 초월적 차원을 받아들이지 않는 사람들에게 명상은 그저 허망한 노력에 불과합니다. 내면세계의 탐구를 통해 우리가 미처 알지 못했던 의식의 차원을 발견할 수 있다는 주장은 그들에게 그리 매력적으로 들리지 않겠지요. 동시에 현대의 다종교 상황은 특정한 명상 기법이 특정 종교 전통에 의해 더 이상 독점될 수 없게 만들었으며 그 독특성과 의미에 관해서도 쉽사리 간과할 수 없는 의문을 제기하고 있습니다. 열린 마음을 가진 사람들이라면 이제는 어떠한 명상법이라도 얼마든지 자유롭게 시험해 보고 있습니다. 이처럼 다양한 명상 기법이 널리 알려지고, 채택되면서 특정 명상법의 절대적 우월성을 주장하기가 곤란하게 된 상황은 명상이 도대체 무엇이고, 더 효과적인 명상법이 있는가라는 물음을 더욱더 절실한 것으로 만듭니다. 달리 표현하자면 특정 종교 전통이 발전시킨 명상법이 다른 종교를 가진 사람들, 혹은 종교가 없는 사람들에게 어떤 의미와 효과를 지니는지 진지하게 묻지 않을 수 없게 된 것입니다.

이 책은 이러한 현대적 궁금증에 적절한 답을 제시하고 있습니다. 무엇보다 저자는 우리가 주고받는 일상적인 단어를 사용해 명상의 의미와 구체적인 방법을 꼼꼼하게 되짚어 나갑니다. 저자의 저술 방식은 그저 기술 방식의 독특성으로 보이기 쉽습니다만, 그 이면에는 참으로 깊은 의미가 숨겨져 있다고 생각됩니다. 그저 평범한 것으로 보이는 우리의 의식이 명상을 통해 숨 막힐 정도로 경이로운 차원을 드러낼 수 있는 것처럼 말이지요.

저자 마이클 싱어는 젊은 시절 우연한 기회에 갖게 된 내면적 체험으로 수행 전통에 본격적으로 입문했습니다. 자신의 직접적인 체험에 뿌리를 둔 탓일까요. 이 책은 특정 종교 전통의 언어가 아닌, 참으로 일상적이고 쉬운 단어를 사용해 명상이라는 난해한 주제를 다룹니다. 이 과정에서 명상의 목적과 의미, 그리고 궁극적인 지향점이 무엇이어야 하는지를 자신의 경험에 기초해 명료하게 제시하고 있습니다. 이런 태도는 명상이 종교가 없는 사람들에게도 어떤 의미를 갖는지와 각기 다른 종교 전통의 상이한 명상법을 어떻게 이해할 것인가와 같은 어려운 질문에 적절한 해답을 제공한다고 믿습니다. 저자는 명상을 특정 종교 전통의 소유물이 아니라, 모든 개인이 자신의 삶에서 실천할 수 있는 그 무엇으로 제안합니다. 심지어 종교가 없는 사람에게도 말이지요. 요컨대 명상이란 초자연적 능력이나 우리 삶을 일거에 변화시키는 비범한 통찰의 획득이 아닌 온갖 일상적 사건에도 흔들리지 않는 자기중심을 찾고, 내면적 평화를 유지하게 만드는 삶의 기술이라는 주장이지요.

나아가 저자는 그의 주장을 세심하게 펼치고 있습니다. 명상이 어떻게 가능하며, 그 목적이 무엇인지를 논리적 흐름에 따라 크게 다섯 부분으로 나누어 소개하는 방식을 택하고 있습니다. "잠든 의식을 일 깨우기", "에너지를 경험하기", "자기를 놓아 보내기", "그 너머로 가 기", "삶을 살기"가 그것입니다. 일상적 언어를 활용한 꼼꼼한 기술 방식은 대단히 친절할뿐더러, 종교가 선택의 대상인 다종교 상황에 서 명상의 중요성과 의미를 소개하는 가장 효과적인 태도로 여겨집 니다. 책의 결론 역시 명료합니다. 명상을 통해 "가장 높은 영성의 길은 삶 그 자체"라는 점과 우리가 찾을 가장 높은 지혜는 "중도의 길"을 취하라는 점을 인식하고, "심판"이 아닌 "사랑"을 삶 속에서 구현하라는 것입니다.

그 어느 때보다 치열한 경쟁과 급격한 변화를 겪고 있는 현대에 명 상으로 상징되는 '느린 삶', '치유', '전일성'에 대한 관심이 폭발적으 로 일어나고 있습니다. 아마도 균형을 회복하려는 자연스러운 움직임 이겠지요. 이제 명상은 소수의 사람들에게 초월적 통찰을 주거나 혹 은 초자연적이고 신비스러운 능력을 얻게 만드는 통로로만 기능할 수 없게 되었습니다. 동시에 인간 의식이 더 이상 신비mystery를 품고 있지 않다는 견해에 강력한 반례로 기능한다는 점에서 명상은 극단으로 치 닫는 현대인들의 삶에 균형과 조화를 부여합니다. 이것이 바로 오늘 우리가 새삼 명상에 주목해야 할 이유가 아닐까요?

그리 길지 않은 분량임에도 불구하고 명상의 현대적 의미와 중요성을 참으로 친절하게 되짚어 주는 이 책이 독자들에게 소개되어 무척 기쁩니다. 일견 평범해 보이는 일상적 삶의 이면에 경이로운 신비가 숨겨져 있다는 가슴 뛰는 진실을 이 책을 통해 확인할 수 있기를 기원합니다.

성해영 서울대학교 인문학연구원 교수, 종교학

상처받지 않는 영혼

초판 1쇄 발행 2014년 5월 8일
초판 32쇄 발행 2024년 11월 1일

지은이 | 마이클 싱어
옮긴이 | 이균형
감수자 | 성해영

발행인 | 정상우
편집인 | 주정림
디자인 | 석운디자인
펴낸곳 | (주) 라이팅하우스
출판신고 | 제2022-000174호(2012년 5월 23일)
주소 | 경기도 고양시 덕양구 으뜸로 110 오피스동 1401호
주문전화 | 070-7542-8070 팩스 | 0505-116-8965
이메일 | book@writinghouse.co.kr
홈페이지 | www.writinghouse.co.kr

한국어출판권 ⓒ 라이팅하우스, 2014
ISBN 978-89-98075-08-8 (03840)